一代教育家的人生　中国新教育的历程

陈鹤琴 传

策划 陈秀云 陈一飞

顾问 陈一鸣

柯小卫 著

凤凰出版传媒集团
江苏教育出版社
JIANGSU EDUCATION PUBLISHING HOUSE

图书在版编目(CIP)数据

陈鹤琴传/柯小卫著. —南京:江苏教育出版社,2008.4 (2012.11 重印)
ISBN 978-7-5343-8554-4

Ⅰ. 陈… Ⅱ. 柯… Ⅲ. 陈鹤琴(1892～1982)－传记
Ⅳ. K825.46

中国版本图书馆 CIP 数据核字(2008)第 042732 号

做人,做中国人,做现代中国人

大自然、大社会都是活教材

做中学,做中教,做中求进步

——陈鹤琴

序

学习和发扬陈鹤琴先生的教育思想和精神

陈鹤琴先生是我国著名教育家、幼儿教育的先驱。我在学生时代就读过他的书，如《儿童心理之研究》、《家庭教育》等，现在虽然已经记不清楚具体内容了，但他的“活教育”思想却一直印在我的脑海中。20世纪二三十年代在中国提倡“活教育”是非常先进的，因为当时中国的社会还是半封建半殖民地的社会，传统的压抑人才的旧教育并未消灭，许多引进的国外教育理论又没有被国人消化。陈鹤琴先生和陶行知先生一起提倡“生活教育”、“活教育”，为中国教育的现代化、科学化、本土化开辟了道路。这种教育思想是先进的，其意义是十分深远的，到今天仍然有现实意义。

“活教育”的意义在哪里？就在于它是从我国的国情出发提出来的，是中国自己创造的教育理论。陈先生主张中国儿童教育的发展要适合国情，符合中国儿童身心发展规律。他提倡大社会、大自然都是儿童的活教材；他重视儿童的兴趣和活动，在游戏中学习和成长。他认为幼稚园的第一个要注意的是儿童的健康，其次是养成良好的习惯，然后是能学什么就学什么，不要刻意追求。这些思想仍然是今天幼儿教育需要坚持的。

陈鹤琴先生不仅创造了中国化的“活教育”理论，他一生热爱儿童、热爱教育事业的精神更是今天每一个教师应该学习和发扬的。他怀着“一切为儿童”的深情把一生奉献给了中国儿童教育，是我们年轻一代教育工作者学习的榜样。

陈鹤琴先生是中国教育学会第一届名誉会长。中国教育学会一直秉承陈先生等老一辈教育家的精神，为中国教育的现代化、科学化、大众化而努力。

陈先生离开我们已经二十多年了，《陈鹤琴传》的出版为我们学习他的思想和精神提供了很好的材料，我们愿他的思想和精神永放光芒。

中国教育学会会长

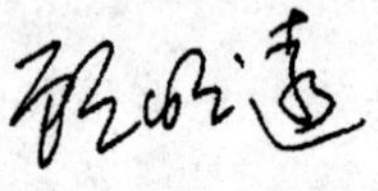

2008 年 3 月 24 日

目 录

第一章 故 土

一 陈氏祖宗

1892年3月5日是农历二月初七，上虞县百官镇茅家弄开杂货店的陈松年家添了一个男孩。生产那天，外面下着大雪。屋内又潮又冷，光线黯淡，陈家的女人陈张氏正拖着沉重的身体从床上一点点挪到地面，她的下腹已经十分疼痛，即将临盆。这已是她的第六次生产，所以她并没有生头胎时那种恐惧的感觉。现在，她要做的事情是下楼到厨房去把水烧开，然后将木脚桶拿回房间，最后将婴儿用的小衣服、尿布等用品齐齐整整地放到顺手的地方。做完了这一切，她感到阵痛加剧，于是就爬上楼，躺到了床上，歇了一口气，闭上眼睛，等待孩子的降生。因为全身浮肿，她从窄小木楼梯爬上爬下的每一步都非常艰难，而作为女人，这一切对她来说已经习以为常。她觉得生孩子是女人天经地义的事，也是女人的福分。原本她是想过要找一个接生婆过来帮忙的，终于没去叫，因为是半夜，恐怕麻烦别人，她估计自己是应付得来的；而她的男人此时却不在家里，或许是因为“避邪”——按旧时规矩，女人生产被看作是血光之灾。她的丈夫先前曾娶过一妻，后来因病过世，留下了一个女儿，她作为填房被娶进陈家，不仅接下了侍候丈夫、打理家务的重任，还得继续为陈家生儿育女，续添香火——几个孩子生下来，一个千金和四个男丁。这时，她已经开始破水，疼痛更加剧烈，几乎不能支撑，但她却仍然一声未吭，嘴里咬着布条，任汗水伴着泪水一同从发梢和额头上顺着脸颊流淌下来。她的一只手用力扒住硬梆梆的床栏，另一只手则紧紧攥着身下的褥单。她用尽了全身力气，脸色煞白，床单已经被血污浸染，她昏厥了过去。醒来时，孩子已经呱呱坠地。她疲惫地转过身体，仔细一看，又是个男孩，脸上露出一丝笑容。作为陈家的女人，没有什么比生男孩更能使她感到喜悦和幸福的了。她伸出胳膊，吃力地拿起剪刀，亲手将连接母子身体的脐带剪断，一个新的生命诞生了。过了一会儿，邻居兰娘赶来，帮忙给婴儿洗澡穿衣。看着甜甜入睡的婴儿，圆圆滚滚，结结实实，她长长地舒了一口气，这事儿可算是做完了，就如同一家人吃饭，要买菜做饭、刷锅洗碗，还得把饭桌上的剩菜剩饭收拾干净；也如同一家人过日子，衣服脏了、破了，总要洗净晾干补好叠好。女人总有女人的事情，一辈子也干不完。生孩子的事情也一样。许多年后，当这个男孩长大，成为了人父，经常告诫自己的子女们：每当孩子的生日，就是母亲的受难之日，因此，儿女一定要热爱母亲。

按照男孩出生的时辰，大人们为他批的八字曰：壬辰（年）癸卯（月）丙申（日）己亥（时）。后来，陈张氏把男孩的八字又请瞎子算了一遍，瞎子说，男孩的八字着实生得好，将来一定是非常发达的。陈张氏听了很高兴，拿出钱来给了瞎子，笑着转身离开。

按照前面子女名字排序，陈松年给这个男孩取名为绥福，书名鹤琴。

上虞，浙东名镇，吴越腹地，曹娥江畔，东南倚四明山之雄，西南接会稽山之秀，山水清丽，人杰地灵。相传父系氏族社会后期，尧帝的女婿舜，避丹朱之乱，建国于虞，披星戴月，躬耕畎田，史称舜虞；夏帝时归古越国版图，战国时期楚灭越国后属楚。自公元前222年设上虞县，属会稽郡，历经朝代更迭、帝王兴衰，从南宋时改越州为绍兴府，至元、明、清三朝，上虞皆为绍兴属县。曹娥江，干流溯于嵊州，流经上虞，江滩宽阔，水流平缓。相传江里有江神，江边百姓为绝水患而逢每年农历五月初五都要举行祭拜典礼。祭拜当日，百姓斋戒。祭拜时，供桌上摆放猪、牛、羊三牲，人们伏地跪拜、祭祀，祈求平安。传说，东汉年间14岁的孝女曹娥投江寻父，她的孝行感动了乡里，人们在江畔建了一座曹娥庙。庙宇始建于东汉，虽几经重建，香火依然鼎盛。城南的梁湖镇是才女祝英台的故乡，梁祝情爱，化蝶双飞，千古绝唱。小城的西南傍江有山名曰东山，相传是东晋谢安辞官后的隐居地。当年，谢安41岁前辞官进山隐居，升平四年（360）重又出山做官，终成一代名相，留下“东山再起”的典故。

百官镇在上虞不算是大地方，但地理位置却十分优越，西通杭州，东达宁波，距绍兴和余姚都不过百里，交通便利，过往客商集中，使得小镇成了做生意的好地方。大约在清朝乾隆年间，公历约18世纪末叶，一个叫正表的二十岁年轻人来到百官镇。年轻人姓陈，父亲万经与四个兄长都是刻苦耐劳、诚实忠厚、靠种田过活的农夫，惟有他不甘安分，离开沥海的乡下，只身一人来到附近的百官镇上做起了生意。开始时，他拿出全部家当几千铜钱，在镇上的中街盘下了一个铺面，开了一间山货店，卖的是淘箩洗帚、粪桶扫箕、鲜蛋灰蛋，以及居家用的竹器和种田用的简单农具。小店初张，正表对己克勤克俭，对人亦忠亦诚，在街面上的人缘和口碑都很好。他每天早起烧好饭盛在小铜罐内，就是一日三餐；辛辛苦苦、起早

陈鹤琴的故乡浙江上虞县

摸黑，总算把小店的门面撑了起来。几年后，山货店已经开得有些模样，买卖逐渐兴旺，他的手头也宽绰起来，遂娶戴氏为妻。戴氏为他生了两个儿子，老大叫大鸣，老二叫大成。大成无后嗣，大鸣则承继父业，同时还在金鱼湾种了三亩半水田，另外还有湖田十余亩。由此，陈氏在百官镇扎下根来，繁衍生息，这便是百官陈氏的来历。

陈家留下的祖训是：勤俭起家，忠厚传代。

光浩是陈鹤琴的祖父，因为是单丁，又是其母42岁时所生，他自己到四十来岁时仍未生子，按"百行孝为先"和祖宗家法，"不孝有三，无后为大"，夫妻俩焦急万分。于是夫妻二人就格外热心行善事，帮助人，凡是因穷困而向他们求助的人，他们都会竭力相助。有一天，有一女子打着赤脚沿街乞讨，妻子即脱下自己的袜套送给她穿上。他们始终相信，种善因得善果。清道光三十年（1850），太平军起事从南向北一路杀向南京，江浙两省战事频生，百官镇上的地痞、流氓也借机滋事，奸淫掳掠，烧杀行凶，无恶不作，百姓流离失所，痛恨切齿。有一日，光浩被一伙强盗掳到离百官镇不到五里的荫岭，脱身不得，被一连砍了13刀，有一刀几乎将鼻梁砍断，另一刀砍在了脖颈上，血流淋漓，气息奄奄，倒在了稻田里。三天后，幸得路人相救，终大难不死，保全了性命。夫妻将此归于平日里的积德行善。这次事件后，原来经营得稳稳当当的杂货店只剩下断壁残垣。俗语道："大难不死，必有后福。"光浩毫不气馁，伤势才愈，就大干了起来。他在原来的店址上盖了几间茅草屋，作为临时营业场所，又做了两块木头牌子，作为店号。一块木头牌子上写着：茅草屋临时商店。另一块木头牌子上面写着：陈聚兴冬夏布店。没过多久，生意逐渐兴隆，经济状况改善。光浩将茅草屋拆掉，改建两层楼房，楼上住家，楼下营业，店号也改成了聚兴隆。由于经营有方和货色齐全、新鲜，生意受捧，小店很快扩大规模，成为百官镇上数一数二的大商号。

不久，光浩终于得了一个跛足儿子，使陈家的香火有了延续，夫妻二人长舒一口气，这不能不说是上苍对他们的又一个报偿。过了一些年，跛足儿子长大了，有一日，在上学的路上，经过一家麦果店，被店里的伙计喊住。伙计笑着问："小东家要麦果吃吗？"跛足儿子点点头回答："是的，我要吃的，不过没有带铜钱。"伙计递过去一个麦果说："你吃好了，等一下，我到你店里来拿钱。"跛足儿子接过麦果吃了起来。中午的时候，麦果店伙计到店里找到光浩说："小东家欠了一个麦果钱。"光浩问："几个钱？"伙计回答："两个！"光浩将钱交给伙计，打发走了。又过了一会儿，跛足儿子放学回家吃饭。一进门，光浩就拿起一块压布的方铁用力向他砸去。跛足儿子一闪身躲开了。光浩的老朋友俞汉阳医生看到此情景，便质问道："你只有一个儿子，不能这样打他的！"光浩余怒未消，发狠地说道："要从小教起，恶习惯，不可养成！"

陈鹤琴写道：

> 亲爱的小孩子，我们中国有句俗语："棒头底下出孝子。"这句话，我的祖父是深深相信的，我的父亲也是深深相信的。我因为小时受了这种严厉的教训，起了反应，所以我用慈爱的方法来教你们了。我相信"爱"比"严"来得好些。但是"爱"不要变成"溺爱"、"宠爱"，"溺爱"比"严"还要坏呢！①

光浩为人正直，烟酒不沾，远离嫖赌，不良嗜好一应全无，一生勤俭、耐劳、刻苦、向善，是一个典型的中国老百姓，可惜，只活到了 53 岁就因病去世。他留下的杂货店在女主人与一位叫顾传忠的伙计的共同打理下，生意居然维持了几十年。在店里，伙计专事进货对外，女主人负责处置内部的大小事宜。这种情形一直延续到女主人 73 岁过世，生意才交到了刚刚长大成人的跛足儿子陈松年手上。

光浩是陈鹤琴一生景仰的祖父，那个跛足儿子日后就是使陈鹤琴感到敬畏的父亲。

---

① 《陈鹤琴全集》，第六卷，第 516 页，江苏教育出版社，1992 年 1 月。

二 母亲的教诲

陈鹤琴记述自己孩提时代的时候写道：

> 母亲说，我生来身体很强健，没有生过病，甚至连伤风发热这种小毛病也不大有的。牛奶是没有吃的，吃的奶完全是母亲的"血奶"。我吃到3岁，变成一个白白胖胖的小孩子了。到了夏天，我总是赤身露体，一个人在园子里南瓜棚下玩烂泥，玩得满身烂泥，像个小泥人。①

在他的记忆中，父亲的严厉和不苟言笑，使人感到畏惧。在他的自传中有这样的描述：

> 父亲是很严的。他睡在楼下书房里。我进出总是走后门的。他吃饭总是一个人吃的，我们小孩子另外在厨房里一起吃。父亲死时我才6岁。在这6年中我没有同他吃过一餐饭。我们是不敢同他亲近的。我们在厨房里也一点不敢作声。若是兄弟间稍会有点冲突，只要母亲说声"我要喊了！"我们立刻鸦雀无声了。所以我们兄弟很少有口角的，打架那是从来没有的。②

陈家开的店铺传到父亲陈松年手里的时候，生意还算过得去。父亲抽鸦片，身体孱弱，无心做生意，过了六七年，聚兴隆因经营不善，开始亏本起来，以后每况愈下，只能艰难维持。到陈鹤琴四五岁时，家境已相当困难。大哥在外学做生意，家中少一口人吃饭。五六个钱买的一个鸡蛋，打一打，饭锅里蒸一蒸，拿出来划成四份，几个兄弟一人一份；有时候换口味，两个小钱买根油条，每人只能吃一点，在豆腐汁里浸一浸，当菜过饭吃。母亲看孩子们太苦，只好买来又硬又韧的火腿皮洗干净放在碗里蒸

①② 《陈鹤琴全集》，第六卷，第530页，江苏教育出版社，1992年1月。

了吃。孩子们啃着干火腿皮，牙齿嚼得又酸又痛，火腿皮油腻而干涩，吃下肚里三日都不舒服。夏日里，天光长，小孩子下午四点肚子就叫了，他们就溜进厨房盛一碗冷饭用开水冲冲，就着萝卜干吃开了。用麻油盐拌饭也是一种经常的吃法。因为没钱买菜，白饭又不容易下咽，母亲就调了麻油盐，对孩子们说："麻油调盐，是很好吃的，又咸又油，着实过饭！"母亲这番话，使孩子们吃之如饴。生活虽然过得很艰难，但一家人和和融融。直到有一天，父亲在书房里咽下了最后一口气。丧事办完，家徒四壁，一家人的生活更加没了着落。此时，维持全家生计的杂货店已到了债台高筑、无以应付的地步。接手店铺生意的大哥天天往外跑，根本无心思经营，又染上赌博的毛病，交了损友，只好把这个由陈家祖宗传下来的"闭着眼睛可以赚钱"的店铺盘给了别人。帮了陈家三代人的那位顾老经理，在光浩开店的时候就在店里学徒，几十年下来，忙上忙下，到头来只落得黯然神伤，悄然离开。就这样，陈家的产业被子孙辈败掉了，正应了一句老话："富不过三代。"

江南的冬天，又冷又潮。有一天大雪纷飞，母亲对缩在床上被窝里的孩子们说："被窝里很温暖，起来太冷了，还是睡吧！我们又可以省一餐早饭呢！"这是陈家在百官立下门户之后第一次真挨饿。陈鹤琴回忆道："挨了饿，才知道饿是怎样一回事，使我们以后对于挨饿的人，格外容易表同情，所以偶然挨挨饿，也是于一个人的同情心有很大的益处的。"①

除了挨饿，冬衣也成了大问题。一个长长的冬天，年幼的陈鹤琴身上只穿了一件衬衫、一件棉袄和一条棉裤，没有换洗。时间长了，衬衫里、棉袄里、棉裤里都生满了雪白胖胖的虱子，衣缝里撒满了像芝麻般的白卵。衣服里生虱子，还可以想法子捉它，把它弄死；头发里生虱子，那就不得了。小时候的陈鹤琴，乱蓬蓬的头发里生满了虱子，头发根上沾着无数白卵，头皮上面爬着无数"小兵丁"。每天用手搔也没用，一天到晚，头上身上总觉得痒痒的。看着眼前的情形，母亲束手无策，只能摸着孩子们的小

① 《陈鹤琴全集》，第六卷，第533页，江苏教育出版社，1992年1月。

脸，喃喃地安慰自己："我还有四个儿子，总会有几个有出息的！"从那以后，母亲经常用"吃得苦中苦，方为人上人"来教育几个孩子。她告诫孩子们：三四兄弟一条心，遍地灰尘变黄金；三四兄弟各条心，家有黄金化灰尘。她还教孩子："吃亏就是便宜"，"讨人便宜，人便不高兴"，"在家靠父母，在外靠朋友"。她盼望孩子们长大后能将陈家重新振兴起来。为了孩子们能学本事，长大能有出息，她甘愿吃更多苦。从那以后的八年间，母亲靠给人洗衣服赚的很少几个钱来养活全家。家里除了把店开垮后一直振作不起来的大儿子外，女儿尚未出阁，二儿子抱病卧床不起，老四、老五在上学，最小的陈鹤琴还在幼年，而母亲却未曾有过任何抱怨。她的信念很坚定，她既然能生出这些孩子，也一定能将他们拉扯大！那时，洗衣服能挣到的钱很少：袜子一双五文，短衫一件十文，长衫一件二十文。一天可洗三十件，平均十文一件，不过三百文，只等于后来的一毛钱、几毛钱。母亲先在家里把衣服抹了皂荚（那时候还没有肥皂，用一种皂树的果子来洗的），一把一把搓过，不过七八岁大的陈鹤琴把衣服挑到离家约二百米的池塘边，把衣服放在石板上，用脚踏；踏过了，母亲再在池水里洗净。有时踏了一次不够，还要踏两次。陈鹤琴的个子尽管不高，但身体很结实，能像大人似的挑起三十斤重的担子，把洗好的衣服挑回家去。

几十年后，陈鹤琴给自己的孩子讲了一个"伯俞泣杖"的故事：汉朝的韩伯俞是有名的孝子，从小到大只要犯了过失，就会挨母亲的杖责，他从来不喊痛。有一天，他母亲轻轻地打他，他倒哭起来了。母亲问他说："从前我打你，你总不哭，何以今天倒要哭呢？"他说："从前母亲打儿，打得很重，儿知道母亲很健康；今母亲力衰打儿，儿不觉得打痛了，所以痛哭。"这是中国传统启蒙读本《幼学琼林》中的一个故事。陈鹤琴写道："这个故事我从前在童年时读过的，到今天还记得。所以一想起挑衣的事情就和伯俞有同样的悲痛呢！"[1]母亲是个缠足的旧式妇女，没有文化。自从父亲去世后，母亲就是全家的主心骨，即便是再艰难的日子，

① 《陈鹤琴全集》，第六卷，第 532 页，江苏教育出版社，1992 年 1 月。

她也不吭一声顶了下来。母亲的坚忍和慈爱像一棵大树为孩子们遮挡风雨。陈家的祖宗认为，子女必须要孝顺父母。若要儿女孝顺，就必须要从小教起。

母亲在家的时候，孩子们有依赖；母亲不在家的时候，所有事情都由大哥大嫂做主，情形就不一样了。有一天，母亲去杭州看望出嫁的女儿，不在家。中午开饭的时候，大哥还没回来，几个弟弟嚷嚷着肚子饿，大嫂就把饭菜端了出来。俗话说，“长嫂如母”。年幼的陈鹤琴不懂事，像平日里一样，看见桌上有碗火腿蒸灰蛋，就伸过筷子拣了一点。不料大嫂伸出筷子，把他夹在筷子上的一点火腿末拨回碗里，厉声说道：“这是大哥吃的，我们吃了，大哥回来要吵的！”话罢，陈鹤琴一阵心酸。他强忍着满眶眼泪，把饭碗里的饭吃掉，回到楼上，倒在床上大哭了一场。这次，他受了很大刺激，觉得受了侮辱，哭得很伤心，深深地印在记忆里。他上一次号啕大哭，是在父亲死的时候，那时他才六岁。当得知父亲在书房里绝气时，他趴在厨房里的长凳上大哭起来。丧父之痛，给他幼小心灵一次沉重打击。而这一次刺激使他感到：靠人养活没出息，也被人看不起。于是，他明白了一个道理：“人生非奋斗，没有出路！”

三　二哥的故事

陈张氏为陈家生了五男一女。老大来福（子翔），书名鹤如；老二是个女孩，名玉珍，后许配陆家；老三垚福，书名鹤闻；老四钧福，书名鹤皋；老五燕福，书名鹤云；老六绥福，书名鹤琴。

在陈家的兄弟姊妹中，老三垚福，小名阿垚，从小就长得容貌端正，身体健康。母亲说：“五个兄弟之中，阿垚生得顶好看，鼻梁笔直，脸盘见方，眼睛漆乌，皮肤雪白，口齿伶俐，举动活泼，真可爱呢！”他从小就喜欢爬树、爬墙、跳高；他还喜欢舞枪弄棒，把一根四尺半长的木棒，像孙悟空那样在身体左右前后乱舞，让人看得眼花缭乱，大人们都很喜欢这个申亥年出生、属猢狲（按：猴子）的小顽童，叫他“垚猢狲”。陈鹤琴对他这个聪明伶俐的二哥非常佩服。

阿垚小的时候，有一次嘴馋想吃点心，就悄悄跑到父亲房中拿了些茶食、水果“小快朵颐”。父亲吸鸦片，嘴里经常发干，所以常会备些茶食、水果以备不时之需，但从不会给小孩吃。于是，阿垚就想尽一切办法从父亲睡觉的床上或上了锁的柜橱里，将这些茶食、水果偷出来解馋。父亲发现了，不动声色。到了半夜三更，父亲就叫母亲从墙上摘下挂着的竹梢。母亲不敢吭声，因为父亲的脾气坏，若要阻拦就连她自己也要被打骂。平日里，父亲把竹叶一片片从竹梢上摘下，再将竹梢一把把捆扎起来，这样打起人来才会有劲。父亲跛着脚，左手提竹梢，右手拄拐杖，跟在手提火油灯的母亲的后面，小心翼翼地“颠”上楼，然后轻手轻脚“颠”到孩子们睡的床边。他先是将拐杖放好，然后右手举起竹梢，左手捏住被脚，呼的一声，把被掀开。几个光溜溜的小孩子像受到惊吓的小猪，看见怒气冲冲的父亲提着亮光光的竹梢，缩成了一团，就像小鬼见阎王似的大声求饶：“爹爹！爹爹！不要打！不要打！”父亲把阿垚拎出来按在床上，旁边是几个吓得颤颤发抖的孩子。父亲对阿垚说：“阿垚，你做的好事！我要问你，你下次做不做了？”同时，高举在手中的竹梢落在阿垚细嫩的屁股上。阿垚若动弹，竹梢抽得就越狠，直打到父亲没了气力，几道如绳子般粗的血红印痕清晰可见。然而，阿垚却一点也不害怕。没过几天，伤口才复原，就“故伎重演”，像孙悟空赴王母娘娘蟠桃宴，弄得父亲没办法。所谓“打骂由他打骂，茶食水果随我所欲”。

阿垚喜欢看闲书，为此所受父亲的打骂也不少。父亲望子成龙心切，要儿子读正经书，如四书五经；儿子叛逆心强，偏爱读各种闲书，如《三国演义》、《水浒》、《红楼梦》、《西厢记》等。其实，儿子是受父亲的影响才喜欢上这些闲书的。平日里，父亲很喜欢看各种闲书，光木版的旧小说书就足足装了四大箱。所有书都摆放得齐齐整整。每年他还要把箱子里的书拿出来在太阳下一本一本晒过，再放好樟脑粉，一本一本存放回箱子里。他所看过的书没有一本卷角，都是方方正正，如新书一般。受父亲的影响，阿垚看起书来，常常出神，吃饭时看，大便时看，走路的时候看，上学的时候看，有时候逃学躲在大树底下看。父亲不准他看，他就偷书出来看。他把父亲的书弄破了或卷了书角，父亲发觉后又打又骂，他却依然如故。终于有一天晚上，他在父亲的书页上练起了毛笔字，画抹得一塌糊涂，惹得父亲跛着脚追出屋外去打，他连忙爬进一口水缸藏身，差一点就溺水送命。

阿垚写一手好字，十一二岁就能给乡里人写对联。另外，阿垚的口才出众，夏日里，每到晚饭后，村里的孩子、大人就会跑来听他讲故事，什么唐僧取经、火烧连营等，他都讲得绘声绘色，娓娓动听，引人入胜。乡上的人尊称他为“垚先生”。

在陈鹤琴的心目中，他的这位二哥——阿垚简直就是天才！然而，这个天才的命运却十分不幸。

阿垚 13 岁那年去县城应考，从百官到县城有 40 里路，父亲就请别的成年人把他驮在肩上赶路，足见父亲的一片期望。其他前来赶考的相公以为这个小孩子是来看戏的，谁想到一试竟让他考了过去，变成了小童生。按照常例，县试过后，同年 8 月，须上绍兴府去应府考，也就是考秀才。但才到了4月，父亲去世，阿垚成了“丁忧”。按照朝廷颁布的考试规则，凡是丁忧不准应试，又加上百官镇上的季、谷、糜三大姓士绅威逼阻拦，不准阿垚前往应试，原因是糜姓士绅的儿子也要去应试，生怕阿垚占得先机，占了秀才的名额，故联合季、谷两家恫吓陈家：“你们是外县人，现在阿垚正在丁忧，若要去考，我们地方上绅士就要动禀告发！”阿垚的老师星泉先生听说后跑过来对母亲说：“你们寄居百官已有五代了，当然不能算作外县人。但是丁忧确是一个问题。你们有伯伯吗？”母亲摇摇头回答：“没有！”星泉先生又问：“你们有叔叔吗？”母亲仍然摇摇头回答：“没有！”星泉先生也只好摇摇头，不无惋惜地说：“如其有的，那就可以作为承继出的，没有丁忧的关系了。”母亲只能点点头，说道：“阿垚年纪还小，这次不去考，将来也可以去的。”

在服丁忧的三年期间，阿垚决心到外面闯荡。他写信给在杭州经营绸庄的俞表兄望予以提携，但终不得回复，失望之极。他又立志到杭州的学堂求新学，请求母亲帮助筹措学费，说道："我要到杭州的学堂求新学，请阿娘无论如何要设法筹划学费，即使没有钱，当掉买卖培植我也是值得的！"母亲则以儿子年少，且路途遥远、多险阻为由未准予成行。那时候，风气闭塞，交通不便，渡钱塘江，先要祭祖宗，去杭州犹如"远渡重洋"。就这样，阿垚读书的壮志终成泡影。其实，那时的陈家，尽管父亲新故，但店铺和田亩都还能卖上一些价钱，阿垚力劝母亲和大哥，请将店铺盘掉，暂时收缩，待将来兄弟长大，重整旗鼓。不料大哥不同意，母亲也拿不定主意。五六年过后，店铺和田亩都以很少的价钱卖掉了，甚至于把祖宗的坟头地基也押得干干净净，一下子，陈家变得一贫如洗。此后，阿垚像变了一个人，整日沉默寡言、郁郁寡欢。从前淘气、顽皮和聪颖、机敏的少年变得木讷、滞缓，坐必正，立必直，终日规规矩矩。在家里，大哥赌博，他要去说；弟弟读书，他要教导，俨然成了小教师爷。过了16岁，星泉先生对母亲说："鹤闻现在成人了，可以设馆收门生了。他年纪虽小，他的学问着实够了。你可以放心！"母亲把这话转达给阿垚，阿垚面带难色地回答："娘，青年人教书，不是光荣的。青年人应当在外做事，做一番轰轰烈烈的大事业，我年纪这么轻，应当力求上进，为何学老学究设馆授生呢？"母亲无言以对，上无叔伯为之提携，中无亲友为之援手，无奈何，阿垚于光绪二十五年（1899）八月在家中客厅设馆教书，邻近的儿童纷纷前来上学，开课第一天就来了三十多个学生，就连已在星泉先生处开学的鹤琴也转拜在了阿垚的门下。

时间过得很快，大哥定亲那天，阿垚被请去喝喜酒，吃了一个老雄鸡的头，第二天突然双目失明，眼珠无神。送到绍兴城里的眼科大夫那里医了好几个月，视力有些恢复，但变成了近视眼。又过了一年半载，阿垚开学馆挣了一些钱，一家人的生活有所改善，母亲和阿垚都很高兴。当地有一句俗话："钱财不露白，露白要赤脚。"有一天，阿垚刚收到开学馆的学费一百多块，兴奋之余，有一个邻居拉他去打牌，口口声声："新年新岁，要高兴高兴！"阿垚婉言谢绝。过了一阵邻居又来叫，连声说道："垚先生，时间还早，我们去打两圈!”阿垚心动跟着去了，谁料想，手风不顺，带在身上的百余元很快就输光了。到了半夜，阿垚垂头丧气地回家，走到池塘边，他想跳下去自杀，幸被同伴劝阻。当夜，母亲知道此事，第二天清早站在他的床边说:“阿垚，你不是要说你阿哥吗！半年辛苦，怎么一夜输光呢!”阿垚羞愧难当:“娘，我晓得了，请不必说了!”从此，阿垚一病不起。到了新年的时候，阿垚的病情未见好转，又有好心邻居对母亲说:“垚先生既然因赌博输得病的，也可以因赌胜而病会好的。我们再邀他一同来玩玩，使他大胜而特胜。”母亲信以为然，就故意作局使他大胜，但仍无济于事。所谓“一失足成千古恨”，陈鹤琴了解阿垚，他患的是心病而非身病。身病好医，心病难治。

江南的冬天总是阴沉沉的，平日里很难见到暖阳。在陈氏祖宅的一隅，阿垚已经卧床不起、病入膏肓，他的生命就像微弱的烛光，随时都可能被风吹灭。实际上，他的心早已经死了，“哀莫大于心死”！在窒息憋闷的氛围中，有多少像阿垚这样的有为青年被断送了前程，提前终结了青春呢！他们的天分、他们的智慧、他们的才华、他们的理想被压抑、被践踏、被摧残、被埋葬！赌博能害死人！愚昧能害死人！封闭的社会和制度也能害死人！

从这时起，陈鹤琴就对赌博深恶痛绝。

第二年的8月10日，阿垚死了。

陈鹤琴悲哀地写道：

> 我因此有所感了。二哥是一个非常规矩的人。烟酒嫖赌，素来都极端反对、痛恨的。何以到后来竟死于赌呢？这个责任不应他负的，要社会负的。人非圣人，谁无欲望，奈何社会如此沉闷，正当娱乐，一无所有。既没有游戏、运动以活泼其筋骨，又没有音乐、歌唱以舒畅其情绪，所有者烟酒嫖赌，种种恶习，都不是二哥所屑为所愿为。况且新年新岁，赌博是公开的，是皇帝特准的，玩玩本亦无妨。乃二哥自许甚大，自视甚高，今一不慎，坠入陷阱，使洁白之圭得沾污点。

谁之辜耶，社会亦应负其责矣。①

四 星泉先生

光绪二十五年(1899)春天，不到8岁的陈鹤琴进了私塾。他的开笔先生是二哥阿垚的老师王星泉先生。星泉先生在镇上的名望很高，学问也好，很受人们尊敬。据浙江上虞师范学院王如尧先生考证，那时的百官镇，有一条青石板铺就的长街，两旁都是店铺，街河与街面平行。街南为上街，称上堰头；街北为下街，称下市头；中段是中街，与中街呈T字形相交的叫横街，横街与中街之间有一座拱形桥相连，横街上的人家大都姓王。下横街桥，过"益大米行"，向右转入小弄，弄底有三座平房，从中间的穿堂进入，即是王家祠堂。祠堂也是三开间，正厅供神主。祠堂内有一个天井，地面铺的是鹅卵石，四周种植花草。② 开学那天，二哥带领陈鹤琴拜见老师。那时进私塾读书要讲究礼数。出家门前，先要在家里拜文昌帝。按那时的规矩，学文要拜文魁星，习武要拜武魁星。星泉先生的书馆在横街上，进门第一件要做的事情是拜孔圣人，孔子是"至圣先师"。开学那天，几个新学生站在书馆的前厅，星泉先生坐在神案的左手。二哥先将带来的果盒摆在孔子神座前面，再把蜡烛和捧香点燃分别插入烛台和香炉，然后学生开始跪拜。这一套礼节，二哥在家已经预先教过，所以进行得很顺利。拜孔子的时候，须先直立两手合拢举起一拜，再跪在蒲团上一拜，站起身来一拜，跪下去又一拜，所谓"四跪四拜"。拜先生时要跪着一连四拜，然后就是拜见同学——新学生要向其他学生一一作揖。然后，二哥带着陈鹤琴到书馆后堂拜见师母。师母很和蔼，陈鹤琴叫了一声"师母"，作了一个揖。最后一个环节是分糕。

---

① 《陈鹤琴全集》，第六卷，第528页，江苏教育出版社，1992年1月。

② 《鹤琴之声》，第6期，1998年10月。

先生把蜡烛吹熄,把果盒中的糕三分之一留给师母及师弟兄,其余的糕分给同学,每人一块,大家吃得很高兴。不到十天,三四十个同学彼此都相熟,同堂学习,同场游戏,其乐融融。在大人看来,孩子上学是大事,每日放学回来,孩子要祭祖宗。有些富裕人家为表达对先生的谢意,希望先生严格管教孩子,就办“先生酒”,请先生来家里吃酒席,并邀邻居、朋友作陪。

每日上午8点,学生们进入书馆,先拜孔子神位,然后走到自己的座位上坐好。座位上的桌椅是学生从家里带来的,大体上是两屉的长方桌和长凳或方凳,凳子没有靠背,如果坐姿不正,尤其是写字的时候,就很容易驼背。因为受了二哥的影响,陈鹤琴从小就养成了挺胸直背的习惯。学生们在座位上坐好后,先朗读前一天所学的内容。然后先生从内室出来,学生们依次把书放到先生面前的方桌上,背诵自己学过的课文。学生们背书时,作船摆式姿态,悠来晃去,似怡然自得。旧书背完,先生开始教新书。先生对学生因材施教,每一个学生所学的书都有不同。先生念一句,学生跟着念一句。念完一节,先生在一节的末尾处画上一个记号,然后再教下一个学生。学生把先生教过的书拿回到座位上琅琅诵读。诵读时也要作摇摆状,以彰文中意境。有时学生口干舌燥念不动了,或是打算偷懒,先生就把手中的戒尺在桌子上敲一敲,学生立即振作精神,继续诵读;学生要歇息,先生又用戒尺敲一敲,嘴里说道:“读呀,快要放学了!不读熟,要迟放的!”学生们听后不敢懈怠,读书声又起。至正午11时半,先生说:“放学了!”学生们就把书包包好,向孔子牌位作一个揖,鱼贯而出,各自回家。下午的课是写毛笔字。学生们一到书馆,就忙着打开书包,拿出笔墨纸张。开始写字的时候,先生把着学生的手一笔一画地教,撇要怎样撇才会有力,横要如何横才会不曲。几天以后,年纪稍大些的学生担当先生的角色教年纪小些的学生练字。待字练得稍好一些,就开始描红。木刻的描红纸,上面印着:“上大人,孔乙己。”学生用毛笔蘸了墨照样描,描熟了一张又换一张,熟悉字的结构和筋骨。学好印格后,就要临碑帖。临碑帖通常从颜体开始。字写好之后,学生就把宣纸拿到前面,并

用戒尺压好，以防被风吹跑。学生回到座位上继续背书，先生则用红珠笔改字。字写得好，画上一个红圈；字写得特别好，画上一个双圈；字写得不好，加一直杠；写得特别不好，打一个叉。到了下午四点，放学了。先生就把批好的作业逐张发还给学生。如果红叉得多了，学生要被关晚学。离开学堂前，学生要先向孔子神位作揖。如此往复，日复一日，年复一年。

夏天时，天光长，下午写字之后，就对"对子"。先生每天给出一个对子叫学生对，从一个字开始，逐渐到六七个字。对子是作诗的基础，经过了这样的训练，陈鹤琴的国文底子自小就打得很好。

学生对对子的时候，先生有时正在瞌睡。有些胆大的学生在底下偷偷游戏，把书撂在了一边，还不时观察前面的动静，生怕惊醒了先生，受到责罚。学生玩的游戏，一种叫"木偶戏"，是在两个大拇指上，画上两个不同面孔，如一个画上孙大圣，另一个画上二郎神，再在指头上戴上两顶纸帽子，一顶当作金箍棒，另一顶则当作方天画戟，二人在天空间交战，游戏的人口念锣鼓点。如此这般，学生们纷纷比画起来，有的演"四郎探母"，也有的演"击鼓骂曹"。突然，瞌睡中的先生被吵醒，学生们立刻把两只手放下，口里乱喊乱道："子曰，学而时习之，不亦乐乎！""赵钱孙李，周吴郑王！"有的孩子玩得太起劲了，先生就走过去，提起戒尺在他的头上敲上一敲。然后，诵书声复起。

另一种游戏叫"斗船"。学生们各用纸折成小船，然后将纸船的头迎面对上，双方各自鼓起嘴巴去"吹"对方的"战舰"，先倾翻的一方为输者。一对战罢，又一对开战，直到"天翻地覆"、"一片狼藉"，幸得先生未发现，否则，谁知哪个小孩子又要被罚呢！

"摇头摆身"是私塾里的健身运动，"琅琅诵读"是私塾里表情的歌唱，而游戏则是私塾里的孩子们天性和情感的释放，如同被关在笼子里的小鸟儿一般，尽管空间不大，但快乐却并不减少。这与星泉先生的学问好、待人随和与思想开通有关，镇上的大人、小孩都十分敬重他。可惜，不到半年，陈鹤琴改在二哥阿垚家中开的家塾里念书；以后，二哥病了，由他的同学王立贤先生来代替。

按照传统，私塾中教学蒙童分“写”和“读”两部分。上学的第一步是学写“写字”，学会描红后便是“对格”、“临帖”。上学的第二步是“读书”。一般孩子的启蒙课本是《三字经》、《百家姓》、《千字文》、《神童诗》，而先生却让陈鹤琴读《幼学琼林》、《孟子》，陈鹤琴变得更加成熟，时常有人向他请教学问上的事情。仅过了两年，二哥去世，家塾不得不停办。于是，陈鹤琴又进了陈家私塾继续学业。在私塾里教书的是一位嗜食鸦片的老先生，总是一副无精打采的模样。早上学生到了，先生还睡在被窝里；上课的时候，老人家不停地打呵欠，有时还流眼泪，显得迷迷糊糊；教书也只是随便教教，从来不讲书，就像庙堂里念经一般，小和尚跟在大和尚后面，人云亦云。在这样沉闷的气氛中，学生不敢吭声，不能游戏，更没有乐趣，对教授过的内容根本不懂，原本就满是条条框框的《四书》、《五经》、《百家姓》、《千家诗》等被这样的先生教授，更令人感到乏味。陈鹤琴在陈家私塾学了 3 年，从 11 岁到 14 岁，加上前面跟星泉先生、二哥阿垚和立贤先生学习，一共在私塾里度过了 6 年的时间，但除了认识三四千个字以外，其他知识学得很少，这给他以后去杭州进中学念书带来了很大困难。

第二章　遥远的天光

一　蕙兰学堂

1906年，陈鹤琴跟着来百官过门的小姐夫陆锦川离家去了杭州，原本是去学做生意的。小姐姐的婆家是开绸缎庄的，家里有些钱但并不宽裕。因为没找到什么生意好做，陈鹤琴在拱宸桥姐夫家住了半年，每日与爷爷(小姐姐的公公)下象棋，无他事可干。后来，姐夫决定送鹤琴进学堂读书。8月下旬的一天，由姐夫的朋友介绍，陈鹤琴进了蕙兰学堂。蕙兰的学费和膳食费一共32元，为筹划这笔费用，姐夫把自己的皮衣服和小姐姐的首饰典当了35元。临出门前，姐夫叮嘱说："读得好，可以读上去；读得不好，就去学生意！"当年二哥求学的失望和不幸给了陈鹤琴极大警示，他要抓住这个机会，死都不能放松。"万般皆下品，惟有读书高"，姐夫的一番苦心与告诫深深地铭刻在了他的心头。这一年，陈鹤琴不到14岁。

蕙兰学堂于清光绪二十五年(1899)由美国基督教浸礼会传教士甘惠德(Mr. W.S. Sweet)所创办，位于杭州淳佑桥畔，首期学生仅4名，次年停办；清光绪二十七年(1901)复校，学生20名，为五年制中学，实行学分制。除教习国文外，该学堂仿美国中等学校设置课程，设圣经和英文为必修课，学生毕业时，成绩优异者可保送美国田纳西大学深造；清宣统三年(1911)，更校名为蕙兰中学堂，改学制为四年。蕙兰学堂不大，但一切教学却很正规，井井有条。上学那天，陈鹤琴乘船从姐夫家所住的拱宸桥由水路驶向淳佑桥。当年的杭州，水路纵横，船是人们往来走动的基本交通工具。上岸时，天色已晚，陈鹤琴直接进了宿舍。与他同宿舍的同学，名叫章庆祺，年纪稍长，为人和蔼。他告诉陈鹤琴学习英文的方法。因为蕙兰是外国人办的教会学校，英文是必修课，只有私塾学习经历的陈鹤琴，感到既新鲜又陌生。

陈鹤琴的文化基础确实很差，6年的私塾，除了"之乎者也"，没有学过任何其他方面的内容，在蕙兰这样一个正规中学，他除了国文课有些底子之外，其他课程都没接触过，起点几乎为零。蕙兰的课程设置，首先是《圣经》，注重学生修身；史地科目包括中国历史、外国历史、中国地理、外国地理等；现代科学科目包括动物学、植物学、生理学、物理、化学等；基础科目包括算学中的代数、三角、几何等；体操课也是出名的严格，男女分别上课，男生每周3小时，女生每周2小时；学校还规定学生每日活动一小时，玩小皮球、踢毽子等，提倡学生强身健体。因他上学时已14岁，所以被插入一年级下半学期。旧制小学课程原定七年，旧制中学课程原定五年，对连小学基础也没有的陈鹤琴来说，要在四年半当

蕙兰中学校舍

中读完小学、中学的全部课程，是一道不得不迈过去的“门槛”。

要迈过这道“门槛”，办法只一个，就是勤奋刻苦。从那以后，蕙兰的校园里有了一个起得最早的学生。每日，陈鹤琴天未明即起。春秋季五点钟起床还好说，冬天天气寒冷，天未亮，便要爬出温暖的被窝，穿上冰冷的衣服，身体常常被冻得瑟瑟发抖，上下牙齿敲磕得咔咔响。陈鹤琴回忆：“当我起身的时候，全校同学还在做他们的甜梦呢。”①起床后，先要做两件事情：洗脸和大便。洗脸用冷水，可以刺激神经，一天头脑清醒；大便可以将体内的积食结便排泄出来，新陈代谢，有益于健康，也是很好的卫生习惯。做完这两件事，然后开始读书。古人云：“一年之际在于春，一日之际在于晨。”母亲说：“三日起早比一工。”他读的功课，在英文上，从开始的 26 个字母学起，经过“划音”，把一本小字典里不认识的字全部硬硬地记牢；在中文上，他的古文有一定基础，喜欢读《古文观止》，看的篇数比教师在课堂上教得还要多，他先后读了《易经》、《礼记》、《庄子》、《荀子》等，但大多生吞活剥，死记硬背，一知半解。他对连词很有兴味，将从书中、报章上看到的新颖词句和成语摘录在一个本子上，如“侥幸”、“饮水思源”、“掩耳盗铃”、“成竹在胸”、“唇亡齿寒”、“临渴掘井”、“事半功倍”、“功亏一篑”等，早晚温书时拿出来读一读，这样的学习方式十分有效。

早起，是陈鹤琴在蕙兰上学时养成的良好习惯，一直受用终生。他曾不无自豪地写道：“在蕙兰一百四五十位同学之中，每天起得最早的要算是我了。”在他身上仍保留着“卧薪尝胆”的越人之风，信奉“苦其心志，劳其筋骨，饿其体肤”的古训。一想起姐夫陆锦川在临出门前的告诫，他就不敢懈怠半分，更无放弃之念。早起的习惯，给陈鹤琴所带来的首先是意志力的加强和自信力的加深。陈鹤琴写道：

凡是人总是贪安逸，图舒服的。身体上的欲望常常克服心内的

① 《陈鹤琴全集》，第六卷，第 552 页，江苏教育出版社，1992 年 1 月。

> 意志与自信。我能吃苦,不贪安逸,不怕艰难,以坚强的意志,深厚的自信,战胜一切身体的欲望。这种意志力,这种自信心,对于我的一生做人是有很大帮助的。①

古语道:“一寸光阴一寸金。”中学时代的陈鹤琴,每天从早晨五点或五点半一直读到晚上九点熄灯就寝。虽然陈鹤琴成日手不释卷,但他却知道该如何保护眼睛、爱护身体。黄昏时,他就到草地上走走,温温旧书或记记生字。他看起书来,也不是整日整夜,一刻不停。看书过程中,稍有间歇,抬起头望一望窗外,或是闭起眼睛默思一下,要不然就起身在房间里走一走。这样一来,眼睛就不会过于疲劳。此外,读书的时候,坐立的姿势应十分注意。陈鹤琴从小就养成了挺胸抬头的良好坐姿,终身背脊笔直。

为了励志,陈鹤琴将古人格言抄写在纸条上,并挂在寝室墙上当作自己的座右铭。这些格言中有:“卧薪尝胆”;“己所不欲,勿施于人”;“四海之内皆兄弟也”;“百折不挠”;“非以役人,乃役于人”;“鞠躬尽瘁,死而后已”;“爱人人爱,敬人人敬”;“寸阴是惜”;“十目所视,十手所指”;“不耻下问”;“岁寒然后知松柏之后凋”;“富贵不能淫,贫贱不能移,威武不能屈”;“近朱者赤,近墨者黑”;“满招损,谦受益”,等等。

几个月下来,陈鹤琴的学习成绩迅速上升。尤其是英文,他摸索出一套有效的学习方法。要理解文章的意思,不能一味死记硬背、生吞活剥。

蕙兰对学生的成绩考查得很紧。每天上课的时候,教师总要将前一天的功课温习一遍;周六不上新课,将一周学习过的功课进行小考;每月底作月考,学期作大考,学年年考,年考成绩的优劣决定班级的升降排名。蕙兰是教会学校,宗教色彩非常浓厚,每日上午 11 点要做礼拜。礼堂里的座位依照每学期大考的成绩排序。全校成绩第一名坐在第一排末座,第二名坐在第二排末座,作为对这些学生的荣誉与褒奖。每天做礼拜的

① 《陈鹤琴全集》,第六卷,第 553 页,江苏教育出版社,1992 年 1 月。

时候，教师坐在讲台上，学生坐在规定的座位上。教务主任点名时，坐在每排末座“荣誉”者便起身大声报告该排未到的学生。陈鹤琴在入学第一学期的成绩位列全校前十名，第二学期就上升至第四名。有一个学期，甚至坐在第一排的荣誉位置上了。终于有一天，陈鹤琴支持不住了。或许是读书过于刻苦的缘故，陈鹤琴的头脑胀痛了几乎有一两个月光景，他心急如焚，恐怕长此以往，自己不能继续学业了。好在经过几周休息，他的精神复原了。

进蕙兰的第三年，陈鹤琴受到宗教精神的深深感染，他敬佩基督徒对信仰的虔诚、对事业的执著、为人处世的善良与包容，以及爱人的真诚、牺牲和奉献精神。他像多数学生一样接受了洗礼。那时，耶稣是校园里最大的“神灵”，“爱人的真诚、牺牲精神”和“救世济众”等做人的道理已渗透进学生们的血液中。陈鹤琴写道：

> 我的人生观在这个时期和从前大不同了。从前我只知道显亲扬名，谋个人的福利，现在我有点像耶稣那种爱人的热诚，牺牲的精神；从前是为己的，现在是为人了。①

从那时起，陈鹤琴感觉到自己的心灵得到净化，自己的精神正在升华。他下决心，成就真实、完美的自我，把“小我”变成“无我”，甚至以“无我”作为自己的隐名。他立誓终生不嫖、不赌、不吸烟，甚至不饮酒，将这四条誓愿称为“四不”，素来严格遵守。济世救人是他的志向，读书做学问是他的下一步打算，“奉献、牺牲、为人、无我”是他所追求的理想。几十年来，始终如一。

几十年后，陈鹤琴写道：

> 从中学时代开始，我就接受教会学校的教育，宗教精神所给予我的影响，可以说是至深且巨的，她使我成为一个教育的斗士，耶稣伟大的博爱平等与牺牲的精神，熏染了我的血液……因此，在很早以

① 《陈鹤琴全集》，第六卷，第 557 页，江苏教育出版社，1992 年 1 月。

前，我就立志以此生要为劳苦的民众服务，同时抱定了这样的宗旨："凡是别人不愿干、不敢干、不屑干的，我都去干。"在清华大学时代办工友补习班，在留学时代从事华侨童子军工作，以及回国后办鼓楼幼稚园都是凭着这股信念去干的。①

二　圣约翰大学

1910 年末，将满 19 岁的陈鹤琴完成了学业，以优异成绩从蕙兰学堂毕业。他的母亲、姐夫和小哥都感到很高兴，尤其是在报关行当经理的小哥鹤云。小哥是陈家里最有经营头脑的人，他自创福兴永运输公司，开设叙兴酱园号，有了一些财力。自在蕙兰读书的第二学期，一直到后来陈鹤琴进圣约翰和清华读书深造的费用，包括学费、书本、食宿及零用等都是由小哥提供的。陈鹤琴希望继续读书深造，得到了小哥的鼓励和支持。当时，有两所大学可以选择，一所是教会办的上海浸礼会大学（即后来的沪江大学），另一所就是当时在国内赫赫有名的圣约翰大学，也叫梵王渡大学。当初送他到蕙兰读书的姐夫陆锦川，此时又竭力鼓动他去投考圣约翰。1911 年 2 月，陈鹤琴如愿考入了圣约翰，开始新的学业。

他懂得了一个道理："要济世要救人，非有学问不可；要有学问，非读书不可。"②

圣约翰大学是中国著名的教会大学，其前身是 1879 年美国圣公会上海主教施约瑟把培雅、度恩两所书院合并后成立的圣约翰书院，校址在沪西苏州河畔梵王渡，当年 4 月 14 日破土动工，9 月 1 日开学。有记载，这所外国人办的书院，最初所设课程只有三门——西学、国学、神学，采用国语和方言同时授课的方式，规模很小。1881 年，时任书院英语教习的卜

① 《陈鹤琴全集》，第五卷，第 49 页，江苏教育出版社，1991 年 7 月。

② 《陈鹤琴全集》，第六卷，第 559 页，江苏教育出版社，1992 年 1 月。

舫济牧师(F. L. Hawks Pott),在中国的学堂里首开英语授课之先河。1886年卜舫济成为校长,即将英语教学升位于各科之首。1892年圣约翰开始教授大学本科课程,至1896年已经形成文理科、医科、神学科和预科的教学布局,是当时上海惟一的高等学府,在中国教育史上产生深刻影响。1906年学校在美国注册,正式称圣约翰大学。1913年设大学院,招收硕士研究生,形成预科、本科、大学院梯级结构,成为远东最有影响的高等学府之一。圣约翰的校训是与信仰和追求有关的"光与真理"与中国孔子的至理明言:"学而不思则罔,思而不学则殆。"在圣约翰大学旧址上,原有一座由美国纽约克拉克逊女士捐巨资兴建的教堂,后经重建,被用作学校礼堂兼圣公会教堂,直到20世纪80年代才被拆除改建为图书馆。1894年,为纪念创始人施约瑟主教,学校盖起了一座中国特色的教学楼,命名为"怀施堂"。而另一座教学建筑则是在20世纪初用庚子赔款基金兴建而成的,为纪念中国籍颜永京牧师,命名为"思颜堂"。来自美国的校长卜舫济执掌学校长达52年,一直从事教会教育事业。他的夫人黄素娥女士是美国圣公会第一位华人牧师黄光彩的长女,曾是近代上海著名的女子中学——圣玛利亚女校的首任校长。

在中国近现代教育史上,圣约翰大学具有重要地位。她不仅享有"中国外交家的摇篮"和"东方哈佛"美誉——中国早期的许多著名外交官和杰出人士均出自该校门下。这里还是中国现代体育运动最早的起源地。1890年5月20日在圣约翰校园举办了以田径为主项的运动会,这是中国体育史上真正意义上的校园运动会,也是国内举办最早的现代运动会。1898年由圣约翰学生组织成立的学生体育会,时兴网球、足球和田径运动。1904年4月23日圣约翰与南洋、东吴、英华公学联合举办了中华大学联合运动会。倡导体育和体育精神,是圣约翰大学鲜明的办学特色与宗旨之一。

陈鹤琴刚进圣约翰时,因为岁数稍大,也是从一年级下学期插班开始的。蕙兰与圣约翰开学时间不同,蕙兰开学是在春季,圣约翰开学却在秋季。卜舫济校长看着眼前这个矮个子圆脸盘的学生,满脸诚恳神情,交上来的蕙兰成绩单各科都不错，因此就答应将他先插班在一年级下半学期试读两周，若读得好，可以升上去，若读不好，则将被退回中等科。这与当年进蕙兰前姐夫陆锦川给他的警告如出一辙。他只有硬着头皮，拼着命去死读。陈鹤琴回忆："全校五六百个学生中每天起得最早的总是算我了。功课虽考不着第一，起早的头名没有人敢来抢的。"①

在圣约翰，陈鹤琴所面对的第一道门槛又是英文。与蕙兰不同，圣约翰的课程除国文外，理化算学历史等都是用英语讲授，课本也采用英文教材。此外，因为是中途插班，大学一年级上半学期课程没学过，他感到有些吃力。经过一个阶段适应环境，他依然像在蕙兰读书时那样的坚忍、勤奋与刻苦，终于跟上了课程进度。两周的试读总算通过，但拉丁文课程却让他吃尽了苦头。他写道：

> ……只有一门功课倒苦死我了。什么功课呢？就是拉丁文。拉丁文字母也没有学过，先生就要我读拉丁书的下半本呢，况且拉丁文比英文难得多。所以，我一方面补读上半本，一方面赶读下半本。这位教拉丁文的先生又来得凶，他的名字叫巴顿(Barton)。他的声音怒貌，到今天还留在我的脑筋中！他看见我回答不出，总是突着眼睛，伸着手指严厉地说道："Come on! Come on!"意思就是"快点说出来！快点说出来！"不过巴顿待我还算好。他知道我没有读过上半本，常常叫我到他的房间里去补习。②

一年的功课须半年学完，陈鹤琴读得实在辛苦。到了学期结束，各门功课成绩下来，陈鹤琴每门都及格，惟有拉丁文一门考了 59 分，下一学期需要补考。可惜，因为转学，他把这个记录留了下来。

对于卜舫济校长，陈鹤琴一向怀有景仰之心。他写道：

> 卜校长惨淡经营，苦心孤诣数十年如一日，把梵王渡一个小学校变为一个国内著名的大学，五十余年来，桃李满中国。现今在外

①② 《陈鹤琴全集》，第六卷，第 561 页，江苏教育出版社，1992 年 1 月。

交界、政界、商界、学界服务的不知有多少。他对我国教育事业贡献宏大。卜校长不仅介绍西洋文化，而且特别注重人格教育，宣扬圣道。他总是苦口婆心，劝人从善，仁爱精神，以身作则。一个外国人能够如此，我们岂不应该更加如此吗？这是我当初对于卜校长的景仰，并从景仰中所产生的一种感想。①

然而，圣约翰校园中的另一番景象，却使得陈鹤琴对自己所怀有的这些景仰产生了怀疑。一方面，这所以培养教会领袖人才的高等学府，藉以激励、感染青年信奉耶稣并接受"基督化的品格"，并在将来走向社会时发挥"人民的先生和领袖"作用；另一方面，在圣约翰校园中存在着种种不平等，令人产生出愤愤不平的情绪。在圣约翰，一般学生不注重中文学习，因此教中文教师的待遇很差。校中外国籍教师的待遇大大优于教西文的中国籍教师，而教西文的中国教师又较教国文的中国教师要好。教员所住的房子、所享受的薪金待遇分三个等级。国文教员住的是又旧又小的中国式房子，而外国教员住的则是又新又大的小洋楼。

圣约翰的学生中，不乏父母是洋行买办或官宦人家的阔少，平日里出入学校以黄包车和汽车代步，他们根本不把国文教师放在眼里。上国文课的时候，不是在底下读洋文功课，就是看小说。台上的国文教师像是低人一等，靠着桌，低着头，盯着书，讲课时连头也不敢抬一下。有的时候，卜校长走进教室查看，那些不听讲课的学生才收敛一会儿，装模作样把国文书摊开。更有甚者，这些学生给国文教师"捣乱"。有一天，上国文课时，几个顽皮的学生，在讲台上的桌子三只脚下都垫了砖头，另一只脚悬空。当国文教师讲课时，将两只手臂靠在桌子上，稍有前倾，桌子就从台上倒下来。被学生捉弄的国文教师只好赤红着脸，尴尬不已，而那些学生却前仰后合，乐不可支。中国人欺侮中

① 《陈鹤琴全集》，第六卷，第562页，江苏教育出版社，1992年1月。

国人，学生捉弄先生，陈鹤琴对这种不公平现象感到愤愤不平。他写道：“这种怕外国人而欺侮中国教师的奴隶心理，我今日思之犹愤愤不平呢！”①

卜舫济，这位曾经令陈鹤琴崇拜、景仰的外国校长、虔诚的基督徒却在15年后的1925年6月，做了一桩令很多圣约翰校友感到蒙羞的事情。五卅惨案爆发后，上海全市人民罢工、罢市、罢课。6月3日清晨，声援上海工人的爱国师生在校园中重新升起了被校方取走的中国国旗，闻声赶来的卜舫济恼羞成怒，当众从旗杆上强行扯下，引起了在场师生的一致抗议。人们气愤得跺脚、痛哭。据记载，有一名学生挺身而出：“您是校长，我们应当尊重；但你是外国人，不应该抢夺我们中国人的国旗。”在卜舫济交还了国旗之后，人们高喊：“中华民国万岁！万岁！万万岁！”后来，校方命令学生们到礼堂受训，但当校长和外国教授到场时，学生们并没有像平日一样起立欢迎。震怒之下的卜舫济校长立刻宣布学校停课，所有学生马上离校，学校设施全部关闭。在场学生中的553名本科与附中部学生当即宣誓永远与圣约翰脱离关系，以后再也不进任何外国教会学校，然后列队离开。孟宪承、钱基博、张振镛等17位中国籍教师以辞职方式支持学生的爱国行动。不久，离开了圣约翰的师生们另组了光华大学。这就是历史上著名的圣约翰“六三事件”，6月3日这一天也被定为光华大学的建校日。

三 北上京城

宣统三年（1911）6月间，初夏时节。陈鹤琴的小哥鹤云从报纸上看到清华学堂在国内招考的消息。清华学堂是由用美国所退还的部分庚子赔款建立的留美预备学校，清廷为选拔留学人才，在全国各省招考。按规

① 《陈鹤琴全集》，第六卷，第563页，江苏教育出版社，1992年1月。

定，凡年龄在15岁至18岁者皆可报名投考。初试由各省提学使主持，复试由学部尚书主持。这是清廷所举办的第三批选拔留美学生的考试。这时陈鹤琴已超过了19岁，经不住小哥和蕙兰的几位老同学的怂恿，他把年龄少报了一岁，终于报上了名。那时，浙江省报名的考生一共只有23人，主考官是提学使，姓袁，监考官是浙江巡抚增蕴。考试科目有国文、英文、算学。23名考生中取前十名，陈鹤琴位居第九，幸运地通过了初试。

过了几天，通过初试的考生每人领了路费20银元北上京城参加复试。杭州到北京相隔千里，路途遥远，通常要经上海转乘太古邮轮到天津上岸，再由京奉铁路乘火车到达北京正阳门。正阳门车站与天安门遥遥相对，始建于光绪三十二年(1906)，全称为“京奉铁路正阳门东车站”。

这是陈鹤琴有生以来第一次出远门，从前他最远的地方只去过杭州。在蕙兰同学杨炳勋、姚天造的介绍下，陈鹤琴住进了京城里的仁和会馆准备应考。考试分两场，共进行一星期，头场有国文、英文、算学，第二场有史地、科学。按考试的规矩，如头场考试不及格，第二场考试就不能参加。参加考试者既有从各省保送的学生，也有直接在京城里报名的，一共一千多人，座位挨着座位，考场里人头攒动，可谓“百里挑一”。开考那天，陈鹤琴早早就出了门，因为有了在蕙兰和圣约翰打下的基础和参加初试的经验，他并不感到紧张。进入考场，站在那里，定了定神。主持考试的是曾任清廷驻美公使馆参赞、游美学生监督、外务部左丞左参议、学部丞参上行走、游美学务处总办等职的周自齐。只见他高坐在台上，头戴大红顶子，身着绸缎马褂，端端正正，面色威严，桌边摆着一本报考学生的名册。负责唱名的官员高声把名字一个个唱了出来，主考官用大红银珠笔在名册上一个个做着标记。按点名的顺序，学生在座位上依次坐好，随着一声带有山东口音的命令，考试开始。

自1909年8月首次招考庚款留美学生，此次已是第三次招考，对考生要求，不仅通晓国文、英文，还须“身体强健，性情纯正，相貌完全，身家清白”。曾受业于蕙兰和圣约翰，又生性活泼、开朗的陈鹤琴，并不对此感到担忧。头场考试下来，一共取了160名参加复试，陈鹤琴位列第82名；

复试下来，取了 100 名，陈鹤琴位列 42 名。考试结束后，陈鹤琴在同学姚天造的引荐下，找到了本地有名的士绅范烟泰先生作保，终于被清华学堂录取，成为第三批庚款留学生。

清华学校地处京城西北，原为清漪园和圆明园等几处皇家园林遗址的一部分，相传是清道光皇帝赐予其五子的小五爷府。某日，朝廷学部员外郎范源濂带着随从路经此地，抬头望见乳白色的西洋式拱形石门之上，镌刻着由军机大臣、中堂尚书那桐手书的“清华园”三个大字。园中古柏林阴，亭台楼榭，还有一条清澈的溪流穿园而过，宛若仙境。于是，范源濂上奏朝廷准予在此建校。这便是最初的清华学堂。

陈鹤琴写道：

> 清华学校原是一个某王公的花园。有荷花池，有假山，有溶溶的清流，有空旷的操场，有四季不断的花草，有崭新巍峨的校舍。环境之美，无以复加。①

六七月的北京，正值盛夏，城里的气温很高，西郊就成了避暑的好地方。从城里通往海甸、颐和园、香炉峰有一条大路，要经过西直门。在这条路上，赶路的马车、驴车和挑担子、推小车的人们行色匆匆，有去避暑的达官贵人，也有进城卖菜、打零工的乡下农民；有去西山八大处、妙峰山朝奉的老人家，也有回娘家的新媳妇儿。由于距城里较远，清华的师生出校进城只能靠乘驴车、骑毛驴或步行。校园的旁边就是有“万园之园”之誉的圆明园。据说，英法联军火烧圆明园时，大火燃烧至清华园外时渐渐熄灭，有人说是园内有乾隆亲书“水木清华”匾的灵显之功。

流经园内的溪流源于万泉庄引来的活水，而工字厅则是由一条彩绘木廊连成一体的前后两排房屋，形成工字状，因此得名。庚子赔款后，清廷外交部设“游美学务处”于此。北方晴朗的天气和阳光使初到京城的陈

---

① 《陈鹤琴全集》，第六卷，第 565 页，江苏教育出版社，1992 年 1 月。

鹤琴豁然开朗，如沐清风。进校不到一个月，政府下了一道命令，在8月27日孔子诞辰日，全校师生，西籍教员除外，一律须去同方部"祭孔"，向孔圣人的牌位行跪拜礼，届时政府派大员前来监祭。同方部是清华校园北面一座简朴小楼，灰砖墙，红瓦坡顶，典型的欧式风格。"同方"二字取自《礼记·儒行》中"儒有合志同方，营道同术，并立则乐，相下不厌"句，有"志同道合者相聚"之意。这里也曾是清华园内最早的礼堂。祭孔之命使得曾受过洗礼的陈鹤琴和其他来自教会学校的学生们拿不定主意。于是，他们找到了学校监督唐开森先生请示，唐先生待人十分诚恳、亲和，办事非常热心，视学生如子弟，看同事如朋友，很受师生们尊敬。此刻，唐先生也正左右为难，他是虔诚的基督徒，但身为学校监督，怎么可以不去参加祭孔呢？陈鹤琴和几位同学商量后，决定不去参加。至于那天唐先生有无前往，不得而知。

1911年10月10日，武昌起义爆发，黎元洪被封了大都督，革命军挥师北上，清朝廷摇摇欲坠，京城里乱作一团，人心惶惶。清华宣布停学，学校发给每位学生路费20元，学生们纷纷离校南返。起初，陈鹤琴对时局没想到过会有多么严重，仍独自留在宿舍里专心读书，后来，在同乡杨炳勋的一再催促下，他才恋恋不舍地离开清华园，踏上了返乡之途。此时，水陆交通都很吃紧，他们从北京乘火车到天津，转乘太古邮轮南下。因为没买到舱位票，他们只好买了货舱票，睡在舱里的一口棺材旁边。船上甲板、船舱、通道上到处是逃难的人们，拥挤不堪，连站脚的地方都没有。陈鹤琴回忆说："这是我一生中第一次的逃难。"①

经过几天海上航行，终于到了上海，然后从陆路回到杭州家中，陈鹤琴见到久违的母亲、小哥、小姐夫妇，全家团聚。在这次回家期间，他请母亲将20年来一直与他相依为命的辫子亲手剪掉，以作为自己旧的人生完结，身心轻松地走进新的天地。他写道：

---

① 《陈鹤琴全集》，第六卷，第565页，江苏教育出版社，1992年1月。

> 这条辫子是母亲赐给我的，是母亲每天早晨替我梳打的，现在我奉还给她。她老人家把它好好儿保存着。①

不久，陈鹤琴告别家人去了上海，回到圣约翰继续学业。12 月 25 日，隆裕皇太后诏告宣统皇帝宣布退位，这一天也是西方的圣诞节。在悠扬的圣诞歌声中，紫禁城的大门被重重关闭。次年，民国成立，清华登报重新开学，清华学堂改名为清华学校，陈鹤琴再一次离开上海，踏上北上之路，回到了清华园。

① 《陈鹤琴全集》，第六卷，第 565 页，江苏教育出版社，1992 年 1 月。

第三章 清华时代

一 晨钟暮鼓

陈鹤琴怀着忐忑不安的心情走进了清华校园，这位来自江南小镇的20岁年轻人，开始了自己新的人生。他曾这样写道：我的清华时代，好像万象更新的新年，好像朝气蓬勃的春天。我的希望，非常远大；我的前途，非常光明；我的精神，非常饱满；我的勇气，非常旺盛；我的自信，非常坚强；我的自期，非常宏远。那时做人真觉有无穷愉快。① 清华园中的一切，使这个朝气蓬勃的年轻人很感兴奋。

清华之初，始于1908年美国国会通过法案，授权美国总统退还中国庚子赔款中超出美国实际损失的部分，用此笔钱办学，并资助中国学生赴美留学。1900年庚子事变，八国联军进攻北京，中国战败，清政府与11国列强签订《辛丑条约》，包括允付战争赔款共计白银4.5亿两，自1902年起分39年还请，年息4厘，其中美国分得其中7%，约合美金2 444万元。1905年1月，清政府驻美公使梁诚与美国政府交涉，提出核减赔款；1907年，梁诚再次向美国总统提出减收庚款事宜。美国总统西奥多·罗斯福于1907年12月3日在国会发表演讲，提出"以援助中国厉行教育，使此繁众之国能渐渐融洽于近世之文化"，要求国会授权向中国退还部分庚款用于中国政府派遣学生来美留学。1908年5月25日，美

① 《陈鹤琴全集》，第六卷，第564页，江苏教育出版社，1992年1月。

国国会参、众两院通过《豁免中国部分赔款》的法案，并授权美国总统宣布实施。清政府遂于当年7月14日致函美国政府，“此后当按年派送学生到贵国承受教育”，确认“从赔款开始退还之年起，敝国政府于前四年每年遣送百人至美留学……自第五年起，每年至少必遣50人赴美留学，直至该项退还赔款用完为止”云云。双方协议，创办清华学堂。此后，清政府向美递交《派遣美国留学生的章程草案》，开始选派留美学生的实施工作。1909年10月，第一批庚款留美学生共50人，登上去美国的邮船，开始游学历程，其中有大教育家、后来曾担任清华大学校长的梅贻琦。他们所学的专业包括化工、机械、土木、冶金及农、商各科。1910年10月，第二批庚款留美学生上路，他们中有胡适、赵元任、竺可桢等人。从第三批起，被录取的留美学生先要在清华完成相当于大学预科的学业，然后才被送往美国进入正规大学学习深造。因此，有人称清华为“庚款学校”。

清末新政实行教育改革，1904年颁布《奏定学堂章程》(《癸卯学制》)，明确规定了各级各类学堂的培养目标、学习年限、学习科目及其相互之间的衔接统属关系，将自然科学和社会科学包括进学校课程。1905年，清廷下诏废除科举制度。此后，各省陆续兴办新式学堂，在校学生数量逐年增加。从此，中国的近代教育有了新的开端。

在这所中西合璧的学府里，除了校长和教务长是中国人，教师大都是来自美国的基督徒，教学内容与体制也仿效美国的高等院校。“中体西用”是李鸿章、张之洞等办洋务时所提出的口号，也是朝廷与外国人打交道所采取的基本态度。作为官办学堂的标志，每年举行祭孔仪式。在发布于1911年的《清华学堂章程》中，提出“以进德修业、自强不息为教育之方针”，“延用美国高等各科教习，所有办法均照美国学堂，以便熟悉课程，到美入学可无扞格。”教师中有一半来自美国。每个星期天都有美国教师讲授圣经，教学生如何求学做人，怎样处世接物。校中辟有专门的外国教师住宅区，被中国师生谑称“小租界”。

在陈鹤琴的印象中，周诒春、张伯苓是两位深受师生爱戴和尊敬的师长。

周诒春（1883—1958），字寄梅，祖籍安徽休宁，生于湖北汉口，1903年毕业于圣约翰大学并留校担任教职。1907年被授予学士学位，并于同年自费赴美留学。辛亥革命后，曾出任南京临时政府外交部秘书，担任过孙中山先生的英文秘书。1912年4月，周诒春任清华学校副校长兼教务长，1913年8月接任校长职务。

陈鹤琴记述道：

> 周校长办事认真，毫不敷衍。校规不定则已，一定了我们非要遵守不可。他常常对我们说："我不要你们怕我，我要你们怕法律。你们读书，总要研究得透彻，不要马马虎虎，一知半解。你们做事，总要实事求是，脚踏实地，要从小做到大，从低升到高。若是脚没有着实而攀得高高的，那一跌下来，就要跌死的。"周校长处处能以身作则，不爱名，也不贪利，说起话来总是诚诚恳恳，切切实实。清华校长换了好几位，而养成清华纯洁学风的，就是周校长。凡是在清华读过书的，没有一个不爱戴他。他真是我们的良师呢！①

张伯苓（1876—1951），天津人，名寿春，生于天津。早年毕业于天津北洋水师学堂，曾在海军服务，后弃戎从教，立志教育救国，先后担任保定高等学堂总教习、清华学校教务长。留学美国后，在天津教授西学，倡办新式教育，先后创办私立南开中学、南开大学、南开女子中学和南开小学等。

陈鹤琴回忆：

> 张伯苓先生曾经做过我们的教务长。他的声音像洪钟，说起话来非常动人。他的体魄魁梧，望之令人油然起敬。他虽然在清华不久，但他的伟大人格，已深深地印入我们的脑筋中了。②

在陈鹤琴的心目中，清华的可敬之处，一方面在于清华的"纯洁"；另一方面在于清华的"活力"。

---

①② 《陈鹤琴全集》，第六卷，第568页，江苏教育出版社，1992年1月。

周校长素来不主张“读死书”。在他当清华校长的四年任上，倡导“德智体三育”，注重“端品励学”和“强迫运动”，“素以养成完全人格为宗旨”。较之于国内其他学校，清华的课外活动更加丰富，包括足球比赛、篮球比赛，还举办辩论会、演说比赛、化装表演、音乐会。在毕业典礼上，陈鹤琴曾参加过话剧《威尼斯商人》的演出。在清华，来自圣约翰的同学很多，圣约翰的体育在国内最为著名，其中潘文辉、潘文炳和杨经魁等人在圣约翰就是运动健将，因此也成为清华园里的佼佼者，田径和球类样样精通，陈鹤琴对他们非常羡慕。陈鹤琴感觉自己在品德和读书方面并不逊色，而身体条件和运动天赋却输于他们。但他并不气馁，他想，自己球类、田径方面虽比不过他们，但力量、筋骨总可以同他们比一比。于是他坚持锻炼。一年以后，全校举行学生体力测验，有握力表测验握力，有量力表测验腿力、背力，还有测验臂力、手臂的举力和攀力的测量表，共有七八项力量比赛，在全校几百名学生中，陈鹤琴居然名列第二，在第二年举行的同一比赛中，他又名列第一。

陈鹤琴写道：

> 当初我曾想做一个伟人，但又想伟人非要有“魁梧奇伟”的体格不可。我很矮，不过5呎3吋长，从古人的眼光看来，我不过是一个5尺童子罢了(英尺5呎3吋还不及中国5尺5)，绝对没有做伟人的资格，因此颇郁郁不乐。后来读到法国革命史。先生说，拿破仑雄才大略而身躯很短，像一个矮子。我问先生：他究竟有多高呢？“5呎5吋。”我听了，非常快乐。我想假使我穿一双后跟2吋高的皮鞋，不是同拿破仑一样高吗？所以我就穿“高脚皮鞋”做“伟人”了。这种错误的观念，你们想想看，不是很好笑吗？①

陈鹤琴在清华读的是理科。教授物理课的是沃尔德先生，他讲课很认真，实验课也上得很有趣，对学生的要求很严格。马隆先生讲授西洋史

---

① 《陈鹤琴全集》，第六卷，第571页，江苏教育出版社，1992年1月。

课程，他是一位美少年，非常英俊。他所教的历史课，总要求学生死记硬背历史事实和重要日期。他与陈鹤琴等班上同学相处很好，常常会请学生们来家里作客。课余，他经常到圆明园去研究残碑断柱。后来听说他回到美国又进了大学读博士学位，以圆明园为研究对象。皮克特姐妹，姐姐讲授美国史，妹妹教授德文。她们都只有二十几岁，甚至比班上一些同学还要年轻。在课堂上，她们不得不摆出一副“师道尊严”的样子，将原本开朗、活泼的本性收敛起来，“她们在中国这种守旧的环境里面确实感到非常拘束”①。史密斯先生是一位40岁还未娶亲的男士，讲授西方文学课程。斯塔尔小姐讲授美术课，她也是一位基督徒，对宗教很热心，四十多岁仍孑然一身，是个老姑娘。她教学生们绘画，也教学生们做人。休梅克先生是体育教师，每天早晨都带领学生做集体操，有时，陈鹤琴还被叫出来领操。博尔德先生是校医，人很好，医疗技术不错。塔尔梅齐女士讲授英文课，她不太爱讲话，在教室里从来不笑。上课时，若有同学回答不上问题，她就会用那双严厉的大眼睛盯着他。有的学生很怕她，实际上她是一位很诚恳的良师。那时，她正讲授英国作家狄更斯的《双城记》，书中有一个叫 Madam de Vague 的女革命家，勇敢地带领人民群众去攻打牢狱。因此，有的学生就将女革命家的名字作为塔尔梅齐女士的别称，似乎是形容她的严厉。而讲授算学课的海因斯先生却是一位非常和气、满脸堆着微笑、说话声音很轻、举止文雅、学问也很好的好好先生。有时学生做不出题，他也不会发脾气，仍然很有耐心。音乐教师西利，举止稳重，谈吐风雅，待年轻学生如弟弟，上她的课，不仅学到音乐，也学到做人。这些来自大洋彼岸的教师，给学生们留下深刻的印象。他们共同的特点是，都很善良，也很热心，很受学生们尊敬。作为基督徒，他们十分注重教学生如何做人，并且身体力行。从他们身上感受得到信仰和精神的力量。这种力量，如光与热，深深感染了陈鹤琴与他的同学们，使他们的身体和内心都充满高尚和光明。他们立志要做火把，把黑夜照亮；他们立志要做天

① 《陈鹤琴全集》，第六卷，第566页，江苏教育出版社，1992年1月。

使，把爱带给人间；他们要做晨钟暮鼓，时时刻刻警醒自己，也警醒别人——服务、牺牲、奉献和爱！

二　青年天使

在清华读书期间，有三本书籍曾使陈鹤琴感动不已。第一本书是约翰·班扬(John Bunyan)所著 *Pilgrim's Progress*(中文译名"天路历程")，书中描写一个基督徒如何上天，一路上遇到许多意想不到的困难、试探和诱惑，他不为所动。该书作者是一位宗教革命家，反对当时英国旧教的专制与腐化；他主张信教自由，提出信教以《新约》为根据和教会的组织应民主化，最高权威应在教友，不在教会。为此，他被旧教的权威下狱达 12 年之久。读了这本书，陈鹤琴感到自己得到了做人的指南针。第二本书是斯陀(Harriet Beecher Stowe)所著 *Uncle Tom's Cabin*(中文译名"黑奴魂"或"汤姆叔叔的小屋")，书中描写了美国黑奴的悲惨处境和痛苦生活。读了这本书，陈鹤琴的心中生出对被压迫者的无限同情，并激起了很深刻的民族意识。第三本书是 *Benjamin Franklin：Autobiography*(中文译名"富兰克林自传")，叙述了富兰克林从印刷学徒到政治家的历程。读了这本书，陈鹤琴深深感到一个人要有成就"就非努力非奋斗不可，非为人服务、为国效劳不可"。

陈鹤琴注重品德修养，在当时的清华同学中有口皆碑。与陈鹤琴同时期在清华就读，后来的国学大师吴宓在日记中有以下记载：

民国三年(1914)

三月二十九日　星期日

……

陈君鹤琴以道德之修养、品行之砥砺，为同学中最要之事，而能确实砺行者甚寡，爰发起一"日日警钟"，共约四人，二人任中文，二人任英文，各择古人格言明训，可资警戒服膺而尤足砭同学之时病者，日书一纸，中英文各一则。于每晨悬青年会通告牌中，以期同学见之触目惊心，不无小补。余甚赞成，议以余及吴君希之担任中文，陈君自担任英文。陈君宗教心极热，于青年会事颇尽力，常言人当用心理学的工夫。今为此议，余虽以此事自命道德、出示训人，他日见之于众，将难自为地，然善陈君之心，亦竟允之。①

进入清华的第二年(1913)，陈鹤琴与几位同学创办了学校的青年会，由民国时期大外交家王正廷的胞弟王正序担任会长，陈鹤琴担任干事。这是中国国立学校内第一个青年会。青年会的工作，一方面是相互砥砺，以身作则来领导同学，皈依真道；另一方面是实行社会服务，提倡教育，以证明耶稣之博爱精神。当时与陈鹤琴同班的同学有金岳霖、廖世承、孟宪宗、李冈、吴钦烈、李广勋、涂羽卿、郑晓沧、陆梅僧、姚永励、李权时、张道宏、李达和汪心渠等人。陈鹤琴和同学们在学校中组织了一个同志会，取名"仁友"，意为"以文会友，以友辅仁"，同学们在一起相互切磋学问，砥砺品行，联络感情，规劝过失。他们还油印了一张小报。他们这个小团体维持了几年，直到毕业。1914 年学校要办一种刊物，由同学们组织编辑委员会，陈鹤琴被指派担任经理，负责出版发行事宜，为此他曾获得学校颁发的金质五角宝星奖章。关于当年在清华办报的经历，吴宓先生在日记中有记载云：

三月三十日 星期一

是午余草"警钟"第一号，说明用意。文曰："暮鼓晨钟，发人深省。淬厉琢磨，提撕警醒。性须日善，德务长滋。同学兄弟，视之念之。"明晨发布焉。②

"人生以服务为目的"是陈鹤琴在清华时代就已确定的人生目标和主旨。陈鹤琴给人的印象是身体强健、精神饱满，致力于乡村服务，萦心于

①② 《鹤琴之声》，第 8 期，1998 年 11 月。

同学之福利与修养。他脸色红润、仪表齐整、态度谦逊，脸上永远都是和蔼、亲切的微笑，讲话时和颜悦色，声音轻快而平静。他的身体姿势，不论上课、站立还是行走，都保持正直，从背后看不到弧形的曲线（俞子夷语）①。他对公益事业表现出极大热情。在清华期间，陈鹤琴做了两桩一直到几十年以后仍为他自己津津乐道的“事业”。第一桩事业，陈鹤琴在清华园内办了一所校役补习学校，每晚上课，对象是学校里的工勤人员和杂役，通常都会有三四十人上课；第二桩事业，陈鹤琴在离清华园二三里外的成府村办了一所义务小学，教乡村的孩子识字、读书。两所学校的校长由他一人担任，教师则由他自己和班上的同学共同担当，班上的学生有几十人。当时清华园附近一带都是乡村田舍，南起大钟寺，西至海甸，都曾踏遍了这个“青年天使”（郑晓沧语）的足迹。每到圆明园的废墟映着夕阳残照的时候，年轻的陈鹤琴带着老老小小的学生们有说有笑回到学校。他去上夜课时，手提灯笼，穿过稀疏村落；下课后，又沿着田垅间蜿蜒曲径走上返回清华的大道。他与校内外人们相处都很好，不论是校内同学还是校外贩驴的乡民、乞丐都逐一接近。

清华学堂毕业时照

在陈鹤琴即将离开清华赴美前，有一个曾在校役补习学校学习过的理发匠对他说：“陈先生，你要离开我们了，我们很难过。你待我们实在好，我们不能忘记你。”这位理发匠向陈鹤琴索要了一张照片，要把它挂在墙上，作为纪念。然后，理发匠将一把旧式剃头刀送给陈鹤琴并说道：“这把刀剃起胡子来比外国刀来得快，每次你用它的时候，也可以想到我们

① 《我的半生》序二，江西教育用品厂，1941 年。

呢!”这番朴实的话语一直萦绕在陈鹤琴的记忆里。23年后,陈鹤琴已成为大名鼎鼎的教育家,有一次来清华开会,在饭堂里,一个厨房里的老师傅居然认出了他:“你不是陈先生吗?”

陈鹤琴的同学邱椿回忆当年的情形:“仿佛是民国三年春季的一个星期日,笔者同几位朋友到清华园南约二里路的成府村蹓跶,猛然看见街头许多村民,男女老幼,挤成一团,其中有个口齿清楚的小孩子,讲什么‘雷声的起源’,博得如雷的掌声。仔细打听,才知道讲演者是成府小学的学生,而这个小学是陈鹤琴先生创办的。‘陈鹤琴将来必定是一个大教育家。’有个朋友这样说。”①后来,这所小学继续办了下去,新建了校舍,招了几百名学生,有了相当规模。

这是陈鹤琴一生从事教育事业的开始,也是他最初的教育实践。

六十多年后,陈鹤琴写下了这样的文字:

> 一切为儿童,一切为教育。
>
> 我今年虚度90岁,适逢吾校清华七旬大庆,何幸如之。
>
> 我回忆当年离吾校不远的地方海甸成府,我专为附近穷苦失学儿童办了一个义务小学,每天下午4时回来还为清华校役办一个补习夜校。这是我一切为儿童,一切为教育,一生从事教育事业的开端。②

三　憧憬与向往

早年清华的学生,都有一种挥抹不掉的情结,所谓庚款之痛。清华创办的历史与国难、国耻相连,深深地印刻在这些来自各地的莘莘学子的内心,隐隐作痛。陈鹤琴写道:

---

① 《我的半生》序八,江西教育用品厂,1941年。

② 《陈鹤琴全集》,第六卷,第494页,江苏教育出版社,1992年1月。

> 在童年时代，我的人生观无非是显亲扬名。在中学时代，我的人生观在济世爱众。在大学时代，我的人生观除济世爱众外还能注意到救国呢。这种救国的观念是在清华养成的。清华创办的历史我很明白。清华的经费是美国退还的庚款。庚款是什么呢？无非民脂民膏而已。所以我觉得我所吃的是民脂民膏，我所用的也是民脂民膏，将来游学美国所有的一切费用，也都是民脂民膏，现在政府既然以人民的脂膏来栽培我，我如何不感激呢？我如何不思报答呢？爱国爱民的观点从此油然而生了。①

1914年7月，在周诒春校长的带领下，来自清华的毕业生从北京南下来到上海，24岁的陈鹤琴是其中之一。这一批留学生，除清华以外，圣约翰和各省都派遣了学生，共100人左右。环球学生会的朱少屏负责办理出国护照、订舱位和筹备欢送会等事宜。欢送会是在某花园里举行的，担任过北洋政府国务总理的唐绍仪先生致欢送词，谆谆地勉励这些即将远行的学子。陈鹤琴与众多学子认真聆听，对未来的憧憬与向往使这些年轻人几乎不能平静。这些来自于中国各地、刚剪掉辫子不久、还穿着长袍马褂的学生们，对于大洋彼岸的国度——美国，除了向往，怯生与惶恐常常令他们感到隐忧和不安。临从北京出发前，有一天晚上，陈鹤琴与吴宓谈起出国留学的事情。陈鹤琴告诉吴宓，他在美国的朋友来信，说到美国人轻视中国人的种种难堪之状。吴宓对此十分感慨，他不明白，像美国这样的文明国度，怎么会有这般“顽味无情”的人。从蕙兰到圣约翰到清华，陈鹤琴所接触的外国师长个个令人尊敬，他原以为来自文明国度的人也应该很文明。但一次经历使他改变了这个看法。有一天下午，陈鹤琴走在上海街头一条狭窄的马路上，忽然后面冲过来一辆黄包车，他正欲向右躲闪，不料前面也有一辆黄包车快速而来，于是他站住脚等在马路中间。这时，从其中一辆黄包车上下来一个碧眼红发的外国人，不

① 《陈鹤琴全集》，第六卷，第573页，江苏教育出版社，1992年1月。

由分说，伸出拳头猛击陈鹤琴的胸口。当时，陈鹤琴生怕惹上麻烦，因小失大，耽误了船期，忍气吞声咽下了这口恶气，回到住宿的房间，便关上房门，倒在床上，痛痛快快地哭了一场。在中国的土地上，尚且受外国人的欺侮，如果出了国后，说不定更会如此。中国因为落后、贫穷、政府孱弱才会受列强侵略欺侮。在租界里发生这样的外国人打中国人的事情，巡捕房肯定会判是中国人的错，弄不好，还会把被打的中国人关进牢房里。

然而，在陈鹤琴的心目中，美国，这个大洋彼岸的遥远国度，仍然是一个梦，一个充满光明、充满活力、充满勇敢和传奇的美丽国度。在清华，他的美国老师们曾教过有关美国历史的课程。他听说，美国人的生活程度很高。普通人的工资每天都能挣到三四块钱，吃的是大餐，穿的是西装，住的是洋房，比中国的富人还要阔绰许多。更为重要的是，美国人普遍受教育，几乎没有人不读书、不识字的。美国人对文化非常重视，博物馆、动物园、植物园、美术馆、图书馆、体育场几乎国内所有城市皆有。他还听说，全世界最大、最高、最多的东西大都在美国。当时，最大的大学是纽约的哥伦比亚大学，学生超过3万人；最高的房子是57层高的伍尔沃斯大厦；图书收藏最丰富的图书馆是华盛顿国会图书馆；最雄伟壮观的瀑布是尼亚加拉大瀑布等等。人们说，要发财到美国去，要读书也到美国去，要看奇闻壮观到美国去，要吸自由空气也要到美国去。听上去，美国就像是神话。陈鹤琴几乎压抑不住内心的激动。他的理想就要实现！他的热情正在蒸腾！他感觉自己真的要飞翔了！他要到美国亲身体验与感受这些神话。

此时，毕业于上海圣约翰大学，当过南京临时政府外交秘书，讲得一口流利英文并深谙外国生活方式的周诒春校长却沉下心来，向这些即将留洋的学生们讲授国外的礼仪、风俗习惯和与外国人交往时要注意的仪表、仪容、言谈举止。他讲课时的神情很专注、很认真，生怕这些年轻人不适应国外生活。周校长先教学生们在国外吃饭时的礼仪，不仅讲课，还亲自做示范。学生们在青年会住了一个月，周校长的“吃饭课”也讲了一个月。这些留学生戏称自己为“吃饭学生”，称周校长为“吃饭先生”。

周校长教的“吃饭课”，包括了以下几个内容。第一，坐席。中国人让左，外国人让右；美国人通常男女隔坐；入席时，从客厅走到饭厅，女主人要走在前面；入座前，也是女主人先坐下，其他来宾才能坐下。第二，坐的姿势。入座后要保持腰背挺直。第三，喝汤。喝汤有三点注意事项：其一，喝汤时头不要下垂，要将汤用汤勺舀起来，放进口里；其二，喝汤时不要作声，尤其不要发出嗤嗤的声音；其三，当汤要喝完时，应将汤盘往外侧，以免洒到衣服上。第四，吃面包。吃面包时，不能把面包一大块填进口里，而应用餐刀将面包切成小块，然后涂些牛油，放在左手，一点点吃下去；同时，吃一小块面包，要吃点菜。第五，用刀叉，也有三项原则。其一，刀不能放进嘴里，以免割破舌头；其二，要用右手拿刀；其三，吃菜要用叉。吃牛排时，要讲究方法，讲究体面。第六，与中国传统“食不语”（孔子语）不同，外国人将吃饭视为一种社交活动，席间总有人说笑话、讲故事，但千万注意，此时不要把刀叉捏在手里，以免得意忘形时自伤；此外，席间不要谈论悲伤的事情，以免破坏就餐时的气氛和情绪。经过周校长的教授与示范，学生们专心练习，终于取得了这张特殊的“文凭”。

陈鹤琴在上海等待办理留美手续期间，曾回过一次家乡，奉母之命，订下了自己的终生大事。他的未婚妻俞雅琴比他小五岁，是典型的淑女，清雅俊秀，知书达理，贤惠善良，颇具大家闺秀之风范。她的父亲俞京周在招商局跑航运，家境很好，据说曾拥有三条货船。她曾就读于湖州著名教会学校——湖郡女校，与曾任北洋政府总理熊希龄后来的夫人毛彦文同窗，学过家政，会讲英文，弹钢琴、针线绣工样样精通，还在话剧《威尼斯商人》中饰演过角色。在上虞百官镇的茅家弄，陈俞两家毗邻而居，俞家的街门对着陈家的后门，当中隔着一条狭窄小街。此时的陈家家道已经中落，杂货店早已关张，日子过得很拮据。俞家老爷见对门院里的陈鹤琴平日里很用功，待人谦逊，也很孝顺，对这个品学兼优，又在圣约翰和清华上学，即将留洋的年轻人很有好感，也觉得牢靠，将来肯定能出人头地，于是就回绝了其他有钱人家的提亲，将钟爱的独生女许配给了陈鹤琴，并允其学业结束后完婚。陈鹤琴的母亲对这位未过门的儿媳妇也很中意。两家老人坐在一起商量，将这门婚事订了下来。17岁的俞雅琴去照像馆拍了一张照片，嵌入一个盘子大小的椭圆形镜框，赠予22岁的陈鹤琴。从此，陈鹤琴便将未婚妻的照片随身带着。在国外读书期间，他将照片悬于寝室墙上，示之以人，免男女情爱之事打扰学业，戏称为"挡箭牌"，拒绝别人对他的追求。他曾风趣地告诉子女，在留学期间，曾有好几位很漂亮、很有学问的女留学生向他表示爱慕，都被他的这个"挡箭牌"挡住了。当时，在留洋的中国学生中，有许多人在出国前都曾有过婚约，有的甚至出国前就结过婚，在留洋见了世面后却生出悔意而见异思迁、另觅新欢。陈鹤琴的情爱观是"有始有终"、"白头偕老"。在长达六十多年的风雨岁月中，俞雅琴一直陪伴在陈鹤琴身边，做他的贤内助，同甘共苦，风雨同舟。两人相濡以沫，情感甚笃，被传为佳话。

第四章　新大陆

一　远渡重洋

1914年8月15日，上海招商局码头热闹非凡，到处人头攒动。陈鹤琴的亲朋好友共十多人也来送行，其中有他的未婚妻、岳父和姐夫陆锦川、小哥陈鹤云等，他们都是专程从杭州赶来的。码头上停泊的“中国号”邮轮将要起航。船上的烟囱呼呼冒着白色蒸汽，准备开船的第一遍汽笛拉响。船上和船下的人们彼此高举着胳膊，摇动双手，激动地跳跃、喊叫。人们将红红绿绿的纸圈和彩条抛向天空，如五彩雨霖，在阳光的炫耀下，色彩缤纷，热烈的情绪像电流一般在人们的目光之间传递、交流。当开船的第二遍汽笛又一次拉响，船头的铁锚缓缓升起，船上和船下的人们将许许多多彩条连接在一起，又是一片欢呼，又是一片激动。当第三遍汽笛拉响，甲板上的水手收起缆绳，船身渐渐离开码头，这些彩条被越拉越紧直至断开。“再见！”“再见！”人们又掏出白毛巾挥舞起来，几百条白毛巾如同几百面旗帜，在阳光照耀下闪闪发光。随着轰轰作响的涛声与海鸥啾啾的鸣叫声，这些黄皮肤黑头发的青年学子开始了新的人生。

这条搭载满怀美丽梦想和远大志向年轻学子的“中国号”邮轮，是当年中国仅有的两条远洋邮轮之一，与其姊妹船“南京号”一样，都是从美国买来的旧船。陈鹤琴回忆：

> 这次赴美游学的共有百余人，其中有新考取的10个女生，清华

优秀幼年生 10 人，1913、1914 年毕业生七十余人以及自费生数人。我们百余人，济济多士，把“中国号”的头等舱位几乎占满了。①

邮轮沿着黄浦江驶向吴淞口，飘扬着五颜六色外国旗的货轮、邮轮泊在码头上，渡江的小火轮“突突突”冒着黑烟在江面上行驶。船上的这些年轻人仍未平息心中的激动，挤在船栏边向江边的景物指画、谈笑。在他们中间，有一位来自安徽的自费生，他的学名叫陶文濬，因推崇明代哲学家王阳明“知行合一”，取笔名“知行”，1934 年 7 月正式改名为陶行知。邮轮驶出了吴淞口，海上的景象明朗、开阔起来，地平线被水雾薄薄蒙上一层轻纱。早上可以看旭日东升，傍晚可以看红日西沉；白潮澎湃的海涛中，有时会突然跃腾起排空的巨浪；成群的海鸥追逐着邮轮，翱翔上下。陈鹤琴与其他清华同学们沉浸在兴奋和美梦之中，乘长风破万里浪，雄渡太平洋。然而，身处邮轮一隅的陶行知，此时却不像船上其他人那样兴高采烈。此时，他身上除了一张去美国的船票，只有 50 美元。他的家境贫寒，凭着追求和努力读到大学毕业，并决心出国深造。他独自一人下到船底的煤火舱内，看到了里面的景象：“几个赤膊的活人像天津鸭子一样在那儿烤着，烤出一身的黑油！身上、脸上、手上黑得如同他们所烧的煤炭一样黑！这是我与火夫们第一次见面所得的印象，简直像硝镪水刻到我的心窝里。我明白了：乘长风破万里浪，代价是火夫们的泪与血。”②当年，与陈鹤琴、陶行知同船赴美的还有涂羽卿、郑晓沧、金岳霖、赵师复等，他们在邮轮甲板上拍下了一张合影。

邮轮在东海上航行，在到达日本列岛之前，风浪并不很大，船体摇摆倾斜也不很厉害，船上的留学生们仍沉浸在欢乐之中。船上的饮食非常丰盛，一日六餐——三餐大菜、三餐茶点，将这些年轻人的肚子都吃得圆圆鼓鼓的。开始时，有些学生在这些大菜面前竟不知所措。因为周校长在上海临出发前教授的吃饭课，只教了吃饭的礼貌却没有教吃什么菜，看

① 《陈鹤琴全集》，第六卷，第 581 页，江苏教育出版社，1992 年 1 月。

② 《陶行知全集》，第四卷，第 118 页，四川教育出版社，1991 年 8 月。

着菜谱上五花八门的外国菜名，大家愣住了，后来有人带头索性从菜单的第一道菜一直吃到最后一道点心为止，吃了清汤，又喝荤汤；吃了鱼，再吃虾；吃了猪排，还吃牛排；吃了家鸡，又吃野鸡；吃了雪糕，又吃冰激淋；吃了茶，再吃咖啡，实在是大快朵颐，吃得不亦乐乎。从餐厅出来，有的吃不惯西餐的留学生发牢骚说："大菜难吃得很，我们既然出了钱，应当吃个饱！"而同船的几个外国人，其中有一位牧师牛顿·海斯，看见这些中国学生吃得兴高采烈，不由地有些担忧起他们的身体来了。在船上，留学生们玩得很开心，白天在甲板上掷绳圈、抛圆板，晚上弹琴唱歌，星期日早晨由海斯牧师讲道。船上的生活如此幸福、快乐，使陈鹤琴在几十年后仍然回味无尽，而同船的陶行知内心的痛苦感受也是很多年后才被人们所了解的。不论怎么说，作为官费派遣留洋的清华学生，心中多少都会有些优越感，再加上第一次踏出国门，心怀无限期待和憧憬，陈鹤琴确实感到非常兴奋。

邮轮驶过日本横滨，进入浩渺的太平洋，风浪更加猛烈，滔天的白浪腾空跃起，水花重重砸在甲板上，船身也左右摇摆，船桅在半空中来回画

陈鹤琴和同行留学生在"中国号"上的合影（前排左一是陶行知，后排右一是陈鹤琴）

出了弧线。几乎所有的人都已经躲进了船舱，不少人呕吐不止，另一些人则躺在床上不敢动弹。大部分人都晕船，全船只有陈鹤琴和五六个人没有躺倒。按照海上航行的经验，不用亲历也能想像，那些丰盛的大菜、茶点、雪糕、冰激淋有谁还能享用呢？更不会有谁还能面向广阔的海洋抒发情怀。餐厅里变得空空荡荡，就连最后几位声称不怕晕船的仁兄也不敢来饭厅进餐，只有陈鹤琴独自坐在餐台前面。

圆形舷窗外面是一片混沌的世界，视线完全被白色气雾和浪头的飞沫遮掩住。在涌浪的拍击声中，陈鹤琴躺在床铺上，睁着眼，望着头顶上的天花，重重心事扰得他几乎不能入眠。

临上船前，陈鹤琴原打算到美国俄亥俄州的奥柏林大学读教育学。奥柏林是一所浸礼会办的大学，他准备先在那里读书，毕业后转到著名的哥伦比亚师范学院专攻教育。然而，随着邮轮在风浪中颠簸摇摆，陈鹤琴对于自己的选择产生了怀疑，他问自己道："我为什么要读教育？教育不是一种很空泛的东西吗？读了教育，还不是坐'冷板凳'，看别人的面孔讨生活吗？"他实在想学到一门实实在在的本事，就像手艺人那样，求人不如求己。他又继续问自己："教育既然不行，那么什么东西可以使我自食其力，不求于人呢？医学是最好的了。我若有了本事，就不必请教人，人倒非请教我不可。"左思右想，权衡再三，三四天后他终于将这个想法如实告诉了同船的周诒春校长。不曾想到周校长却满口答应了下来："你要学医，我也不反对。我来打一个电报给留美监督，请他替你接洽美国最著名的医科大学去！"这所医科大学就是位于马里兰州的约翰·霍普金斯大学。又过了几天，陈鹤琴重新检讨了自己的志向。他在后来的回忆录中写道："教育虽然不能使我独立，难道医学是我所愿意学的东西吗？一个人做人总有一定的志向。定了志向，再定学什么。现在我要自己问一声：'究竟我的志向是什么？'我的志向是为个人的生活吗？决不！是为一家的生活吗？也决不！我的志向是要为人类服务，为国家尽瘁。"[1]他又追

① 《陈鹤琴全集》，第六卷，第583页，江苏教育出版社，1992年1月。

问自己说:“医生不是可以为人类服务,为国家尽瘁吗?”他自己回答:“是的,但是医生是医病的,我是要医人的;医生是与病人为伍的,我是喜欢儿童,儿童也是喜欢我的。我还是学教育,回去教他们好!”他自己已感到与教育结下了不解之缘,终于下了决心投身教育。他又站在了周校长面前,把自己的想法和决心讲了一遍。周校长听罢微笑着说:“电报已经打出,不能再改了。好在霍普金斯大学文理科也是非常著名的,你还是到那里去吧!”说实话,若不是周校长的这次拒绝和将错就错,陈鹤琴差一点就与这所世界知名学府擦肩而过,这不能说是前缘注定,也可归于命运使然。

二　巴尔的摩

经过将近 20 天的海上航行,“中国号”邮轮载着一百多名黑头发、黄皮肤的学子穿越太平洋,到达了檀香山。当地华侨派代表前来迎接。学子们参观了在世界上都享有盛名的水族馆,斑斓的热带鱼让他们看花了眼。来不及留恋,他们又登船继续航程。9 月 7 日,“中国号”缓缓驶进旧金山港口。邮轮靠上码头,学子们陆续走下甲板,中国驻当地领事馆领事、华侨代表、青年会干事等在码头迎接,然后举行宴会欢迎。宴会后,全体留学生参观斯坦福大学。次日,全体人员就乘火车前往芝加哥。中途,列车在盐湖城小停,大家乘汽车在小城里走马观花兜了一圈。在陈鹤琴眼中,这座小城好似人间天堂,所有景象都是崭新一片,房屋又新又高,道路又阔又长,设施都是先进、科学的,有自来水、电灯,有大学、教堂。摩门教堂的建筑十分漂亮、突出,里面有一台巨大的管风琴,当时号称是世界第二大管风琴,风琴奏出的声音犹如洪钟。

准确地说,盐湖城的历史是移民开拓的历史。19 世纪中叶,盐湖城是一片沙漠。1847 年,47 名摩门教徒首先发现了这里,他们是数万名被从东部驱赶而流离失所摩门教徒的先行者。两年以后,两万多移民陆续来到这里进行大规模开垦。摩门教是新教的一支,他们信仰《圣经》和《摩门书》,相信《摩门书》是美洲大陆史前历史。由于摩门教徒的合群原则,他们走到任何地方,不仅居住在一起,做事也在一起,因而总是受到当地人的妒忌与排斥。然而,他们就是在这样一种不利条件下,创建出了一个崭新的盐湖城,事在人为,沙漠变天堂,陈鹤琴在踏上美利坚大陆后受到了最初的震撼。

9月13日,全体人员到达芝加哥,就地解散,分头前往各自的学校。陈鹤琴的清华同学都有了去向:涂羽卿去了马萨诸塞州剑桥镇的麻省理工学院,金岳霖去了宾夕法尼亚大学,郑晓沧去了纽约的哥伦比亚大学。陈鹤琴在船上结识的朋友陶行知去了位于离芝加哥140英里的双子城伊利诺伊大学攻读市政学。陈鹤琴与几位同学继续前行,第二天半夜,火车到了匹兹堡,他们下车后分手。车站上只剩下陈鹤琴独自一人孤零零站在那里等待换车前往巴尔的摩。他描写过当时的心境:“那时候,觉得形单影只,举目无亲,大有念家思乡之感,且夜深人稀,若遇歹人,将何以应付?战战兢兢,心境颇不自安。”①几天前,他刚上岸时有感而生的那些激动和兴奋为孤寂和清冷所替代。入夜时分,天气湿冷,他随身只带了简单的行李,没有厚衣御寒,为省钱,没做秋大衣,只好披上雨衣。直到清晨四点左右,开往巴尔的摩的火车才隆隆驶过来。刚进车厢,还未坐下,一个工人模样的男子用眼睛看着他,并大声问道:“哈罗!查理!外面下大雨吗?”陈鹤琴一下愣住了,从嘴里吐出来道:“不!”那男子听罢哈哈大笑,陈鹤琴这才明白,这个男子是在取笑他身上披着的雨衣,而外面并没下雨。查理不过是美国人对男子的普通称呼。当时,他的脸一热,恍然大悟,这是一个美国式的幽默,并无恶意。

9月15日清晨,火车驶进巴尔的摩火车站。下了车,陈鹤琴向四面一望,没有看到接站的人。按惯例,凡有新生报到,总会有当地华侨、留学生组织派人来迎接的。陈鹤琴的心中又感到一阵失落,他只好一只手提着箱子,另一只手搭着雨衣,跟着下车旅客鱼贯而出。到了出站口,终于

---

① 《陈鹤琴全集》,第六卷,第585页,江苏教育出版社,1992年1月。

看见了一个中国人等在那里。陈鹤琴大声问对方："你是不是来接我的?"那人有些狐疑地问道："你不是到巴尔的摩来念书的么?"陈鹤琴连连回答："是的！是的!"那人带着陈鹤琴在当地的青年会住下了。经攀谈，陈鹤琴得知这个人叫胡宣明，在霍普金斯大学读医科——他后来回到国内成为有名的公共卫生专家，两人来往密切。陈鹤琴回忆："我当时一个人在青年会很孤独很无聊的时候，他(按：指胡宣明)老是来看我，并且带我到他的美国朋友家里去玩。到后来，我们二人成了最好的知己呢!"①

此时，离霍普金斯大学开学尚有月余，白天，陈鹤琴独自徜徉在巴尔的摩街头，在这个当时已有60万人口的都市中心里，他觉得自己显得那样渺小和微不足道；夜晚，从高大建筑物的窗口里射出的灯光和沿街连成直线的街灯，他和他的身影在马路牙子上相伴而行。"独在异乡为异客"，他觉得自己比任何时候都思念家乡，思念亲人，思念刚分手不久的同学、师长，这或许就是很多留学生都患上的那种"想家病"(Homesick)。好在陈鹤琴以后结交的许多美国朋友给了他温暖和友谊。在美国留学的5年中，陈鹤琴常常去美国人的家里作客，了解和感受当地的文化。多伊尔先生和多伊尔太太是一对老夫妻，只有三个女儿，其中两个女儿已经出嫁，小女儿因侍奉父母，仍待字闺中。二老待陈鹤琴有如亲生儿子，陈鹤琴称呼二老"爸爸"、"妈妈"，称小女儿为"姐姐"。有时，陈鹤琴和胡宣明到唐人街上的中国店去买一些中国面、中国酱油，到多伊尔家中烧中国菜请他们全家品尝。做饭的时候，陈鹤琴帮姐姐斩肉、洗菜、摊桌布、摆刀叉；饭后，大家一道动手洗碗、收拾，其乐融融。陈鹤琴还认识了一位独臂牧师麦克唐纳，曾去他的家里做客。麦克唐纳是苏格兰人，小时侯在煤矿里做小工，有一天，他为阻止一列满载工人的小火车因铁轨被破坏遭倾覆，而奋不顾身卧在铁轨上，最终失去了右臂。工人们知道了他的事迹，集资送他去上学，由小学一直读到大学、神学院，成为一位受人尊敬的牧师，星期天听他讲道的人总是挤得满满的。撒顿先生是百货商店老板，有四个儿

① 《陈鹤琴全集》，第六卷，第586页，江苏教育出版社，1992年1月。

子和两个女儿，他对陈鹤琴很好，常常会亲切地说："陈，这就是你的家，你一想家，就到这里来！"有时候，老人会从自己衣袋中摸出一把巧克力糖塞给陈鹤琴，然后笑嘻嘻地说："现在你不会想家了！"

巴尔的摩是美国东北部重要的港口，离首都华盛顿只有50公里，有许多造船厂、发电厂和其他工厂。趁霍普金斯大学尚未开学，陈鹤琴参加了在蓝岭避暑地举办的学生夏令营。夏令营里，只有陈鹤琴和另一个叫郑全的营友来自中国。同学们对他们很友好，向他们问这问那，对陈鹤琴所讲的中国文化产生了极大兴趣。三四天的夏令营生活很快就过去了，陈鹤琴又转去另一个叫北野的夏令营。北野的风景令人陶醉，秀丽如画，如歌如诗。夏令营设在当地一所女子中学的校舍。校舍建在山间的一块平地上，整洁美丽，就连厕所里的地板和墙壁都是用光洁的瓷砖砌成的，这在中国许多地方是不可想像的。校舍前面有一块几十亩大的运动场，平坦的场地，柔软的碧草，脚踏上去犹如毡毯。运动场的西边是一个洼地，里面有几块巨大的石头，营员们每日下午日落之前聚到石头上开"夕阳会"。美丽的晚霞中，来自三四十个国家、十几种民族的两三百个青年在一起畅想未来，唱圣诗，听牧师讲人生的道理和救人济世的工作。夕阳落山，绯红色的晚霞在柔风的轻抚下分外妩媚、动人。

美国是天堂吗？美国是梦？

巴尔的摩！巴尔的摩！

三 "真理使你自由！"

约翰·霍普金斯大学创建于1876年2月22日，是遵照1873年去世的巴尔的摩银行家和教友派教徒约翰·霍普金斯700万美元的巨额遗产捐赠而建成并命名的。霍普金斯大学是世界最著名的综合性高等学府之一，其所属医学院尤富盛名。

10月15日霍普金斯大学正式开学。此前三天，陈鹤琴将自己在清华学校所读的功课和成绩送给教务处审查，结果是有一部分功课和成绩可以被承认，另一部分不被承认。学校按照陈鹤琴所交上来的成绩，将他插入了大学二年级。

在霍普金斯读书，首先要了解并遵从该校那条著名的校训："真理使你自由！"其中含义，真理是自由的源泉，真理是自由的主宰！无论道德，无论学问，无论体魄，都要服从真理。真理面前人人平等！何为真理呢？真理是知识！真理是科学！求学是为了学习知识和科学，是为了寻求真理！为此，陈鹤琴为自己订下了一条求学的原则："凡百事物都要知道一些，有一些事物，都要彻底知道。"(Try to know something of everything and everything of something.)在霍普金斯的历史上，陈鹤琴是第一个就读该校的清华学生，也是取得该校学士学位的第一个中国留学生。

进入霍普金斯伊始，陈鹤琴心中豁然开朗，他对所接触到的一切都感到非常新奇和无穷乐趣。他的英文基础很好，经过学习，又在德文、法文上下了工夫，长进不小。他先后听过几位名教授讲课，如威洛比的政治学、古德诺(按：曾任中国政府高级顾问)的市政学、巴尼特的经济学、布赫的教育学、邓拉普的心理学。但他最热衷并倾心的课程却是地质学和生物学。地质学将他带入了现代和古代两个不同的世界。千百年前，由于地壳运动和火山爆发，现代的许多山峦叠嶂在千百年前曾经是浩渺沧海，现代的许多海底深渊在古代时曾经是莽莽绿洲。寒来暑往，斗转星移，地壳升降，万物更新，他感到了来自天际的力量。有一段时间，他醉心于采集各种石头。对于地质学研究来说，石头就是一部讲述地球形成历史的教科书，我们地球亿万年形成的历史就是用由石子、沙粒、结晶体和化石所组成的文字一页页写成的。一层层的石头，好像是一页页的书，每一地层都镌刻着地球的一段历史。生物学则使他更感到大自然的情趣盎然和勃勃生机，小到简单生命、昆虫、花草、贝壳、小鱼小虾，大到巨象、狮虎、熊罴、恐龙，无时无刻不在积极、向上、顽强地生存、跃动。在两年的时间里，他读了《天演论》，学习了生态环境、天体运动和生命起源等现代科学知识。

在植物学课上，霍普金斯的教学方法有其独到之处。教授上课并不讲课本内容，而是摆出来许多标本给学生们演示。校园里有一个教学用的小植物园，园内有花房，里面种了各种花草，学生们一边听讲一边做实验。上课采取小班教学，第一学期班上学生不过 10 人，第二学期人数更少，这样有利于教授与学生相互交流，增强教学效果。从前，陈鹤琴对于植物的了解和认识只是从书本上看到的和他自己浅浅见识中有限的一些，而在霍普金斯，他的面前却是藤蔓花枝、姹紫嫣红。他感到神奇，含羞草的叶子怎样会挂下去，又怎样会挺起来？梧桐树的叶子为什么一到冬天便会凋谢？树叶的种类何以那样多，有的针状，有的带刺，有的大如蒲扇，有的细如发丝。在教师的带领下，陈鹤琴和班上的同学研究了植物各种各样的根、干、茎和花朵。普通的根生长在水或泥中，但西班牙藓苔的根却生长在空中，热带兰花也是挂在空中生长的。

在动物学课上，安德鲁老师把课堂搬进了实验室，他总在学生做完实验之后讲课。他先教学生做实验，然后研究总结。学生有不了解之处，可随时向他提问，但他总将结果暂时藏起来，让学生自己去想，直到上课临结束前，才肯把答案讲出来，并比较学生研究的结果，指出其中的错误。在安德鲁老师的指导下，陈鹤琴和同学们一道先后对果蝇的繁殖过程，小鸡的孵化过程和青蛙的变形、骨骼、生命特征、神经系统等进行了细致的观察和研究，为时长达半年。为了做研究，老师发给学生每人一架显微镜，透过显微镜片下对微观世界的观察，陈鹤琴懂得了"物竞天择、适者生存"的自然法则。

有一天，陈鹤琴在做实验的时候，出门去打水，看见一个衣服破旧的老者远远地走过来，起初，他以为老者是学校里的杂工，刚要喊打水，老者已经走到了他的面前。后来，其他同学告诉他，这位看似寻常的老者正是当时世界上研究低等生物的著名权威、大名鼎鼎的詹宁斯教授。陈鹤琴一方面为自己的鲁莽无知而羞愧难当，另一方面又将霍普金斯虚怀若谷、诚恳朴实的学习精神又铭刻在心。陈鹤琴写道：

我觉得一个游学生到国外去游学，最重要的不是许许多多死知识，乃是研究的方法和研究的精神。世界上所要知道的知识，实在太多了！怎样可以在短短的五六年的时间都学到呢？若要得到研究的方法和研究的精神，你就可以回国后自己去研究学术，去获得知识，去探求真理。方法是秘诀，方法是钥匙，得到了秘诀，得到了钥匙，你就可以任意去开知识的宝藏了。①

1915 年在霍普金斯大学学习时摄

郑晓沧先生曾这样写道：

“他（按：陈鹤琴）到美国留学，先往约翰霍金大学，是校以研究精神著称于世，陈君想要研究地质，因陈君向来喜欢做观察实验功夫，实有科学家的精神。但后来陈君仍旧拿这种功夫回到‘人’的研究上去，如今知道他的略历，也就可明白他是适宜于做那种研究的人了。”②

1916 年夏天，陈鹤琴来到位于伊萨卡的康奈尔大学暑期学校读书，学的课程有三科：一科是“牛奶”，即如何制作乳酪，如何做奶油，如何做乳浆，如何分析牛奶成分，如何检查牛奶质量。一科是“鸟学”，即研究鸟的种类、鸟的习惯、鸟的生活，教授课程的老师每天天刚黎明，就带领学生到附近树林里对鸟进行观察。一科是普通心理学，由分析心理学家铁钦纳亲自授课。在这一时期，陈鹤琴感觉自己求知的欲望非常高涨，什么东西都要研究，都要学学看。

1917 年夏天，陈鹤琴在霍普金斯大学本部毕业，获得文学士学位。趁着暑假，陈鹤琴来到美国北部的阿莫斯特大学进修，他也选

① 《陈鹤琴全集》，第六卷，第 591 页，江苏教育出版社，1992 年 1 月。

② 《陈鹤琴全集》，第二卷，第 668 页，江苏教育出版社，1989 年 4 月。

了三门特殊的课程，一科是园艺，即种花养草的知识，一科是养蜂学，另一科是汽车学。前两科他学得很起劲，第三科因为他的机械知识底子不够，因而感到有些茫然。后来，他所学到的园艺和养蜂学的知识在南京创办鼓楼幼稚园过程中得到了充分的应用与体现。

陈鹤琴在美国读书可分为两个阶段，第一阶段是在霍普金斯大学学习普通学科。在这一阶段的三年里，按他自己的话来说，“随便什么知识我像海绵似的都要吸收”。他广泛学习各方面知识，汲取营养，打下了牢固的基础。第二阶段是在哥伦比亚大学专攻教育和心理学，受业于名师，钻研教育理论，学习研究方法。

四　哥伦比亚大学

1917 年夏天，陈鹤琴从霍普金斯大学毕业，转至位于纽约的哥伦比亚大学师范学院专修教育。据记载，创建于 1754 年的哥伦比亚大学，前身为英皇乔治二世捐款筹建的以人文、科学和语言为主的国王学院，美国独立后，为纪念发现美洲大陆的航海家哥伦布，改名为哥伦比亚学院。1857 年和 1897 年该校两经搬迁，系科逐渐完善，校区规模不断扩大，至 1912 年建成为世界著名的综合大学。

哥伦比亚大学师范学院组建于 1912 年，代表当时世界教育学和心理学研究最高水准，拥有包括杜威、桑代克、克伯屈、孟禄等一大批教授、学术权威和知名学者，倡导进步教育。陈鹤琴曾这样写道：“哥伦比亚师范学院是世界上研究教育最著名的地方。教授学问之渊博，教育学科之丰富，学生人数之众多，世界上任何大学都找不出来的。”①

当时，哥大有来自五十多个国家的学生，共三万多人，是世界上最大的高等学府，其中中国学生有三百余人，中国近代著名政治家、外交家宋

① 《陈鹤琴全集》，第六卷，第 593 页，江苏教育出版社，1992 年 1 月。

子文、孙科、张奚若等都是哥大的毕业生。在哥大师范学院就读的中国学生共九十多人，几乎占了该校中国学生人数的三分之一，胡适、蒋梦麟、郭秉文、张伯苓、陶行知等大教育家都出自哥大门下。与陈鹤琴同窗的有郑晓沧、李建勋、欧元怀、张耀翔等。在这些学生中，很多人都曾有过教师经历，有的做过中学校长，有的做过小学教师，还有的甚至做过督学。班上学生女生占多数，男生也不少；少数是青年，更多却是有一定阅历的中年人，其中甚至有白发苍苍者。与陈鹤琴同班的有一位六十岁出头的祖父和他二十来岁的孙子，可说是爷孙同堂。就连陈鹤琴在清华读书时就深感敬佩的张伯苓先生也端坐在座位上听讲，与陈鹤琴成为了真正的同学。

克伯屈(1871－1965)，著名的教育家和哲学家、美国进步教育运动最重要的代表人物之一、杜威的学生，是陈鹤琴最崇敬的导师之一，致力于实用主义(pragmatism，亦译实验主义)教育思想的通俗阐释。克伯屈认为传统教育抹煞学生兴趣，桎梏儿童活跃的心灵，滞阻创造力和学习精神，批评旧式教育中的形式主义、严格主义，主张提供给学生更多的学习自由。他依据杜威“从做中学”的教育思想，倡导“设计教学法”，他认为学校的课程有四种主要的设计类型：创造性的或建构性的设计、鉴赏性的设计、问题的设计、具体的学习设计。他还提出“儿童中心学校”主张，认为儿童的学习课程主要由儿童来决定；儿童的天性是喜欢去学习与他自身兴趣有关联的知识，或能帮助解决他所遇到困难的事物。

保罗·孟禄(1869－1947)，著名教育家、教育史学家。1913 年，受美国政府委派，率团考察菲律宾教育并到过中国，自 1915 年起任哥伦比亚大学师范学院院长，是陈鹤琴在哥大学习的两年时间里所最为崇拜的另一位导师。他所著《教育史》系统阐述了西方教育从远古时代到 20 世纪初的发展历程，标志着美国教育史学科研究进入一个新的发展阶段。在 20 世纪早期，它一直是美国师范院校教育史课程的标准教科书，对欧美其他国家的教育史学科研究也产生了广泛的影响。

关于这两位国际公认的教育权威，陈鹤琴对他们推崇备至，赞扬有加。陈鹤琴这样描写在克氏班上听课时的情形：

克氏是师范学院里最著名而最受学生欢迎的一位教授。在他班上听课的，总是拥挤不堪，每学期总有几百人，不但学生人数多，而且学生之杂为任何大学、任何学科所不及。他的班上学生有从本国来的，有从英国来的，有从法国来的，有从西班牙来的，有从墨西哥来的，有从非洲来的，有从亚洲来的。男女老少，各种人类，一应俱全。克氏为什么有这样的魔力呢？他的思想有魔力，他的教法有魔力。他是主张言论自由、思想自由的。他不肯抹杀别人的思想，也不肯放弃自己的思想。他要集中各种见解、各种思想来解决疑问，来解释难题。所以他所用的教法是独出心裁而能刺激思想的方法。他不用注入式的讲演法，他用启发式的问答法。这种问答法很有点像希腊圣哲苏格拉底的问答法。克氏先让学生自由分成几十个小组。这种小组生存时期以一学期为限。在未讨论问题之前，先发给我们一张纸，上半张印十来个问题，下半张印了十几种参考书。

各小组自己认定了问题之后，学生课后到图书馆去看参考书，看了参考书，先在小组会里互相检讨，互相切磋。一到上课时，各组提出意见，意见各有不同，思想各有分别，辩论就开始了。一个问题先由克氏提出之后，班上任何人都可以起来表示意见，贡献意见，批评别人意见，指责别人的错误。等到各方的意见充分发表后，他老人家起来，把各种意见下一个总检讨。有错误的，他指出错误；有真理的，他指出真理，把一个问题解答得清清楚楚。这种教法是兴奋剂，个个学生都愿意绞脑回肠去研究问题，检讨问题，辩论问题。在他的教室里二三百个学生没有一个会打盹，没有一个会偷看小说，没有一个不竖起耳朵、提起精神去参加辩论，贡献意见！克氏的教室，犹如议会，克氏班的上课，就是开辩论会，无怪克氏之魔力若是其大呢！①

陈鹤琴感受到教育大家的风范与魅力，得到了启发。

① 《陈鹤琴全集》，第六卷，第593页，江苏教育出版社，1992年1月。

1917 年冬天，陈鹤琴与郑晓沧一道参加了由孟禄博士组织的一个三十多人的考察团去美国南部考察黑人教育，考察费用由孟禄博士出面募捐。这次南方之旅的所见所闻，对陈鹤琴日后成为教育家的心路轨迹和人生旅程产生了重要影响。

考察旅行的第一站是美国南部弗吉尼亚州的汉普顿学院，这是一所专门为教育黑人子弟而办的学校，创办人是白人将军阿姆斯特朗(S. C. Armstrong)。在这所学院里，没有种族歧视，白人、黑人、黄种人学生和睦相处，家境贫穷的学生可以通过勤工俭学所得报酬来交学费、膳食等费用。考察团在学院住了一宿，所吃饭菜是由家政班女生烹调的，那天上的主食是一种用玉米粉做成的糕饼，味道很香。第二天，考察团离开汉普顿学院前往位于亚拉巴马州中部城市塔斯基吉市的塔斯基吉学院。这是一所由黑人创办的学院，学院里的教师都是黑人。在一位化学家的带领下，考察团一行人先看了实验室，化学家正在研究一种植物染料。午餐时间到了，只见一千多位学生排着整齐的队伍，在乐队的引导下，进入一间很大的饭堂。学生们进餐前先要唱歌。到了晚上，学生们给考察团表演，唱起了两首很著名的黑人歌曲《Old Folks at Home》(中文译名“故乡的亲人”)和《My Old Kentucky Home》(中文译名“我的肯德基老家”)。由一个学生领唱，深沉的声音里充满感伤、思乡的情绪，几十个学生合唱，如述如泣，节拍和旋律如波浪般起伏、荡漾，所有在场的人都被深深感染了。这是陈鹤琴生平第一次听黑人唱民歌，也是他第一次感到黑人身体和心灵深处所蕴藏的坚强、坚毅的力量。在校园里，陈鹤琴还看见许多学生正在建筑一座小楼。校长对他们说，该校的全部校舍都是由学生自己建筑的。学生们既会用脑也会用手。“做中学”，是孟禄博士组织他们到这里实地考察教育的目标之一。这两所专为黑人受教育而办的学校就像两座灯塔，在美国南方黑人世界中，放射出灿烂的光明。

从塔斯基吉学院出来，他们又参观了几所乡村小学。这些乡村小学可说是“夫妇学校”，每周上五天课，星期日，学校变做教堂，而教师们则成为讲道的牧师。平日里，乡村许多活动，如游艺会、交谊活动等都在学校举行，此时，学校就成为社会中心，与社会发生直接联系。在南方这种“夫妇学校”十分普遍，在黑人聚居地区影响很广泛。办学者都是些在乡村里埋头苦干的男女青年。他们是在哪里受的教育？他们的办学精神来自何方？陈鹤琴所得到的答案是：这些可敬可爱的男女青年，大都是前面所提到两所学院的毕业生，他们的办学精神和动力来源于阿姆斯特朗将军和塔斯基吉学院的创办人布克·华盛顿(Booker T. Washington)。布克·华盛顿是出身于社会底层的黑奴伟人。他从小当黑奴，因仰慕美国开国元勋乔治·华盛顿，将自己的名字也改为华盛顿。他十五六岁时已在矿上做工，听说弗吉尼亚州有一所专为黑人受教育的汉普顿学院，就立志去那里读书。于是他开始存钱，到 19 岁那年，就用所存下的钱买了一张火车票，但因钱不够，他就只好在离汉普顿很远处下车，一路做工一路走。有一天，他终于走到了汉普顿学院门口，遇见了一位女教师模样的人，就将来意告诉了她并请求帮助。女教师见他很诚恳，就给了他一把扫帚和一块抹布，他抓住扫帚和抹布不松手，觉得这是自己的机会，将楼道和教室打扫得干干净净，把地板和门窗擦得光洁明亮。那位女教师出来一看，大为高兴，就将他留下来半工半读，这是他最得意的“入学考试”。四年以后，布克以优异成绩毕业，决心像阿姆斯特朗将军一样也办一所培养黑人的学院，完全由黑人自己教授。他走了许多地方进行演讲、募捐，终于实现了自己的理想。这就是塔斯基吉学院的由来。为此，布克曾写过一本自传，书名为《黑奴成功传》(*Up from Slavery*)，讲述自己的成功。陈鹤琴读后深受感动：“一个到了 19 岁开始读书的黑奴，能够努力奋斗，教导群众，为社会谋幸福，为民族增光荣！我们自命为优秀分子，曾受过高等教育，应如何奋发惕励，为国努力呢！”①

在哥大期间，陈鹤琴学习的主要课程有教育心理学、教育哲学、中学教育组织机构、学校体制比较学、宗教心理学、思维心理学、社会机构、特殊儿童心理学等。哥大师范学院是美国新教育的大本营，也是杜威教育

---

① 《陈鹤琴全集》，第六卷，第 598 页，江苏教育出版社，1992 年 1 月。

思想与学说的基础和根源所在。杜威提倡实用主义教育哲学，主张“教育即生长”、“教育即生活”、“学校即社会”；教学内容以儿童自身的社会活动为中心，让学生从“做中学”、从“经验中学习”和以“儿童为中心”，使哥大师范学院在近现代教育发展史上具有重要地位并产生革命性影响。杜威在《学校与社会》(1899)中指出，很久以来，教育的重心是教师、教科书以及诸如此类的东西，而不是儿童本身的直接本能的活动。新学校把这个重心转移到儿童生活是“哥白尼式的革命”。陈鹤琴进入哥大师范学院时，杜威已经退休，但他的《我的教育信条》(1897)、《学校与社会》、《儿童课程》(1902)、《明日之学校》(1915)和《民主主义与教育》(1916)等标志性著作都已出版，他的学说与思想得到宣示、传扬和继承，在哥大师范学院形成了浓厚的学术氛围。从中，陈鹤琴触摸到了美国进步教育的脉搏。

在哥伦比亚大学学习时摄

1918年夏天，陈鹤琴读满了学校规定的30学分，被授予教育社会学硕士学位及教育学教师的文凭。冬天，他参加博士学位的初级考试，打算师从教育心理学大师桑代克专攻教育心理。然而这一次考试并不顺利，桑代克说他的心理学知识不够，还是读教育学好。桑代克教授是著名的心理学家、动物心理实验的首创者、教育心理学体系和联结主义心理学的创始人，也是心理测验的主要设计者、美国教育测验运动的重要代表。陈鹤琴回忆：

在哥伦比亚大学，心理学家桑代克教授对我们说过他的一个研究。他在水缸中做了简单的迷津，用玻璃作隔板，在迷津的另一边放了食饵，把鱼放在迷津中，鱼看见食饵，就想去吃它，但不会运用方法来达到目的，却只是把头向玻璃上乱碰，结果总吃不到食饵。这是因为鱼的智力薄弱，反应简单，假使智力较高的话，就不会这样了。在一种反应达不到目的时，它就会采取另外的途径，以求达到目的。我们人就是这样的解决了许多问题。只有呆子，才不会运用更多的方法。所以，智力愈高、反应愈多的原则，我虽在美国就已经学了，但自己生了病却不知道这样做！

因此，我觉得知是知，行是行，知道是一回事，应用又是一回事。从那以后，凡是一个问题发生，我总是多方去解决，这个方法不能解决，便运用另外的方法，直到解决了问题为止。①

尽管陈鹤琴没能做成为桑代克这位大心理学家的“亲传弟子”，但桑氏理论和心理学知识对他数年后从研究儿童心理入手开始儿童教育研究与实践产生了直接影响。

对于桑代克教授的评价与建议，陈鹤琴听后很不服气，遂即找到心理学主任伍特沃思教授，要求转入心理系。经审查成绩，他的要求获得同意，伍特沃思教授成为了他的导师。陈鹤琴选择了多门心理学课程，同时开始准备博士研究论文。伍特沃思教授亲自为他定了题目“各民族智力之比较”，他用了几个月的时间选择进行智力测验的材料，准备来年前往檀香山去做进一步深入考察、研究。

通常做这样的研究需要大约一年时间，然而陈鹤琴的官费留学期限至1919年前半学期，所以要完成这样规模的研究任务，就必须延展留学期限，而办理相关手续要耗费很多时间与精力。陈鹤琴于1919年初将申请延展留学期限手续送到公使馆。这些手续包括呈请书、教授介绍书和成绩报告单，须由公使馆转致清华校长审查合格后，再寄回使馆后转呈请人本人。直到5月底，陈鹤琴仍未得到延展申请被批准的消息，心中很着急。这时，曾是哥伦比亚大学师范学院首位来自中国的博士郭秉文受南高师委托在美延揽人才回国执教。他在纽约见到了陈鹤琴，遂即聘请陈鹤琴回国担任教席。当时，陈鹤琴提出的要求是三年后设法送自己回美国继续学业，郭

① 《陈鹤琴全集》，第六卷，第625页，江苏教育出版社，1992年1月。

秉文一口答应下来。到了6月，陈鹤琴呈请公使馆发给护照和路费，准备回国。他到巴尔的摩向过去的师长、同学和朋友辞行。他从前的德文教师克马赫尔博士劝他不要急于回国，再等一等，陈鹤琴满怀信心地说："三年之后，一定回来，再读博士学位！"克博士说："你去了，就不容易再回来了。你回国娶亲成家，就走不动了！"陈鹤琴没有听他的劝告，决意回国，因为与郭博士有约在先。

正当陈鹤琴一切准备停当，突然获悉他自己的延展呈请已经得到批准。但为时已晚，木已成舟，一切都无法更改。三年后，郭秉文为实践自己承诺几经争取，终于未果。二十多年后，陈鹤琴回顾自己的人生经历，不无慨叹地写道：

> 博士学位只好在梦中实践吧。青年血气方刚，只往前冲，一遇陷阱，噬脐莫及。这是我的一桩终身大憾事。①

五　人民大使

陈鹤琴在美国留学五年，有一件事情常挂心中：做中国的人民大使，宣扬中国文化。从前，在很多美国人眼中，中国的男子总是头后面拖着一根长长的辫子，而女人都是裹着一双精致的小脚。但凡有穿西装漂亮的黄种学生，常会被当作日本人，有时甚至连自己的同胞也分不清。在巴尔的摩的时候，有一天，陈鹤琴拿了一包脏衣服来到一间中国人开的洗衣店。他将脏衣服放到柜台上，店里的华人伙计不问青红皂白，拿起衣包扔到大街上，口里不停骂骂咧咧道："你，日本小鬼滚出去！"陈鹤琴连忙解释："我是中国人，不是日本人。"伙计将信将疑道："我不信！"陈鹤琴说："我来写给你看。"伙计拿过来一张纸，陈鹤琴写了几个中国字，一场误会

① 《陈鹤琴全集》，第六卷，第599页，江苏教育出版社，1992年1月。

才消除。临走时，伙计嘴里嘟囔了一句："唐人姆(不会)讲唐话?"原来，这位伙计认为只有广东话才是中国话，不会讲广东话一定不是中国人。陈鹤琴这才恍然大悟。看来，宣扬中国文化的对象不仅只有外国人。当时在巴城，中国学生在外面租房，时常会吃闭门羹，那些人说："我们不招待中国人!"美国人眼里的中国人都是开饭馆、洗衣服的，他们由报纸上和电影中所了解的中国人非匪即盗，印象不佳。因此，用宣传中国文化来改变当地人头脑中对中国人的偏见，是陈鹤琴和许多留学生十分着意开展的一项工作。他们从每一件小事做起。有一次，曾在巴城担任过市长的胡珀尔先生邀请中国学生到家里吃饭，他们的三个女儿也一起出席，陈鹤琴将在上海临上船前周校长传授的礼仪搬了出来，受到市长夫妇的大大赞赏：中国不愧是礼仪之邦。陈鹤琴听了很感高兴。

记得，临从上海登船前，周诒春校长曾谆谆告诫说："你们到美国去，不是去读死书的。你们要看看美国的社会，看看美国的家庭。你们要张开眼睛到处留心。"周校长教导学生们不仅要去考察美国社会，注意政治，探讨美国立国的精神，同时还要做中国的"人民大使"，去宣扬中国的优良文化。他还说："在美国现今各大学读书的中国学生，每年平均总有三千人之多，假使这三千'人民大使'都能切切实实去执行他们所负担的重大使命，那中美两国文化的沟通，感情的融洽和邦交的增进，当一日千里了!"

1915 年，从国内传来袁世凯的北洋政府与列强签订出卖中国领土主权的条约，陈鹤琴与其他中国学生曾以每周五绝食一餐以明卧薪尝胆之志，达半年之久。

1917 年，陈鹤琴在纽约参加当地华侨组成的童子军，还被推举为队长。童子军分成"老鹰"和"老虎"两队，每周六晚上都要聚在一起开会讨论，举行讲演比赛，假期里还举办野餐、露营活动。他还结识了一位来自非洲一个小国家的王子，名叫华罗，他们住在一起。为节省费用，他们在营地的厨房干活，王子主厨，陈鹤琴做帮手。华罗能说一口流利的英语，打一手好网球，还会吹短号。白天，他们在一起切磋球技；晚上，王子吹短号，陈鹤琴弹曼陀林。在联谊会上，他们珠联璧合，共奏一曲，博得满场掌声。一直到几十年以后，陈鹤琴仍常记怀那段快乐的日子，那把见证他们友谊的曼陀林也被细心收藏起来。在中国留学生中，陈鹤琴的热情、活跃渐渐使他小有名气，不仅同学们喜欢他，就连同学的家长和当地多少有些守旧的华侨也被他所感染。他常常带着童子军成员去参加中国学生的集会，有时还会邀请许多朋友来到唐人街观摩他所率领的童子军的操演。当时，他还主持一家专门为中国学生服务的俱乐部，可以住宿，也可以娱乐。

1918 年夏天，陈鹤琴带着他的童子军队伍到海洋城游览。他们在海滩上举行晨会、唱歌、做早操，下午到海里游泳，晚上研究天上的星宿或举行交谊会。他还请当地的小朋友过来吃茶，然后教他的成员学习招待客人和待人的礼貌礼仪。他与他的队伍倾心交谈，话题都是青年人所面临的现实问题，包括性的问题、求学问题、职业问题，以及宗教问题。

1917 年陈鹤琴被推举为北美基督教中国学生会会长，学生会每年暑假分别在美国东部、中部和西部三处各举办年会一次，大致讨论宗教及社会问题，主要目的在于交流经验、联络情感、巩固信仰、促进团结。

1918 年，陈鹤琴邀集留美爱国同学十余人仿照当时流行于美国的团体，组织“兄弟会”（Cross and Sword，缩写为 C&S，意即“十字架与宝剑”），以“团结互助，振兴祖国”为宗旨，立志报国。开始时，参加人数不过十几人，包括涂羽卿、温寿庆、冯威凌、刘廷芳、张若麟等，不久以后，兄弟会与在国内成立的诚志社合并，成为后者在美国的分支机构。当时在上海曾有留美经历的学者和知名人士余日章、王正廷、孔祥熙、张伯苓、黄炎培、周诒春、陶行知、郭秉文、廖世承、孟宪承等都是诚志社的成员。诚志社是比较松散的组织，抗战爆发前总社设在南京，后迁往重庆、上海，社员计数百人。

第五章　新教育时代

一　回　国

1919 年 8 月 15 日，陈鹤琴所搭乘的“南京号”邮轮从吴淞口驶入黄浦江，缓缓航行在浊黄甚至有些发黑的江面上。沿岸的景色与五年前离开时基本一样，码头和江岸上的建筑被灰色雾霭笼罩着，江风中掺着些许鱼腥味道，天上的云层很低，又潮又闷，很少见到明媚阳光。当陈鹤琴走下舷梯出现在码头上迎接他的亲人们面前时，显得更加干练与成熟，手中仍拎着出国时带去的那只旧皮箱，里面只有一些简单的衣物，另一只箱子里面装的是一大堆各种各样的石头，这都是他在美国学习期间一点点积攒下来用于观察与实验的宝贝。

五年前，也是在同一天，也是在招商局码头，搭乘“南京号”的姊妹船“中国号”，可现在陈鹤琴的感受和心境与那时已完全不同。当初，他所怀有的那份激动、向往和热烈期盼此刻却化为感叹、忧思和痛楚。他所搭乘的这条“南京号”邮轮和她的姊妹船“中国号”一样，都是从美国买来的旧船，载重量不过 1 500 吨，船体小且设施落后。中国曾是航海大国，明朝郑和所率领的庞大船队七下西洋，较哥伦布的环球航行年代更早、航路更远、船队规模更大；而如今中国孱弱的国力、低下的生产力和科学发展水平，远远落后于美国、欧洲等发达国家。中国没有造船的钢铁，也没有新的科学技术，中国要强大、要发展，惟有从提高国民素质着手。

当船经停日本东京时，陈鹤琴下船登岸，看见在街头有许多车夫在读报纸，联想到他在美国读书时的一个房东，不过只是大学里的一个工友，家里也订了许多种报纸，他们在早餐时一定要阅读报纸，还经常谈论国家的大事；而中国却是文盲遍地，封建时代的君主用愚民政策作为统治的手段和工具。在民主潮流的时代里，科学和知识是强国的必由之路。强国必先强民，开启民智，发展教育，从扫除文盲开始。

“南京号”渐渐靠近外滩的招商局码头，舷窗外的景物更近、更明朗，码头上等待欢迎的人群也清晰地进入了陈鹤琴的视线。他看到在这些欢迎人群之外，还有许多路人慢慢地拖着脚跟在江边行走，他们中间有许多人驼着背，有一种想法在他的心头油然而生：中国人为什么驼背呢？为什么走起路来这样拖沓迂缓呢？而美国人却很少有驼背的，都是胸挺得高高的，走起路来，头昂起，背笔直，眼睛看前，胸部稍向前倾，步履轻快。我们中国人为什么不能也是这样呢？后来到了南京高等师范学校教书，陈鹤琴就把驼背的问题加以研究。他认为国人驼背的原因大约有下列几种：缺少运动、椅凳不适宜、看书的姿势不正确及谦恭姿势的观念不正确。①

登岸后，陈鹤琴提着行李住进了南京路上的东亚旅馆。有一天晚上，约莫过了 11 点，隔壁房间的客人仍在打“麻雀”，噼噼啪啪吵闹不休。陈鹤琴不得已找到旅馆的茶房，小心地问是否可请打牌的那些人声音放轻些。茶房先生有些奇怪地望着面前的这个读书人问道：“你可知道这是什么地方？”陈鹤琴回答：“这是旅馆！”茶房口里应了一下，说道：“是呵，这是旅馆！”然后笑了笑转身离开，他话里的意思似乎是在说，旅馆就应该是这样吵闹繁杂的。这对于初涉世事的陈鹤琴来说不能不说是又多了一次人生经历，我们的国人自私心太重，“自私心太重的人就只顾自己，不顾别人！”②他的心里产生了新的感慨。有一次，陈鹤琴坐在电车里，旁边有个男子很不经意地在车上吐痰，陈鹤琴有些看不惯，就上前对那人说道：“你

---

① 《陈鹤琴全集》，第六卷，第 617 页，江苏教育出版社，1992 年 1 月。

② 《陈鹤琴全集》，第六卷，第 619 页，江苏教育出版社，1992 年 1 月。

这痰应该吐在自己的手帕里或者吐到车厢外面去！”那人转过脸恶狠狠地回答道：“我并没有吐在你的身上呵！”陈鹤琴说：“这公共的地方你不该随地吐痰！”那人回敬道：“既然是公共地方，大家都可以吐痰！”此时，周围乘客对于他们的争论并不关心。事后，陈鹤琴思考道，国人不注意公共卫生是一种根深蒂固的恶习。在我们中国凡是大家的事情、公共的事情，老百姓都不闻不问，这与发达国家，如美国，人人都是社会的一员，人人关心公共事务的情形刚刚相反。

在上海住了不久，陈鹤琴回到了上虞百官镇老家，见到久别的家人，也见到了未婚妻雅琴，但他的心情依然十分沉重。一路上，他的眼前仍是一片贫困景象，穷人实在太多了！许多原先的有钱人卖掉了土地，没有钱的人找不到生计，这给了他很大的震撼。他写道：“后来在南京下关一带看见那些穷人真是苦不堪言，他们仅靠一个草棚过着非人的生活，路上要饭的也到处都是。”①此外，他还有一个强烈的印象，我们的国人被疾病包围着。当时，中国人以体弱病多而闻名于世，外国人称中国人为“东亚病夫”。中国是世界上肺病患者最多的国家，儿童死亡率也位居世界首位。中国人的体质与其他国家比是较差的。为此，陈鹤琴不禁大声发出感慨：“身体衰弱就是缺少活力，生命力薄弱，一切勇气毅力都会减低。当你正在年轻有为的时候，国家正需要你，你却因为缺少活力，缺少生命力而拒绝这个神圣伟大的请求，这该多么惋惜啊！”②

在杭州，陈鹤琴应邀出席由知名教育家经亨颐所主持的中国科学社年会并在会上发表演讲。自陈独秀、李大钊、胡适等人以《新青年》为主要阵地，发动新文化运动以来，新旧势力之间的激烈对抗、角逐不时掀起一阵阵波澜。以蔡元培、胡适、蒋梦麟、郭秉文等为代表的革新派发动了新教育改革运动，以美国进步教育思潮为主要代表的欧美反传统教育思想对中国传统教育格局和教育观念产生了革命性的影响。“共和”、“民主”、

① 《陈鹤琴全集》，第六卷，第621页，江苏教育出版社，1992年1月。

② 《陈鹤琴全集》，第六卷，第622页，江苏教育出版社，1992年1月。

“自由”、“科学”成为时代的新宠。以聚集哥大教育精英而著称于国内外学界的南京高等师范学校在郭秉文的主持下，成为这场时代变革的焦点和标志。时年 27 岁的陈鹤琴走入了南高师的校门，在这所中国最著名的高等学府里，开始了他的教育家人生。

二　“南高”！“南高”！

国立南京高等师范学校成立于 1915 年，是在两江高等师范学堂（原名三江师范学堂）旧址上建立的，由江谦任校长，留美博士郭秉文任教务主任。1919 年 9 月后江谦因病离职，校长一职由郭秉文接任。南高师聚集着一批留美学者、教授，声名远播，其中包括黄炎培、郭秉文、蒋梦麟、陶行知等，深受美国进步教育思想和杜威实用主义教育学说的影响。正如英国哲学家、教育家罗素所说：“很自然，他（按：指杜威）对美国人有最强的动人力量，而且很自然地几乎同样得到中国和墨西哥之类国家进步分子的赏识。”①此时的南高师正处于新教育运动中心的浪尖上，为世人所瞩目。陈鹤琴正是在这一年 9 月间进入该校担任教席的。

1919 年 4 月 30 日，美国新教育运动的领袖约翰·杜威应北京大学、南京高等师范学校、江苏教育会、浙江教育会和尚志学会等五团体之邀，经他的中国学生胡适、蒋梦麟等多方努力，由日本抵达中国。北京大学代表胡适、江苏教育会代表蒋梦麟、南京高等师范学校代表陶行知等在上海码头上迎接。在此后的两年多里，杜威一行在胡适、郭秉文、蒋梦麟、陶行知等人的安排和陪同下，到中国各地巡回讲学，考察访问，行迹遍及京、津、沪、辽、冀、晋、江、浙、赣、鲁、鄂、湘、闽、粤等 14 省市，大小演讲二百余次，反响极为热烈。听众中不仅有学生和教师，还有其他知识分子阶层的代表，有人考证，其中也包括了后来成为中国共产党领袖的毛泽东。在此

① 罗素著，马元德译：《西方哲学史》，下卷，第 386—387 页，商务印书馆，1976 年。

期间，北京和上海等地报刊的版面上几乎每日都会刊登关于杜威的报道或讲演摘录。后来这些讲演结集编印为《杜威五大演讲》，由北京晨报社出版，两年内印行十余版之多，内容包括现代教育趋势、关于社会哲学和政治哲学问题、关于伦理学问题和关于思想流派问题。杜威曾在南高师发表演讲，内容包括教育哲学、哲学史和实验科学等。几天后，北京爆发五四运动。杜威很快北上，亲身感受这场中国历史上的伟大变革。关于杜威此行的评价，胡适曾说过："我们可以说，自从中国和西洋文化接触以来，没有一个外国学者在中国思想界的影响有杜威先生这样大的。"①他列举了两个理由：

第一，杜威先生最注重的是教育的革新，他在中国的演讲也要算教育的演讲为最多。当这个教育破产的时代，他的学说自然没有实行的机会。但他的种子确已散布不少了……

第二，杜威先生不曾给我们一些关于特别问题的特别主张——如共产主义、无政府主义、自由恋爱之类——他只给了我们一个哲学方法，使我们用这个方法去解决我们自己的特别问题。他的哲学方法总名叫做"实验主义"……②

胡适曾引用杜威的名言："哲学就是广义的教育学说。"他总结道：

杜威的教育哲学的大贡献，只是要把阶级社会遗传下来的教育理论和教育制度一齐改革，要使教育出来的人真能应平民主义的社会之用。③

1919 年 5 月 18 日下午 7 时许，杜威来到南高师口子房向南京各学校职教员发表题为"真正之爱国"的演讲，陶行知现场翻译。演讲中，杜威再一次宣示了平民教育的理想。陶行知记载：

末复鼓励吾人为家国明灯当竭其思想能力，使全国人民无一不

①② 《胡适文集》，第二卷，第 279 页，北京大学出版社，1998 年 11 月。

③ 《胡适文集》，第二卷，第 247 页，北京大学出版社，1998 年 11 月。

受教育，而致国家于富强，如明灯之无所不照也。①

1920年10月17日，北京大学授予杜威名誉博士学位，校长蔡元培在致词中称杜威为“西方的孔子”，在场的人对此给以热烈的掌声。②

在2007年1月出版的《杜威在华教育演讲》一书的代前言中，作者写道：

> 1922年南京高等师范学校的一位教授曾这样说：“有一些拒绝政治仕途的知名人士，他们把自己的整个精力转向学术界和教育界。就在那时，杜威博士来到我国宣传他的理论，告诉我们新教育是什么以及新教育应该采取什么方法，于是，整个国家的教育思想经历了一种变化，这就是新教育运动。”③

作为五四新文化运动的组成部分，新教育运动在国内多个城市迅速发展，教育革新、平民教育、实验教育等一系列充满激情和创新精神的口号和行动，使中国旧式教育这块坚石被一点点撬动。蔡元培倡导民主精神治校，使北大在国内首开教育改革之风，在南高师，郭秉文、陶行知等人也在为实现教育民主化而不懈努力。1922年11月1日，北洋政府颁布史称“壬戌学制”的新学制，规定整个学校系统采用美国“6－3－3制”，提出教育的“七项标准”，即：(1)适应社会进化之需要；(2)发挥平民教育精神；(3)谋个性之发展；(4)注意国民经济力；(5)注意生活教育；(6)使教育易于普及教育；(7)多留各地方伸缩余地。次年，由全国教育联合会所属的新学制课程标准起草委员会拟定的《新学制课程标准纲要》正式公布。在与新学制课程标准相配套的教材中，包括儿童本位和注重儿童的兴趣与需要等内容。在中国近现代教育史上，杜威的这次中国之旅对中国新教育改革起到推动作用，他的教育思想“成为了那些渴望革新

---

① 《陶行知全集》，第十二卷，第8页，四川教育出版社，2002年9月。

② 《杜威在华教育演讲》，第7页，教育科学出版社，2007年1月。

③ 《杜威在华教育演讲》，第13页，教育科学出版社，2007年1月。

教育的中国教育家的一种改革工具"①,从而促进中国近现代教育走上了变革之路。

在新教育运动的浓厚社会氛围中,陈鹤琴于1919年9月进入南高师担任教席,他的清华或哥大同学郑晓沧、廖世承、陶行知、陆志韦、俞子夷、涂羽卿等也在这里任教,其中陶行知与胡适、郭秉文、蒋梦麟一起成为新教育运动的领袖人物。这使年轻气盛的陈鹤琴更感踌躇满志,他的热情很高,理想也很远大。这时的南高师,到处仍是一片暮气沉沉,校园里到处可见身着长衫的学生,人人都是一副文绉绉模样;学校里很少课外活动,一般学生运动都要强迫,就连上运动场也不脱下身上的长衫,毫无生气与活力可言。他要将自己从国外带回来的生气活力全部搬出来,让南高师活起来!让中国的教育迎头赶上!显然,他把事情看得过于简单了。

在郭秉文、陶行知等人的大力提倡下,教育民主化、男女同校、学生自治等主张在南高师已逐渐被人们接受。"自动主义"在学校中盛行,强调学生自学、自强、自治,以学生自动为主,教师则加以指导。由担任教务主任的陶行知亲自主持,南高师开办了暑期学校及国语讲习课,开设小学组织法、小学教授法、社会教育学、实验心理学、儿童心理学、文学概论、近代西洋哲学史、高等数学等科目,邀请廖世承、陆志韦、陈鹤琴、王伯秋等本校教授和北京大学的胡适、陈衡哲和南开大学的凌冰、梅光迪等担任教员。学生总数逾千人,来自国内各省,学生中年龄最大的59岁,最小的16岁。学校还举办了四次展览会,分别为农业、卫生与博物、初等教育和职业教育,组织宁沪两地相关机构、学校参展。陶行知等人反对狭隘的课堂教育,提倡扩大学生知识面,重视校园体育活动,鼓励实践与思想自由。他们在校内各部科设立研究会,邀请中外学者讲学,并参加南京市举办的学术公开演讲,成立演讲厅。1919年10月,在郭秉文、陶行知等人的推动下,南高师同意将校友会改组成为学生自治会,以实现学校民主。1919年12月7日,陶行知在学校校务会议上提出《规定女子旁听法案》,得到

① 《杜威在华教育演讲》,第13页,教育科学出版社,2007年1月。

了校长郭秉文、学监主任兼文史地部主任刘伯明等人的支持，在校务会议上获得一致通过，并决定自 1920 年暑期正式招收女生，首开中国国内大学男女同校之先河。陶行知与刘伯明先生一道，主张实行学生寝室与自修室合并，反对监学制度，强调自觉力学、德行互勉和学生自治的重要性。在南高师学生自治会成立大会上，陶行知和陈鹤琴都作了“恳切而详尽”的演讲。会后举行了联欢大会，气氛热烈。

关于学生自治，陶行知曾有这样一段阐述：

> 今日的学生，就是将来的公民；将来所需要的公民，即今日所应当养成的学生。专制国所需要的公民，是要他们有被统治的习惯；共和国所需要的公民，是要他们有共同自治的能力。中国既号称共和国，当然要有能够共同自治的公民。想要能够共同自治的公民，必先有能够共同自治的学生。所以从我们国体上看起来，我们学校一定要养成学生共同自治的能力，否则不应算为共和国的学校。①

在一片热烈的气氛中，踌躇满志、血气方刚的青年教授陈鹤琴走马上任。由他担任主任的学校游艺和制定校徽委员会，负责开展校园活动。于是，他大力提倡课外活动，经常举行竞赛、联谊会等，培养学生们的兴趣和活力。为此，他引入在清华举办活动时常见的“欢呼”以刺激学生，试图冲破沉沉暮气。他煞费苦心地编了许多种“欢呼”，每逢学校举行运动会或联谊会时，场边观众席有拉拉队加油助威，他带领学生的欢呼别有特色。有一组欢呼是仿照火车头的声音，节奏由慢而快，声调由低至高，词句是“中国万岁！——中国万岁！——中国万岁！——万岁！——万岁！——万万岁！”另一组欢呼是仿效钻天炮的声音，词句是：“丝——砰——啪！啦啦啦！啦啦啦！啦啦啦！南高！南高！南高！”他要用这些欢呼，使学生们的情绪跟着凝结起来。除此之外，他还在学生面前表演唱

① 《陶行知教育文集》，第 55 页，四川教育出版社，2005 年 5 月。

歌，平日里他自己很少唱歌，他与涂羽卿一道为学生们表演外国民歌，他要借此来说明，唱歌并不难学。他对学生们说："我素来不会唱歌，在外国人叫作 monotone，即单调音的意思。在教会学校中，我虽唱过几年赞美诗，而且也弹过几年曼陀林，可是对于音调的高低，我始终辨别不出来，对于音乐，我真是个地道的聋子。话虽这样说，但人是聪明的，任何事情，都能够学会，何况唱歌呢？"

陈鹤琴的种种努力终于有了回报。在校方的大力提倡和陈鹤琴等人的推动下，不到一年的光景，南高师校园里的风气有了明显变化，学生的课外活动举办得有声有色，"于是每级级会都有了，级歌亦有了，各级的联谊会也时常举行，有表演，有讲座，有辩论……"①学校成立了运动委员会、游艺委员会、办事方法研究委员会、校景布置委员会，学生自主成立学生自治会，等等，让学生参与学校的管理事务，这在尊崇师道尊严的中国传统学校里是不可想像的。然而，他的这些努力也时常受到许多人的责难，有人给他起了一个绰号叫"欢呼博士"，意思是说，这个新来的留洋教授并没有什么真学问，只会欢呼、说空话。在一次校务会议上，讨论到有关校旗的议题。陈鹤琴站起来发言，他提议用白色或紫色作为南高师的校色——白色代表青年的纯洁，紫色代表学术的渊博与高深。他的这番提议受到另一位与会教授的嘲讽："颜色就是颜色，又有什么意思呢？学校就是学校，又何必有什么校色呢？"

在这些流言蜚语和种种议论面前，陈鹤琴感到很难过。他决心立即着手实际的研究工作，用成绩来证明自己的实力，用事实说话。他意识到，校风的改变，决非一朝一夕就能完成的。

此时南高师校园的气氛已逐渐活跃，开始呈现勃勃生机。一向主张教育改革的校长郭秉文正雄心勃勃为筹备建立东南大学到处奔走。1920年，陈鹤琴参加了由郭秉文、黄炎培、蒋梦麟、余日章发起成立的新教育共进社并担任英文秘书。

① 《陈鹤琴全集》，第六卷，第 622 页，江苏教育出版社，1992 年 1 月。

新教育共进社同仁陈鹤琴、黄炎培、郭秉文、蒋梦麟、余日章、涂羽卿等在南高院前合摄(前排左二是陈鹤琴)

此外,陈鹤琴抽出时间回了一趟杭州,与俞雅琴正式完婚。婚后,他们一同回到南京。

三　东南大学

据记载,1920 年 4 月 7 日,在校长郭秉文的提议下,南高师校务会议通过了把该校改造成为国立综合性大学的议案。12 月 7 日由国务会议同意,在南京成立国立东南大学。12 月 15 日东南大学筹备处成立。1921 年 7 月 13 日,北洋政府教育部核准《东南大学组织大纲》,一个月后,东南大学预科和南高师本科同时招生,东南大学招收新生 130 人,南高师招收新生 119 人。8 月 27 日郭秉文博士被教育部核准正式出任东南大学校长。

建校之初,东南大学设文、理、教育、农、工、商各科系,由郭秉文在美延揽的优秀人才担当教职。燕京大学校长司徒雷登在《在华五十年》一书中写道:“郭秉文延揽了50位留学生,每一位都精通他自己所教的学科。”其中,教育科分设教育、心理、体育三系,所聘教授大多出自哥伦比亚大学教育学院。陶行知先后担任教育系主任、教育科主任,后由徐养秋接任。心理系主任陆志韦,体育系主任饶冰士(美籍)。全科教师34人,曾获国外博士、硕士学位13人,本国教授17人,外籍教授2人,教授中包括陈鹤琴、郑晓沧、廖世承、徐养秋、程其保、孟宪承、汪懋祖、李叔同等。在东南大学其他科系教授名单中,刘伯明、汤用彤、陈衡哲、吴宓、朱君毅、竺可桢、熊庆来、赛珍珠、马寅初、杨杏佛等赫然在目,所谓“名师荟萃,俊彦云集”;其中既包括主张革新与改革的新教育学者,也有对新文化运动持批评观点的学衡派。由此,东南大学成为与北京大学齐名的著名高等学府,也是中国近代教育最早的策源地和中心之一。

在东南大学,陈鹤琴是新教育的主要参与者之一,也是郭秉文的拥戴者。在课堂上,他教授儿童教育和儿童心理学课程,深入浅出、生动有趣,很受学生欢迎。陈鹤琴的朋友和曾经的同事、著名的教育家俞子夷先生写道:

> 他(按:指陈鹤琴)的姿势最使我羡慕。无论上课、开会、谈话,他总是始终坐得挺直,从不见他撑了头、弯了腰、曲了背,露出一些疲乏的神情。立时、走路,也是这样。就是打招呼行礼,他上半身的弯度,也是很小,并且在背后看不到弧形的曲线。“正直”可以代表他的姿态。
>
> 圆圆的脸孔,健美的脸色,再加上一副永远不分离的微笑,使得和他接触的人,个个发生好感和愉快。即使在研究很严重问题时,他发言仍夹些微笑。他的语言虽不像音乐,但是这一个微笑却很容易使听者乐意接受。厉声严色,或者有密切的相关。和颜悦色下,只听得他轻快平静的声音,我没有看见过他发怒。①

---

① 《我的半生》序二,江西教育用品厂,1941年。

在学校里培养和建立“笃实而有光辉”的良好学风，是东大师生共同的追求。而陈鹤琴作为知名教授，一方面努力认真实践新教育的各种主张，积极推进教育改革，另一方面也非常注重自身的示范和表率作用。他对学生亲切和蔼，平易近人，循循善诱，注重小事与细节。有一次，他带学生到上海做学校调查，他与一个学生站在人行道上谈话，看见那个学生的裤扣没有系上，便走上前去帮他扣好，然后微笑地说：“这是一种对人的礼貌啊！”这个学生脸红了，将这件小事牢记心间，以后一遇到陈鹤琴，便马上将自己的穿戴审视一遍，养成良好的习惯。

1921年9月，在陶行知、蔡元培、范源濂、张伯苓等人的邀请和安排下，美国哥伦比亚大学师范学院院长孟禄博士乘船抵达上海，这是继4月刚离开中国的杜威博士以后，又一位美国新教育运动领袖造访中国。关于此行目的，陶行知期望：“诊得我们教育症结之所在，以定医法方案。”9月5日，孟禄由上海下船，受到黄炎培、郭秉文、陶行知的迎接。9月7日，孟禄在陶行知等人的陪同下参观沪江大学并游览吴淞。此时，东南大学已准备作为东道主之一热情接待这位世界最著名的教育权威、东大和南高师许多教授昔日的师长。在陶行知的推荐下，陈鹤琴负责此次重要的接待工作。此时，他的职务为学校行政委员会委员、教务部主任。

陶行知于1921年6月6日写给郭秉文的函中称：

> 欢迎门罗（按：即孟禄）先生事由陈鹤琴主持。
>
> ……
>
> 门罗先生到沪后，请用下文电陈鹤琴先生，以资准备。
>
> 南京高师陈鹤琴　门罗　日　午抵宁。①

孟禄一行到达南京后，受到东南大学校长郭秉文的热情接待。欢迎会上，陶行知亲自担任孟禄的翻译。陈鹤琴也参加了接待工作，并于11月底陪同孟禄北上天津、北京等地继续考察、讲学。在江苏，孟禄应邀在

---

① 《陶行知全集》，第八卷，第226页，四川教育出版社，1991年8月。

江苏教育学会、苏州第一师范分别发表《共和与教育》、《旧教育与新教育之差异》的讲演；在广州，孟禄应邀在第七届全国教育联合会上作《平民主义在教育上的应用》报告；在天津，孟禄与张伯苓见面时，陈鹤琴担任陪同与翻译。据记载，12月5日孟禄在沈阳拜会了奉系军政首脑张作霖，王卓如、凌冰、陈鹤琴、汤茂如等陪同。在北京期间，孟禄与来自中国各省教育界代表讨论中国教育和学制改革问题，所涉及的题目包括中小学学制、普及问题、乡村学校、学校对社会之关系与对旧式私塾之关系和教授法、课程、教育行政、教师职业的规范和师资培养、成人教育、特别教育、学校建筑与卫生、私人承办教育与政府承认问题等。参加会议者为自教育总长以下各省教育行政负责人、各省教育会负责人和指定教育学术团体代表、有关大学校长、教育系主任及特邀代表共千余人。对于孟禄此次访问，国内文教界给予了极大热情和期待，几家著名教育刊物出版专号，在教育界形成"孟禄热"。孟禄在一次演讲中说：

> 新教育和旧教育，完全立在反对地位，第一种革新的原动力，就是德谟克拉西(按：原文 democracy，意即民主)的精神。旧教育是少数人的教育，新教育是人民公共的，个个有相当的机会，发展他们各个的道德、技能、学识，所以新教育的真精神，是德谟克拉西主义。德谟克拉西要求普通人民都得到相当的教育，这是中国当今之急务！①

关于孟禄此次考察访问意义和对中国新教育运动的影响，陶行知曾作过以下总结：

> 此次博士来华，以科学的目光调查教育，以谋教育之改进，实为我国教育开一新纪元。我们当这新纪元开始的时候，要参与教育革新的运动，须具两种精神：一是开辟的精神，二是实验的精神。有开辟的精神，然后愿到那不肯到的地方去服务，然后我们足迹所到之处，就是教育所到之处。有试验的精神，然后对于教育问题才有彻底

---

① 《陶行知全集》，第六卷，第754页，四川教育出版社，1991年8月。

的解决；对于教育原理才有充量的发现。但开辟和试验两种精神，都非短时间所能奏效的。我们若想教育日新日进，就须继续不已的去开辟，继续不已的去试验。①

在这次考察访问结束前，由中华新教育共进社、《新教育》杂志社和实际教育调查社三大团体合并，于 1921 年 12 月 23 日成立中华教育改进社，选举蔡元培、郭秉文、范源濂、黄炎培、汪精卫、熊希龄、张伯苓、李建勋、袁观澜等 9 人为董事，聘请杜威、孟禄为该社名誉董事。中华教育改进社聘定陶行知为主任干事，具体负责该社一切事务；通过由陶行知、马叙伦等起草的社章，确定“本社以调查教育实况，研究教育学术，力谋教育改进为宗旨”；设址于北京羊市大街（今白塔寺大街）历代帝王庙。陶行知曾记载：

> 本社成立之初，曾假北京美术专门学校为临时总事务所。嗣赖熊秉三（按：熊希龄，时任内阁总理）、孙丹林（按：时任内务总长）二先生之力，由内务部将西四牌楼帝王庙拨给本社，作为永久地址，即现在的总事务所。该庙地方宽敞，殿宇壮丽，足敷总事务所、教育图书馆、教育研究所及职员宿舍之用。且接近电车道线，不久电车开驶，交通很是便利。②

根据中华教育改进社第一次年会所作决议，陈鹤琴分别担任共 32 个专业委员会中的国语字母委员会和心理教育测验委员会书记。

---

① 《陶行知全集》，第一卷，第 401 页，四川教育出版社，1991 年 7 月。

② 《陶行知全集》，第十二卷，第 42 页，四川教育出版社，2002 年 9 月。

第六章　新教育——民主与科学

一　教育的民主化

在五四新文化运动和新教育运动中，实现教育民主化，提倡"学生自治"和"改良女子教育"是两项重要内容。在提倡学生自治方面，德谟克拉西和学生自治之风在国内各大高等学府迅速传播。区别于旧教育中教师权威至上，学生只知读书，毫无生机活力，更无发扬个性可言，新教育提倡学生自治、知行合一，尊重他人之自由与权利，尊重学生个性。关于这一问题，陶行知曾于 1919 年 10 月发表《学生自治问题之研究》强调"共同自治是共和国立国的根本"，"学生自治，是共和国学校里一件重要的事情"。随着许多留学生学成归国，这种在欧美风行的意识和制度传入中国，并渐渐被人们所了解和接受。同时，陈鹤琴发表了题为"学生自治之结果种种"的文章，赞同并支持陶行知的主张。何谓学生自治，陈鹤琴回答："学生自治者，即与青年以发达此本能之机会也。"他所提到的"本能"指"天赋本能"。在文章中，陈鹤琴就当时风行的关于学生自治问题明确地阐述了自己的主张："若要发展德谟克拉西之真精神，收德谟克拉西之真效果，非将德谟克拉西之真原理，先施之于学校不足以养成民主国之国民。"①在陈鹤琴看来，民主不是靠喊口号就能够实现的，要使民主精神变为人们自觉的行动，真正做到深入人心。他写道："惟学生自治，可以使爱国热诚，

① 《陈鹤琴全集》，第六卷，第 2 页，江苏教育出版社，1992 年 1 月。

变成平日生活上之习惯”;“学生自治制之用实大且深,自治使学生得有服务社会之良好机会,以尊重他人之自由与权利;且每协力同心,和衷共济,凡与学校有益者,必竭力提创之、护助之;凡与学校有损者,必共排斥之”。他又写道:“学生自治制之成效,已彰彰在人耳目,教育家之应提创此制明矣。若尚有不加注意,以为自治制度不足以实行,或以为捣乱之媒孽,或以为梦中之变幻,其不遭舆论之痛斥者几希。”①在文章中,陈鹤琴还专门提到有关培养儿童自治意识的问题。他写道:“儿童之能自治,已成为事实,无可疑议。夫成人之所以不能自治者,非吾民主政体,不从儿童时培养自治之故欤?凡当幼时不与儿童以参与社会公共事业之机会,而希望其一到成人,即可自治,焉望其能成功。吾侪年幼时,在学校常受专制师长之鞭笞;即今日之学校,培养国民之学业,尚付缺如。国民事业及责任,徒从一二死书中求之,则学生之不负责任,与其成年时不能自治也,亦固其所。”②

这是陈鹤琴回国后第一次在公开刊物上发表文章阐述教育民主化的主张,也是对当时在社会上热烈讨论的关于学生自治和学校管理的民主化问题的响应与宣示。

1921 年 2 月,陈鹤琴在《东方杂志》发表《学生婚姻问题之研究》一文,从对青年学生婚姻实际状况调查入手,说明婚姻与个人幸福、社会进步之间的关系,提出普及教育的问题和提倡女子教育。

关于进行此项研究的动机,陈鹤琴写道:

人生在世有二件最重大的事体:一件择业,一件择偶。从中国的社会情形看来,择偶比较择业似尤为重要。何以呢?择业不得其当,不妨改业,所耗的光阴尚少,所受的害处尚浅。假使择偶不得其人,恐怕终身要受莫大的痛苦。迩来欧风美雨,渐渐东来,新思潮的升涨,一天高似一天,什么“自由结婚”,什么“自由恋爱”,什么“社交公

① 《陈鹤琴全集》,第六卷,第 4 页,江苏教育出版社,1992 年 1 月。

② 《陈鹤琴全集》,第六卷,第 6 页,江苏教育出版社,1992 年 1 月。

开”，什么“男女同学”，什么“小家庭制”；种种新名词常常接触吾人的眼帘，震荡吾人的耳鼓，使旧式的婚制大有破产之趋势。吾因此有所感，遂把这个人生最重要的婚姻问题，从事实上稍为研究一番。研究后，我觉得所得的结果很有价值。现在把它详细的写出来，以供大家参考。①

调查中，陈鹤琴先后向绍兴、杭州、徐州和南京等城市6所中、高等学校发出1 500余份问卷，实际回收631份。他将被调查对象分为三种类型：已婚者、已订婚者、未订婚者，其中已婚者184人、已定婚者181人、未定婚者266人。为了打消被调查者的顾虑，在学生据情填写调查表之前，他先要讲清楚这种研究的目的和性质，并且请学生不必在表上填上自己的姓名，以维护被调查者的隐私。在对已婚者的调查中，他用百分比统计方法，将夫妻结婚年龄、婚姻形成过程和婚后爱情程度分别列表并逐项予以分析、说明。通过比较、分析，陈鹤琴发现，凡是对妻子表示满意的，多半是因为妻子受过教育、读过书。由此，他想：“从前说女子‘无才便是德’，到了今日因为妻子‘目不识丁’的缘故，做男子的心里就不满了。又有一种感情，就是新思想新文化常常使人不满意、不知足，这种‘不知足’、‘不满意’的心，就能使人往前进步，往前奋斗。”他将对爱情满意程度与女子受教育程度相联系，从而得出结论：“从这一点，可见的女子知识之重要”和“所以若要增进家庭幸福，非教育女子不可；若要使无生气的地狱家庭变为快乐的地上乐园，也非教育女子不可”。他认为，摆脱旧式家庭的潜在危机，增进家庭幸福的惟一办法就是提倡女子教育。在婚姻改良方面，他对父母之命、媒妁之言的旧式婚姻传统进行了抨击，他写道：“这样说来，旧式的婚制不久就要破产。为人父母的当顺世界之潮流，明青年之心理，若仍固执己见，强人所难，其为害不但惹起父母子女间之恶感，恐怕遭家庭革命之惨剧。”他还对女子剪发和束胸提出看法：“女子的头发实在

① 《陈鹤琴全集》，第六卷，第10页，江苏教育出版社，1992年1月。

是一种障碍物，女子的束胸实在是一种缠足的变相。”①

在这篇调查报告结尾处，陈鹤琴将自己的主张进一步明确阐述：“总而言之，若男子不受教育，对于旧式婚姻断不能发生不满意的心；若女子不受教育，断不能达到解放那一天；若男女都不受教育，中国的婚制断无改良一日。所以要改良中国的婚制，增进人类的幸福，巩固国家的基础，当从普及教育着手，尤当从提倡女子教育着手。”②

陈鹤琴这篇调查报告的价值在于，采用社会学的抽样调查、统计分析的方法，研究、剖析了当时青年学生的婚姻状况，归纳了青年对于婚姻问题的见解；用详尽的数据与典型事例结合起来进行深入分析，提出对于青年婚姻问题和改良女子教育问题的明确观点和主张。这篇调查报告曾于1921年二三月间出版的《东方杂志》中连载。

1921年4月，在李大钊主持的少年中国学会座谈会上，与会者曾谈及陈鹤琴对青年婚姻问题的调查研究结果。有一段记载：

> 谈到半酣，守常（按：指李大钊）出点心饷众人。既而复谈及社会上一般青年之婚姻问题，都以《东方杂志》陈鹤琴之《学生婚姻问题之研究》一文为有价值，其所用之调查方法，吾学会人不妨采取变通，以之调查上海北京及其他各处。③

二　语体文应用字汇

《语体文应用字汇》是陈鹤琴在南高师期间所做的另一项重要研究。在谈到这项研究的动机时，陈鹤琴写道：

> 当时，我们中国正在提倡平民教育，到处是扫除文盲的呼声。为

① 《陈鹤琴全集》，第六卷，第53页，江苏教育出版社，1992年1月。
② 《陈鹤琴全集》，第六卷，第68页，江苏教育出版社，1992年1月。
③ 《陈鹤琴全集》，第六卷，第69页，江苏教育出版社，1992年1月。

供识字运动做得更有效，有几个问题，我始终怀疑的，如我们中国通用的字汇究竟有多少？其中有多少文言文的字汇？有多少语体文（按：即白话文）的字汇？多少字是两种文体都有的？还有多少字是最通用的？多少字是次通用的？多少字是不常通用的？多少字是小学生应该学的以及多少字是民众应该学的？这许多问题，与普及教育的关系很大，但如何才能解决这许多疑问，那非得作精细的试验与精密的研究不可。①

从1920年开始，陈鹤琴带领几位助手着手研究语体文应用字汇的问题，他们将所研究的字汇分为两种，一种是对个别单字进行专门研究，第二种是专门研究联词。研究的素材取自儿童用书、报刊杂志、小学生课外读物和古今小说等。他们第一次收集了字汇554 478个，含有单字4 261个；第二次又添加字汇348 180个，其中包含新的单字458个。该项研究汇编成册后，作为中华教育改进社丛书之五出版。在国外，关于字汇的研究早已有之，而中国字汇的研究，过去只有少数传教士为传教目的开展过一些工作。因此，当时这项工作在国内可说是一片空白。在此后的几十年间，很少有人继续从事这项工作，直到20世纪70年代初才出现新的同类著作。

自五四以来，国内的新教育改革运动蓬勃发展，"平民主义"和"平民教育"大畅其道，成为许多教育家的追求。在蔡元培、胡适、蒋梦麟、陶行知等新教育改革的领袖们大力推动和倡导下，许多平民学校如雨后春笋般纷纷建立，南京、武汉等地先后成立了平民教育促进会。陶行知、晏阳初等人也四处奔走、呼吁、身体力行，用实际行动践行他们的救国理想。

1923年9月，《新教育》杂志第七卷第一期发表了《中华平民教育促进会宣言》，正文前印着五行大标题：

- 建立普及教育的基础

① 《陈鹤琴全集》，第六卷，第630页，江苏教育出版社，1992年1月。

- 花六十块钱可以使一百人受基本的平民教育
- 花六百块钱可以使一千人受基本的平民教育
- 解决生计，消弥乱机，奠定国本
- 爱国者所应注意即爱己者所应注意

这篇带有明显陶氏文风的宣言，将平民教育的意义和对国家及百姓个人所带来的好处说得明明白白、简明扼要。当时，陶行知订下了具体目标，希望十年或五年以内，能使 12 岁以上、25 岁以下一万万不识字的人，受一千字所代表之共和国民的基础教育，还希望学生年年增加。① 由陶行知、朱经农编写的《平民千字课》是当时被广泛采用的平民教育教材，“辅导考试自学法”和“连环教学法”是陶行知所进行的识字教育实验。对此，郑晓沧、陆志韦、徐养秋、廖茂如和陈鹤琴等东大教授热烈响应并带头推广、普及。徐养秋在家开设试验点，陈鹤琴动员自己 65 岁的母亲参加这项试验。识字教育教材和试验所使用字汇的根据，来自于陈鹤琴与助手所从事的关于语体文应用字汇的研究成果。对此，陶行知有以下记述：“……东南大学教育科和中华教育改进社近年请了陈鹤琴先生主持编辑字汇，陈先生用了一年半的功夫，做了一本字汇；在一百万字当中，发现一百零一次以上的字，有一千一百六十五个。我们就应用这科学方法研究所得的字来编辑。我们虽然没有把这一千一百六十五个字完全编入，但是这本书里面常用的字，就是由这里发源。”②他曾评价道，在语体文研究方面，“其中以陈鹤琴先生的研究最为系统。他和他的助理九人先后费了二三年的功夫，检查了九十万字的语体文，编成了这册《语体文应用字汇》。这册报告未付印前已经做了《平民千字课》用字的根据。将来小学课本用字当然也可以拿它来做一种很好的根据”。③ 陶行知、朱经农编写《平民千字课》的宗旨有三：(1)培养人生与共和国国民必不可少之精神和

① 《陶行知全集》，第一卷，第 595 页，四川教育出版社，1991 年 7 月。

② 《陶行知全集》，第十一卷，第 154 页，四川教育出版社，1998 年 10 月。

③ 《陈鹤琴全集》，第六卷，第 74 页，江苏教育出版社，1992 年 1 月。

态度；(2)训练处理家常信札账目和别的应用文件的能力；(3)培养继续读书看报及领受优良教育之志愿和基本能力。[①] 而陈鹤琴进行字汇研究的动机和初衷也有三：(1)可用为小学校基本字汇；(2)可用为成人教育之工具；(3)可用为编制测验的根据。陈鹤琴曾说，当时中国正在提倡平民教育，到处是扫除文盲的呼声。为供识字运动做得更有效，要研究字汇通用的程度，了解有多少字是小学生应该学的，有多少字是民众应该学的，如何把已经社会化的白话文用于课本教材，使人们易学易懂，以达到普及教育的目的。当时，中国国内提倡语体文，北洋政府教育部通令全国自1920年起小学一、二年级国文一律改为语体文，并从1922年开始在小学全部试行语体文教学。教材编写的重要基础就是选用适合儿童学习的字汇，选择出哪一些字汇是最通用的，哪一些字汇是儿童应该先学的，哪一些字汇应该后学，《语体文应用字汇》为此提供了依据。显然，陈鹤琴的语体文应用字汇研究是平民教育运动的一个进程和组成部分。

《语体文应用字汇》1922年最初发表在《新教育》第五卷第五期上，经进一步修订，于1928年6月由商务印书馆出版。在修订过程中，1923年12月1日凌晨，东南大学存放研究资料的口子房失火，据说是因为电路走电，扑救不及，木质结构建筑被彻底烧毁，生物系和物理系存放其中的实验设备、动植物标本和包括利玛窦所绘地图等几万册图书尽被焚毁，陈鹤琴与助手的部分研究资料和成果也化为灰烬。幸好有一位叫陈绍陶的助理，在失火前，将一部分底稿带回了寝室，才使他们的研究工作不致全军覆没。救火时，陈鹤琴奋力冲进楼内，抢回被自己视为宝贝的显微镜。在废墟面前，许多教授、师生嚎啕大哭，伤心不已。在火灾中，同样损失惨重的还有陶行知，他曾记载道：

> 不料到十一月里，东南大学的口子房失火，把我所有计划的记载、搜集的材料，和亲手用万国音标标记的桑代克氏表中一部分的

① 《陶行知全集》，第十一卷，第154页，四川教育出版社，1998年10月。

> 字，都付之一炬！灾后的二三个月内，我在校内预备室尚且没有一定的布置，要做这种铺排的统计研究，简直不必说了。因此我的研究就停顿了……①

这场火灾过后，陈鹤琴带领着助手继续进行关于字汇的研究和编著工作，经不懈努力，终于完成。

作为新教育运动的参与者，陈鹤琴以自己的研究工作和成果加入倡导和推行平民教育的行列中。有当代教育史学家评价，这一课题直接影响到中国教育民主化的历史进程。②

三 测验运动

1921年由陈鹤琴、廖世承合著的《智力测验法》一书作为高等师范学校丛书出版，这是陈鹤琴继《学生婚姻之研究》、《语体文应用字汇》之后的第三本研究著作，他坚持不懈地为中国的教育民主化、科学化探索道路。

自1921年12月中华教育改进社成立后，将西方先进的科学研究方法引入中国，实现科学教学，成为新教育倡导者们热衷的课题，也成为中华教育改进社的工作目标之一。1922年2月16日，中华教育改进社曾电请美国新教育的领袖人物之一孟禄博士派出专家来华“襄助研究”。6月，孟禄来函称，派出教育专家推士先生来华辅助开展科学教育。据中华教育改进社第二次社务报告记载：

> 此项工作，由本社研究员麦柯博士主持。麦柯前为美国哥伦比亚大学师范学院教授。本社与北京大学、北京高师、东南大学等校，

① 《陶行知全集》，第十二卷，第76页，四川教育出版社，2002年9月。

② 黄书光：《陈鹤琴与中国现代教育》，第37页，华东师范大学出版社，1998年4月。

商议协助编造测验。①

19世纪中叶，西方工业革命后，对劳动力的需求增加和分工日益精细，专门人才的训练、人员选拔与职业指导应运而生，应用生理学和心理学方法测量那些有亲缘关系和没有亲缘关系的人们所具有的特性，以确定其相似程度，于是，对于各种感觉辨别力的测量结果就成为推估与评价不同个人的智力、心理素质及其他身体特征的依据。

1890年，美国心理学家卡特尔发表《心理测验与测量》一文，首次提出"心理测验"术语。此前，他曾编制数十个测验，包括测量肌肉力量、运动速度、痛感受性、视听敏度、重量辨别力、反应力、记忆力等项目。1905年，法国心理学家比奈与助手西蒙推出世界上第一个智力测验——《比奈-西蒙量表》，经1908年和1911年两次修订，成为心理测验史上的经典之作。清末年间，心理学传入中国。1917年，在蔡元培的指导下，中国首个心理学实验室在北京大学成立。1918年，教育家俞子夷仿照美国心理学大师桑代克所著《书法量表》体例，编成《小学国文毛笔书法量表》共4种，发表于《小学校》杂志1918年第十期。以后俞子夷又陆续编成《初小算术四则测验》、《文语体缀法量表》、《小学算术应用题测验》、《小学社会自然测验》等，在南高师附小和江苏、浙江各实验学校推广试用。

郭秉文将测验的意义概括为"中华民族之强点可发挥而光大之，而其弱点之所在，亦可从事设法弥补"②。此言道出新教育倡导者对引进国外科学理念、改造中国教育现状的期待心情。

陶行知曾在《教育与科学方法》一文中指出：

> 无斧不能砍木，无剪不能裁衣，无刀不能作厨子，无工具不能作教育的事业。教育工具可以从外国运的，可以从中国找的。从外国运来的第一是统计法。有了统计法我们可以比较，可以把偶然的找

---

① 《陶行知全集》，第十二卷，第46页，四川教育出版社，2002年9月。

② 《陈鹤琴全集》，第五卷，第384页，江苏教育出版社，1991年7月。

> 出个根本原理来，如同望远镜可帮助我们看得清楚，在材料中可找出一定的线索。这种统计是不可看轻的。第二就是测验。近年来教育改进社要作二十四种测验，因为此种工具是不能从外国运的（就是运来也不适用）。测验是看学生先天的聪明智慧怎样，使学校有个好的标准，由此可以晓得某级学生有什么成绩，如治病的听肺器一样，可以看出病来。欲知病之所在，非测量不可。①

陈鹤琴则称智力测验“为施行德谟克拉西教育的利器”。他写道：

> 德谟克拉西的教育，是要使得人人得到充分的教育机会，并不是得同样的教育……所以徒讲德谟克拉西的教育是无用的，必须以智力测验来补足德谟克拉西教育的学说。②

1920年南京高等师范学校建立了中国高等学府中第一个心理学系。陈鹤琴与廖世承在南高师首开测验课程，并将心理测验应用于招生考试之中。陈、廖所著《智力测验法》被公认为是中国最早的测验专著，该书由商务印书馆出版后，广受好评，曾多次再版。郭秉文在为该书所作序中写道：“南京高师心理学教授陈君鹤琴、廖君茂如，鉴于是项测验之重要，合著《智力测验法》一书，一方引起国人之注意，俾了然于其价值之所在，而另一方又示明种种方法，俾用之者有所率循，将来纸贵一时，可无待言。”③

《智力测验法》一书分为三大部分十四章。第一部分阐述智力测验的性质、功用、标准和用法。第二部分将35种测验及做法说明、测验性质分门别类逐一列举。第三部分列举智力测验的核算方法和校阅的标准，并对各种测验的结果予以说明。测验内容涉及图形、算学、词句、文字、想像力和社会知识、品行道德等方面，测验被试者的兴趣、观察力和思想与动作的协调性，形式分个人测验和团体测验，其中23种直接采用了国外的

① 《陶行知全集》，第一卷，第291页，四川教育出版社，1991年7月。
② 《陈鹤琴全集》，第五卷，第393页，江苏教育出版社，1991年7月。
③ 《陈鹤琴全集》，第五卷，第384页，江苏教育出版社，1991年7月。

测验内容,12 种为根据中国学生特点自创。书中所列各种测验曾在南京、苏州、上海等地的幼稚园、小学、中学、师范学校中进行,得到南高师和东大同事杨贤江、吴夷则、朱浩然和时任南高师附小主任俞子夷的配合与帮助。受试者达 1 400 余人,自幼稚园起到高等小学,还包括部分初中生,年龄范围由 3 岁起至 20 岁,男女各半。

1921 年 1 月中华心理学会在南京成立,陈鹤琴被推举为总务股主任。在此后十多年中,陈鹤琴一直作为成员参加这个很小的学术团体活动,他日后的许多亲密朋友和同事,如刘湛恩、陈选善、高觉敷等也同为该会成员。

陈鹤琴的学生张宗麟记录了当年南高师和东大举办入学考试时的情形:

> "预备!拿笔起来,头抬起来,眼睛看着我……"
>
> "做!快些做……"
>
> 这是一个炎热的下午三点钟,在一片广大的草地上,盖着一座很大的芦席棚子,棚子里坐着一千二百几十个投考的青年,每个青年右手拿着笔,左手扪着卷子,眼睛全望着讲台上的一位青年教授。全场肃静到纸扇的声音也没有,只听到这位青年教授解释试题和发着命令:
>
> "中国是民主共和国,这句话是对的,那么在括弧里加'+'号。地球是月亮的卫星,这句话是错的,那么在括号里加'-'号……大家懂得做吗?……那么听我的命令,不可作假:预备——做——快些做!……"全场青年立即照着他的命令飞快地做着,这时候,全场只听到铅笔擦着纸面的声音,比一所大育蚕室里成千成万蚕吃桑叶的声音更清脆、更响亮。
>
> 约莫过了五分钟,站在讲台上的青年教授突然又发命令:
>
> "停!笔放下来,卷子扪起来。再听我的解释……"
>
> 青年教授把第二种试题解释明白以后,接着又发命令:

"预备——做!"全场青年又依照着他的解释急速地做去,又过了五分钟,这位青年教授又发出"停!"的命令,接着第三种试题又开始,又经过一番解释,又发出"预备——做!"的命令,全场又依照着命令去做。这样足足做了二小时,做了五种试题,助考员收去试卷,全场青年从几个出口依次出场。

这是二十年前南京高等师范和东南大学合并举行入学考试中智力测验的一课,是全部考试中最新奇而又最紧张的一课。

为着这样新奇的考试科目,每个投考者对于这位青年教授也就留下了最深的印象。当时我对他的印象觉得很可敬爱:"皙白而红润的脸,留着短短的平顶发,短小而强壮的身材,轻快活泼的举动,从不大声呼喊的声音,斩钉截铁般的语调,态度虽然很严肃,但并不觉得可怕,也没有道貌岸然的矜持与做作……"

这位青年教授,就是当时南高和东大的教务长陈鹤琴先生。①

自1921年12月中华教育改进社成立以来,对国内学校教育开展调查作为一项重要工作在北京、德州、泰安、苏州、杭州、广州、汉口等大中城市陆续开展,各种测验作为调查工作所使用的方法与依据,成为一时之风。

主持团体测验和个人测验

① 《我的半生》序四,江西教育用品厂,1940年。

1922年3月，陈鹤琴代表中华教育改进社，负责指导无锡县小学教员及第三师范学校学生组织测验委员会，进行教育调查。调查事项包括：(1)教育测验，考察教育之功效；(2)智力测验，查验儿童之智慧；(3)常识测验，检验儿童之知识；(4)学务调查，考核教员、学生、设备、学校行政种种。[①] 8月间，中华教育改进社举办实施教育心理测验讲习会，由麦柯、查良钊、德尔曼、刘廷芳主讲，男女学员295人，其中多为各省视学、教育局局长、学校校长和师范学院教育心理学教员。同年冬天，在查良钊、德尔曼、廖世承、陈鹤琴等人组织下，东南大学、北京师范大学教育科师生，在北京、天津、上海、长沙等22个城市和11个乡镇，对9万多名小学三年级至初中一年级学生进行调查，历时三个月，确立了测验作为科学手段对于学校教育的重要作用与地位。

在此期间，陈鹤琴曾打算出国继续攻读博士学位。三年前，他回国时，曾与郭秉文有约在先，三年后设法送自己去美国。为此，陈鹤琴向教育部和浙江省教育厅递交志愿书，郭秉文也呈文为陈鹤琴申请官费赴美留学名额并作了各种努力。但"浙江省教育厅将欧美官费缺额中仅一名之全部免试生名额另行补足，因而未果"。遗憾之余，陈鹤琴并未气馁，继续开展各项实验工作。

在中华教育改进社的推动下，北京师范大学、北京大学、燕京大学、北京女子高等师范学校、东南大学等高校的教授和学生开始编制测验。中华教育改进社成立了心理教育测验委员会。在1923年8月举行的中华教育改进社第二次年会报告中所列举42种测验中，由陈鹤琴编制的默读测验、普通科学测验、科学测验和国语词汇被冠以"陈氏测验法"，占其中6种。据《中华教育改进社第三次会务报告》中记载，至1924年6月，该社编译出版的19种各类学校测验书籍中，由陈鹤琴编写的中学、小学默读测验和常识测验书籍有5本；正在编著之中的教育丛书30种，由陈鹤琴编著《智学测验》(师范学校用)、

① 《陶行知全集》，第十二卷，第23页，四川教育出版社，2002年9月。

《儿童心理》、《学务调查》3 种。

1924 年，陆志韦主持编写的《订正比奈-西蒙智力测验说明书》出版，该订正本采用麦柯的 TBC 制。该年 7 月，在中华教育改进社第三届年会上，陈鹤琴与赵惠谟共同提出制定统一测验标准的提案，受到与会者重视，大会作出决议，对测验标准制定和测验对象、测验方式和实施方法等作了相应安排。

1925 年，由廖世承、陈鹤琴编著的《测验概要》发表，在其姊妹篇《智力测验法》的基础上，该书的内容更为全面和实用，强调从中国实际出发，研究和编制适合中国儿童特点的测验，“书中所举测验材料，大都专为适应我国儿童的”①。全书分绪论、智力测验、教育测验、测验实施方法、普通统计及列表法、编造测验方法等二十一章，为“对中国学者开展测验工作以来所取得成绩的一个全面总结”，被教育界誉为“测验最简便的用书”，也成为二三十年代中国学者所编制测验中的经典之作。②

1931 年 6 月，陈鹤琴与艾伟、廖世承、陆志韦等发起成立了中国测验学会。

---

① 《陈鹤琴全集》，第五卷，第 653 页，江苏教育出版社，1991 年 7 月。

② 田正平：《留学生与中国教育近代化》，第 274 页，广东教育出版社，1996 年。

第七章　中国幼儿教育之父

一　儿童心理之研究

1920 年 12 月 26 日凌晨 2 时 9 分，陈鹤琴的长子在南京出生。他给儿子取了一个响亮的名字——一鸣。一鸣刚出生后 2 秒钟就开始大哭，延续 10 分钟，以后就是间接的哭；45 分钟后，一鸣哭累了，开始打呵欠；12 小时后，这个新生的男婴撒出了他人生的第一泡尿。陈鹤琴一边望着自己的“杰作”，一边拍照、作记录，妻子则在一旁当助手，将他们的“杰作”哄好、照料好。他觉得很有趣，摇篮里的男孩，头颅还很软，皮肤带些红色，四肢能动，两腿向内弯曲如弓形；一对秀气的眼睛闭着，用灯光一照，眼皮就能皱缩动弹；一张可爱的小脸像含苞的花蕾，用手轻抚，细嫩的眉间就会皱缩一下；粉红色的小嘴，用指头触碰，薄薄的上唇就会嚅动。直到第 8 天晚上，喂好奶后，男孩会笑了，先是闭着眼睛微笑，然后睁开眼睛微笑。在男孩睡着的时候，稚嫩的小脸上露出笑、哭等各种神情。

尽管时值严冬，窗外一片凋零，而陈鹤琴的心中却是春光一片，幸福无比。他知道，自己所要做的工作在中国尚无先例，他要带着自己的“杰作”去实现志向和理想。可以说，陈鹤琴的工作是与幸福和快乐联系在一起的。他已经深深感到，自己将终生与儿童相伴。因为，他爱儿童，儿童也喜欢他。

陈鹤琴对一鸣的成长发育过程作了长达 808 天的连续观察，并用文字和照片详细记录下来。他将一鸣在各种场合、环境中透过表情、动作等反应表现出的生理、心理特征予以对比、研究，以求得出结论。

现摘录其中三例：

第 179 天

(59) 这天晚上，父母外出，起初他同两个堂兄玩玩，过 1 点半钟后，他就要母亲，大哭不已，父母在 9 点钟回来的时候，他仍旧放声大哭，见了父母，他就不哭了。这恐怕是两种缘故，第一，饥饿，第二，他不见了最亲爱的人。①

第 226 天

(73) 喜欢在外游玩：他祖母时常抱他下楼到外边玩耍，今天他抱在祖母手里看见楼梯，身子向着楼梯就要下去，他祖母特意转身向房里走，他就哭了；再抱向楼梯他就不哭，后来抱他下楼去，就很开心了。这里可以表示他：①知道方向。②喜欢到外边玩去。③记得从楼梯可以出去。④意志坚强。②

1 岁 4 个月

第 66 星期

(155) 他知道火炉是热的：有一天早上他手触着没生火的冷火炉，就缩手在衣裳上擦着，他的意思是以为火炉是有火的。这里有几点：①他把火炉同"热"联系起来。②小孩子容易患错觉的毛病。③他以为手上的热可以擦去的。这种动作他并没有看见人做过，人也没教过他，大概是自然发生的。③

陈鹤琴的观察与实验工作，进行得既专心致志，又情趣盎然。他天天亲自给一鸣洗澡。他的实验室就是他的家，妻子俞雅琴和母亲陈张氏是他的两位最得力助手，儿子则是他的工作"对象"与"成果"。他将观察、实验结果分类记载，文字和照片积累了十余本。他的朋友郑晓沧和夫人常

---

① 《陈鹤琴全集》，第一卷，第 66 页，江苏教育出版社，1987 年 11 月。
② 《陈鹤琴全集》，第一卷，第 68 页，江苏教育出版社，1987 年 11 月。
③ 《陈鹤琴全集》，第一卷，第 78 页，江苏教育出版社，1987 年 11 月。

来陈宅走动,他很得意地将这些资料拿出来与老友分享。从1921年起,陈鹤琴陆续在《新教育》、《教育汇刊》、《心理》等学术刊物上发表《儿童心理及教育儿童之方法》、《儿童的好问心与教育》、《我对儿童的惧怕心之研究》、《研究儿童知识之方法》、《儿童研究纲要》、《儿童的暗示性》等文章,在这些文章的基础上,1925年,他的专著《儿童心理之研究》(大学丛书,上、下册)由商务印书馆印行。

《儿童心理之研究》是陈鹤琴早期研究工作最重要的成果之一。瑞士儿童教育家裴斯泰洛齐于1774年对自己的三岁孩子进行为时约一个月的连续观察,用日记法作观察记录,并发表了《母亲必读》。在中国,陈鹤琴是最早将观察实验方法运用于研究儿童身心发展规律之中的教育家。他所做的文字、摄影记录并阐明了幼儿的动作、好奇心、模仿力、游戏、言语能力、记忆力、想像力和知识、能力、思维发展的特征及其意义,作为第一手资料,成为他日后对儿童心理、儿童教育、儿童游戏和玩具、道德教育、家庭教育等方面研究、论述的重要佐证,他也被后人尊称为"中国儿童心理研究的开创者和奠基人"和"中国幼教之父"。

在陈鹤琴的研究中,采用了照相的方式将儿童的"笑"、"快乐的表示"、"要的表示"、"不要的表示"、"怒的表示"以及"问语"等记录并保存,因而成为一种有系统的研究。他更希望舶来诸如录音、电影等更先进的手段提高研究的质量。在《儿童心理之研究》一书中,陈鹤琴大量采用了欧美科学家、心理学家、儿童学家杰克斯、霍尔、鲍德温、普莱尔、汉弗莱、詹姆士、比奈和推孟等人的实验数据,用统计、数学和心理测验等多种科学方法解释、说明儿童期生长发育的种种现象和规律。在研究的方法上,陈鹤琴认为,自己所采用的"直接观察法"比国外科学家所采用"问答法"等间接方法更为直接、有效。他对自己的老师克伯屈的一些结论也提出了异议。

除了对自己的儿子进行观察和实验,陈鹤琴将与自己住在一起的两个侄儿也作为观察和实验的对象。他把每日侄儿们所提的问题记录下来,一共记录了270天,共357句。他专门准备了一个笔记本,侄儿们问一句，他就抄一句，就连吃晚饭时也照记不误。晚餐后，他与侄儿们一道读书阅报约一个半小时，侄儿们有问题，他就随手记下。侄儿们问他："小伯，你记下来有什么用呢？"他笑而不答。时间长了，侄儿们再提问题时，他凡是能回答的，则详细解答，不能回答的，就教孩子们去问他们的老师。陈鹤琴认为，这样做可以使孩子们的好奇心得到满足，同时也使他们的知识渐渐长进。

关于为什么要研究儿童心理，陈鹤琴认为，从研究心理方面，在未达学龄的时候，儿童的心理正在发生，正在养成。凡研究一事，我们必须探求其发源与成因才好。从实施教育方面，未达学龄的时期，从心理上看来，是养成习惯的基本时期，也是树立人格的基础时期，若于此时不加注意，不加良好的教育，听任自流，等他大起来就不容易感受良好的教育了。

《儿童心理之研究》通过对一鸣成长过程中生理、行为、心理、情绪等一系列事实的详尽记录和实验，并对比动物与人类从胚胎期到生命期的特点，"人的儿童期实在是预备适应环境的重要时期"，[①]陈鹤琴试图阐明儿童期的重要性：

- 教育在儿童期具有重大意义。儿童期是可塑的。一方面，儿童期是发展能力的时期；另一方面，儿童期具有可以发展的性质，即所谓可塑性或可教性。陈鹤琴说，初生的婴儿不像小鱼小鸟，鱼、鸟的各种活动可以说是生来就能做的，我们人的活动大部分是生后学来的。儿童的身体脑筋都要渐渐地发展，儿童的道德要逐渐涵养，儿童的谋生能力也要渐渐地储蓄，人生一切的活动都是在儿童期内发展的。还有一个意思我们要明白的，就是儿童期是发展个人的最好的机会。什么言语，什么习惯，什么道德，什么能力，在儿童的时候学习最快，养成最易，发展最快。

- 儿童期就是接收文化的时期。因为成人的学习能力，没有儿

① 《陈鹤琴全集》，第一卷，第 59 页，江苏教育出版社，1987 年 11 月。

童期的大，几千年来文化的传递实在是儿童期的功用。对于个人而言，儿童期就是可塑性的意思。人类的动作大概是靠后天的培养，人类的知识完全是靠后天的学习。人类的知识愈高，能力愈大，所做的事业愈广，所发明创造的东西也愈多，社会的文化因此也就增高了。因此，环境愈复杂，儿童期愈长，学习的机会愈多；学习的机会愈多，天赋的智力发展愈快，然后才可以适应复杂的环境。所以人的儿童期实在是预备适应环境的重要时期。因此，儿童期的教育是重要的。

● 儿童期对于社会方面和家庭方面的意义。儿童是一种家庭化和社会化的主要分子，也是一种改进家庭、改进社会和促进文化的原动力。①

关于如何实施儿童期的教育，《儿童心理之研究》详尽论述了儿童身体发育成长各阶段的身体特征，引用国外科学家的测验方法，分述儿童的视力、听觉、触觉机能的发育和感应过程；又对儿童动作发展做研究，从儿童的口、头、手、臂、腿、足各身体部位的作用到儿童对坐、立、爬、走、跳能力的学习，再谈到模仿力、暗示、游戏、玩具、好奇心和惧怕、哭与动作的抑制、知识、学习和言语、美感、儿童绘画、思想、道德问题、男女性的分别、特殊儿童的耳聋和口吃等在儿童期各阶段的特征和对儿童身心发育、成长所产生的作用和影响。通过对这些几乎囊括儿童生理、心理发育各方面和学习、教育方法的分析、论述，陈鹤琴在国内率先提出了"儿童观"的问题。

自十八九世纪后，儿童学作为现代心理学的重要分支逐渐引起人们的重视。1762 年卢梭的《爱弥儿》出版，书中称儿童本性是善良的，社会是万恶的，呼吁"竭力革除不懂儿童心理和摧残儿童故有灵性的教育"，"使儿童本性得以自由发展，脱离万恶教育的束缚"②。1826 年福禄培尔的著作《人的教育》（*Die Mans-chen-Esziehung*）出版。"这种研究，也是因

① 《陈鹤琴全集》，第一卷，第 60 页，江苏教育出版社，1987 年 11 月。

② 《陈鹤琴全集》，第一卷，第 494 页，江苏教育出版社，1987 年 11 月。

为要求一种儿童精确的心力发展和程序，作为制裁教育的依据。”[1]1828年奈克尔·德·邵休尔所著《前进的教育》（*Edueation Proqressive*）第一卷问世，书中详论4岁以内的儿童心理，4年后该书第二卷出版，详论4岁以上的儿童心理。“奈克尔研究儿童的目的，不过要晓得儿童道德心能的发展和历程而已。在他的观念中，也以为儿童是将来的成人。”[2]对于这些研究，陈鹤琴评价道：“从卢梭以及到奈克尔所有的研究，其焦点都是要谋教育儿童适当的根据，所有的发表大抵缺乏科学的精神。”[3]进入20世纪后，尤其在美国，心理学家们对儿童心理与儿童教育的研究大大发展，出版了许多学术著作，代表人物包括克伯屈、雅各比、桑代克、霍甘等。

1921年，陈鹤琴在《新教育》杂志第三卷第二期撰文《儿童心理及教育儿童之方法》。文中开宗明义：“我们为什么叫儿童穿起长衫来？为什么称儿童叫‘小人’？为什么不准他游戏？为什么迫他一举一动要像我们成人一样？”“假使我们要收教育的良果，对于儿童的观念，不得不改变；施行教育的方法，不得不研究。”[4]西方近现代心理学中儿童学研究的科学成果和陈鹤琴对中国儿童心理进行的一系列研究、实验，是陈鹤琴倡导科学的儿童观、教育观的基础。

陈鹤琴将儿童的特点，归纳为“四心”，即好动心、模仿心、好奇心、游戏心。他认为，“好动心”是儿童得到健康发展“要紧的利器”，应当给予儿童充分的机会，使他们得到适当的刺激，“使他多与万物相接触才好”。“模仿心”的价值在于，“做父母的要格外留意，因他们的一举一动，都能影响他们的儿童”；“做教职员除了要以身作则之外，还宜养成纯美的校风，使得学生在不知不觉中模仿”。他十分强调环境对儿童成长的重要性，并引用了柏拉图的名言：“好奇心是知识之母。”他批评旧式学校说，“儿童一到学校，就受注入式教育，没有发展好奇心的余地”。“总之，好奇心是儿童学问之门径，吾人不得不注意的，不得不利用的”。“游戏心”是儿童的

---

①②③ 《陈鹤琴全集》，第一卷，第495页，江苏教育出版社，1987年11月。

④ 《陈鹤琴全集》，第一卷，第1页，江苏教育出版社，1987年11月。

天然本能。“近世教育利用这种活泼的本能，以发展儿童之个性与造就社会之良好分子。”他指出：“吾国社会对于游戏不加注意，甚有以为学校不宜让儿童游戏的。普通人常以游戏为顽皮。”关于游戏的好处，他列举了四种：(1)发展身体；(2)养成公民应有的品质；(3)能使脑筋敏锐；(4)为休息之灵丹。①

陈鹤琴所提出的“儿童观”：

> (1)儿童不是“小人”，儿童的心理与成人的心理不同，儿童时期不仅作为成人之预备，亦具他的本身的价值，我们应当尊敬儿童的人格，爱护他的烂漫天真。(2)儿童秉性好动，我们不要仍旧用消极的老法，来剥夺他的活泼天性，必须予以适当的环境，能使他充分地发展。(3)我们教育儿童，亦当利用他的好奇心。好奇心为知识之门径，我们当利导之。我们有些父母常常摧残这点好奇心，禁止儿童“多嘴”、“饶舌”，这实在令人痛恨之极。(4)游戏是儿童的生命。游戏具种种教育上的价值，我们更加宜利用的，但是我们也要明白这个游戏是随年岁而变迁的。总而言之，我们应研究儿童的心理，施行教育当根据他的心理才好。②

陈鹤琴是一位和蔼可亲的教育家，他对儿童教育十分耐心，循循善诱。一天，陈鹤琴看到有一个儿童总习惯于用左手写字，老师要他改用右手写，一直没做到。陈鹤琴就对这个孩子说：“你会用左手写字，大家都不及你，真了不起！但是大家能够用右手写字，而你不会，那你就不如人家了。假如你也会用右手写，两手都会写，那你就是第一个大好佬了！”不久，这个孩子就会用右手写字了。又有一次，一个青年请求陈鹤琴介绍做小学教师。陈鹤琴给了他一枝铅笔和一张纸，叫他写下自己的姓名和履历。这个青年刚拿起笔，习惯性地把铅笔尖在舌头上蘸蘸湿。陈鹤琴摇

① 《陈鹤琴全集》，第一卷，第6页，江苏教育出版社，1987年11月。
② 《陈鹤琴全集》，第一卷，第9页，江苏教育出版社，1987年11月。

摇头，他认为，这样不讲卫生的习惯会将孩子带坏的。

陈鹤琴还根据对一鸣的观察与研究，编成《儿童研究纲要》，作为东南大学及江苏省立第一女子师范学校讲授儿童心理课的讲稿。他经常把一鸣抱到课堂上作示范和研究对象。一鸣发育得很好，在众人面前不怯生，又学步，也能够咿呀学语；当看到大人对他笑，他就跟着笑；大人教他说简单的话，他也跟着学；他的小手里拿着铅笔，走路的姿势也很逗人喜爱。陈鹤琴讲课时，经常举出许多生动的实例，课堂气氛活跃，深受学生欢迎。陈鹤琴的研究和实验始终得到妻子耐心的帮助与配合，他曾深情地写道：

> 对于我的妻子雅琴，我也非常的感谢；若没有她的耐心协助，那我虽有试行家庭教育的热诚，恐也不能见诸事实。①

当代学者、著名心理学家朱智贤对陈鹤琴的著作作了评价，他称“这是我国儿童心理学的一本开拓性和奠基性的著作”。他写道：

> 1949 年前在我国心理学史上，陈鹤琴是一位作出开创性贡献的儿童心理学家。可概括三个方面：
>
> 《儿童心理之研究》是中国儿童心理学开拓性著作。不但在 1949 年前一直是一部权威性的著作，就是在今天，他的研究精神，仍然值得我们学习。
>
> 儿童早期发展的追踪研究是一个典范。在陈鹤琴之前，我国尚无心理学家对 3 岁前婴儿时期的心理发展作过这样完整的追踪研究，从而使他的研究成果更富于科学性、明确性。
>
> 坚持把儿童的心理研究和儿童教育实际紧密结合，使儿童的心理研究为社会实践服务。②

---

① 《陈鹤琴全集》，第二卷，第 676 页，江苏教育出版社，1989 年 4 月。

② 朱智贤、林崇德：《儿童心理学史》，第 546—547 页，北京师范大学出版社，1988 年 10 月。

1924年5月，陈鹤琴参加由陶行知等发起成立的平民文学委员会。7月，由中华教育改进社发起的全国教育展览会在南京举行，陈鹤琴担任展会幼稚教育组和儿童玩具组主干事，并于会后分别作两组工作总结报告。此时，陈鹤琴在国内教育界及儿童心理和儿童教育研究领域已经有了相当的知名度。不久前，他的膝下又多了一个漂亮的女儿，他给女儿取了一个美丽的名字——秀霞。

二 家庭教育

1925年，《儿童心理之研究》姊妹著作《家庭教育》由商务印书馆出版，这是陈鹤琴早年的另一部重要著作。陶行知曾评价道："此书为东南大学教育科丛书之一，系近今中国出版教育专书中最有价值之著作"①。教育家郑晓沧读过此书后，"但觉珠玑满幅，美不胜收，有数处神乎其技，已臻乎艺术的范域"②。

《家庭教育》是一本怎样的书呢？

陈鹤琴在该书的序中写道："本书共分十二章。先略述儿童之心理与学习之性质及原则，以为施行家庭教育之基础；次述普通教导法以作选择家庭教育原则之纲要；继述关于卫生教育，情绪教育，群育及智育各方面之原则凡九十条，本书前后所有原则，共计一百零一条，每条原则后面举事实一二以解释原则的真谛并加以讨论，以使阅者对该条原则的意义能够格外了解。"③

5年前，陈鹤琴的好友郑晓沧向他推荐了两本书——《佛戴之教育》（又译"卡尔·维德的教育"，*The Education of Karl Witte*）和《自然教育》

---

① 《陈鹤琴全集》，第二卷，第670页，江苏教育出版社，1989年4月。
② 《陈鹤琴全集》，第二卷，第669页，江苏教育出版社，1989年4月。
③ 《陈鹤琴全集》，第二卷，第675页，江苏教育出版社，1989年4月。

(*The Naturel Education*)。前者是1918年德国牧师卡尔·维德的作品，书中描述他如何教育儿子成长为一名“少年天才”。小维德只是一个智弱的儿童，在父亲有计划的训练和教育之下，小时就能运用德语、法语、意大利语、拉丁语、英语和希腊语等六国语言，并且通晓动物学、植物学、物理学、化学，尤其擅长数学；10岁进入了哥廷根大学，14岁被授予哲学博士学位，16岁获得法律博士并任柏林大学教授。大维德用日志记录了教育儿子的过程，他的教育方法之一是经常带孩子到外面去接受新事物，开扩视野，增长见识。陈鹤琴读过之后，决意也写一部关于家庭教育的书。他根据自己研究儿童心理和对儿子一鸣所进行的连续观察，实验的心得、体验，从儿童心理出发，根据儿童的身心特点，总结出一系列教导儿童的原则。陶行知说，一鸣就是陈先生的佛戴，《家庭教育》一书就当作《一鸣之教育》看也是可以的。

《家庭教育》自1925年首次出版后，八十多年间曾十数次再版，印行多达百万册之巨，受到各界读者的广泛欢迎，成为中国现代教育史上的经典著作之一。

在这本书中，陈鹤琴将儿童生活的各个细节一一列举并进行具体分析，对应正确的教导方法。陈鹤琴所追求的教育境界，是一种民主、和谐的家庭气氛和科学、艺术的教育方法。他告诉人们：“我们知道幼稚期(自生至7岁)是人生最重要的一个时期，什么习惯，言语，技能，思想，态度，情绪都要在此时期打一个基础，若基础打得不稳固，那健全的人格就不容易形成了。”①

关于家庭教育的重要性，陈鹤琴曾阐述：

> “做父母”是一桩不容易的事情。一般人太把这桩事情忽视了，太把这桩事情看得容易了。我们晓得栽花有了栽花的学识技能，花才能栽得好。养蜂有了养蜂的学识技能，蜂才能养得好。育蚕有了

① 《陈鹤琴全集》，第二卷，第674页，江苏教育出版社，1989年4月。

育蚕的学识技能，蚕才能养得好。甚至养牛、养猪、养羊、养马、养鱼、养鸟莫不都要专门的学识技能。而一般人对于他自己的儿女反不若养鸡、养蜂、养牛、养猪来看得重要。我们只要是一个人就好像都有资格可以教养儿童的。至于怎样教养，怎样培育，事先即毫无准备，事后更不加研究；好像儿童价值不及一只猪，一只羊。这种情形在中国非常普遍，司空见惯。我愿普天下做父母的，在未做父母之前，应当自问他有没有研究过怎样教养他未来的儿童，自问他自己应当有什么资格才配作父亲，应当有什么资格才配作母亲。对于儿童的生理，对于儿童的心理，在既做了父母之后，自问是否有相当的研究，相当的了解。我们应当如何以身作则，做小孩子的模范；如何教育儿童，做一个有益于社会的分子。①

教育儿童，首先需要了解儿童的心理。陈鹤琴将儿童的心理归纳为“七性”：

- 小孩子是好游戏的。
- 小孩子是好模仿的。
- 小孩子是好奇的。
- 小孩子是喜欢成功的。
- 小孩子是喜欢野外生活的。
- 小孩子是喜欢合群的。
- 小孩子是喜欢称赞的。

然后，陈鹤琴提出学习的原则，对儿童与生俱来的三种能力逐一分析并进行总结：

1. 小孩子生来有三种基本能力：(1)感觉；(2)联念；(3)动作。
2. 学习是反应与刺激的联合。
3. 刺激必须要选择得适当。

① 《陈鹤琴全集》，第二卷，第879页，江苏教育出版社，1989年4月。

4. 要实地施教。

5. 凡能使小孩子快乐的刺激容易印刻在小孩子的脑筋里。

6. 凡刺激发生的时间愈长，次数愈多，那联念也愈牢固。

7. 小孩子开始学习的时候，做父母的要格外留心以免错误。

8. 不要有例外。

9. 小孩子学习事物须自己学习。①

陈鹤琴以自己的观察、实验结果和亲身经历、体会为例，提出了共计101条教导原则，如：

原则一：对于教育小孩子，做父母的最好用积极的暗示，不要用消极的命令。

原则二：积极的鼓励比消极的刺激好得多。

原则三：小孩子既好模仿，做父母的一方面要以身作则，一方面还要替他选择环境以支配他的模仿。

原则四：做父母的不可常常用命令式的语气去指挥他们的小孩子。

……

原则八：待小孩子不要姑息也不要严厉。

……

原则十：做父亲的应当同小孩子做伴侣。

原则十一：游戏式的教育法。

……

在书中，陈鹤琴分别对卫生上的习惯、游戏与玩物、小孩子怕与哭形成的原因、做父母的要以身作则、小孩子怎样学习接人待物的、我们应当怎样责罚小孩子及相应的教导原则分章作了阐述，其中73条原则来自于他对一鸣所作的观察、实验。陶行知评价说："陈先生得了这个实验中心，

① 《陈鹤琴全集》，第二卷，第704页，江苏教育出版社，1989年4月。

于是可以把别人的学说在一鸣身上印证，自己的学说在一鸣身上归纳。”①

在陈鹤琴看来，儿童应有良好的环境。他写道：“小孩子生来大概都是好的。到了后来，或者是好，或者变坏，这是环境的关系。环境好，小孩子就容易变好，环境坏，小孩子就容易变坏。”②他举了一个例子。有一次他从普陀回上海，船上的环境很恶劣，赌博、鸦片，一片乌烟瘴气。船上的一个16岁的小茶房，看上去很聪明，却在一旁抽烟。陈鹤琴上前劝阻说：“香烟是有毒的，你这样小小年纪，怎么可以吃呢？”小茶房没有理睬，也没作声转身离去。过了一会儿，陈鹤琴又碰见这个小茶房，他又在打麻将。陈鹤琴听说，这个孩子曾读过四年书，看上去也着实玲珑可爱，但在这样的环境中，他很快就被淹没了。陈鹤琴一生不抽烟、不嗜酒，对于赌博深恶痛绝，也不允许家人沾染任何赌博的陋习。从心理学角度，小孩子生来一点没有什么观念、思想，却有几种基本能力：(1)接受外界的刺激；(2)这种刺激在脑筋中或者可以保留着；(3)他受到哪种刺激，到相当的时候，会发生相当的反应。这三种基本的能力，是小孩子一生做人的基础。刺激来自于环境，好的刺激就得到好的印象，坏的刺激就得到坏的印象。小孩子听见家庭里常常骂人的声音，他以后就不知不觉的也会骂人，尽管他并不知晓骂人是好是坏，他看见大人这样做，就会仿效；小孩子看见大人随地吐痰，也会养成同样的习惯，尽管他并不知晓随地吐痰有什么坏处，他看见大人这样做，就会仿效。反过来说，如果小孩子生活的环境很优美，他听见很好的音乐，会不知不觉地歌唱起来；他看见美丽的图画，就会拿起笔来画画；他看见别人谈吐文雅，走路轻快，也会学着大人的样子。有一次，陈鹤琴不经意间在阳台上吐了一口痰，被一鸣看见，便学着他刚才的样子也把痰吐到地上。后来，他自己反思，榜样的力量太大了。年龄小的孩子善恶观念薄弱，成人的一举一动都会对孩

① 《陈鹤琴全集》，第二卷，第670页，江苏教育出版社，1989年4月。

② 《陈鹤琴全集》，第二卷，第863页，江苏教育出版社，1989年4月。

子产生影响。平日里，陈鹤琴一贯早起，在他的带动下，全家人没有赖床睡懒觉的。

总而言之，怎样的环境，就得到怎样的刺激，得到怎样的印象。中国古代有“孟母三迁”的典故，说明古人已经重视环境在儿童教育中的影响。

关于环境，陈鹤琴的解释是：“其实，凡是可以给小孩子刺激的都是他的环境；一切物质是他的环境，人也是他的环境，而且人的环境，比较物的环境还要重要……”①

那么，怎样的环境才是好的环境呢？小孩子应该有什么环境呢？陈鹤琴为天下的父母所描画的境界是：

- 游戏的环境。小孩子在家里，一定要有相当玩的东西，相当做的事情。要晓得不动不做，小孩子是不会发展的。
- 劳动的环境。在可能范围内，我们应当让小孩子有劳动的机会来发展他做事的能力。要知道做父母的主要工作，是培养儿童自己劳动的习惯，培养儿童自己独立的能力。
- 科学的环境。根据小孩子好动的心理，应当在家庭里给他一种科学的环境，以引起他研究科学的兴趣。
- 艺术的环境。包括音乐的环境、图画的环境和审美的环境。
- 阅读的环境。要小孩子喜欢阅读，我们的家庭，我们的社会，必定要先有阅读的环境。

在陈鹤琴看来，儿童教育的根本问题首先是健康与发育，包括：(1)心理的健康与发育，做父母的必须了解孩子的心理是怎样发展的；(2)生理的健康与发育，做父母的必须晓得孩子的身体是怎样的状态；(3)服务的习惯，教育孩子不自私、帮助别人、守秩序。第二，儿童教育从根本上要从父母教育讲起。如果父母的知识习惯好，儿童早已受到良好的家庭教育，

① 《陈鹤琴全集》，第二卷，第864页，江苏教育出版社，1989年4月。

再加上学校教育，自然就相得益彰。相反，父母的知识习惯不好，那么儿童在未进学校之前，无形之中早已养成不良的习惯，学校教育就算很好，也就收效甚微了。

关于怎样做父母，陈鹤琴对父母提出的要求有：

- 要以身作则。
- 要研究儿童的生理与心理。
- 不要自信太深。不能以为父母总是对的，犯错都在孩子。
- 不要迁怒。大人喜怒无常，孩子就跟着遭受“灾难”。
- 要小孩子每天做件好事。①

在教育子女的问题上，陈鹤琴主张，父母在教育孩子时态度要保持一致。他提倡“教养孩子，应该父亲母亲同样负责。严父慈母在中国家庭里十分普遍，但在孩子面前，父母采取的态度不一致，往往会使孩子感到无所适从”。在教育子女的方法上，陈鹤琴不赞成“棍棒下面出孝子”或“溺爱放纵”，他很少严厉批评孩子、刺伤孩子的自尊心，他主张积极的暗示胜于消极的命令。一鸣小的时候拿着破烂的棉絮当毡毯玩，父亲没有立即叫他停止，因为他认为这是孩子获得经验的一种方法。他对一鸣说：“这是很脏有气味的，我想你一定不要。你要一块干净的，可以到房里问妈妈要。”一鸣听后，就跑到房间里去换了一块干净的毯子。陈鹤琴认为，要用语言来激励孩子，使他们感觉自己是主动的，于是会很高兴地做某件事情。有时，他的子女有谁做错了事情，他往往朝之笑一笑，孩子们知错了，马上就去改正。他的女儿小时候皮肤晒得很黑，有时被街坊的小孩取笑，他却给女儿取了一个很好听的名字“黑美人”。他对女儿说：“黑怕什么？黑才健康！”

或许是因为童年时父亲严厉的缘故，陈鹤琴对待自己的儿子倍加珍惜。他主张，做父亲的应当同小孩子做伴侣。他将父子做伴侣的好处列

① 《陈鹤琴全集》，第二卷，第880页，江苏教育出版社，1989年4月。

举了三条：(1)没有隔膜，父子间就会产生浓厚的爱情；(2)容易训育小孩子；(3)小孩子容易教育。他经常带着年幼的一鸣到旷野中散步、上街购物，有时全家一道到野外聚餐。这样下来，所有“天伦的乐趣、父子间的感情，也来得格外浓厚”①。

在《家庭教育》第十章中，陈鹤琴对儿童的品德与日常习惯的培养描述得很动情：

> 不过对于如花含苞、如草初萌的小孩子，我们应当用很好的教育方法去教育他，使他们关于体德智三育都从小好好儿学起，那么老大的中国，未尝不可以变成为少年的国家？不过少年中国的责任，固属诸今日之儿童，而造成少年中国的责任则属诸今日之父母，做父母的能够教育小孩子，而小孩子能够从小学好，则少年中国，即在其中了。②

陈鹤琴的具体主张是：

- 教小孩子要从小教起的。墨子见染丝者而叹曰：“染于苍则苍，染于黄则黄，所入者变，其色亦变，五入必而已，则为五色矣。故染不可不慎也。”(《墨子·所染篇》)
- 做父母的应当教训小孩子顾虑别人的安宁。今日之孩童即他年之成人。今日之孩童不能顾虑他人的安宁，则他年之成人即将侵犯他人的幸福。
- 家里有人生病的时候，非有特别的关系，做父母的应当使小孩子得着与病人表同情的机会。同情行为在家庭里、在社会里是一种非常重要的美德。
- 应使小孩子养成收藏玩物的好习惯。
- 我们应当教小孩子对待长者有礼貌。要小孩子对长者有礼

① 《陈鹤琴全集》，第二卷，第720页，江苏教育出版社，1989年4月。
② 《陈鹤琴全集》，第二卷，第816页，江苏教育出版社，1989年4月。

貌，做父母的自己对待长者须先要有礼貌。如你自己待父母好，那么小孩子对待你也会好的。

● 不准小孩子对待保姆有傲慢的态度。我们应当尊重保姆的劳动，尊重保姆的人格。做父母的应当自己善视保姆，做小孩子的榜样。做父母的尤不应当使小孩子从小受人侍奉。凡小孩子能做的事，叫他们自己去做。

● 做父母的须禁止小孩子作伪。大多数小孩子是常常要作伪的。我想当他们小的时候，做父母的任他们去作伪，去作恶，使他们以为既可以欺父母，就不妨欺别人；既可以作伪于家庭，就不妨作伪于社会。做父母的如果能够禁止小孩子作伪，使他们将来成为诚实的青年，则于国于家将来都不无裨补的。

● 不准小孩子打人。做父母的以为小孩子年纪小，做成人的应当让他的。不知道小孩子自以为年纪小，更加要强横起来了。强横之气既成，则放僻邪侈无所不为。

● 小孩子在家里应当帮助他的父母做点事情。从我们成人看来，小孩子做事固然不如我们自己做来得好而且快，但从小孩子那方面看来，他不去做就不能得到做事的经验了。富贵子弟大都骄慢怠惰、不知世事艰难，大概也是这个缘故。

● 做父母的应当教育小孩子爱人。人之爱人需要天天做的，不要我今天爱人，明天就不爱了。尤须在小的时候学习，小的时候有爱人的行为，那到了成人的时候，自然而然也能够爱人了。

陈鹤琴总结说，教小孩要从小教起的，小时容易教，大来就难教；什么顾虑别人安宁的心肠，什么对别人发生同情的动作，什么爱护物力的态度等，都可从小养成。小孩子常常会是利己的，但是我们可以慢慢儿教他爱人之道，不要以为他年纪尚小，可以不必讲这种“迂腐”事情的。①

---

① 《陈鹤琴全集》，第二卷，第 832 页，江苏教育出版社，1989 年 4 月。

陶行知曾经把陈鹤琴说成是:“母亲化的父亲,姊妹化的父亲,但他从来没有失掉父亲的本色。”他还用诗般的文字赞誉《家庭教育》:

> 这本书出来以后,小孩子可以多发些笑声,父母也可以少受些烦恼了。这本书是儿童幸福的源泉,也是父母幸福的源泉。著者既以科学的头脑,母亲的心肠做成此书,我愿读此书者亦务须用科学的头脑和母亲的心肠去领会此书之意义。我深信此书能解决父母许多疑难问题,就说他是中国做父母的必读之书也不为过……①

三　鼓楼幼稚园

1923 年秋天,为了继续进行儿童教育实验,在东南大学教育科的支持下,陈鹤琴在位于南京鼓楼头条巷 25 号自己住宅的客厅里开办了一所实验幼稚园,取名南京鼓楼幼稚园。他亲任园长,聘请了在东南大学附中任音乐教师的甘梦丹女士为教师,另一位在东大担任幼儿教育课程的讲师,美国女教师卢爱琳女士受聘来园担任指导员。最初招收幼儿生 12 名,主要是东大教授陆志韦、徐养秋和陈鹤琴三家的孩子,还包括 2 名日本儿童。1925 年,由东南大学涂羽卿、陆志韦、董任坚、张子高和甘梦丹等 10 人成立董事会,发起募捐筹建园舍,在陈宅附近购买了三亩土地,除建园舍外,还开设了游戏场、小花园、小菜地、小动物园。不久以后,由甘梦丹女士介绍,钟昭华女士来园任教。参加工作的还有王瑞娴(按:董任坚夫人),主要教授音乐。这是我国第一所由中国人开办的幼稚教育实验中心。

追溯幼稚园发展历史,1800 年欧文在苏格兰纽兰纳克一个棉织厂当厂长的时候,创办了世界上最早的工厂幼儿园,接收两岁以上的儿童,取

① 《陈鹤琴全集》,第二卷,第 673 页,江苏教育出版社,1989 年 4 月。

名为婴儿学校。1837年德国人福禄培尔在布兰肯堡开办学前儿童教育机构，1840年正式命名为幼儿园，并组织训练幼儿教师，创立幼儿园教育体系。自19世纪中叶，由外国传教士开办的育婴堂、幼稚园陆续在中国一些城市出现。1903年秋天，中国近代第一所官办幼稚园在武昌阅马场建立。幼稚园选聘3名日本保姆，采用日本式方法教学，首批招收5至6岁女童80名，学期1年，以后又续招4岁左右的幼童，学期为2年。幼稚园以班级形式实施保教，重养不重学，旨在培养小儿智能，开导事理，涵养德生，以备小学堂之基础。

在陈鹤琴办鼓楼幼稚园之前，中国大多数幼稚园为外国传教士所办，少数中国人办的幼稚园采用的基本是英美的教育模式，僵硬而不思改进。中国幼儿教育的三种大病，即"外国病"、"花钱病"、"富贵病"，使陶行知、陈鹤琴等新教育的倡导者们深有感慨。1924年《新教育》杂志第八卷第二期发表了陈鹤琴的文章《现今幼稚教育之弊病》，痛陈中国幼稚教育的封闭、停滞、落后现状，大声疾呼革除流弊、实行改革。

文章开篇，陈鹤琴指出："我们中国的幼稚园大抵是抄袭外人的，而外人的幼稚园已时有改进，但是我们还墨守陈规，不知改良，以至陈旧腐败不堪闻问了。"①然后，陈鹤琴总结了中国普通幼稚园的四种弊病：(1)与环境接触的太少，在游戏室的时间太多；(2)功课太简单；(3)团体动作太多；(4)没有具体的目标。有一次，陈鹤琴问一个6岁的小女孩："你曾见过松鼠吗？"女孩回答："看见过的！"陈鹤琴又问道："有多大？"女孩举起两手的食指在空中比画约摸两寸距离，回答道："这样大！"陈鹤琴继续问："你在什么地方看见的？"女孩回答："在书上。"然后她拿出一本油印教材递了过来，陈鹤琴翻开一看，教材画图上的那只松鼠根本不像松鼠的样子。在过去的幼稚园里，儿童的生活几乎都在室内度过，偶尔教师带儿童到街上去，也只是转转而已。在幼稚园的游戏室，儿童在游戏时，经常相互挤撞。在陈鹤琴看来，"现在幼稚园的弊病，并不在乎没有房间可以游

① 《陈鹤琴全集》，第二卷，第1页，江苏教育出版社，1989年4月。

戏，而在乎没有与环境和社会相接触的机会”。陈鹤琴称这种幼稚园是“幼稚监狱”①。在这样的“幼稚监狱”里，儿童活动的内容只有画图、玩沙、玩土、折纸、团体游戏、唱歌、玩积木等几种，天天如此，内容单调乏味。团体教授法是幼稚园通常采用的教学方式，一个教师对着二三十个儿童讲故事，不管他们爱不爱听；做游戏时，儿童聚在一起，有的儿童能力不够也不得不在其中“滥竽充数”；唱歌时，教师不管孩子们是否喜欢唱，总要大家一起唱；玩沙土，教师们不管儿童此刻是否愿意，总要大家都去玩。这样不顾儿童自身愿望与个性特点的教法是否真能有效呢？而最根本的问题在于，办幼稚园的具体目标是什么？教育儿童究竟要教育到什么地

南京鼓楼幼稚园外景

① 《陈鹤琴全集》，第二卷，第 2 页，江苏教育出版社，1989 年 4 月。

步？什么技能、什么习惯是儿童应该养成的？什么知识、什么道德是儿童应该学习具备的？这些具体目标不明确，幼稚园就不容易取得进步——“做教师的糊里糊涂一天一天地教去，做儿童的也懵懵懂懂地一天一天地过去，而一般做父母的也不去督察督察”①。这种无方针、无目标的幼稚园，哪里能够发达呢？

陈鹤琴在谈到自己创办鼓楼幼稚园的初衷时说：“因为我喜欢小孩子，因为我教儿童心理，我就注意儿童的教育。”于是，他创办了这所小小的家庭式幼稚园，他有三大计划：建筑中国化的幼稚园园舍，改造西洋的玩具使之中国化，创造中国幼稚园的全部活动。

鼓楼幼稚园建园之初，没有园舍，只能将教室放在陈鹤琴家中的客厅里，陈鹤琴的儿子一鸣、女儿秀霞都在鼓楼幼稚园受过教育。那时的鼓楼幼稚园按陈鹤琴自己的话说来，“是蒙养园性质”②。1925 年秋天，鼓楼幼稚园新园舍建立，被定为东南大学教育科实验幼稚园，由该科每月津贴部分实验费用。全园有指导员 1 人、研究员 1 人、教师 2 人，年龄自 3 岁到 6 岁的儿童 26 人。时任东南大学教育科助教的张宗麟被聘请协助工作，全面开展实验。

张宗麟（1899—1976），祖籍浙江绍兴，生于江苏宿迁。民国四年(1915)考入绍兴浙江第五师范学校，两年后转学至宁波浙江第四师范学校，曾任学生会主席，在五四运动影响下，积极参加爱国学生运动。民国十一年(1922)考入南京高等师范学校教育系。民国十四年(1925)毕业后，留校任教，参加鼓楼幼稚园的创建工作。1926 年到 1928 年，发表或出版了《幼稚教育概论》等数十篇论文和译著，在教育界产生广泛影响。

由陈鹤琴与张宗麟合写的《一年来南京鼓楼幼稚园试验概况》，发表在 1926 年《新教育评论》第三十四期上，文中描写了当时的情形：

---

① 《陈鹤琴全集》，第二卷，第 4 页，江苏教育出版社，1989 年 4 月。

② 《陈鹤琴全集》，第二卷，第 5 页，江苏教育出版社，1989 年 4 月。

> 在鼓楼公园西边新村中，有几亩空地，满布着绿草短树，一所矮矮的平房，放着几多运动器械，玩具恩物等。早晨9时起草地上就看到儿童的跳跃，听到咿呀的歌声，还有二三位富于儿童性的成人，跟着一群一群的儿童跑；有时候带着几个儿童到附近田野、公园、市街上去；有时钟声一响，大家都到屋子里去做室内活动。这样要到下午五时以后，方才静悄悄地只听到办公室里几个人的开会谈话的声音，这是我们全天大略的情形。①

当时，在许多教会办的幼稚园里，儿童被严格要求清晨走“朝会圈”、唱赞美诗、听训话，而鼓楼幼稚园却实行“不强制儿童做机械的工作，只用暗示的方法去做生活里的事情”，“用多种方法去发达儿童的身心，同时切实顾到儿童的健康”。②

鼓楼幼稚园的实验内容现在概括起来有四个方面。

其一是幼稚园的课程和教材。当时许多国内幼稚园采用的都是“宗法西洋成法，不是直抄福禄培尔，就是直抄蒙台梭利，不肯自己加以变化，也不管儿童是否受纳，是否适合儿童的脾胃，最可笑的就是舍弃近而易得的，苦心的削足适履去求合于古法。福、蒙诸氏的方法，在当时当地有他们的特殊地位，相当价值，我们现在是中国的幼稚园，似乎不便来抄用”③

陈鹤琴提出的课程原则是：“在助人以选择或发展最有益生活之经验，课程所包举者，不仅限于人生日常行事所需之事实原则与方法，亦应兼及事实或活动之本身。”④

设计组织或中心制是陈鹤琴采用的主要教学方法。他们通常于前一星期商定下周要上的课程，以当时当地自然界和社会风尚、节日等作为设计的目标或课程的中心。自然万物是教育的最好课堂，豆子、黄瓜和节气都被看作是上课内容和教育时机。在陈鹤琴看来，课程是要合乎实际生活的，并且应该活用。同时，儿童的兴趣和适应力也是设计课程所考虑的

---

① 《陈鹤琴全集》，第二卷，第5页，江苏教育出版社，1989年4月。

②③④ 《陈鹤琴全集》，第二卷，第6页，江苏教育出版社，1989年4月。

重要因素。他们采用的教材一部分来自于书本，如歌谣、故事等，大部分是自然界、社会上日常所见的万事万物。这些预定的课程有时也会“因为儿童临时心境的不合，难以应用，常常改变的，有时竟有全部分不用的”①。而与课程有密切关系的教材，有一小部分来自于书本，如歌谣、故事等等，大部分则来自于自然和社会上日常所见的万事万物，“因为课程是根据那些地方来的，教材当然也从那些地方去采取。所以自然、图画、游戏、读法、手工、常识等，没有一科不从那些地方来的，我们只知道给儿童生活，并不主张给他几多成人的知识或技能。”②

其二是幼稚园的教学法。陈鹤琴和他的同事在幼稚园教学法方面所做的实验有：

1. 读法教学法。

● 游戏法。拟定出约 250 个生字写在字牌上，儿童可以在游戏中凑对子、拼句子，实验的效果很好。

● 故事图画法。用图画作为教具引起儿童好听故事的动机，然后教师拿出事先预备好的图画轮廓给儿童讲故事，暗示儿童拿色笔在画中填上颜色，再由教师把儿童自己的话加在图画上并读给儿童听。

● 歌谣表演法。先做游戏，再教歌谣，然后看图，最后再念歌谣。

● 自述法。将儿童要表达的意思或想说的话写在一个本子上，再由教师逐字教认。

● 随地施教。如用儿童画好的画教认字，随时随地都可以有内容用于教学。

● 用教科书。灵活自由地由儿童阅读，教师在一旁指导。

● 复习法。

2. 以自然科为中心编制课程。

①② 《陈鹤琴全集》，第二卷，第 7 页，江苏教育出版社，1989 年 4 月。

● 将某种或多种自然动植物编成有趣的故事。如《葡萄仙子》等。

● 以某种自然动植物作为团体游戏的主题。如“瞎子猜花”、“老鹰抓小鸡”。

● 采集标本。或买来蔬菜、水果等亲口品尝滋味。

● 野外写生。儿童出去时在小篮里带上纸笔,有合适的景象或物体就可以动手来画。

● 在教室中陈列最近学习到的自然物标本、图画和实物等。这些最好是由儿童亲手制作的。

其三是儿童的习惯。陈鹤琴历来重视和强调儿童的习惯问题。他认为,教育的一部分功效是养成儿童的习惯。幼稚生应该养成多少必须的习惯?怎样才能养成这些习惯?陈鹤琴所采取的方法是,首先拟出一个幼稚生习惯表,将包括卫生、个人品德、接人待物、游戏和工作及学习智力等内容分别列出,然后在开学及各月、学期末逐项对照,根据儿童不同情况分别施教,检查教育效果,并将结果告知幼稚生的家长。检查清洁是养成卫生习惯最好的途径,在清洁检查表上把每天早晨检查的结果用小红旗依评定的等级标示出来。还有一种是用挂图将学习步骤表现出来,将儿童学习进展分别对应表示,以鼓励儿童努力学习。

其四是设备与儿童玩具。陈鹤琴并不主张从大商店里买来耀目的外国货招摇。他提出了五条原则:

● 省钱的。尤其在中国教育经费匮乏的情况下,提倡勤俭和利用废物。

● 与当地社会情形相近似的。

● 利用本国货。

● 合于儿童心理。

● 合于教育原理。在办置设备和玩具的时候,“不免要戴起教育的色镜去考验”。

几十年后，陈鹤琴在回顾办园历程时写道：

> 鼓楼幼稚园的办学宗旨、教学内容、课程、教学方法、设备，一切的一切以中国儿童为对象，以“中国化”为目的，为起点，为归宿。
>
> 首先，由于缺乏幼稚园教学场所，就在鼓楼城北空地上新盖的家宅客厅里办幼儿园，招生12名。嗣后，募捐修建园舍。我亲自布置园地，种植花卉，添置运动器具如秋千、摇船、摇马、大小积木、沙盘等，又订制课桌椅。园地布置成草坪，四周冬青、四季如春，红红绿绿着实可爱，俨然是个小公园。这样一来，南京鼓楼幼稚园竟成为一个游览之处。①

当年的南京城，市区较小，鼓楼的西面有许多低矮的小山坡，邻近的农村和山坡成了鼓楼幼稚园儿童欢乐的课堂，也成为陈鹤琴、张宗麟等人开展新课程研究的“实验室”。将幼稚园课程逐渐从日本和欧美国家幼稚教育的模式中解放出来，创造符合中国儿童特点和国情的教育和课程，是他们希望达到的目标。他们每周至少组织儿童们三次到野外活动，在大自然中上课。白天，陈鹤琴、张宗麟等鼓楼幼稚园的初创者与儿童们在一起游戏、上课，同时进行实验；清晨和傍晚用来整理试验成绩和搜集资料，有时工作持续到半夜。张宗麟曾深情回忆道：

> 每晚工作完了，我们也常有短短的散步，在星月皎洁、树影扶疏的草地上散步，一面欣赏夜的静和美，一面还喁喁谈着各种工作，有时还辩论某项试验工作的准确性，某种玩具的改革，某个孩子的行动与进步，等等。倘若在冬夜，我们更有趣了，吃罢晚饭，常常邀几位爱好儿童教育的朋友，围炉长谈，冰雪满途，但是一个内心充满工作快慰的人，对此反而生出无穷的快慰。②

创建一所新型的、中国式的幼稚园作为新教育思想和主张的实验园

---

① 《陈鹤琴全集》，第六卷，第457页，江苏教育出版社，1992年1月。

② 《我的半生》序四，江西教育用品厂，1940年。

地，是陈鹤琴一直怀有的愿望和理想。他钟情于实验。在国外，儿童研究都有特设的实验场所，幼稚园就是研究学龄以前儿童的场所。与陶行知进行平民教育实验一样，陈鹤琴希望通过办幼稚园进行实验，为儿童教育、幼稚园普及积累经验。他的计划包括：

- 继续从前的各种实验。打算用三年的时间，“把这条从来没有人走过的新路开辟出来”。
- 儿童研究。鼓楼幼稚园与东南大学继续合作。陈鹤琴本身是东大教授；幼稚园又与东大较近，该校教育科的教授可以常常来园进行指导；同时，该校心理系有研究中国儿童的计划，幼稚园可以予以配合。
- 试验小学与蒙养园。根据社会需要和鼓楼幼稚园进行的试验，幼稚园与小学衔接的问题必须得到解决。
- 幼稚师范。我国幼稚教育之所以完全落入外人之手的原因是师资缺乏。“为教育主权起见，师范教育不应该请外人代办。因此，我们有办幼稚师范的计划。”①
- 计划办能最普遍设立的幼稚园。“把某种教育研究得尽善尽美，固然是一件重要的事，但是研究所得的结果只能供给少数人享受，那是贵族教育。老实说，在民主国家里用不着这类教育。有人指责我们有丰富的设备、优良的教师……非一般社会所能办到，但是我们为试验起见不得不多方尝试；况且我们刻刻不忘平民化的精神……我们正在试验最低限度的幼稚园。我们希望试验出花二百元开办费可以办一所很好的幼稚园；一个极小的村庄里，只要有一位妇女能做幼稚教师，与邻居合作，就可以举办一所家庭幼稚园。”②

---

① 《陈鹤琴全集》，第二卷，第 14 页，江苏教育出版社，1989 年 4 月。

② 《陈鹤琴全集》，第二卷，第 15 页，江苏教育出版社，1989 年 4 月。

实际上，这也是陶行知的主张。在谈到建设省钱幼稚园的时候，陶行知想出了一个办法："一村之中必有一二天资聪敏、同情富厚之妇女。我们就希望他们经过相当训练之后，出来担任乡村幼稚园教师。他们既可得一新职业之出路，又可使幼稚园之薪金不致超过寻常小学之数额，岂不是一举两得？这些妇女中最可有贡献而应最先训练的，无过于乡村校长教员之夫人、姊妹及年长的女学生。他们受过训练之后，只要有人加以提倡，幼稚园就可一举而成。"①就这样，陈鹤琴与中华教育改进社、东南大学教育科合作，制订办中国自己的幼稚师范的计划。他的这个理想贯穿其一生的教育生涯，只要有条件，他都会努力争取，尽管困难重重，却从未放弃过。

作为挚友，陶行知先生对陈鹤琴当时的工作和鼓楼幼稚园给予高度评价，他在向世界教育会议的报告《民国十三年中国教育状况》中称，自1923年秋起的鼓楼幼稚园中国化的实验"是意义重大又令人鼓舞的"。他写道：

> 国立东南大学陈鹤琴教授所指导的幼稚园教育实验，也是意义重大又令人鼓舞的。他和他手下的工作人员有感于目前在幼稚园教育中所使用的一些教材和教法都是照搬外国的，其中有一些不符合中国儿童的实际，所以在1923年秋季开始用自制的玩具，中国的儿歌、童话以及其他的教材在幼稚园里进行实验。他还打算使幼稚园不仅成为幼童教育的中心，而且成为培训母亲的中心。中华教育改进社和陈教授已同意通力合作，在他的计划中列入一项最经济实惠的幼教实验，以便尽可能多的各界民众能够照样举办。②

1925年，由陈鹤琴、张宗麟、俞选清共同拟定《幼稚生应有的习惯和技能表》，在南京鼓楼幼稚园实验，继而在南京特别市全市幼稚园及燕子

---

① 《陶行知全集》，第一卷，第85页，四川教育出版社，1991年7月。

② 《陶行知全集》，第六卷，第285页，四川教育出版社，1991年8月。

矶、晓庄等乡村幼稚园实验，以后又在上海实验。由陶行知领导的中华教育改进社对鼓楼幼稚园的实验予以支持与配合。

陈鹤琴和张宗麟（位右）、园主任屠哲梅（位中）

1927 年，由于国内时局动荡，陈鹤琴、张宗麟等在鼓楼幼稚园所进行的幼稚教育实验暂时中止。1932 年秋天，刚在大夏大学完成学业的钟昭华受邀请担任园主任，幼稚园才重现活力，许多教学实验继续进行，直到 1937 年 7 月抗战爆发前方告一段落。1945 年 9 月抗战胜利后，鼓楼幼稚园复园，周淑钟担任园主任。1952 年，鼓楼幼稚园由人民政府接办，定名为南京市鼓楼幼儿园。

让我们记住鼓楼幼稚园吧！这是中国本土教育家创办最早的幼稚教育实验中心。

第八章　金陵古城

一　我们的主张

1926 年某日，陈鹤琴家中来了两位客人，一位是陶行知，另一位是东大的教授王伯秋，他们都住在鼓楼附近。鼓楼幼稚园所在地有一段高坡，路面不平，人力车夫和行人经过时多有不便，他们在一起共商"平鼓楼"运动。在他们的倡议和带动下，许多人都来参加平整路面的劳动，他们与东大的其他教授及知名人士，脱下西装拿起工具干起活来，终于将路面整平。几十年后，陈鹤琴回忆起当年干活的情景，脸上还流露出兴奋和自豪的神情。

自 1923 年 7 月，陶行知辞去东南大学教育科主任之职，举家迁往北京专事中华教育改进社工作，经常往来于京、宁、沪之间，推进平民教育运动。1927 年 3 月，陶行知创办的南京试验乡村师范学校，即后来的晓庄师范学校正式开学，第一批学生 13 人，生活教育运动由此开端。

陈鹤琴是平民教育运动和生活教育运动的积极参与者。经过 1925 年 1 月间发生的因东大校长变更而引起的校园风波，原本勃勃生机的东大受到重创。陈鹤琴更大精力投入幼稚园实验和儿童教育方面。1926 年夏天，他主持东南大学幼稚师范讲习所，其间，应邀前往由安徽省教育厅主办的暑期学校讲授幼稚教育。在这一年中，他还在《教育杂志》发表了《未达学龄的儿童之研究》、《一个儿童的人形画之研究》等文章。

1927 年 2 月，陈鹤琴与陶行知、张宗麟等一同发起成立幼稚教育研究会，团体会员有鼓楼幼稚园、晓庄师范学校和东南大学实验学校；同时，他创办了我国最早的幼稚教育研究刊物《幼稚教育》，并担任主编。

为什么要进行幼稚教育？陈鹤琴从科学的角度作了解释："依据生理心理的发展过程，幼稚时期的教育是很重要的一个阶段。在这个阶段中，幼儿身心健康的增进，身体和行为方面良好习惯的养成，以及各项知能的发展，都是决定他将来人格和体格的重要因素。所以幼儿教育实在是一切教育的基础。"①

幼稚教育的主体是什么？陈鹤琴认为，幼稚教育的主体是儿童，教师的作用是度量儿童的能力与个性，用种种最适宜的方法，把教材介绍给儿童。课程与方法则是达到教育目的的工具。

陈鹤琴指出幼稚教育有四大目标：

- 做怎样的人。包括合作的精神、同情心、服务的精神。
- 应该有怎样的身体。包括健康的体格、卫生习惯、运动技能。
- 应该怎样开发儿童的智力。应该培养儿童所具备智力上的能力，包括：有研究的态度、有充分的知识、有表意的能力。
- 怎样培养情绪。陈鹤琴指出："我们大家都感觉到我国国民之缺少欣赏能力，尤其是音乐，雅歌妙舞，几乎成为少数人的专利品，普通人很难领略，这是一大缺点。我们应该极力设法改变的，首先应在幼稚园里大力提倡，这是不难办到的。"他又说："我们的教育不能使儿童感到快乐，也是失败之一……我们希望儿童养成欢天喜地的快乐精神。"②

1927年2月，在《幼稚教育》第一卷第一期上，陈鹤琴发表了《我们的主张》一文，文中根据办鼓楼幼稚园的理论和实验总结，提出适合我国国情和幼儿特点的15条办幼稚园的主张。

---

① 《陈鹤琴全集》，第五卷，第45页，江苏教育出版社，1991年7月。

② 《陈鹤琴全集》，第二卷，第27页，江苏教育出版社，1989年4月。

他在开篇中写道：

幼稚园这种教育机关，在中国本来是没有的。现在我们既然来创办这件事，就应当先自己问一问，用种什么目标，怎样的办法。倘是一些主张都没有，仍旧像中国初办教育时候，今日抄袭日本，明日抄袭美国，抄来抄去，到底弄不出好的教育来。①

1927年，陈鹤琴在《幼稚教育》第十九卷第二期发表《幼稚教育之新趋势》一文，详尽介绍了欧美各国在幼稚教育方面的新思想、新观念、新做法。

他指出，幼稚教育的新趋势有：

1. 注重自由活动。
2. 注重户外活动。
3. 厘定课程。
4. 规定标准。
5. 研究幼稚生心理。
6. 幼稚园与一年级之联络。
7. 蒙养园的运动。

在这篇文章中，陈鹤琴还对在当时就很盛极流行的福禄培尔、蒙台梭利教学法进行了具体分析。他说：

福禄培尔原是一个教育革命家。他的思想原是超特的，他的教法原是合乎儿童心理的……但是到了后来，一般幼稚园教师竟忘了福氏提倡幼稚园的用意，把福氏的教法弄得非常呆板，把活泼的幼稚园变成无生气的小囹圄。小孩子的一举一动差不多都要受教师的指挥，唱什么歌，玩什么游戏，讲什么故事，做什么手工，都是教师的意思……所以意大利的蒙台梭利出来，极力提倡工作自由，以矫正幼稚

① 《陈鹤琴全集》，第二卷，第110页，江苏教育出版社，1989年4月。

园这种弊病。

……

蒙氏根据伊塔德和西格英两人的低能儿童教授法的原则，制造了几十种玩具，让小孩子自己去选择，自由去玩弄。但细考她的教具教法，我们不得不质疑者有两点：

（一）教具非常呆板……蒙氏的这些教具为低能儿则可，普通的小孩子就要厌其呆板、缺少变化了。

（二）蒙氏的自由教法，每每使小孩子随意乱弄，其结果小孩子学不到什么东西。小孩子固然要自己学的，但是必须要教师指导的；不然，尝试错误，不知要耗费多少光阴、多少精力呢！

从以上两点看来，蒙氏的儿童院并不怎么高明；她所主张的是自由，而她的教具实在是太呆板，实在是束缚儿童的自由。①

二　乡村幼稚教育

陈鹤琴清楚地记得，1927年3月15日陶行知在南京郊外神策门（后改称和平门）外小庄（后改为晓庄），创办试验乡村师范学校开学时的情形。据东大教授许养秋的子女回忆，“晓庄”的名字是他们的父亲向陶行知建议的，其意为朝气蓬勃、充满希望。在晓庄师范招生广告中的最末一行，具有明显陶氏风格的广告词格外引人注意：“学费免，膳宿杂费详见简章，小名士、书呆子、文凭迷，最好不来！”“小先生制”、“教学做合一”、“学校与社会打成一片”是陶先生所提出的主张和办学宗旨。共有13名青年参加考试，学校的入学考试别具一格。第一天考试的内容是国文课，试题为《孟子说“劳心者治人，劳力者治于人”这话对吗？》，考场设在燕子矶的一间茅草房内，由陶行知亲自监考；演说题有20个，考生从中抽选，进行三分钟演讲，然后

① 《陈鹤琴全集》，第二卷，第135—145页，江苏教育出版社，1989年4月。

由指导员当场评分。第二天的内容是劳动——垦荒、施肥、修路。在晓庄当地的一块山坡荒地上，用白粉线画好一方方区域，考生各持一把锄头，随着哨声劳动开始，陶行知脚穿草鞋、手持锄头，在场地中走动，不停指点。当时，由于北伐军与直系军阀孙传芳部褚玉璞的军队正在打仗，南京城中各学校都闭门不能开课。因此，试验乡村师范学校开学格外引人注目。学校的开学典礼是在劳山下的一块坟地上举行的，场地上搭起四座帐篷，供来宾休息。主席台是用旧木头和木板搭建而成。应陶行知之邀，陈鹤琴、江问渔、姚文采、徐作人等到会祝贺。陶行知的学生戴伯韬记述：

……那时革命的火焰弥漫全国，而南京犹在军阀盘踞中，但青年们抱着一颗改造中国的雄心，从燕、鲁、湘、鄂、川、浙等省来会者，凡十三人。在炮火震天，革命军围攻南京，奉鲁军阀溃退那天，终于开学了。

我很清楚地记得那是民国十六年三月十五日，接连几天的绵绵春雨之后，晓日突然冲出云围，发出万道金光，普照大地，大家第一次穿上草鞋，从燕子矶小学出发，有的扛着帐篷，拿着绳索，到了布满小丘陵的晓庄山麓，搭起四座帐幕作来宾休息所，又向农家借了张八仙桌和几张条凳，排在荒坟旁，算是会场，连国旗、校旗也未能挂起。因为战事关系，来宾到者寥寥，只有几个乡下老头儿和孩子女人们，在投着惊奇的目光，好像看把戏似的注视着我们这一群异乡人。我们的陶校长穿着长袍马褂，带着皮帽儿站起来演讲了。大意是"本校和别校特异的地方有两点：一无校舍；二无教员……只在空旷的山麓行开学典礼，要知道我们的校舍上面盖的是青天，下面踏着的是大地，我们的精神要充溢于天地之间。所要造的草屋，不过是避风躲雨之所。本校只有指导员，而无教师，我们深信没有专能教的教师，只有经验较深或学习较好的指导员，所以农夫、村妇、渔人、樵夫，都可以做我们的指导员。"①

---

① 戴伯韬：《生活教育发展史纲》，载《战时教育》第五卷第十期。

在开学典礼上，大家一起高唱《尽力中华》。歌中唱道：

荆棘布满了旅途，
黑暗占领了长空，
许多人在流泪、啜泣、惨呼、悲号——转徙在狂风暴雨之中。
努力吧！振起精神，牺牲心力，去救那人群。
从这年这月这日起，
前进！奋勇！

台下的陈鹤琴被这番景象深深感染了。陶行知坚苦卓绝的精神和创造力在中国教育史上是空前的。陶先生以独特的文风和雄辩的口才传播自己的思想，他的讲演有声有色。他热爱儿童，热爱人民，热爱一切弱者。为了追求真理，他从来没有放弃也没有休息过。他对晓庄师范充满深厚感情，他在《晓庄三周年敬告同志书》中写道："晓庄是从爱里产生出来的，没有爱就没有晓庄。因为他爱人类，所以他爱人类中最多数而最不幸之中华民族；因为他爱中华民族，所以他爱中华民族中最多数而最不幸之农人。他爱农人只是从农人出发，从最多数最不幸的农人出发，他的目光，没有一刻不注意到中华民族和人类的全体。"

陈鹤琴确信，陶行知先生是近百年来一个伟大的教育家。①

陶行知曾对中国当时的师范教育提出尖锐批评："我们的师范教育或是从主观头脑里空想出来的，或是间接从外国运输进来的，不是从自己的亲切经验里长上来的。这种师范教育倘不根本改造，直接可以造成不死不活的教师，间接可以造就不死不活的国民。"②据陶行知的学生戴伯韬回忆，在晓庄时，陶行知曾用一块大白布画了一幅乡村师范建设图。图中央是一个圆圈，上边写着"活师范"，周围连接若干圆圈，上边写着"活中心学校"，每个中心学校又伸出许多触角，上边写着"实际生活"。③ 陶行知

① 《陈鹤琴全集》，第六卷，第 371 页，江苏教育出版社，1992 年 1 月。
② 《陶行知全集》，第一卷，第 96 页，四川教育出版社，1991 年 7 月。
③ 《陶行知全集》，第一卷，第 97 页，四川教育出版社，1991 年 7 月。

说过，本校的办法，是主张在劳力上劳心。本校全部生活，是"教学做"。教的法子根据学的法子，学的法子根据做的法子。我们的实际生活，就是我们的实际课程；我们的课程，就是我们的实际生活。① "教学做合一"是晓庄的校训。对此，陶行知的解释是："教学做是一件事，不是三件事。我们要在做上教，在做上学。在做上教的是先生；在做上学的是学生。从先生对学生的关系说：做便是教；从学生对先生的关系说：做便是学。先生拿做来教，乃是真教；学生拿做来学，方是实学。不在做上用工夫，教固不成为教，学也不成为学。从广义的教育观点看，先生与学生并没有严格的分别。实际上，如果破除成见，六十岁的老翁可以跟六岁的小孩学好些事情。会的教人，不会的跟人学，是我们不知不觉中天天有的现象。因此教学做是合一的。"②"生活即教育"是陶行知提出的口号，以生活为中心，运用生活的力量来改造生活，运用有目的有计划的生活来改造无目的无计划的生活。这一口号的提出，被公认为是对杜威所提出"教育即生活"主张的一次革命。晓庄师范开学标志着由陶行知先生发展和领导的生活教育运动正式拉开了序幕。

这时，国内的乡村教育运动兴起，在陶行知倡导生活教育运动、号召"到乡下去"的同时，各地纷纷设立教育实验区，一批知名教育家走向广大乡村，在农民中间开展教育普及，试图以此实现教育救国、改变乡村现状和农民生活的理想。1925 年 8 月，黄炎培和中华职业教育社先后在山西和江苏的昆山、镇江等地建立农村职业教育实验区；1926 年 10 月晏阳初和中华平民教育促进会将河北定县选定为农村平民教育实验区；1929 年和 1931 年，梁漱溟先后在河南办村治学院，在山东邹平办乡村建设研究院，培养乡村建设人才。发生于 20 世纪二三十年代的这场乡村教育运动是平民教育思想的一次实现，也是平民教育运动的延续和扩展。陶行知写道："中国是著名的农业国。据最普通的估计，中国农

① 《陶行知全集》，第二卷，第 355 页，四川教育出版社，1991 年 7 月。

② 《陶行知全集》，第一卷，第 124 页，四川教育出版社，1991 年 7 月。

民占全国人口总数的百分之八十五，这就是说，全国有三万万四千万的人民住在乡村里，所以乡村教育是远东一种伟大之现象。凡关心世界问题的人们，决不至忽略这种大问题——无论办得好不好，中国的乡村教育关系全世界五分之一的人民。”①陶行知又说道：“我们从事乡村教育的同志，要把我们整个的心献给我们三万万四千万的农民，我们要向着农民‘烧心香’，我们的心里要充满那农民的甘苦。我们要常常念着农民的痛苦，常常念着他们所想的幸福，我们必须有一个‘农民甘苦化’的心，才配为农民服务，才配担负改造乡村生活的新使命。”②从陶行知的这一番话中，感受得到这些从事乡村教育运动家们人格和追求的高尚所在。

试验乡村师范学校开学后，陶行知邀请赵叔愚担任第一院（小学师范院）院长，不久，陈鹤琴受邀担任晓庄试验乡村师范学校指导员兼第二院（幼稚师范院）院长。在陈鹤琴的参与、支持和指导下，由张宗麟具体负责，徐世壁等协助，中国第一个乡村幼稚园——燕子矶中心幼稚园于1927年11月11日开学。幼稚园招收附近3岁至6岁幼儿，实行“来者不拒”、“不来者送上门去”的免费教育方针，不收任何学杂费。办园经费由陶行知多方筹集。在幼稚园的日程安排和作息时间上，强调根据农村的生活习惯和季节性强等特点，实行全日制，尽可能办“整天整年的幼稚园”③。陶行知在开学典礼上说：“因为家母之爱蜜桃，就联想到天下的像蜜桃的小孩，立刻决定要使全国各个乡村都有一个幼稚园为儿童造福，并立志要在这一年之内把第一个乡村幼稚园成立。”④

原晓庄师范学生操震球回忆：

> 晓庄学校开办，陈老经常到校。1927年开办晓庄第二院，陈老担任二院院长，介绍徐世壁女士任教并设立梅花村幼稚园，徐任辅导

① 《陶行知全集》，第二卷，第358页，四川教育出版社，1991年7月。
② 《陶行知全集》，第一卷，第87页，四川教育出版社，1991年7月。
③ 童富勇、胡国枢：《陶行知传》，第86页，教育科学出版社，1991年5月。
④ 《陶行知全集》，第二卷，第376页，四川教育出版社，1991年7月。

员。陈老常去指导并在犁官礼堂前的操场上教学生(主要是男生)使用猎枪在劳山上打猎,采取生物标本。

陶先生在上海劳勃生路创设劳工幼稚园,陈先生不断去指导……

继燕子矶中心幼稚园之后,又成立了晓庄幼稚园,按陶行知的设想,要在三年内开办10所中心小学和10所幼稚园。陶行知曾说过:“幼稚师范院所需经费不甚多。此事系促成于鹤琴先生。我们为吸收幼稚园人才起见,不得不一鼓气地把它办成。幼稚园的建筑费,系前省长陈陶遗先生拨的,地点系以燕子矶请,故本校即不在燕子矶办第二院,该处幼稚园也须成立。”陶行知立志要改变当时中国幼稚教育所存在的三大弊病:“外国病”、“花钱病”和“富贵病”。他下了决心,要把外国的幼稚园化成中国的幼稚园,把费钱的幼稚园化成省钱的幼稚园,把富贵的幼稚园化成平民的幼稚园。一年后,燕子矶幼稚园由十多人发展到三十余人,晓庄幼稚园有十多人,但报考幼稚师范院的人数却很少,为此陶行知大声疾呼:“我现在要奉告从事妇女运动的太太小姐说:‘乡村妇女占全国妇女百分之八十五。世界上最需要你们帮助的便是这些人。你们最能帮助他们的方法便是做幼稚园教师,代她们教小孩子便可进一步去做她们的朋友和导师。二千六百万乡村幼儿在那儿呼喊,可听见没有?八千五百万乡村妇女在那儿用手相招,可看见了没有?我们这里并不像你们心里想的那样苦,为何不来试他一试?’”①陶行知期待更多人加入乡村幼稚教育的事业中,他以热情和真诚向人们宣示:“我今天要代表乡村儿童向全国乡村小学教师及师范生上一个总请愿:不要你的金,不要你的银,只要你的心!”②

陶行知和陈鹤琴等在燕子矶中心幼稚园将解决师资问题作为实验的重点,试图找寻培养师资的合理途径。他们在该园采用“徒弟制”的方法,由中心幼稚园培养的“徒弟”作为乡村幼稚园的师资,教学做合一,不用更

①② 《陶行知全集》,第二卷,第383页,四川教育出版社,1991年7月。

多花费。照此方法，也可通过办乡村夫妻学校的方法实现普及教育的目的，即由小学教师办乡村小学，其妻子办幼稚园。陶行知的目标是，要使全国各个乡村都有一个幼稚园。为此，陶行知成立了幼稚园指导部，专门负责指导幼稚园计划，组织师生和幼稚园实施教学做活动。陈鹤琴对陶行知的设想和计划极为赞成，他一方面予以全力支持、配合，另一方面积极参与。有两位来自贵州的第二院学生孙铭勋、戴自俺，他们在考学之初，向陶行知请教男士能否从事幼稚教育，他们有些犹疑。陈鹤琴正巧也在场，陶行知对他们说："你们的院长陈先生不就是一位男士吗？他是幼稚教育专家。"当时他们因为没钱，买不起参考书，就向陈鹤琴提出，希望得到《儿童心理之研究》和《家庭教育》，陈鹤琴欣然答应下来，很快就将书送给了他们。[①] 后来，他们成为创立乡村幼稚园的主要骨干。

在此期间，陈鹤琴与张宗麟对在鼓楼幼稚园、燕子矶中心幼稚园和晓庄幼稚园进行的实验结果进行总结，合著了《幼稚园的课程》、《幼稚园的读法》、《幼稚园的故事》、《幼稚园的设备》等论著，并将他们研究、实验心得陆续发表在《幼稚教育》和《儿童教育》上。他们提出的"整个教学法"，后来改称"单元教学法"，具有深远影响。

1928 年 5 月，由国民政府大学院院长蔡元培主持的全国教育会议召开，陶行知和陈鹤琴分别提交关于注重幼稚教育的提案。大会将他们的提案综合成《注重幼稚教育案》。内容如下：

理由

见附件各案

办法

（一）大学院（按：当时教育最高行政机关）派遣全国视学时，应该有幼稚教育专家一人。

（二）通令全国，十七年度（1928）起，各省各县各市实验小学及

---

① 《鹤琴之声》，第 1 期，1995 年 4 月。

师范附属小学应设立幼稚园。

(三)教育研究所,应研究创造平民的省钱的适合国情的幼稚园。

(四)每省区,应就环境适宜之地,开设幼稚师范学校。或就各省之师范(或高中师范科)内,添置幼稚师范科,以培养专门人才,供给良好师资。(乡村幼稚园,不易单独设立。故最初办法,应就可能范围以内,多招现任乡村教师之夫人、未婚妻,或近亲,训练之,方能造就一人得一人之用。)

附陶拟乡村师范幼稚院简章,留供大学院参考。

(原文注:此案是根据陶行知的以上五个提案和陈鹤琴的两个提案由大会综合而成。)①

1928年5月,受大学院(后改为教育部)之聘,陈鹤琴担任全国中小学课程暂行标准起草委员会委员,负责起草《幼稚园课程暂行标准》,参加者有郑晓沧、张宗麟、葛鲤庭、甘梦丹、杨宝康等。该标准的制定依据了南京鼓楼幼稚园的课程实验成果。1929年9月起该标准在国内各省市试行,经实验和修改后,于1932年10月由教育部正式颁布实施,成为当时我国统一的幼稚园课程标准。

三 “陈科长”

由于北伐胜利,国民政府定都南京。南京被划为特别市,年仅37岁的刘纪文出任市长。当时,陈鹤琴在教育界已有相当知名度,新上任的教育局局长陈剑翛曾三次亲自出面敦请他担任职务,协助其主持全市的学校教育。据陈鹤琴的侄子陈尧圣回忆,他曾问过陈鹤琴这个有名气的大

① 《陶行知全集》,第二卷,第405页,四川教育出版社,1991年7月。

学教授为什么要担任这个职务，陈鹤琴回答道：我可以做研究，了解学生和他们的家庭，接触实际，实现我的志愿和理想，这比在教室里讲课要好。显然，他把做官当成了研究教育的一个途径和一种方式。1927 年 6 月，应陈剑翛的邀请，身为东大教授的陈鹤琴兼任教育局第二科科（课）长，负责学校教育事务。在陈鹤琴任教育局科（课）长职务的一年两个月期间，他大力提倡行政学术化，推广国民教育实验区和儿童教育实验区计划，整顿中小学，发展幼稚教育，注重师资培养，编写教材和读物，研制适合儿童特点的玩具、教具、设备。当时，南京的各类学校、幼稚园数量很少。南京全市 40 万居民中，学龄儿童至少在 6 万人以上，但市立学校仅 40 余所，入学儿童只有 6 000 余名。首都的教育状况尚且如此，国内其他城市教育的落后程度可想而知。陈鹤琴到任后，以改进市民教育作为目标，事无巨细，亲历亲为，全心全意办教育。他拟定了计划大纲，准备轰轰烈烈地大干一场。

陈鹤琴从两个方面开始着手，一是建设，二是整顿。

在建设方面：(1)调查学龄儿童及教育现状，以定进行之步骤；(2)扩充小学班级，创办幼稚园，多予儿童以求学之机会；(3)创设市立中学，使小学毕业生有升学之处所；(4)创设市立师范学校，培养良好师资；(5)提倡研究事业，多予教师以进修机会。

在整顿方面：(1)裁并不良学校，以节经费；(2)举行小学教师检定试验，以改良师资；(3)整顿私立学校，防止投机教育；(4)限制私塾，检定塾师，防止一般市民知识之腐化。①

为使上述工作得以开展，陈鹤琴做了四件事情。

第一件事情，陈鹤琴将所有的市立学校校长分别请来谈话，就学校事务进行交流与考察，根据结果决定该校长的去留，同时委派新的干部充实学校力量。各学校教员先由校长推荐，然后按照同一标准由他亲自考核后批准。

---

① 《陈鹤琴全集》，第四卷，第 37 页，江苏教育出版社，1991 年 3 月。

第二件事情，整顿校舍和设备。每所学校校舍，从厕所到教师宿舍，连同校舍设备和图书，课桌椅的修理、添置等，陈鹤琴都逐一予以亲自指导。

第三件事情，将学校与行政打成一片。每星期二下午二时，全市各公立学校校长到教育局参加由陈鹤琴亲自主持的座谈会，解决行政与教学的衔接问题，减少公文往来，当场解决问题，提高办事效率。

第四件事情，营造教学研究浓厚氛围，建立教育实验区，改变原有的教育格局。

鉴于当时南京的教育基础薄弱，公立学校数量少，分布不合理，且设备落后，经费无保障，而旧式私塾仍十分畅行，入私塾学生数量数倍于公立学校，新型的实验教育、师范教育和幼稚园更无从谈起。陈鹤琴上任不久后，起草了《南京特别市教育局学校教育课计划大纲》，提出了这样的计划——

首先，以市立小学为基础，将分布不合理的小学校进行裁撤合并，计划在"全市分设前期小学 25 所，完全小学 10 所，实验学校 5 所"。学校数量仍为 40 所，但由于班级扩充，部分学校附设幼稚园，所吸收学生数量成倍增加，经费增加，师资改良，较过去有了改进和提高。

其次，办实验学校。在全市各区设实验学校 1 所，作为教学研究的中心。一方面实验各种教学课题，另一方面作为全区小学的示范。

第三，开办公立中学，改变以私立中学占多数，而缺乏基本教育经费、设备简陋、教学无统一标准的局面。为改良中等教育，开办若干市立中学，以"容纳一般有志求学之青年，使不致误入歧途"。

第四，建立市立师范学校，培养师资和教育专门人才。

第五，建立幼稚教育机构，如婴儿园、幼稚园，提倡幼稚教育。

第六，对私立学校订立办学标准，建立检查制度，对"恶劣腐败者严加取缔，优良者予以相当补助，相当指导，以鼓励私人办学，而补市立学校之不逮"。

第七，整顿私塾，规范私塾师资和课程标准，设置巡回教师，轮流到各私塾指导教学。

最后，创设全市中心学校图书馆，“置备各种书籍，以便各校教员学生借阅参考”①。

陈鹤琴的工作热情十分高涨。他开展大规模的教育实验区计划，在全市东南西北中5个行政区各设一所实验学校（小学），校内附设幼稚园，先后共创办14所幼稚园。各区以一种小学学科为研究中心——东区为语文，南区为算术，西区为美术，北区为自然，中区为社会，各区聘任一位专门人才为研究员，协助该区实验学校校长负责该科目教材、教法的研究工作。每月轮流在各区实验学校举行该区中心科目教材教法研讨会，陈鹤琴亲自出席，并要求各区学校担任该课教师必须到会，以形成对各科教材教法及相关实验研究和教师教学工作的交流与促进。陈鹤琴每周还主持召集一次学校校长会议，会议上所做的各项决议，于次日在各校校务会议传达并加以落实，使各教育实验区和各校教学实验相互关联，形成整体。同年8月14日，陈鹤琴带领校长们来到由陶行知主持的试验乡村师范学校及所属小学、幼稚园观摩。陶行知在欢迎会上作了介绍报告，强调了教育革命的重要性。除此而外，在陈鹤琴的主持下，每月召开一次研究小学教育各阶段，尤其是低年级教学的研究会，将各校相关教师集合在一起，讨论各种教学方法，会议轮流在各学校举行，教师们现场观摩并进行讨论。陈鹤琴将自己的学生张宗麟、雷震清、潘抑强、李清悚等找来协助工作，李清悚还被派去担任中区实验学校校长。推广实验区是陈鹤琴为实现教育行政化目标的创举之一。

李清悚曾回忆道：

> 一天中午，鹤琴先生坐在鼓楼住宅内一间面临草地的客室内，与我开始谈南京市教育建设的事。那时是一个五月间的天气，暖风和煦吹在我们的脸上，先生是怎样的兴奋有办法，一时给我看这个计

① 《陈鹤琴全集》，第四卷，第42页，江苏教育出版社，1991年3月。

划，一时给我看那个报告，正如先生在学校里做心理实验时候一般的殷勤。我辞别出来时，先生送我出来，到了门口，我告别了，他也骑上自行车绝尘而去。[1]

那时，南京市政府设在秦淮河畔夫子庙的贡院内，陈鹤琴每日从位于鼓楼的住宅出发骑自行车上班，大约十里。35岁的陈鹤琴精力充沛，热情很高，在较短时间内，打开了工作的局面。他把大部分时间都用在了去所辖各校视察、指导、开会上面。每到一个学校，事无巨细，他都要了解，就连厕所大小、校舍设备、镜框悬挂的位置高低都逐一予以关注。他认为，这些小事关乎教育环境和儿童的身心健康，应该认真对待。各学校并不把陈鹤琴当作行政官员对待，而是以师生之谊，做到畅所欲言，形成融洽的讨论氛围。陈鹤琴心中对南京各学校的教学特点、设备情况都了如指掌。

为激励学生的学习热情，陈鹤琴想出一个方法，在各校各级学生中间展开创作竞赛，各校将竞赛中的优秀作品，包括制作、绘画送交教育局编印成册，每月一期，然后再将这些学生自己的创作用于课堂教学。这样一来，学生们学习的兴趣热情空前高涨，各级各科教学有了极大改进。实验教育在国内外风行，但在一个地区的学校间被有步骤、有计划地全面实施应用，陈鹤琴创下了中国近现代教育史上的又一个开端，这也是教育改革所迈出的重要一步。

改革师范教育是陶行知、陈鹤琴一直致力实现的目标。随着国民教育在各地推行，师资不足的问题日益凸现出来，一方面需要培养大量师资，另一方面要改善和提高现有师资的素质。针对当时国内师范教育不足的问题，陈鹤琴曾批评："师范学生大多数是因为师范学校不收膳宿费，所以去进师范学校的。在学的时候所学的无非是书本教育，并无施教的需要和欲望，毕业以后亦并不一定诚意地去做教师，无所谓动机和动境。

① 《我的半生》序六，江西教育用品厂，1940年。

师范教师呢，亦只照例地在纸上空谈教授学生，明知没有效力，亦无法去改革。因此学生毕业之后，脑筋中却存满了五日京兆的观念。这种样子办教育，难怪没有良好的结果了。”①因此，他认为要培养优良的国民师资，必定要改进现阶段的师范教育，“师范教育一定要实验！”陈鹤琴指出：“只有经过实验，才能获得切实的改进。不但师范课程要实验，教材教法也要实验，以至师范学制种种，都要通过实验和研究，才能产生一部恰当而完整的师范学校新课程，适合中国国情的师范教材和教法，然后才有完美的师范新学制。”②

艺友制是陶行知在晓庄师范所采用适合中国国情师范教学的新形式。

陶行知对艺友制的解释：

释义　何谓艺友制？艺术之谓，亦可作手艺解。友为朋友。凡以朋友之道教人艺术或手艺者，谓艺友制教育。

方法　艺友制之根本方法为教学做合一。事如何做便如何学，如何学便如何教。教法根据学法，学法根据做法。先行先知者在做上教，后行后知者在做上学。共教、共学、共做方为真正之艺友制，亦惟艺友制始能彻底实现教学做合一之原则。③

陈鹤琴对艺友制的解释：

> ……就是把学习与理论合二为一。就是怎样做便怎样学，怎样学便怎样教；教的法子根据学的法子，学的法子根据做的法子；先行先知的在做上教，后行后知的在做上学。凡学校有一艺之长的教师，便可招收艺友，大家共教共学共做，以打破从前纸上空谈、大书呆子教小书呆子的陋习。④

---

① 《陈鹤琴全集》，第五卷，第 37 页，江苏教育出版社，1991 年 7 月。
② 《陈鹤琴全集》，第五卷，第 39 页，江苏教育出版社，1991 年 7 月。
③ 《陶行知全集》，第二卷，第 587 页，四川教育出版社，1991 年 7 月。
④ 《陈鹤琴全集》，第五卷，第 38 页，江苏教育出版社，1991 年 7 月。

在此期间，陈鹤琴与陶行知的合作更为密切。他们一道成立幼稚教育社，编印《幼稚教育》月刊，研究学前教育。在其任内，陈鹤琴对陶行知创办乡村幼稚师范院给予大力支持，促成政府经费拨款。1928年1月8日，试验乡村师范学校、燕子矶小学、尧化门小学、晓庄小学、鼓楼幼稚园、燕子矶幼稚园开始联合招收艺友，以培养和训练师资，这是陶行知的主张。陈鹤琴向南京女子中学和南京中学师资科征询意见，将其毕业生派至市立实验小学担任艺友，同时接纳来自晓庄的艺友制学生陆静霞到鼓楼幼稚园实习。此外，南京特别市教育局拟招收艺友十余名，以培养教育行政人才。

陈鹤琴十分重视小学教育，他曾强调："小学教育是国民的教育，是造就人才的开端，是发扬文化的始基。所以比中学、大学教育更加重要。国家的发展、青年的前途，全在小学教育的改进，我们做小学教师的责任是何等重大！"

对于好的小学教师，陈鹤琴提出三项必备要素：

- 慈母的性情。
- 怀疑的态度。
- 改造环境的精神、要亲身去做。

对于正确的教育方法，陈鹤琴提出四项原则：

- 要以儿童心理作根据。多用手做，多用眼看，而少用耳听。
- 要用整个的大单元的教学。应当用整个的教学法去进行教学，力谋各科间的联络，举行大单元的中心设计。
- 要多利用游戏比赛。鼓励儿童的兴趣。
- 练习。一定要有指示和辅导，教师要在桌间巡视，进行个别的指导，这是教师所负的责任。

关于教材，陈鹤琴提醒要特别注意两点：

- 儿童的康健。因为儿童的学习与儿童的康健、身心的发育有密切的关系。

- 儿童的公民训练。现今社会个人主义太盛，只重个人的发展，只顾个人的安乐、幸福，而对他人的安宁、利害不恤、不顾。这样的弱肉强食、争夺抢杀还成什么世界？所以一定要注意公民的训练，培养对于人类的同情心，注意儿童的自治能力，组织团体生活，使他们成为一个社会健全的分子。

关于学级的组织，陈鹤琴主张要把小学一年级与幼稚园沟通，并且希望二年级与幼稚园也要打通。①

然而，陈鹤琴的抱负和理想却得不到施展，官场复杂的人事关系使他感到很大压力。在陈鹤琴的改革实施过程中，他不断受到各方面的非难，那些被裁掉的校长、教师忿忿不满，继而攻讦他，给他难堪，甚至联名要求给他撤职处分。有一件事情让反对陈鹤琴的人抓住了把柄。其实，事情很简单，在陈鹤琴对公立小学学生进行的智力测验中，有一道例题是关于1927年以前国旗的颜色的，尽管他事先已做了说明，但那些攻击他的人仍对此死死抓住不放，说他“反动”，并要求予以撤职，幸得陈剑翛出面解释，风波才告平息。陈鹤琴感到心中十分郁闷。不久，陈剑翛辞去市教育局局长职务就任大学院社会教育司司长，陈鹤琴更感到自己“惨淡经营”、“困境重重”。这时，上海工部局华人纳税会敦请他前往上海，希望他主持公共租界的华人教育事务。为此，陈鹤琴踌躇了好几天，有些犹豫不决。自1919年9月他应聘来到南高师任教，南京已经与他的生活和情感紧密相联，这里有他的心血和果实——鼓楼幼稚园；他对南京的大街小巷、山水草木，尤其是学校和幼稚园都非常熟悉；他所制订的计划还有许多事情没有做完，难以割舍。

在一个仲夏月夜，陈鹤琴和他的学生雷震清、潘抑强、李清悚踏着皎洁的月光，沿着环绕市政府四周的马路，慢慢地踱步，走了一圈又一圈，他

① 《陈鹤琴全集》，第四卷，第50页，江苏教育出版社，1991年3月。

们在一起分析、讨论。他的心情很复杂，轻轻叹气。此情此景，对一向乐观的陈鹤琴说来极为少见，他的学生也是头一次看到。后来，他们一起来到潘抑强的住所，每人吃了一碗酒糟，心情都有些沉重。看起来，书生气未脱尽的陈鹤琴已经不能在这样的环境里继续待下去。他没有过硬的靠山和背景，也不谙官场与政客规则。但他要办教育！他要做事情！想了许久，陈鹤琴用脚在地板上大力一顿，叹了一口气说道："走吧！还是走吧！"

第九章　沪江之光

一　在公共租界办学

自20世纪初叶，国内不断高涨“收回教育主权”的声浪，1925年5月，上海爆发五卅反帝爱国运动，由英美实际掌控的公共租界当局开始重视华人纳税人对租界事务的参与。有资料显示，在公共租界里，外国人人口和纳税额所占比例不足10%，华人人口及纳税额占90%以上。[①] 1928年3月26日，代表租界华人商界利益的虞洽卿在致工部局的函中，除提到增加华董的席位问题，还提议可聘请华人从事租界华人的教育及管理，规划华人教育经费，以扩充华人市民教育。4月3日，纳税华人会举行第二次代表大会，正式作出决议，提出在工部局增加华董席数的过渡办法；强调华董席数须以捐款比例相符为原则；在工部局各机构中增加华人职位，以会同办理各部门行政；尽快聘用华人教育委员会和华童公学的人员，并以捐税的20%作为增加的教育经费。据说，当时在工部局的华董曾提出建立华人小学的议案，此议案在通过的时候曾有附带条件，内容是华人小学可由中国人自己来办，若办不好则仍由西人来办。因此要找一位有欧美留学背景，并在教育方面有建树、有声望的本土人士主持租界华人基础教育的事务，以体现中国教育主权，租界当局和华董们最终选择了陈鹤琴担任这一职务。在这样的大背景下，1928年夏天，陈鹤琴来到上

① 黄书光：《陈鹤琴与现代中国教育》，第108页，上海教育出版社，1998年4月。

海。这时，他与妻子俞雅琴已经有了四个孩子——8岁的儿子一鸣、5岁的女儿秀霞、2岁的女儿秀煐和不满周岁的女儿秀云。

此时的陈鹤琴已近不惑之年，却仍矢志追求，继续自己在南京未能实现的目标，全身心投入到办学的事业中，“不专事做官，要做事”。陈鹤琴认为“小学教育是国民的教育，是造就人才的开端，是发扬文化的始基，所以比中学、大学教育更加重要。国家的发展，青年的前途，全在小学教育的改进”[①]。在租界里，过去由外国人管理、主要以教育外国儿童为主的西童学校，各项教学设施、条件都十分优越；而华童学校不仅教学条件差，数量也很少。陈鹤琴担任这一职务的目的很明确。他把在汉口路工部局的办公室设在档案室里的一间小房内，有一天，他的侄子问为什么不换一个条件好一些的楼层，他回答：“我有事情要办，我来是为华童争权利的，不是为我自己争什么的。”上任后，他很快着手建立新的华童学校。在他任职的11年里，共办了7所小学（附设幼稚园）、1所女子中学、4所工人夜校，还争取到工部局给145所中小学予以经费补助拨款和在4所华童公学增设华人副校长或校长。在租界里，外国人的地位远高于中国人，反映在拨款的数额和条件方面，存在着明显的不平等。租界当局给华童学校的拨款数额大大少于西童学校，在工部局同意补助的条件中明确规定，凡接受工部局补助费的私立学校不得在课程内教授会引起“种族间仇恨”的内容。陈鹤琴所提出的办学主张和实施计划，得到工部局学务委员会中的华人委员刘湛恩、欧元怀、林康侯、韦悫等人的赞同与支持。

1928年10月，刚上任华人教育处处长不久的陈鹤琴向企业家聂云台租下位于汇山路（后改称霍山路）150号的聂家花园，创办了他上任后的第一所学校——工部局东区小学及附属幼稚园（后称汇山路小学），并将华人教育处的办公处和自己的家也暂时安在了这里。他随后又在闸北火车站附近创办了工部局北区小学及附属幼稚园（后称克能海路小学）。这两所学校的许多学生都是来自附近的普通人家子弟。据工部局年报统

① 《陈鹤琴全集》，第四卷，第51页，江苏教育出版社，1991年3月。

计，学生家长主要是商业人员和工人。两所学校校长分别由雷震清和张祖培担任。

1928年9月赴上海任工部局华人教育处处长

在东区小学校园里，两栋西式建筑被用作校舍，共设普通教室13间、特别教室4间、教员办公室和宿舍14间，另设体育室、图书馆、实验室、美术室、自然室等。花园中原有人造湖和用太湖石堆砌的假山。大草坪被利用为操场，树立起用于悬挂国旗的旗杆，搭建了司令台和篮球架、排球架。陈鹤琴亲自设计的秋千架、多角架滑梯及沙坑、六角亭、跷跷板等玩具依次安放。每天早晨，学校在操场上举行朝会，面向国旗行礼，各班学生轮流升旗，然后全体学生列队齐唱校歌后做早操。

除国语、算术、英文三门主科以外，自然、美术、体育、音乐等课程尤被重视。国语课既教课文，也教习字，规定每天临摹字帖写大楷一张、小楷三行，每周交周记一篇，每学期读课外读物一本。陈鹤琴主张，教学应从儿童的实际出发，幼儿画图要用大纸不要用小纸；学生写作文用活页纸，上部画图，下部写句子，将语文与美术结合起来，一举两得。学生上自然课，不仅看挂图和标本，还要动手做实验，授课教师还教学生如何做盐、做冰激淋和煎荷包蛋。女生学做手工、绣枕花、编织麦杆拎包等。学生上美术课，学铅笔画、水彩画、毛笔画、静物写生等，较好的作品被陈列在走廊墙壁上的玻璃窗里。学生上体育课，除训练站姿、列队行进、跑步操外，还进行田径和球类运动。学生上音乐课，学习简谱、五线谱和唱歌。为培养学生情趣，校园里建有花房，栽种花草。

陈鹤琴认为，做父母的、做老师的，要教儿童自己动手。只有通过儿童自己动手，才能真正学到本领。在工部局的学校里，学生被安排参加许多实际工作，以培养和锻炼自治能力。各班级有值日生制度，由学生们轮流打扫卫生、关门窗、关电灯等。此外，学校还组织学生开展课外活动和

各种比赛，重视学生的身体健康和卫生习惯等。陈鹤琴的办学理念和标准在他所创办的各个学校处处都得以充分体现。东区小学女学生梳着齐耳的短发，穿着白色的翻领衬衫、深蓝色的背带裙子，脚穿长筒袜子和球鞋，整齐划一。学校的教师大多数来自师范专业院校，对学生态度和蔼可亲；衣着文雅朴素，不烫发，不佩戴金银首饰；上课一律讲标准国语，不训斥、责难或体罚学生；对于学生的考试成绩从不在课堂上公布，更不对学生成绩排名次，强调对待学生平等、公平。

1930 年 9 月 1 日，位于爱文义路（今北京西路）麦特赫司脱路（今泰兴路）口的工部局西区小学开学。学校校址原为一地产商的大洋房，房间大小 20 多间，是附近地区条件最好的学校。招生布告一经贴出，立即引起市民关切，纷纷前来报名。1933 年该校新校舍在小沙渡路（今西康路）新闸路建成，陈鹤琴根据教育原理和儿童特点亲自参与了学校的设计。他想得很周到，教室全部一面采光，宽敞明亮；校舍内有暖气、饮用砂滤水等新式设备；还有装有煤气灶和纱窗的厨房，学生可在里面搭伙；各年级用的课桌椅，依各年龄段儿童的身材设计高低；陈鹤琴还专门设计了一种看书板，呈 45°斜角放在桌上，以防止学生近视眼；教室均设有换气通道，使空气保持新鲜；在各楼层楼梯转角处的木栅中间有一圆孔，可使楼上的孩子透过圆孔看到下层楼梯，防止儿童上下楼梯时因拥挤发生事故；此外，学校里男、女学生厕所，一、二、三楼加起来有数十个之多，厕具依照低、中、高各年级儿童身高区别设计配套。学校设有运动场、大礼堂和美工、自然、音乐、劳作四个特别教室。大礼堂可容纳四五百人，配备电影放映机。

陈鹤琴十分重视学校的音乐教育，从一年级就开始讲授音乐知识。除聘请造诣高的专家来校任教外，在音乐教室挂有著名音乐大师的肖像，黑板上画有五线谱，教室里有钢琴和其他乐器。学校还组建了一支小乐队。当年 19 岁的马虚若受聘先在工部局北区小学（现闸北区第一中心小学），后在工部局东区小学（现霍山路小学）、工部局西区小学（现静安区第一中心小学）担任音乐教师。马虚若曾回忆：

陈老很重视小学儿童音乐教学。他经常陪同专家或外宾来听课。我觉得很被动。有一次我对陈老说:“下次如果有专家来听课,请先通知我,让我早作准备。”陈老听了就笑笑说:“以后每堂课都要作好准备。有人听课与没人听课要求一个样。”他的教导我一直记在心里,一直影响我一生的教育事业。

马虚若还回忆:

我在小学一年级是用听唱法,就是老师唱一句,孩子们跟唱一句。逐渐加深范唱一段,他们跟唱一段。逐渐培养他们的记忆力。歌曲内容以儿歌为主,同时也学爱国歌曲,或将古谣谚谱成歌曲。例如:“我有十指,有长有短;如何做人,要我意满。”使孩子们从小就懂得做人的道理……

由西区小学音乐教师马虚若组织的低年级学生小乐队

学校的课外活动十分丰富,有儿歌队、合唱队、节奏乐队、口琴队等,每个学期举行一次音乐会,培养儿童的组织能力、演奏能力与指挥能力。当时,在校园里常能听到如《锄头舞歌》等歌曲。

在美术学习方面,陈鹤琴主张学生自由创作,充分发挥想像力和创造力。美术室内备有许多儿童画板、画架及各种石膏人体模型、蜡制瓜果等,墙上错落有致地悬挂着学生们的水彩画、水粉画、木炭画、铅笔画习作。

自然室内陈列着许多生物、矿物标本，人体模型，大小地球仪，动植物标本和四季盆栽花木。学校里的实验室，按照单元教学内容可供学生自己动手做各种自然科学的小实验。

劳作室内，锯、刨、凿、斧样样俱全。学生在教师的指导下，动手制作各种器物、玩具等，体现出陈鹤琴倡导的"手脑并用"的教育主张。

此外，学校还设有医务室，里面的设备齐全，配备有专职医生和护士，定期给学生体检，注射各种防疫针。遇到学生病假，即由护士进行家访，发现传染病及时采取措施。因为学校特别注重眼睛的保健与卫生，所以学生中沙眼和近视眼发病率很低。

重视开展体育活动，也是该校的办学特色之一。全体学生每天必须做早操。学校每年都要举行运动会。该校的小足球队和乒乓球队在全市各小学校中颇有名气。

学校的各科教学水平和教师素质堪称一流，语文教育、英语教育和音乐教育犹具特色，其中国语和英语采用由陈鹤琴亲自编写的课本。在国语教学方面，陈鹤琴研究了当时书局出版的各种教材，发现内容陈旧、单调，文字不生动，语句成人化，课与课之间缺少关联，学生兴趣索然，于是亲自动手编写，并由上海儿童书局出版《儿童国语课本》共8册，课本内容生动活泼，充满生活气息。在英语教学方面，学校从三年级开始学习英语，每周5节课，采用由陈鹤琴倡导的"直接教学法"上课，要求学生耳、嘴、眼、手并用，尤其注重发音准确，同时加入英语字母歌与英语歌曲。授课教师多为教会大学毕业生或有多年英语教学经验，教出学生的英语水平相当于普通学校的中学毕业生，教学质量堪称一流。

学校的膳食实行分食制，教师与学生一同进餐。学校要求学生穿戴整齐，也要求教师穿戴整齐。每位教师随身带剪刀，见到学生指甲长了，马上剪掉，并立即洗手。陈鹤琴力图将自己的教育思想应用在办学的各个环节。他的四个子女、一个侄子、一个侄女和蔡元培先生的女儿都在这所学校上学。他还将具有管理经验的张祖培从北区小学校长职位上调来担任校长。

据该校的学生回忆，陈鹤琴经常来学校视察，师生们列队在校门口夹道欢迎。在大礼堂，陈鹤琴站在台上对全校师生讲话，勉励学生好好学习，成为国家的栋梁。他还曾向师生朗读激励人们奋斗的英文诗歌，指导学生写毛笔字。学生们望着他和蔼可亲的面容，个子不高，但始终挺直腰背，无不钦佩、尊敬。学校每周六下午放映电影、演节目，邀请家长与学生一起观看。电影放的大多是纪录片、科学片，演出的节目有由学生表演的《我们的先生》、《笔耕少年》、《双鹰并进曲》和贝多芬的《月光曲》。台下的家长看到自己孩子在台上表演，十分感动。家长们的感情与学校交融在了一起，更加密切。

陈鹤琴一贯重视女子教育，经他提议创办的工部局女子中学于1931年9月9日开学，学校宗旨是："发展女子教育，适应社会需要，培养健全人格，造就实用人才。"学校设立德育、体育、职业教育、家政和近现代新文学等课程，毕业于金陵女大、原江西九江儒璃中学校长杨聂灵瑜女士被聘为校长。杨聂灵瑜是一位受过西方教育的基督徒，也是一位锐意进取、求真务实的女教育家。1933年，杨聂灵瑜提出工部局女中5点训练方针：人格训练、手脑并用、家政训练、音乐与图画、卫生与体育。这些针对国内社会和女子教育的弊病所提出的方针，得到了陈鹤琴的首肯。

1933年3月1日，工部局荆州路小学建立。同年10月，为使更多女童有受教育的机会，东区小学被改为女子小学，该校男生转入荆州路小学。

位于虹口的蓬路是贫民区，陈鹤琴决定在那里办一所正规的小学。为使居住在这一地区的儿童能够上学，学校一方面对家境贫困的学生免收学费和书费，另一方面实行二部制，上午一批，下午又一批，这样就可以用一笔经费办两所学校。

陈鹤琴一向认为，要有好的学生必须先有好的教师，因此他对教师的培养十分重视。他聘用教师的时候不仅看学历，看教学能力，还要看仪表、态度，态度粗暴、不讲文明者不予录用。教师进校，只要热爱儿童，热爱本职工作，均受到重视与鼓励。为使学校教学质量保持较高水准，陈鹤琴与每一位新聘任的教师亲自谈话。他还经常来校，听各科教师讲课，然后召集教师们开会，讨论研究教学过程中的问题并提出解决办法。会上，他亲自示范，提倡教学儿童化。有一次，他观摩体育课，指出学生在队列中的稍息、立正动作太多了，主张加强游戏，让孩子们更多地动起来。他很重视倾听教师的意见，有时学校里的普通教师会将电话打进他在工部局的办公室，向他直接反映学校情况。

设计单元教学法是陈鹤琴一直大力提倡的教学方法，将不同科目和课程相互联系，根据儿童的兴趣和活动特点设计课程，使儿童对学习更感兴趣。此外，幼稚园与小学的衔接问题，一直是陈鹤琴着重研究的方面。他觉得，幼稚园的孩子喜欢听故事、讲故事，但一到小学就只有在课堂里上课，调动不起学习的兴趣，不符合儿童成长的规律。为此，陈鹤琴亲自编写教材，以讲故事的方式，将儿童常见的物和事写进课本。

陈鹤琴一贯主张将人格培养放在教育的首要位置，他说："训育难于教育，人格重于知识。现在中国教育的弊病确在于我们只顾到教书上课，注重知识的灌输。人格的培养，竟加以忽略。"①因此，他所创办的各个学校，都注重对学生操守、情感的培养，使学生广泛接触、认识社会。西区小学对门的沙利文面包厂是学校的定点厂，学校常组织学生前去参观，了解工人的劳动生活；学校还组织学生到昆山、苏州、木渎、天平山等处出游，开拓大家的视野。陈鹤琴曾将民间木偶戏班、耍猴人和西洋镜拉洋片的艺人请进校园，让教师们一起观察儿童在观看时的喜欢程度、表情和反应。他还亲自设计儿童玩具和教具，和木匠师傅、教师们一道进行研究、实验。

陈鹤琴去欧洲考察教育回国后，不仅带回了外国布袋木偶的标本，积极地在上海宣传外国的木偶戏，还将自己从国外带回的各种布袋木偶和相关资料提供给学校的美术教师虞哲光。在陈鹤琴的支持与大力推动下，虞哲光、王志成等人很快掌握了木偶表演和制作的技术，并开始由儿童在校园内演出。最早公演的剧目是儿童木偶戏《原始人》。该剧演出

① 《陈鹤琴全集》，第四卷，第159页，江苏教育出版社，1991年3月。

时，虞哲光担任制作和导演，马虚若担任配音，洪荒时期的生态由自然教师讲解，编剧是教导主任王志成。此剧曾在上海著名的兰心大戏院公演，引起社会特别是教育界的广泛关注。1935 年，上海举行国际儿童联欢会，虞哲光和朋友们去演了木偶戏。以后，他们又编排了《文天祥》、《卧薪尝胆》、《岳飞》等宣扬中华民族浩然正气的剧目，获得极大反响。这是中国现代木偶戏应用于儿童教育领域的创举，也是中国较早一批现代木偶戏剧目。虞哲光后来成为了中国著名的木偶戏大师。

在陈鹤琴所主持的学校里，广泛采取“小先生”制，即在每个班级产生若干名“小先生”，让他们承担教学和管理工作，寓学于教，培养和提高学生自我管理的能力与责任感，促进和推动教学。

在陈鹤琴的倡导下，西区小学要求各班级都参加劳动组合，培养学生热爱劳动的情感，学会一项劳动本领。在劳动组合中设有木工、刺绣工、缝纫工、炊事员、护理工和写作班。学校除普通教室外，设有美工房、木工场、自然室等特殊教室。学校规定每周四下午停课，由学生自由选择自己所喜欢的劳动科目，到一个阶段还要举行考试、办成果展览等，鼓励学生热爱劳动，学会劳动。

陈鹤琴强调开展学生体育活动，体育课被列为必修课。工部局女中规定，体育课不及格，不能升级，也不能毕业。体育课的内容十分丰富，既有各国的民间舞、踢踏舞，也有田径、球类项目。陈鹤琴亲自设计了数种大型户外运动器具。工部局女中还规定每个学生必须学会骑自行车，由陈诔声老师指挥进行。该校体育活动卓有成效，成为开展女子体育运动的模范。1930 年 10 月 10 日，在陈鹤琴的倡议下，工部局所属小学在北区小学举行首次联合运动会，共有 1 100 名学生参加。1933 年 10 月，工部局各小学和女子中学在虹口公园举行联合运动会，共有 3 000 余名学生参加。在运动会上，学生们表演的团体操场面十分壮观。

1933 年 9 月，陈选善先生受邀担任华人教育处副处长，与陈鹤琴合作共事。鼓楼幼稚园开拓者之一，原在东南大学教音乐的甘梦丹与丈夫、历史学教授刘崇本放弃了待遇优厚的大学教职，双双来到上海追随陈鹤

琴办教育。自1936年起，陈鹤琴发起组织、指导上海公共租界内工部局小学及私立小学举行分区教学研讨会，由工部局小学教师担任教学演示，定期举行。他曾亲自主持1936年3月7日东区私立小学教师参加的算学教学演示。在西区小学，支持陈鹤琴办学的主要教师骨干有张祖培（校长）、王志成（教务主任）、马精武（训育主任）、潘星南（教师）等。

陈鹤琴十分重视对学生的正确引导。在他主编的课本里既有以讲述常见植物为主的《我们的周围》，以讲述人体构造、功能、疾病、保健的《我们的身边》，也有反映城市建设的《我们的上海》和叙述中华民族发展历史的《我们的祖国》。据当年的学生回忆，教国文课的教师在课堂上曾出过一个作文题目"繁华的上海"，有的学生写出了抨击十里洋场罪恶的愤然之笔，文中写道："瞧一瞧外滩，有一座和平之神的铜像，在走过不几步侵略中国的巴夏礼铜像，虎视眈眈看着他的后辈在侵略中国，黄浦江里的帝国主义兵舰大炮口，还朝着我们的土地，这难道是上海的繁华吗？"实际上，在陈鹤琴的内心深处，这种国家和民族的情结始终都很强烈。为此，在华童学校升国旗就成为陈鹤琴向租界当局力争的一项权利。

实际上，陈鹤琴的办学活动在一定程度上受到其英国上司的制约。工部局规定所有华童学校的教学内容不能出现反对帝国主义和帝国主义侵华方面的内容。在现静安区中心小学（原工部局西区小学）校史室的展板上，记载了一件往事：

> 在陈鹤琴主持华人教育处期间，在工部局所办的华人学校，每天早晨上课前都要举行朝会，师生们在操场上整齐列队，向国旗行礼、唱校歌，然后做早操；学校礼堂里挂孙总理遗像和中国国旗。为此，工部局主管学务事务的总办、英国人琼斯对陈鹤琴的举动十分不满。有一天，陈鹤琴被"约"去琼斯的办公室谈话。
>
> 琼斯开门见山："你是不是在学校里升中国国旗了？"
>
> 陈鹤琴回答："是的。"
>
> 琼斯又问道："你知不知道这是什么学校？"

陈鹤琴回答:“中国学校。”

琼斯表现出了极大不快:“这是工部局华童学校,怎么可以升中国国旗呢?”

陈鹤琴毫不退缩:“这个学校里的儿童是中国儿童,这个学校的教师是中国教师,这个学校是在中国的地方,为什么不能升中国国旗呢?”

琼斯继续问道:“你知不知道学校的经费是从哪里来的?”

陈鹤琴回答:“是从纳税华人那边来的。”

琼斯有些恼怒,又重复了一遍前面说过的话:“这是工部局办的华童学校!”意思是说,办学经费是由工部局提供的,因此不能升中国国旗。

陈鹤琴很坚定地说:“工部局的钱就是纳税人的钱!”

琼斯听罢只好说道:“好的! 再说!”

不久,琼斯把升中国国旗的事情提交到工部局学务委员会讨论,陈鹤琴在会上将在学校中升中国国旗的理由作了充分陈述。经过讨论,决议华人学校有升中国国旗的权利,但在校会上,同时须升工部局旗帜,标志校权之所属。就这样,在华人学校朝会升国旗制度一直维持了将近六年。直到 1934 年 9 月在陈鹤琴去欧洲考察教育期间,租界当局发通知,各工部局所属学校只允许在中国国庆日当天升中国国旗,同时须升工部局旗帜。

在陈鹤琴的教育理想中,爱国、爱人、爱学问,是“做人”和“教人做人”的内涵与标准,而团结活泼、做事勇敢、清洁健康、生活快乐、遵守纪律、和气且恭敬则是中国人应有的素质,也是培养儿童的目标。中国人不能永远是“病夫”! 他的这个思想体现在由他亲自作词,他的好友胡宣明夫人胡周淑安女士作曲的《工部局小学校歌》里,歌中唱道:

喂! 我的学校,教我们学的是什么?

喂! 我的学校,教我们做人怎样做?

团结活泼,做事勇敢,清洁健康,生活快乐,

遵守纪律,和气且恭敬,

爱国爱人,还要爱学问。

啊! 我的学校,我时时刻刻都爱你!

啊! 你的教训,我句句都记在心里。①

1945年抗战胜利后,工部局西区小学更名为上海市立新闸路小学,增设民众教育班,后又改为上海市立第十区第一中心国民学校,1949年10月改称为上海市静安区第一中心小学。

二　中华儿童教育社

1929年7月12日,中华儿童教育社在杭州成立,其间正值西湖博览

中华儿童教育社成立大会合影(二排左一是陈鹤琴)

① 《陈鹤琴全集》,第五卷,第556页,江苏教育出版社,1991年7月。

会举行，各地教育机构组团并送作品在教育馆展出，南京市也组织各小学校长前往观光，陈鹤琴等人决定藉此召开中华儿童教育社成立大会。

追溯发展历史，中华儿童教育社的前身为由陈鹤琴、陶行知、张宗麟等人于1927年在南京发起成立的幼稚教育研究会。当时该会会员主要来自南京的小学、幼稚园和师范学校，不过10多人，团体会员仅3个，出版有《幼稚教育》；不久，陈鹤琴主持的南京5所市立实验学校和2所省立实验小学也加入为会员。当时，南京市各幼稚园教师大都参加该会组织的教学活动；每两周开会一次，讨论下两周课程大纲，及过去两周所发生的困难问题；每次活动由各幼稚园轮流主办，并邀请自然、社会等各科专家或有专门技术者出席指示。陈鹤琴在《幼稚教育》发刊词中提出的口号，成为幼稚研究会的方针——推敲切磋，真理才出；科学进步，端在合作。

在中华儿童教育社的章程中规定："本社以研究儿童教育，推进儿童福利事业，提倡教师专业精神为宗旨。"作为国内最早的全国性幼稚教育团体，中华儿童教育社成立之初，只有个人会员47人，团体会员22个，包括有南京鼓楼幼稚园、晓庄试验乡村师范学校、中央大学实验学校、北平孔德学校、中央大学教育学院、南京特别市市立中区实验学校、南京特别市市立南区实验学校、南京特别市市立北区实验学校、无锡中学实验小学、上海中学实验小学、上海特别市第一实验小学、上海特别市树基小学、上海商务印书馆尚公小学、杭州市横河小学、广州中山大学实验小学、南京中学实验小学、苏州中学实验小学、上海崇德小学幼稚园、上海特别市务本女中附小等。大会选出执行委员9人，有陶行知、马客谈、陈鹤琴、李清悚等，陈鹤琴被公推为大会主席。1930年7月在无锡举行第一届年会时，团体会员34个，个人会员315人；1931年4月在上海举行第二届年会，同时举办艺术教育展览会，团体会员为35个；1932年11月在南京举行第三届年会并附开健康教育展览会，团体会员增加至39个，个人会员达到744人，分别来自16省区；三四十年代，会员最多时曾达万人以上。至1948年，经过多年的发展，该社已成为拥有40多个团体会员，逾4 000

人个人会员的全国最大的儿童教育组织和研究中心，并加入国际新教育同盟和世界教育专业组织。同时，该社与中华职业教育社、中国社会教育社、中国测验学会、中国儿童福利协会等 14 团体同为中国教育学术团体联合会的成员。由该社出版发行的《儿童教育》，是当时国内最具权威性、影响广泛的教育学术刊物之一。

陈鹤琴对中华儿童教育社的前景充满憧憬与期望，他在谈到发起组织这个团体动机的时候，不无自信地写道："为什么要组织中华教育社呢？简单地回答，就是为整个中华儿童谋幸福。我们的态度，注重研究方面，研究的对象，完全是天真烂漫的小孩子，所以我们这个社团，实有永久存在的可能。"①他的工作从个人研究和实验开始，发展到作为行政官员在所辖范围建立教育试验区，将多所学校、幼稚园整合在一起共同开展实验、研究；再到用团体的形式将各方面力量和资源联合起来，开展更大范围和规模的实验与研究，以使儿童教育研究在国内广泛开展起来，并成为国际教育发展进程的组成部分。为此，陈鹤琴主张扩大社员范围。他提出："本社社员，是对于儿童教育有研究有兴趣的，不分任何界限，凡志愿加入的，均可入社。"在每次年会召开时，都会吸收开会地区的教育机构负责人、教师、教育研究者，甚至开会地的教育官员为新社员。当代学者黄书光在其论著《陈鹤琴与现代中国教育》中说："之所以把入会条件订得这样宽泛，确实与该社研究的广泛性密切有关。"②

中华儿童教育社经费来源困难，除了在 1931 年得到过政府教育部每月 100 元补助，大部分经费主要来自于社员所缴纳社费，每年收入总数区区不足 1 000 元，陈鹤琴等人所计划的许多工作开展得举步维艰。在此种情况下，陈鹤琴与马客谈、董任坚、李清悚等人士一起做了三个方面工作：

（一）研究方面。（1）教育部颁布的新课程标准实验研究；（2）幼稚园

---

① 《陈鹤琴全集》，第六卷，第 312 页，江苏教育出版社，1992 年 1 月。

② 黄书光：《陈鹤琴与现代中国教育》，第 145 页，上海教育出版社，1998 年 4 月。

毕业标准实验研究;(3)幼稚园日程表实验研究;(4)儿童中心教育实验;(5)儿童健康实验研究。

（二）出版方面。(1)编辑《儿童教育》月刊;(2)出版“儿童教育”丛书,包括《儿童初期教育》和《初期行为课程》两种。

（三）举办学术交流活动。(1)社员演讲。上海社员读书会每月开会一次,每次请社员一人或两人演讲儿童教育实际问题或介绍重要的书报。其他各地社员,多应各机关特约演讲;(2)教育名人演讲。

读书会最初由上海分社组织社员分别阅读各种资料、书籍,其目的在于促进社员间交流、相互补益,同时举办讨论、参观、演讲等活动,每月一次。参加者除陈鹤琴、董任坚等人以外,主要是来自上海工部局所办各小学的校长,以后南京的读书会也不定期地开展活动。读书会活动坚持了5年。

在陈鹤琴的设想中,中华儿童教育社应该成为国内研究儿童教育的中心,具有儿童教育实验、儿童教育辅导、儿童图书馆和儿童书籍日用品代办部等功能。因经济拮据,陈鹤琴一方面竭力争取当局和各教育机构的资助或帮助,另一方面想方设法多方筹募资金。他很恳切地说:“我们知道,一根木头是不能够造屋子的,一根篙子也不能够驾船的,一定要群策群力,才可以成功一种事业,所以要唤起社会的同情,征求合作!”他向全社会大声呼吁:“……儿童教育,是建树国家的基本教育,我们要以全力发展儿童教育,这是十分重要的！目前我们的力量有限,希望对我们表同情的人,帮助我们,使我们对儿童教育的事业得以顺利地进行！这不独是中华儿童的幸福,也是国家的幸福啊!”①

在国内,陈鹤琴是公认的儿童教育专家,也是中华儿童教育社的核心。他在儿童教育研究、实践方面的成果独树一帜,在国内教育界享有很高的声望。他曾请陶行知为中华儿童教育社写了一首《教师歌》,作为该社社歌。歌词内容反映和代表了陶行知、陈鹤琴两人在

① 《陈鹤琴全集》,第六卷,第314页,江苏教育出版社,1992年1月。

新教育潮流中所形成的儿童观和教育观。他们将儿童作为主体，提倡对儿童人格的充分尊重和与儿童平等相处；他们了解儿童的个性和心理特点，相信儿童的创造力，这是儿童教育的必要前提和真谛所在。歌词中写道：

一

来！来！来！
来到小孩子的队伍里，
发现你的小孩。
你不能教导小孩，
除非是发现了你的小孩。

二

来！来！来！
来到小孩子的队伍里，
了解你的小孩。
你不能教导小孩，
除非是了解了你的小孩。

三

来！来！来！
来到小孩子的队伍里，
解放你的小孩。
你不能教导小孩，
除非是解放了你的小孩。

四

来！来！来！
来到小孩子的队伍里，
信仰你的小孩。
你不能教导小孩，

除非是信仰了你的小孩。

五

来！来！来！

来到小孩子的队伍里，

变成一个小孩。

你不能教导小孩，

除非是变成了一个小孩。

《儿童教育》和“儿童教育”丛书是陈鹤琴主持下的中华儿童教育社最重要的出版物和交流渠道。前者的前身为《幼稚教育》，由第三期起改名为《儿童教育》，范围扩大到小学教育，不仅发表全国知名儿童教育专家的观点、论述，还向研究者提供具体教材供讨论之用。该刊物成为全国教育学者和师范院校师生必修的课外读物，更由于作为新教育国际联盟中国支部机关刊物，经常刊登反映国际儿童教育研究最新成果的特点而广受欢迎，是三四十年代最富影响力的教育学术刊物之一。后者由知名教育家郑晓沧主编，选取国内外儿童教育名著进行编译、介绍，共计十余种，出版了《儿童初期教育》、《儿童课程》、《性的教育》、《儿童文学》。此外，由吴研因主编的各种儿童读物，因为国内幼稚园和儿童的阅读与学习提供了丰富的内容而受到好评，也使中华儿童教育社的功能在研究问题的同时，更趋重于交流与实际应用。

1931 年秋天，美国哥伦比亚大学师范学院教授罗格及夫人来到上海讲学，他是继杜威、孟禄、克伯屈等之后来华访问的又一位美国新教育和哥伦比亚教育学派的重量级代表人物，也是“儿童中心教育”的倡导人之一。在此之前，中华儿童教育社曾邀请文纳特卡制倡导人华虚朋博士讲演《关于儿童中心教育运动》，并出版文纳特卡制专号。在陈鹤琴主持下，罗格夫妇分别向中华儿童教育社在沪社员和工部局所属中小学教职员作了题为“新教育的精神”的演讲，陈鹤琴作即席翻译。

演讲一开始，罗格教授就提出“所谓新教育系本国文化的结晶，根据本国文化而建设的教育”,他反对一味模仿他国的教育模式。以菲律宾为例,由于美国化的教育造成划一、呆板、注入式、机械式的教学方法,他批评道:“像这样模仿别国,不适合本国需要的教育,当然不符合本国的文化状况,因此发生了重大的问题。”他指出:“贵国当根据此种情形产生新教育,表现贵国固有文化的精神,不必整个的模仿美国或其他各国的教育,因为他国的教育,不会适合贵国的文化和国情。”①关于教育的意义,罗格说:“教育不只是知识的传授,同时要学习做人的方法——怎样在人群社会里生活”,由于“怎样做人”系艺术上、哲学上的问题,所以“要使儿童有优美的做人方法,那么对于儿童活动的指导,当富有艺术的与哲学的指示,不能单从书本上得来,更不能从科学上得来”。显然,罗格教授意犹未尽,他进一步阐述道:

> 东方做人的方法和西方不同。贵国在4 000多年的历史中所表现做人的方法,和西方完全两样。西方的文化溯源于创造的艺术,是战胜自然,却不是享受自然。东方文化溯源于哲学,是享受自然,却不是控制自然。但是这两种文化与教育的精神,实有不可偏废之处。由历史方面观察教育,也有上述两大趋势。西方的教育是创造艺术中产生的;东方的教育是从哲学中产生的。现在新教育的精神,一方面要能控制自然,一方面还要能享受自然。以前的学校,不仅是小学,就是中学、师范学校,都是从功课中学得死知识。现在要请专家指导,暗示人生的意义,使儿童从环境中获得这两方面的经验,这才算尽了教育的责任。所以新教育,不仅是在获得知识,同时要学得怎样做人的方法。②

1932年10月,瑞士特殊儿童教育专家惠勃女士给中华儿童教育社社员演讲,就特殊儿童教育问题发表意见,由陈鹤琴作即席翻译。是年,

① 《陈鹤琴全集》,第六卷,第323页,江苏教育出版社,1992年1月。
② 《陈鹤琴全集》,第六卷,第327页,江苏教育出版社,1992年1月。

陈鹤琴与刘湛恩、韦悫、欧元怀等发起成立上海国际教育社。据陈鹤琴自己回忆，这一组织的成立是为了交流经验、相互观摩，邀集在上海的各国教育界人士，包括来自中、英、美、德、法五国大、中学校长，教务主任和懂英文的教师。首任会长由圣约翰大学校长卜舫济担任，以后刘湛恩、韦悫分别担任过会长，陈鹤琴担任书记。每学期，该社都要组织两三次常会，邀请教育专家作报告或参观学校。

这一年，正值中华儿童教育社成立三周年，应陈鹤琴之邀，陶行知亲笔书赠《手脑相长歌》，歌中唱道：

人生两个宝，
双手和大脑。
用脑不用手，
快要被打倒。
用手不用脑，
饭也吃不饱。
手脑都会用，
才算是开天辟地的大好佬！

同年，陈鹤琴、陶行知、张宗麟合著的《幼稚教育论文集》和陈鹤琴编写的《幼稚园课本》（共 16 册）分别由儿童书局出版。

1933 年 1 月，中国教育学会在上海举行成立大会，陈鹤琴为该会发起人之一，并被推选为该会理事，负责主持教育学会下设的幼稚教育研究委员会。

从 1929 年 7 月举行成立大会至 1937 年 7 月举行第七届年会，在 8 年中，中华儿童教育社先后举行了一次成立大会和七次年会，每次年会集中讨论一个论题，其中包括小学课程、儿童中心教育、儿童健康教育、小学公民训练、小学实际问题、中国教育改进问题、乡村教育及幼稚教育；发动全国儿童通信运动、良师兴国运动；举办过两次展览会——健康教育展览会、公民训练展览会；与江西省合办了暑期讲习会。与此同时，中华儿童教育社作为国内最具权威和影响力的幼稚教育学术团体，还参与了教育部编修小学课程、修订各种师范课程等工作。

1936 年 7 月，中华儿童教育社第七次年会在江西庐山举行，在这次会议上，发起了“良师兴国运动”。

陈鹤琴等组织者作为该运动的倡导者，提出了运动的口号：(1)复兴国家，必先改进教育；(2)改进教育，必先多得良师；(3)作为良师，必先努力修养；(4)欲多良师，必先安定生活。

该运动的六大信条：(1)复兴民族，保卫国家；(2)敦品动手，转移风气；(3)爱护儿童，尽力教养；(4)注重实用，讲求效率；(5)急公好文，敬业乐群；(6)锻炼身体，研究学术。

当时，战争日益迫近，国难频生，社会凋敝，生活艰苦，一般青年多不愿投考师范学校当教师，在职教师也因生活不稳定，造成大量流失，直接影响到各种教育的开展，尤其是在广大农村乡镇。参加这次会议的代表对此感触甚多，他们向当局呼吁，希望政府能了解“培养良师的重要性”，特别是要保障小学教师生活。他们要求：(1)维持小学教师最低限度之生活待遇，保证按月发薪，不折不欠；(2)实行年功加俸及地区加俸制度；(3)保障小学教师子女有求学上进的机会；(4)保障小学教师疾病衰老时生活的安全及身后家庭生活的安全；(5)小学校应附设教师家庭住宅。

然而，教育家们的良苦用心并没有得到更多的响应。在积贫积弱的中国，对于政府的此类期待无不将逐一落空。

1937 年 7 月后，因抗战爆发，中华儿童教育社随政府机关西撤重庆，陈鹤琴在参加第七届年会之后，不再继续参加该社以后的工作。抗战胜利后，该社迁回南京。在 1948 年刊印的该社第十二届理监事名单中，陈鹤琴仍被推选为常务理事，理事中有俞子夷、张雪门、胡颜立等人，马客谈担任该社主席。1949 年上半年，随着国内局势变化，该社总社的活动终止，其曾在中国近现代教育发展进程中所发挥的积极作用和产生过的广泛影响，也随着时间推移而慢慢地被人们淡忘。

三　欧洲之行

1934年7月28日，陈鹤琴以私人休假名义，从上海登船前往英国，开始为时7个月的欧洲之行，与他同行的有马客谈和陈剑恒。欧洲是古代和近代哲学、经济、文化、教育的重要发源地，也是近代科学和工业的摇篮。欧洲是新教育的圣地，自18世纪末到19世纪中叶，福禄培尔、裴斯泰洛齐和20世纪初的蒙台梭利所创造、传承的现代幼稚教育理念，对现代幼稚教育、家庭教育和幼稚园的建立与发展产生了深刻的影响。这是陈鹤琴第一次到访欧洲，他要亲身感受欧洲的社会环境，考察儿童教育，体验国际化的教育潮流与发展趋势。

陈鹤琴一行的首站是位于荷兰南部的蒂尔堡，这里地处欧洲中心，距巴黎400公里，距布鲁塞尔110公里，距伦敦350公里，是荷兰的第六大城市，也是欧洲工业程度最高的地区之一。当地中国协会秘书长西尔科克先生上船迎接他们，并亲自陪同前往伦敦。陈鹤琴一行参观了伦敦的学校和教育机构，10天后转往利物浦继续参观，他们先后看了小学、幼儿园、男子中学、女子中学、职业学校、艺术学校等，造访了利物浦大学教育系，然后他们来到罗奇代尔市，参观了一所户外学校和幼儿园。当他们回到伦敦，又参观了玛丽·沃德幼儿园、玛丽·巴勒幼儿园等四所幼儿园和兰德尔路聋哑学校、比德尔斯学校、麦克米伦幼儿园、福禄培尔训练学院和伊顿公学。

在伦敦期间，陈鹤琴应邀向新教育学会会员作了题为“中国教育之发展”的报告。他还先后访问了剑桥大学和牛津大学。

在英国，陈鹤琴将考察重点放在教育制度上，包括视导制度、奖学金、学校的医疗服务及初等教育、中等教育、特殊学校和职业学校等方面。在英国，政府对教育的管理主要是制定教育法和具体规章条例，而将所有公立学校的管理权委托地方教育当局负责，经费由国家和地方共同承担；对社会机构办的小学教育，由地方教育当局资助，并被纳入公共教育的体系。教育部通过其派出的督学以向学校当局下达通报的方式检查学校的工作，并且经常发行有关各种教育主题的小册子，如《公共小学教师参考手册》，对教育组织、某一课程的教学和教学经验进行指导。督学通常由某一方面的教育专家担任，他们最重要的工作是与校长合作，从各方面对学校事务和课程教学提供建议。这种视导制度保证了学校管理和教育的合理安排。

英国的初等教育包括幼儿园、小学和中心学校。陈鹤琴注意到，在英国的学校里，课程设置并不由教育部统一规定，各小学所教课程中都注重知识性和实用性。在许多小学，既有英语、书写、算术、图画、自然、地理、历史、音乐、卫生、体育等课程，还设有手工类课程，男生学木工，女生学编织、洗衣等家务。在一些高小或中心学校，还设置偏重于商业和家政方面的课程。在陈鹤琴参观的大多数学校，都有良好的设备和图书馆、体育馆、艺术室、实验室等，工场分为男生用的木工房、金属加工场及女生用的厨房、洗衣房。给他印象最为深刻的是，在他所参观的各学校，几乎都有足够的户外和室外活动场所，并有大片草坪用于学生的活动。学校操场、球场都很宽敞，设备齐全。在利物浦，全市有二十多个公共浴场（游泳池），11 岁以上儿童每两星期都要在教师指导下去一次游泳池，常能看见成群的男女儿童到公共浴场（游泳池）或学校游泳池进行游泳训练。英国学校的体育课程，主要是体操教学并穿插体育比赛，以使教育进行得更有情趣并更见成效。中心学校是英国初等学校制度的一部分，区别于一般中学和技术学校，这种学校的教育通常有一定的侧重方面，有的偏重于手工方面的训练，有的偏重于工业技术人才培养，或者两者兼而有之，其学生入学年龄要小一些，学术课程要少一些。

英国的中等学校，面向 11 岁至 17 岁的儿童提供全日制的一般教育，其目的是进行全面、充分的教育，促进智力和品格的发展。要实现这一目的，不能单靠课堂教学，而是通过体育和运动比赛，密切师生之间的沟通与联系来实现。在著名的比德尔斯学校，校长与教师、学生一同进餐，使得学生对他们的老师有了更深的了解，学到了许多课堂上学不到的东西。该校校长甚至每天向学生公布自己的零花钱，他的理由是，这样做能使他自己与每个学生保持接触，至少每星期一次更好地了解他的学生。

在英国，中等学校分为：(1)公学，即寄宿制私立学校，主要招收富有阶级的孩子，收费极高；(2)文法中学，这类学校是具有地方特色并适应本地需要的日校；(3)市立中学，即由政府出资办的公共学校，收费较低。英国中学的课程有通用课程，如英语、圣经、一门外语、地理、历史、数学、科学、图画、音乐和体育等，也有专门的侧重课程。

英国教育中的一个重要特色是职业学校，包括综合技术学校和单一技术学校、技术和工艺学校、艺术学校、全日制继续教育学校和夜校。许多青年在这些多种多样的学校里学到一门或几门有用的技术，以实现就业。当时，英国有超过 100 万的青年人、成年人通过这种学习成为技术工人。

在英国，对身心残缺儿童，包括盲童、聋哑儿童、弱智儿童以及犯罪儿童设有专门的教育机构和学校，使这些儿童有充足的设备供应，能受到良好的教育。在伦敦，所有学校的儿童每学期都由校医为他们进行体格检查，并有专科医生对各种疾病提供治疗，这使陈鹤琴羡慕不已——在大洋彼岸的中国，更多儿童生活在饥饿与死亡的边缘，即便在条件较好的上海公共租界和法租界里，沿街流浪乞讨的儿童随处可见，不计其数。

陈鹤琴一行结束在英国的行程后，转往欧洲大陆其他国家继续考察，先后访问了巴黎、布鲁塞尔、阿姆斯特丹、哥本哈根、柏林、莫斯科、华沙、罗马、日内瓦。每到一个城市，他们一般都参观一所幼儿园、一所小学、一所中学及一至两所特别感兴趣的其他学校。

在布鲁塞尔，陈鹤琴来到专门为特殊(弱智)儿童创办的学校——德可乐利学校参观。该校创办人德可乐利博士原本是一位医生，致力于研究变态儿童心理，试用各种新教学法教育特殊(弱智)儿童。德可乐利博士主张，将儿童放在适当的环境里去发展他的生活，儿童必须从直接经验中去学习，求知识，求技能，学习做人，即所谓“从生活，为生活”；为此，儿童必须要有空气和日光，要有空地可以活动，要有充分的设备，可以自动。① 从中，可以感受到新教育的活力。在这个学校里，“并不需要用分数或奖品去奖励儿童，也不要用惩戒去束缚他们的自由”，而是依照儿童自己的兴趣，培养儿童的自治能力和互助精神。在德可乐利，学生从小学到初中都采取分组教学，四五个学生一组共同研究、共同工作，教师只在旁边指导，帮助找参考资料。在参观中，陈鹤琴看到，学生们正在研究蜜蜂，讨论如何分辨雌蜂与雄蜂。德克乐利博士的高尚人格和一生从事教育、为儿童造福的办学精神，使陈鹤琴由衷敬佩。陈鹤琴曾说过，他倡导“活教育”的四个学习步骤，即观察实验、参考阅读、发表创造、批评研讨，是借鉴了德可乐利的做法。

在阿姆斯特丹，陈鹤琴一行参观了当地的圣母蒙台梭利学校。这所学校的教育原则是：注重学生自我教育，以期通过教育和心理的启发作为引导学生自发行为的钥匙；对儿童潜力的探索发掘是以活动为起点，使活动与思考相结合。在教学中，儿童在教师指导下做游戏，非常快活；在教室的布置上，为引导活动准备的植物和图书放在窗台上，橱柜里放置各种材料，儿童可以自由取用，他们随意、安静地进出教室，专心做自己感兴趣和喜爱的游戏或工作。教师对来访者介绍说：“我们应当向孩子们学习”，“只有当没有秩序时才加以干预”，“不是教师对儿童说话，而是儿童对教师讲话”，“没有讲义，没有惩罚，没有奖赏”……

在华沙，为在职教师提供实验场所或讲座的教育学院（教育博物馆）和教师协会给陈鹤琴留下了印象。教师协会的工作是：举办专门训练课程、通讯课程、写作课程；办 16 种教学刊物；建造教师宿舍，子女可来此寄宿，收费低廉。

在维也纳，动听的歌声和优美的景色令人流连忘返。建在山坡上的维也纳幼儿园，设计别致、美观、儿童化，走廊的墙壁和房顶上到处布满了

---

① 《陈鹤琴全集》，第四卷，第 203 页，江苏教育出版社，1991 年 3 月。

儿童们表达对生活感受的画作。在一所音乐学校，有3位女孩在指挥全年级唱歌，孩子们充满感情的演唱十分动人。女孩们一半唱歌，另一半拍手跳起了民间舞蹈。她们唱的《蓝色多瑙河》旋律优美、余音缭绕，然而带领陈鹤琴参观的人却说："这些能干的女孩，长大后很难找到工作，真可惜！"话语中透着几分惋惜与无奈。

在奥地利，有3位著名的儿童画家——西石克、西特和罗西，他们的共同之处是对儿童有相当的了解，都尊重儿童的自由，爱护儿童的个性，注重儿童的创作。他们的不同之处是：西石克不主张干涉小孩子的自由，不主张校正小孩子的作品；西特则是先教小孩子观察对象的性质和环境，参考相关的名作，然后再由儿童自由发挥；而罗西却只要能激发儿童创造的想像，不顾艺术上的技能和知识的因素。在奥地利期间，陈鹤琴专程拜访了西石克。西石克有一个著名的口号："揭开盖子。"他的画室布置得琳琅满目，布满了各种儿童画作，有整幅的儿童画，有立体的雕刻作品，有大幅的水彩画，每一幅都是儿童的创作，没有模仿的。西石克带陈鹤琴来到一幅4岁儿童的画作前，画面上只是简单线条勾勒出人的头、五官和四肢。西石克说："陈先生！你倒想想看，我们成人有什么权利去改正这张图画呢？这个小孩看起人来，只看见一个大的头。我们为什么要教他画得小一点呢！他看见身子是没有多大用处的，他只看见一条直线，为什么我们一定要他画出一个立体的圆柱型呢？"陈鹤琴提出问题："是的，不去校正他，就让他这样错误下去，将来会不会总是这样画，没有进步呢？"西石克很认真，也很有耐心，回答道："小孩子大一点，观察力强一点，他自然而然会面对的。我们不要促成他早熟，不要把成人的意见，注入到他的脑子里去。"西石克主张，小孩子不要模仿名画，他说："我愿意儿童在他们现在的环境中生长创造，不愿他们看见希腊过去的作品。"他极端主张儿童自己创作，认为成人不该干涉他们的权利。对此，陈鹤琴并不完全赞同，他认为："艺术是一定要教的，倘使不教而让儿童自己去瞎摸，那是太不经济了。我们人类所有的经验，是应当利

用的。"①

在汉堡，陈鹤琴等参观了当地的实验学校。在这所重视户外野营和体育锻炼的学校里，除强健身体外，还进行政治训练。德国教育充满国家主义、军国主义，培养德意志民族意识，师生一律行纳粹礼，呼喊"希特勒万岁！"在意大利，陈鹤琴参观了一所名为密歇根·比切安的小学校，该校实行军国主义教育，校长是一位军事指挥员，校长和教师都身着军装。在学校里，学生都穿着制服，男女分班，分别由男女教师带领，教室里陈列照片、图画和刺刀、铁丝网等，学生进出教室都要向教师行法西斯式举手礼。学校中按学生年龄不同，组成"意大利儿童"、"意大利青年"、"女青年法西斯"、"先锋队"、"男青年法西斯"等组织。与欧、美实行新教育国家不同，德、意两国奉行灌输式教育，强调划一整齐；在他们的国度里，对贫穷家庭的学生免学费，并供给制服、膳食；学校如同军营，男女青年受着军人般的训练，就连幼儿园的儿童也不得不受到这种影响。在蒙特逊幼儿园，蒙特逊夫人就主张用安静来消除儿童紧张状态。铃响之后，全园变得十分安静，所有讲话都得细声低语。陈鹤琴对这种做法持怀疑态度。从教育的角度看，这与儿童活泼、好动、爱表现的天性和心理特点并不符合，会造成对儿童的精神压力。在此后的多年中，这种愈加浓厚和鲜明的军国主义强化教育所导致的直接结果，或许就是引发 1941 年第二次世界大战的重要原因之一。在这场战争中，数以千万的人民被无情的战火夺走了生命。

与德、意两国教育形成对照，陈鹤琴在苏联感受到了教育的伟大与力量，是教育使社会主义苏联到处充满盎然生机和崭新面貌。他曾说："在这次考察中，苏联新教育给我的影响最深。"十月革命后，苏联开展的第一件工作就是扫除文盲，共花了 13 年时间，扫除了全国大部分文盲，这在全世界都是史无前例的。据陪同人员介绍，十月革命以后，在莫斯科大街上有 5 万流浪儿童，当时还是青年的教育家马卡连柯深信儿童是可以改造的，他将一些儿童组织起来进行典型实验，逐渐吸取经验，使儿童教育受

① 《陈鹤琴全集》，第四卷，第 119 页，江苏教育出版社，1991 年 3 月。

到全社会的普遍重视。

在莫斯科，尽管是走马观花，陈鹤琴的兴味始终浓烈，对所见到的一切都感到十分新鲜，因而热情高涨。苏联教育的普及程度和对儿童教育的高度重视时常令他萦绕于怀。他写道：

> 苏联更有一种特别的组织，为任何国家所不及。他们有两大机关，一个是儿童科学研究所，一个是儿童美术研究所。儿童科学研究所全国有 700 多所，我曾参观过 3 个所，所内分 11 部：有电话、无线电、汽车、飞机、应用化学、摄影、机械等。每部都有实验室。汽车部已做成了两辆汽车，一辆只能坐一个人，另一辆稍为大一点。据他们告诉我，一个月前这两辆汽车在莫斯科大街上作 60 公里比赛，观众人山人海。这两辆汽车都是 11 岁至 17 岁的儿童造的。无线电部有两个实验室，每个儿童有一张桌子有短波无线电，可以向外打。凡是对电学有相当知识技能的儿童都可以享用这张桌子。①

在陈鹤琴的考察笔记中，用很多篇幅对苏联学校义务教育制度、学校管理体制、教学组织和学生活动等作了详尽记述，他还提到了在学生中的青年共产党组织。他认为，初等教育是建设新社会最有效的工具，所以施教的时期愈早愈好。婴儿期和幼儿期是人生的起点、一切的基础。②

陈鹤琴对苏联的教育环境非常羡慕，其教育的成就无处不在；苏联国家的不断强大，其原因与提高教育普及程度直接有关。1931 年苏联最高领导人斯大林亲自提出，经人民大会通过，在俄罗斯共和国开办了 10 所专业技术人员师范学校；在仅有 250 万人口的塔塔尔共和国，有 4 所独立的塔塔尔学校和 38 所技术学校、30 所学院；在工人住宅区，建有诊疗所、学校、托儿所、幼儿园、宿舍、游戏场所、儿童疗养院。陈鹤琴特别提到，当时世界上有三大天文馆，其中之一就在莫斯科。天文馆内演出的天象节

---

① 《陈鹤琴全集》，第四卷，第 197 页，江苏教育出版社，1991 年 3 月。

② 《陈鹤琴全集》，第六卷，第 273 页，江苏教育出版社，1992 年 1 月。

目非常有趣，在他参观时，亲眼看到约150名学生正在观看节目，学习行星、太阳、月球的知识。

在苏联一个建于1932年的机器厂，3 500名工人中有1 300人在夜校学习技术专业。工厂的墙上贴着生产进度的图表，图表上用火车头、电车、自行车、牛、蜗牛、龙虾等图形来标示生产进度，图的一边写着工人的名字及百分比。

苏联还为妓女办有学校和诊疗所。据记载，1913年莫斯科150万人口中有2万妓女，彼得堡180万人口中有3万妓女。十月革命后，政府取缔了妓女登记制度，先后开办诊疗所、学校及专为妓女学习、治疗和工作的济良所，通过劳动，把她们改造成为自食其力的新人，融入社会，开始新的生活。

陈鹤琴的这次欧洲之行，不仅使他对于新教育精神的内涵有了更深刻的认识，也使他自己经历了一次重要的人生变化。苏联教育成功的现实给了他启迪。他回国后，在许多文章和讲演、报告中广为宣扬社会主义苏联在教育方面所取得的成就。

考察期间，陈鹤琴在到访的学校里看到，教师教学生唱歌、跳土风舞蹈。有的学校甚至在学习中国的漆器、陶器、窑器等东方文化。对此，陈鹤琴十分感慨道："陶行知先生的话很对，我们的教育亦要用手把中国固有的好的文化、好的艺术保存之，发扬光大，这才是我们的责任。中国原来的陶、漆、窑器等工业很好，我们都应当学，我们要建设中国自己的文化。"①

回国后，陈鹤琴将自己的所见所闻所感，以及访问笔记整理成文后公开发表。他写道：

> 这次考察欧洲11国教育，最重要的感想有四：(一)各国注意健康教育，注重体育；(二)各国教育注重"做"字，注意培养动手能力和

---

① 《陈鹤琴全集》，第四卷，第200页，江苏教育出版社，1991年3月。

创造精神；（三）各国的教育普及；（四）教师教法好，有专业研究精神。诸位都是教育界同仁，大家快团结合作，一致努力新教育运动，使上海的教育兴盛起来，全中国教育普及起来。[1]

1935年3月7日，陈鹤琴结束欧洲之行，乘船回到了上海。

① 《陈鹤琴全集》，第四卷，第200页，江苏教育出版社，1991年3月。

第十章　教育救国

一　国难与教育

1930年4月12日，南京各大报纸都在显要版面刊登南京市警备司令部布告，宣布试验乡村师范学校被勒令解散：

> 查得晓庄师范学校违背三民主义，散发反动传单，勾引反动军阀，企图破坏京沪交通，本部为维持首都治安计，曾饬令暂行停办，以待整理，并商同教育部查照办理在案。此乃爱护学校之至意，原冀该校员生等悔悟前非，静候教育部办理。乃迭据报告，该校师生等竟执迷不悟，于教育部接收整理之际，竟敢非法组织委员会，发布宣言，四出诱惑，希图扩大反动风潮，实行破坏京沪交通，扰乱社会秩序，似此目无法纪，充满反革命思想与行为，实属不可救药。兹奉明令，将该校勒令解散，并查拿首要反革命分子，以肃法纪而遏乱萌，除饬军警遵照执行外，合行布告周知。①

立法院长胡汉民曾公开声称，解散晓庄和缉拿陶氏，均系政府"为巩固党国基础，保障社会安全"之"必要的正当举措"。② 据记载，晓庄学校

① 章开沅、唐文权：《平凡的神圣——陶行知》，第258页，湖北教育出版社，1992年3月。

② 章开沅、唐文权：《平凡的神圣——陶行知》，第259页，湖北教育出版社，1992年3月。

被查封那天，荷枪实弹的军警包围学校，因学校没有围墙和大门，竟找不到贴封条的地方。陶行知对他的学生们说："我们还要干！"为躲避当局追捕，陶行知秘密来到上海，后前往日本暂避。1931 年 3 月，陶行知从日本潜回国内，匿居在法租界，一方面为《申报》撰写专栏《斋夫自由谈》，另一方面全力开展教育普及运动。1931 年夏天，陶行知发动科学下嫁运动，他的解释是：中国的科学教育极其落后，科学只垄断在少数"受知奴"那里，普通百姓和百姓的子弟没有机会受科学知识的熏陶，对科学一无所知，而这正是中国落后挨打的重要原因之一。他在上海西摩路创办自然学园，与陈鹤琴、丁柱中等一同编辑出版"儿童科学"丛书共 108 册。1932 年 2 月，当局撤销了对陶行知的通缉，陶行知恢复公开活动，于 6 月成立儿童科学通讯学校，聘请丁柱中、陈鹤琴、高士其、胡宣明等担任指导员。学校教学内容包括儿童生物、儿童物理、儿童化学、儿童天文、儿童气象、儿童地球、儿童工艺、儿童农艺、儿童生理卫生及儿童科学指导等 10 门课程，采用通讯教学和共同工作两种方式。该校招生启事宣称："二十世纪的世界是一个科学的世界。在科学的世界里，只有科学的国家才能存在。我们必须使中华民族具备科学的本领，成为科学的民族，以适应现代生活，生存于现代世界。但是科学要从小教起，我们要想造一个科学的民族，必得要加工培植嫩芽的儿童。本校感觉儿童科学教育之重要，特发起创立，期使科学的民族早日产生。"①

1934 年，陈鹤琴等根据我国北部、中部、南部地区不同的特点，编辑出版了一套儿童国语分布教科书，注重教材内容适合儿童特点，"至编制方法力求新颖，课文与联系并重，文字与图画兼施。每册全文组织成一个大单元，从一个大单元中分作若干个小单元；前一册的一个大单元又和后一册的一个大单元衔接一气，各以各流域实际的儿童生活为出发点，竭力避免虚妄、神秘、怪诞诸弊害"。国内教育界知名人士蔡元培、陶行知为该书作序。

① 《陶行知全集》，第三卷，第 741 页，四川教育出版社，1991 年 7 月。

中央研究院院长蔡元培的序言为：

儿童的抽象作用，较直观为弱；所以吾人在智育方面，即不能授以概念，而要在多用直观的材料引导。直观的对象，最好是实物的，次标本、次图画，这是现今教育家所公认的。我国地大物博，兼跨寒温热三带；儿童所见，显有不同；对南部的儿童，讲雪人冰窖，对北部的儿童讲木棉甘蔗，虽有图书，若要举实物来证明它，就很少机会了。上海儿童书局有鉴于此，特分编北中南三部国语；所含名词，均择本部中最彰明较著的；而关于听觉的，如歌谣等，也在本部中选出耳熟能详的，穿插其间；这对于儿童的领会，必有极大的助力，特致数语，以为绍介。

教育家陶行知的序言为：

儿童书局出版的分部教科书，是一个极有意义的尝试。它的效用，将如长江、珠江、黄河分道灌溉。若单靠长江，南北部有偏枯。我希望继分部教科书而起的，还要有人进而编辑特殊民族的教科书。这样，才是百川分流，泽给万方，合于教育机会均等之旨。

教育家俞子夷致函陈鹤琴等说：

因材施教，是谋教法的适应个性。因地制宜，是谋教材的适合地方环境。先生等三种国语书，分南北中三部，可以说是开教科书的新纪元。①

有一次，是一个星期六的下午，陈鹤琴邀请陶行知到西区小学演讲教育，同时还邀请了考古学家李济之先生演讲考古。待李济之先生演讲结束，听众席上的教师们有的已经坐不住了。陶行知看到此情形后，走上台来，很风趣地开了场："先不讲了，我给大家念几句小诗吧！"

好容易望过礼拜五，

① 《鹤琴之声》，第 14 期，2001 年 12 月。

到了礼拜六的下午。

本想去游游园、看看戏、跳跳舞。

谁要听陶行知说鳖，

李济之考古？

这都是陈处长的好意，

害我们受苦。

少讲点吧，

我们一秒一秒的数。

话音刚毕，台下的气氛开始活跃起来。陈鹤琴站在台上用鼓动的语调问道：“大家说还听吗？”全场回应：“听！”陶行知的讲演继续下去，全场一片寂静，鸦雀无声。①

1932 年 5 月，陶行知的著名教育小说《古庙敲钟录》在《申报》上开始连载。关于这部小说的寓意，陈鹤琴曾作过阐释：“古庙代表中国的老大帝国，敲钟的钟儿代表爱国的指示，要唤醒全中国人民大众。”②这一年，陶行知又发起组织乡村工学团，于 10 月 1 日以孟家木桥为基地，成立儿童工学团，命名为山海工学团。何谓工学团？按照陶行知解释，工就是劳工，学就是科学，团就是团体。“工以养生，学以明生，团以保生”，即“以大众的工作，养活大众的生命；以大众的科学，明了大众的生命；以大众团体的力量，保护大众的生命。”③

“生活教育”是陶行知最重要的教育主张。陶行知曾用十分通俗的比喻来说明他所倡导的“生活即教育”与杜威的著名观点“教育即生活”的不同，“教育可说是书本的，与生活隔绝的，其力量极小。拿全部生活去做教育的对象，然后教育的力量才能伟大，方不致于偏狭。我们要拿好的生活

① 《鹤琴之声》，第 2 期，1992 年 3 月。

② 《陈鹤琴全集》，第五卷，第 294 页，江苏教育出版社，1991 年 7 月。

③ 童富勇、胡国枢：《陶行知传》，第 230 页，教育科学出版社，1991 年 5 月。

去改造不好的生活，拿整个的生活去解放偏狭的生活”[①]；“教学做合一”、“生活教育是以生活为中心之教育”，教育要适应生活的需要，“生活即教育”，“社会即学校”！陶行知不无激情地写道：

> 在现阶段，中华民族解放运动是我们的中心生活，即为我们的中心教育。做什么工？做民族解放运动所要做的工。求什么学？求民族解放运动所要求的学。结什么团体？结民族解放运动所要结的团体。总之，我们所要普及的是民族解放运动的生活教育。[②]

陶行知的这一主张得到教育界的广泛响应，身为上海租界主管华人教育的负责人，陈鹤琴利用一切可能的条件，对陶行知的工作给予支持、配合并亲自参与。

1932 年，陶行知的学生孙铭勋到苏北淮安创办新安幼稚园，陈鹤琴捐出银元 100 元作为开办费。他还十分关心由戴自俺、孙铭勋先后在上海沪西、沪北创办的劳工幼儿团和乡村幼儿团。1933 年，陈鹤琴在上海亲切会见由陶行知介绍的新安儿童旅行团全体成员，向小团员们介绍上海学校教育的情况。这个由江苏淮安县新安小学 7 名小学生组成的儿童旅行团，由苏北来到上海，上街卖报，自己管理自己，到各学校进行演讲宣传，轰动整个上海滩。12 月 4 日，陈鹤琴为新安旅行团所写的《我们的旅行记》一书题词：“见常人所未见，闻常人所未闻，胜走马看花者多多矣。”陶行知为该书作序。

“小先生制”是陶行知所倡导普及教育的一种有效方法，也是他的一项发明，在国内 21 个省和 4 个特别市广泛开展。陈鹤琴对此极为赞同并予以支持。1934 年 6 月，在陈鹤琴主持下的上海工部局华人教育处发布《小学生服务试行办法十五条》，用“即知即传”的方法，发动小学生做小先生。《办法》中写明：小学生要从事社会服务。教人的小学生称为小先生，

---

① 《陶行知全集》，第二卷，第 504 页，四川教育出版社，1991 年 7 月。

② 《陶行知全集》，第十二卷，第 195 页，四川教育出版社，2002 年 9 月。

小学生所教的对象被称为校外学生。每位小学生至少要找两名校外学生进行指导，指导时间少则十几分钟多则半个小时。每校规定小先生暑假教人工作，分量比平日加重。暑假前举行一次总指导，暑假后有一次总考核。《办法》规定小先生制只在小学中高年级试行，再行推广。陶行知对此显然意犹未尽，他将小先生比喻成“热烈无比的太阳”；按照他的想法，恨不得所有小学生都能成为小先生。在西区小学开的小先生会上，有一个小先生教一位83岁的老太婆，还有一个孩子教他的德国母亲认中国字。

1934年4月的一天，陈鹤琴与沪江大学校长刘湛恩、中华书店编辑吴研因随陶行知一道来到江苏宜兴参观西桥工学团。西桥工学团是按照山海工学团的教育形式，遵循陶行知所倡导“社会即学校，生活即教育”和小先生制的办学理念开办的新型学校。西桥是无锡乡下一个贫困的小村庄，附近有一位叫承国英的13岁少年在当地邀集了几位农友，用他自己微薄的一点稿费和当地农民的帮助，开办了这所学校。学校采用小先生制，小先生们“轮流依时刻来校教人自修，余时仍在田园或家庭里做工赚饭吃”。陶行知派出小先生到该校工作并捐款，他称许道：“这里我们所看到的是真正的儿童自动工学团了。它指示了中国普及教育一条正确的路线。”[①]据说，该校开学那天，来自四乡八邻16个村的一百多名孩子赶来上学。当时有一位老农民编了一首歌谣：“西桥村边飞来一只鸟，寅卯通光呱呱叫，陶先生的心肠实在好，穷苦人子弟都可上学了。”陈鹤琴深深折服于陶行知及其思想、实践在普通民众中所产生的作用和影响。他亲身感受到，这才是真正的大众教育。

自1931年“九一八”事变后，日本军队觊觎华北、进攻上海、向南推进的野心昭然若揭，战争已迫在眉睫。上海、北平、天津、武汉、广州等大城市先后爆发群众爱国运动，抗日情绪日渐高涨，抵制日货、收复疆土、驱逐倭寇的呼声一浪高过一浪。上海成为全国抗日救亡运动的中心，社会各

① 《生活教育》，第2卷第13期，1935年9月。

界纷纷举行集会、游行声援抗战将士，反对卖国投降，号召全民抵抗。陶行知提出的“生活教育”口号，其意义已大大超越教育的范畴本身，使教育成为动员和组织人民参加抗战的号角和武器，因而得到社会广泛响应。12月3日，陈鹤琴邀请张恪惟博士到中华儿童教育社举办的读书会上讲演东三省问题；陈鹤琴最后讲话，勉励大家“在儿童身上努力做功夫，积极引导儿童走救国之途径”。1932年“一·二八”淞沪战争爆发，陈鹤琴指导工部局三区小学教师组织各科分组研究会，并实施正课之外的计划中心教材，开展单元教学，组织各种教学活动。

1935年8月1日，远在陕北的中共中央发出《为抗日救国告全国同胞书》，即“八一宣言”，宣言指出：“近年来，我国家我民族已处在千钧一发的生死关头，抗日则生，不抗日则死。抗日救国已成为每个同胞的神圣天职。”宣言疾呼：“各党派、各界同胞、各军队都应有‘兄弟阋于墙，外御其侮’的真诚觉悟，停止内战，集中一切国力，为抗日救国的神圣事业而奋斗。”1935年12月9日，北平发生“一二·九”爱国学生运动。不久，南京、上海学生上街游行声援，在中国共产党的推动下，各地群众爱国运动日益高涨。戴伯韬写道：

> 生活教育在普及教育运动上与逐渐走上半封建半殖民地的中国社会结构的政治需求相配合不是偶然的。按照“生活即教育，社会即学校”这学理发展，是必然有这种结果的。所以当日寇侵入关内，进一步想鲸吞我华北，北平学生首先举起反抗大旗，因而掀起光荣的“一二·九运动”之后，生活教育者便首先起来响应，组织国难教育社，拟定国难教育方案，广泛地在全国推行这一教育运动，开展这一教育运动。①

1936年1月28日，沈钧儒等知名人士与近万人一道走上街头游行示威，呼吁各界联合抗日。人们纷纷行动起来抵制日货、实业救国、教育

① 戴伯韬：《生活教育发展史纲》，载《晓庄研究》，2007年1月。

救国的呼声形成强大声势。教育家陈鹤琴一向只顾专心致志办学，此时也不顾租界当局采取的中立立场，热情支持并参加上海教育界和工部局华人职员们举行的各种活动，积极响应爱国抗日号召。在工部局举办的小学校里，稚气未脱的孩子们列队高唱那首由韦瀚章作词、黄自作曲的歌曲《旗正飘飘》。歌中唱道：

旗正飘飘，马正萧萧，枪在肩，热血热血似狂潮。

旗正飘飘，马正萧萧，好男儿报国在今朝。

国亡家破祸在眉梢，挽沉沦全仗吾同胞，天仇怎不报，不杀敌人恨不消。

快团结，快团结，快团结，团结，团结奋起，奋起团结，奋起团结。

……

1936年2月23日，由陶行知先生倡导的国难教育社在原教联的基础上成立，提出抗日救国教育的主张，发动募捐办学。成立初时参加的有七百多人，以后发展到几千人。一时间"国难教育"成为沪上教育界最富激情的旗帜与口号，立即得到社会各界的普遍赞同与响应。陶行知说："现在是教育与国难赛跑。我们必须叫教育追上国难，把它解决掉。"陶行知指出："直到日人步步侵略，华北汉奸猖獗，处在困难当头的时候，就以国难教育配合着当时的需要。"在陶行知的主持下，国难教育社的工作开展得有声有色，除了过去在教联时期，通过全国基督教青年会和青年协会上层人士的支持，在全市办了很多识字班和女工夜校，还用基督教女青年会的名义，公开合法地到工厂招生，并派出成员在各校授课，宣传抗日爱国。对此，负责公共租界华人教育事务的陈鹤琴予以积极响应并大力支持、参与。在陈鹤琴的主持下，自1934年至1939年，工部局先后在荆州路小学、东区女校、北区小学和新闸路小学开办了4所工人夜校。

1936年，为响应国难教育社提出的抗日救国教育的号召，陈鹤琴与陶行知一同前往沪东参观由钟民主持的工人识字学校——沈家滩小学。陈鹤琴多方奔走，为纪念上海基督教青年会总干事余日章而募捐，将沈家滩小学改建为余日章小学；以后又开办余日章二小和三小，招收工人和女工学习识字和文化知识，由国难教育社派出成员担任校长和教师。曾当过陈鹤琴和陶行知助手的张宗麟，此时是生活教育社和普及教育促进会的负责人，他出面直接经办了这些工作。实际上，中共地下党组织是推动国难教育的强大力量。据时任中共地下党教联和国教社负责人的郑伯克回忆："国教社总社上层理事会在陶行知的主持下，广泛团结各界人士。他亲自做了租界工部局华人教育处处长陈鹤琴的工作，陈为纪念上海基督教总干事余日章而募捐办余日章小学，党组织即利用此机会，派党员在3所余日章小学任校长，所聘教师也大都是党员和进步人士。"①

陈鹤琴对陶行知的许多创举非常赞赏。1935年陶行知陪同陈鹤琴参观上海流浪儿童工学团。原陶行知研究会会长方明一直记得他第一次见到陈鹤琴时的情形。那时，17岁的方明和一位朋友以小先生身份来到工部局华人教育处，陈鹤琴亲切地接见了他们。方明讲了小先生的工作情况，陈鹤琴听得饶有兴味，并说要亲自去看一看。不几天，陈鹤琴来到约定的苏州桥附近，由方明引领着来到孩子们中间。陈鹤琴弯下腰去给孩子们讲故事：有一天，一头黑羊和一头白羊从河的两岸上了桥，两头羊互不相让，结果咚的一声都掉下了河。故事说的是朋友之间要相互谦让的道理。陈鹤琴讲得有声有色，小先生们听得聚精会神。

由于陈鹤琴的特殊身份，他对陶行知的许多工作提供了很好的配合。据记载，山海工学团团长马侣贤于1934年春天被国民党当局以左翼文化联盟负责人理由逮捕，经陶行知要求，由陈鹤琴出面予以保释。陈鹤琴还利用自己的社会地位和影响，出面营救了许多被租界当局拘捕、扣押的生活教育社成员、夜校学生和进步青年。

1936年5月，国民党元老于右任向陈鹤琴亲赠手书岳飞《满江红》，寄托了两位爱国人士在日寇进逼、国难当头时的共同心声。

---

① 《白区工作的回顾与探讨——郑伯克回忆录》，第48页，中共党史出版社，1999年7月。

30年代，中华民族危机四起，外敌入侵，国内战事不断。尽管当时有国联和英、美政府出面调解，国内也有人高调谈论“和平”，但从1931年9月以来国内时局的动荡变化和国民政府的态度，陈鹤琴清楚地意识到，战争已经不可避免。对于教育家说来，教育是救国的武器，也是最有效的救国方式。陶行知说：“解决国难的教育方案只有一个目的。这个目的就是保卫中华民国领土主权之完整以争取中华民族之自由平等。一切教育设施都要以这个神圣的使命做中心。”①陈鹤琴说：“我们知道，国家到了危急存亡的时候，她的教育尤其是儿童教育，若不能积极的参加国家战时的活动，这教育是无用，是破产，应该予以解散。所以我们在全面战争开始时，应该针对目前的局势，未来的需要，把儿童教育的设施方法，整个的改革一下。”②

在这一时期，陈鹤琴与蔡元培、欧元怀等人填表加入由张謇、黄炎培等创办的中华职业教育社。

陈鹤琴的家庭又增添了新的成员，他的儿子一飞、一心和女儿秀兰分别出生于1929年、1932年和1935年，组成了亲情融融的大家庭。

二　爪哇之行

1937年1月底，熊希龄、毛彦文夫妇和陈鹤琴、关瑞悟一行四人登上芝沙路亚号邮轮驶离上海前往爪哇，作为中国代表团成员与中国驻荷印巴达维亚（今雅加达）总领事宋发祥和中国最早的女飞行员颜雅卿会合后，一同出席由国际联盟召开的远东禁贩妇孺会议。熊希龄曾担任北洋政府国务总理、财政总长，此行代表世界红十字会中国总会，毛彦文代表中国女界红十字会，陈鹤琴代表中华慈幼协会，关瑞悟代表北京香山慈幼院。显然，这次会议并没有得到中国政府的重视，以至于出发前与会代表

---

① 《陶行知全集》，第三卷，第444页，四川教育出版社，1991年7月。

② 《陈鹤琴全集》，第四卷，第208页，江苏教育出版社，1991年3月。

竟对中国各地妇孺被贩卖的事实和数字仅知片鳞只爪，难以概全，原以为这些材料应由政府代表负责。直到上船后，为稳妥起见，经商议，大家公推陈鹤琴执笔，将各人手上的所有材料汇集，写成书面报告。由于材料十分零散，又要代表中国向全世界控诉中国妇孺所遭受的不幸与苦难，从香港到爪哇的 12 天航程里，陈鹤琴不得不绞尽脑汁，孜孜不倦地写作报告。后来，他的胃病犯了，剧痛到不能下床的地步。同行的关瑞悟负起了打字的任务，遇有字迹辨认不清，陈鹤琴就耐心解释，逐一回答，直到报告完成。

代表团一行抵达爪哇后，大会已经开幕。这时，他们才了解到，作为中国政府代表的中国驻爪哇总领事只得到参加此次会议的通知，并没有关于会议议题的任何供发言和报告的材料，实令熊希龄、陈鹤琴等来自民间团体的代表感到有些意外，好在他们在船上作了一些准备。中国是远东地区妇孺贩卖现象最为严重的国家，这次会议内容又与中国密切相关。在大家的公推下，陈鹤琴担负起每日草拟报告的任务，并被推选为专门委员，在除大会政府代表发言外的小组讨论和专题会议上代表中国发言。他以娴熟的英语用大量事实回答各国代表提问。首先，中国代表向大会介绍有关中国妇孺被贩卖的情况。在发言中，陈鹤琴列举了一系列数字：在中国，每年被查获的妇孺贩卖案件，在上海有 400 起，在北平和厦门各 200 起，未被查获的案件肯定远远超过此数字。贩卖妇孺重点主要在上海，其他重点城市有沈阳、大连、北平、天津、开封、潼关、厦门、汕头、香港和澳门等。虽然中国政府禁止卖淫，但娼妓人数仍十分可观，仅上海一地就约有娼妓 5 000 人，加上暗娼则数量超过 2 万。此外，在广东、浙江、福建等地，女孩被贩卖沦为奴婢的现象屡见不鲜，根据上海 1936 年的一次登记中，就有 1 000 名奴婢。发言中，陈鹤琴总结在中国造成贩卖妇孺的主要原因有三：(1)旱灾、水灾及饥荒等自然灾害；(2)愚昧无知及贫苦困苦；(3)吸鸦片烟的父母卖掉自己的女孩。尽管中国国民政府对此曾颁布相关法令，也对贩毒吸毒采取了措施，陈鹤琴提出，废除娼妓必须从教育入手，同时应重视对娼妓性病的治疗，使她们恢复正常的生活。

关于加强各国警方和主管当局在禁贩妇孺问题上密切合作和广泛沟通信息的问题，陈鹤琴认为，上海的外国租界和公共租界已成为贩卖娼妓的“藏身集散地”，因此外国租界和公共租界应与中国当局合作，共同打击娼妓和贩毒。

关于如何保护移居本国移民免遭贩卖的问题，当英属新加坡代表谈到移居该国的华人妇女在过去的 25 年中比华人男性多了一倍时，陈鹤琴表示，中国普及教育的发展和妇女解放有助于逐步减少贩卖妇孺。陈鹤琴还谈到，在新加坡的中国移民有两类，即劳工与商贩，当今的劳工仍为未受过教育者。但中国政府正尽全力加强成人教育，以减少他们被贩卖的可能性。同时，他还指出，不应忘记，这些工人对当地经济的繁荣作出了很大的贡献。

关于在远东地区取缔领有执照妓院问题，陈鹤琴指出，取缔领有执照的妓院是个大问题，它涉及卖淫的原因，这通常是贫穷和无知。据当时所作对北平 500 名娼妓的一项调查，仅有 11 人识字和 2 人受过教育；在对天津 3 000 名娼妓的调查中，只有 13 人能读写，占 0.4%，竟有 40% 为弱智者。在会上，陈鹤琴又一次列举苏联在禁止卖淫方面所采取的有力措施。十月革命前，在莫斯科有数万娼妓，苏维埃政府下令取缔妓院并为妓女设立福利院，进行教育、安排工作和恢复其正常生活。到 30 年代中期，只剩下 3 家领有执照的妓院。在会上陈鹤琴代表中国与暹罗等国代表一起倡议，大会应通过一项决议，取缔领有执照的妓院，禁止贩卖妇孺。为此，建议在尚存在妓院的国家和地方，由国联发起开展一场教育运动。此外，陈鹤琴还补充说，此决议草案不仅强调要废除娼妓必须从教育着手，也应提出对娼妓性病治疗问题和使她们恢复正常生活的问题。

关于加强警方与其他有关当局及私人团体在禁贩妇孺方面合作的问题，陈鹤琴代表中国慈幼协会、世界红十字会中国总会、北京香山慈幼院发言。他介绍了中国的民间机构与政府合作的情况，还专门介绍了中华慈幼协会。该会的工作范围很广，其中包括三个主要部门，分别负责开展儿童工作、儿童福利和保护儿童工作，其主要对象是 16 岁以下的儿童；为男、女孩分别各设一所，入所的许多女孩都是从贩卖者手中抢救出来的奴婢。陈鹤琴还提出民间救济团体应坚持的两项原则：(1)对它要拯救的妇孺抱有仁慈之心，并热心于所从事的社会工作；(2)应认识到要救出被贩卖的受害者并非易事，应求助于各种专家的协助。这些原则恰恰是政府所最缺乏的。一些妓女被救出后仍无法维持生活，结果又重新跌入危险境地。最后，陈鹤琴向大会介绍了世界红十字会中国总会的情况。该组织是独立于政府的国际性组织，专门从事慈善工作，由德高望重的熊希龄先生领导。该组织会员部分信仰宗教，以仁爱为原则，以服务为宗旨。自1922年成立以来，已在中国各省建立317个分会，在水灾、火灾和战争中进行了大量救灾工作，建立了5所孤儿院、14所产妇之家和175所施药所等。

在讨论在远东设立国际妇孺禁贩局的议案时，新加坡代表提出将该局设在新国，而陈鹤琴则极力主张设在中国上海，理由是上海是远东妇孺被贩卖数目最多的城市，是杜绝此患的惟一门径，设在他处与此问题的解决无大补益。香港之成为妇孺被贩卖的要港，即可为例。在中国代表团的力争下，最终，大会通过决议，将禁贩局设在上海。据与会的关瑞悟回忆，在陈鹤琴等人的力争下，本次凡与中国有关的议案，“全没有使我国失去应有的权利及保障”。①

在爪哇期间，代表团一行受到当地华侨的热烈欢迎，作了多场演讲。听演讲的对象包括商人、教员和小学生等。与其他人所介绍一些唤起对祖国认识的事实不同，陈鹤琴的演讲更为诚恳、动情，详尽地将祖国的可爱之处展现出来，使台下渴望了解祖国情况的华侨十分激动，不少华侨纷纷表示要将子女送回国内读书，将来能为祖国出一份力。在巴达维亚城举行的演讲会前，陈鹤琴胃病发作，疼痛难挨，但他仍然坚持着下床，托人将自己已准备好的演讲稿带到会上念。他对同行的人说：“得到在华侨中宣传的机会太不易了，做教育及社会福利的人，应该尽量去利用它。”

① 《怀念老教育家陈鹤琴》，第67页，四川教育出版社，1986年7月。

回到上海后，陈鹤琴四处奔走、多方努力，与其他社会知名人士共同成立了禁贩妇孺问题的研究会。

三　战争与儿童

1932 年淞沪战争打响，日军炮火危及上海大夏大学校舍，幼教科即将停办，陈鹤琴找到在该校幼教科担任教师的钟昭华，希望她前往南京担任鼓楼幼稚园主任，这使面临失业的钟昭华喜出望外，同时，她又感到有些忐忑不安。早在 1923 年鼓楼幼稚园初办期间，钟昭华曾来园短期任教，陈鹤琴对她有所了解。鼓楼幼稚园在国内享有盛名，又是陈鹤琴从事教育研究和实验的基地，而陈鹤琴自己在工部局华人教育处处长任上，无法分身，只能定期去宁指导工作，因此需要一个全面负责和主持园务的主任。陈鹤琴直截了当地对钟昭华说："这次我决定请你到鼓园去全面负责，担任园主任工作，是因为鼓楼幼稚园需要整顿。我认为你是最适当的人选，而且我也相信你可以把工作做好，并且一定可以做成功的。"

钟昭华曾回忆：

> 当我最初重返鼓园时，我的最深印象是园舍如旧，大班幼儿已经升入小学，只剩下小班的幼儿……①

钟昭华到任后，立即着手扩建园舍，扩充招生名额，增聘教师，充实设备，布置室内外教育环境，搞好一切基本建设。过去，出于实验研究的需要，鼓楼幼稚园在园幼儿的数量一向不超过 30 名。钟昭华与陈鹤琴商量后，决定破例扩招，分大、小两班。据记载，当时要求入园者众，在园幼儿数量从起初时 30 名，陆续增加，最多时达到 120 名。教师也从原来的 1 名增加到 4 名，她们都曾受过幼教专业教育，分别来自杭州弘道幼师、南

① 《怀念老教育家陈鹤琴》，第 118 页，四川教育出版社，1886 年 7 月。

京女中幼师和南京晓庄师范。

钟昭华写道：

> 由于幼儿数的增加，相应增加幼儿午睡的地方和两个班级活动室，从1933年起，先扩建假三楼以解决午睡的问题，1935年扩建了大礼堂，平时用活动木板隔成两间活动室，开大会时，就拆去木板，作为集体开会的场所。①

为了园舍的扩建，陈鹤琴几次来宁，并召开家长会，与家长们共商扩园工作。家长们自动组织起来，广募资金，就连盖房的建筑设计工作，也是由家长承担的。幼稚园的许多教学设备，如唱机、收音机、摄影机、钢琴和海氏大积木等也都是来自家长们的赠予。幼稚园与家长的这种联系，不仅满足了教学上的需要，也使家长们对幼稚园的发展更加关心。

按照陈鹤琴的办园宗旨和主张，要让幼儿的大部分时间在户外活动，吸取新鲜空气，在日光下游戏活动，以保证幼儿的健康。由于园舍的容量有限，幼稚园经常组织各班幼儿轮流在户外进行教学活动，并利用户外一切空隙，划分区域进行游戏活动。园内的游戏设施都是按照陈鹤琴多年的研究成果设计、制作并逐年增加的。游戏器具包括六面平台、摇马、秋千椅和各种供幼儿推、拉、跑的玩具小车，以及练习滑跑的滑冰车等。陈鹤琴在设计了六面平台后，又在平台下面设计了沙坑，以保证幼儿的安全。游戏场是一块大草坪，四周种植了四季常青的花木。草坪上，幼儿们在教师指导下进行各种游戏，非常尽兴和快乐。

园内的房屋周围种植四季不同的花卉，另为幼儿们开辟了一块小花园，设置了花坛、小亭，种植樱桃、桃子、枣子等果树。此外，还开辟了一块小菜园，种植豆类、蔬菜、瓜类，并备有各种种植用的小工具。在花园和菜园旁边，设有小动物园，饲养鸡、鹅、兔、山鸡等，其目的在于培养儿童认识自然，观察事物的能力，学会自己动手。

---

① 《怀念老教育家陈鹤琴》，第118页，四川教育出版社，1886年7月。

此外，室内设备如各班幼儿所用桌、椅、摇椅等也都是按照陈鹤琴亲自设计的图纸制作的。陈鹤琴还亲自指导并设计制作了数套大、小积木，供幼儿游戏。

幼稚园必须编制课程。按照陈鹤琴所提出编制课程原则，一是凡在幼儿生活中所能接触到的和可以获取经验的；二是凡是幼儿能学的而且应当学的；三是以自然、社会为中心的课程计划，既要能体现课程计划性，也要考虑偶然发生有兴趣的事而体现灵活性，将教师的计划安排与幼儿的兴趣及其自发的活动结合起来。

陈鹤琴主张，将教材组成一个整体，各科围绕中心取材，体现出教材内在联系的整体性。由于幼儿年龄不同，在选材上要有难易、简繁之别，随着年龄的增长，教材也就由浅到深的顺序前进而体现出课程内容的系统性与连贯性。教师选定自然或社会中心后，各科教学围绕中心主题选取教材，强调各科之间相互联系，同时在教材选用方面，考虑各班年龄不同而选取不同程度的教材。陈鹤琴不赞成对幼儿进行教育只限制在几堂课内，他认为对幼儿的教学不能像对大学生那样，一科一科地教，并且各教各的，这不符合幼儿年龄的特点。

有一次，在以“秋天的收割”为中心内容集中教学时，重点放在了教育幼儿了解秋收的意义、秋收什么、怎样秋收等，很自然地就结合到幼稚园的秋收，因为这是幼儿亲身体验的，由他们自己种植的豆、菜、瓜等也要收割了。

幼稚园将一天里的大部分时间留给幼儿，以使他们能够按自己的兴趣与爱好，做自己想做的事情，例如做游戏、图画、唱歌、讲故事、搭积木、阅读或喂养小动物。幼稚园通常不干涉幼儿的活动，但教师必须了解幼儿自己想做、想玩的动机，有针对性地随时进行引导教育，而不能放任幼儿漫无边际、自由散漫地活动。这就要求所有教师对幼儿的活动爱好、心理特点、生活习惯和兴趣所在都能了如指掌，同时自身也须具有广泛的知识和真挚的爱心。

钟昭华回忆道：

各班的教学活动时间、次数按年龄不同有区别。上午各班至多两次集中教学。下午中、大班幼儿有读本，采用陈鹤琴先生编的《幼稚园课本》。小班下午只有午睡与自由活动。各班教学时间从小班的十至二十分钟到中、大班的二十至三十分钟。这样，幼儿有更多的时间，参加自由活动、户外或室内游戏等。这是幼儿一天在园生活占用最多的时间。①

教师们经常带领孩子们参观火车和轮船，或到栖霞山、玄武湖、中山陵、植物园等处远足、旅行，或登上紫金山天文台，通过天文望远镜了解苍穹的奥秘，还到金陵大学农科的种植园、饲养场、养蚕室和附近的池塘、鼓楼公园，学习植物和动物方面的知识。有一堂课讲到了火车，教师就将幼儿们带到下关火车站看火车，并到机车厂登上火车的司机台进行观察。在组织这些活动时，通常会邀请家长同往，较好地保证了幼儿们的安全。

每当幼儿们外出参观或远足归来，往往都会通过游戏或图画表达他们对新鲜事物的理解与认识。例如幼儿在长江上坐过轮船，就主动用积木搭起“大船”，请小班幼儿扮成“乘客”，还学着大人的样子叮嘱：“小心不要跌进江里去！”幼儿去植物园参观回来后，对园内种花和布置花坛极为热心、积极。到了秋收时，幼儿们自动收集花种，教师问采集花种有什么用？幼儿们抢着回答：“明年可以种下去，又会开花结籽的！”

在陈鹤琴的指导和参与下，鼓楼幼稚园整理并出版了《一年中幼稚园教学单元》、《儿童生活写真》、《儿童歌曲》和《世界儿童节奏集》(上、下册)等教学书籍，受到幼教界广泛欢迎。陈鹤琴在为由屠哲梅、陈尧圣编译的《四季故事唱歌集》所作的序言中写道：

> 在故事里面穿插很生动的歌曲，做教师的或是做父母的，可以把故事讲一段，唱一唱，再讲一段，再唱一唱。同时小孩子听了故事，也

① 《怀念老教育家陈鹤琴》，第123页，四川教育出版社，1886年7月。

可以跟着唱唱。这种教学是活的，是有声有色的，是适合儿童心理的。①

当时，鼓楼幼稚园根据三年来积累的对各班幼儿所掌握知识、技能和已形成的良好行为习惯的测定结果，编制了一套幼儿应达到最低限度的标准，供给公立、私立幼稚园和教师作为衡量、检定教育结果的参考。

十多年后，当学生向陈鹤琴提出疑问："这种花园式的幼稚园能在我们全国，特别是广大农村行得通吗？"陈鹤琴回答道："我们办幼儿教育就是要大田种麦，让全国城乡幼儿都能受到科学的启蒙教育。但你知道大田种麦需要麦种，这麦种从哪里来呢？当然也可以向外国去买，但从外国买来的麦种能适应中国的土壤和气候吗？我办鼓楼幼稚园就是要为大田提供中国麦种这个目的……"

1937 年 12 月 13 日南京沦陷，鼓楼幼稚园被洗劫一空，直到 1945 年 9 月抗战胜利后方复园。

陈鹤琴认识到，儿童教育的前提首先是儿童的生存状态，以及政府和社会对儿童问题的重视程度，儿童工作者应是儿童权利和福祉的保护者。1935 年 8 月 1 日，中国政府宣布实施"儿童年"，过去国内也曾实施过"国货年"、"妇女国货年"、"学生国货年"等，但往往不了了之。当时，儿童节有两句歌词流传很广："从前世界属大人，以后世界属儿童。"但在中国是不是真能如此，谁都不知道。当时上海街头到处可见沿街乞讨的流浪儿，农村里儿童的生活状况更不堪目睹。即便是在"儿童年"里，当局搞一些青少年和童子军参加的庆祝活动，也遮掩不住中国儿童身处水深火热之中的严峻现实。

随着前方消息不断传来，战事在不断吃紧，上海等地的报纸上时常刊登被占领的东北和日军在绥远、华北调动的消息。此时的陈鹤琴全然没有作为知名儿童教育家为"儿童年"而感到兴奋，反而忧心忡忡。1936 年

① 《陈鹤琴全集》，第四卷，第 460 页，江苏教育出版社，1991 年 3 月。

8月1日,《新闻报》发表了陈鹤琴为庆祝"儿童年"所作的《儿童年实施后的几点宏愿》。

(一) 愿全国儿童从今日起,不论贫富,不论智愚,一律享受相当教育,达到身心两方面最充分的可能发展。

(二) 愿全国盲哑及其他残废儿童,都能享受到特殊教育,尽量地发展他天赋的才能,成为社会上有用的分子,同时使他们本身能享受到人类应有的幸福。

(三) 愿政府及慈幼机关为儿童福利着想,尽力设计,多予儿童以安全的保障。

(四) 愿全国各处从今以后,所有奴婢童工等不良制度,完全绝迹。

(五) 愿全国的父母、导师以及全国的成人们,随时随地本着"幼吾幼以及人之幼"的古训,各就自己能力所及之处,保育儿童,救济儿童,感化儿童。

(六) 愿今后全国的父母们,都具有教育常识,切实了解儿童心理和儿童期的价值。

(七) 愿全国的妇女们,都自觉着母性的伟大,注意胎教和妊娠期的卫生,造就优良和健全的国民。

(八) 愿全国教师们,抱着鞠躬尽瘁、死而后已的精神去教导儿童、训练儿童,使他们成为健全的公民。

(九) 愿全国慈善家和一切成人们,对于凡百救济事业,先从儿童做起,遇到危险,先救儿童。①

这篇文章是1935年《日内瓦保障儿童宣言》的中国化宣示,表达了陈鹤琴"一切为儿童"的理想,呼吁、动员全民族、全社会一齐爱护、救济、教育儿童。

---

① 《陈鹤琴全集》,第四卷,第436页,江苏教育出版社,1991年3月。

四　北平见证

有一段经历，使陈鹤琴亲历了抗战的爆发，见证了一段历史，永远难忘。

1937年7月7日，中华儿童教育社第七届年会暨中国教育学会会员大会联合开幕式在位于北平西郊的清华大学礼堂举行。这时，华北局势已经十分紧张，中日军队对峙，战争一触即发。陈鹤琴和张宗麟作为中华儿童教育社的主要领导人参加大会。这次，陈鹤琴的儿子一鸣、女儿秀霞也随行北上。日后参会人员的记述，还原了大会进行时的情形。

当日上午9点，来自各地的代表、有关部门代表和北平地方政府官员等共七百余人坐满了礼堂。冀察政务委员会委员长宋哲元和北平市长秦德纯到会，北平市政府由社会局局长雷嗣尚代表，教育部及相关部门也派员参加。大会开始时，宋哲元、秦德纯、雷嗣尚相继发表讲话。在陈鹤琴自己的记述中，宋哲元、秦德纯等军政大员们的誓言犹在耳畔：(1)坚决维护主权完整；(2)决不签订任何辱国条约；(3)敌人以弹来，决以弹偿还，决不退让寸土尺地；(4)不畏权、不辱国；(5)有事绝不怕事；(6)多一份准备多一个战胜把握；(7)决与城共存亡。台下的听众对他们的抗战决心很感钦佩，备受鼓舞。他们讲话后，北大校长胡适和清华教授潘光旦分别演讲。在演讲中，胡适主要谈到关于教育救国问题。他谈了两点：第一，要恢复教育救国的信仰。他举了德之所以胜法、日之所以胜俄，都是靠教育；武训也能兴学，教育却是救国的惟一工具。他进而说道，中国有一个时期实行反动教育，轻视教育，打倒知识革命，只要有勇气，不必要教育，没有学教育的人依然可以做大事，结果汉奸遍地。第二，胡适提出希望中国有一个教育哲学。他说，没有一个哲学家同时不是一个教育家，也没有一个教育家同时不是哲学家。“人之初，性本善”是中国教育哲学者编的。中国的孔子、孟子、朱子、王阳明，西洋的亚里士多德、卢梭、罗素既是哲学家也是教育家。现在是主义庞杂、思想混乱的时候，应有一种教育哲学来领导国事，这就有赖今日开会的诸君——教育哲学家。胡适的演讲使台下的教育家们连连称是，频频点头。大会演讲结束，马客谈代表中华儿童教育社理事会报告社务。大会结束时，全体代表在会场前方摄影留念。

中午，北平14个学术团体在清华大学餐厅宴请招待全体代表。

下午继续开会，中国教育学会在北平师范大学开会，中华儿童教育社仍留在清华。是日下午会议的议题为“学前儿童教育”，儿童教育家们纷纷发言。而在校园外，北平城里的气氛已相当紧张。街道上的行人稀疏，许多店铺很早就下了门板，不时见到军车和全副武装的军人通过市区，在通向城外的各大城门口都有宪兵把守。当晚就发生了举世震惊的七七卢沟桥事变。

7月8日天刚破晓，许多人就已起床，有人谈起昨日夜半，听到远方传来隆隆炮声，大家将信将疑，不知道外面发生了什么事情。当日上午的大会，胡适又一次发表演讲，讲题为“门外呐喊”。他一开始就说：“今天在座的都是教育专家，兄弟门外汉不敢多言，无奈固辞不获，只好献丑了！”接下来，他开始滔滔不绝。他说：“我讲‘门外呐喊’的意义，就是说我不必是小学教育的从事者，但是现在勉强要在小学教育专家群中讲话是想给诸位在做学问上一种贡献。做学问并不难，只要注意小问题，研究小问题。”“做大学教授不难，中学教员亦不难，惟有小学教师最难，因为小学教师必须具有大学教授的教学本领。”“诸位在学问上应该注意的是什么呢？就是刚才所说的小问题，发现了小问题，便要紧紧抓住，尽力去研究，得到相当结果方才休止，则各种学问可通，各种学问可成……”

胡适演讲结束，开始分组讨论。临到中午听从北平城里回来的人说，中日军队在卢沟桥开战，炮声自凌晨四时起连续不断，北平城门外特别戒严，城门关闭，进出皆须检查。听到这个消息，所有参会代表都感到惴惴不安。下午，清华大学秘书长沈弗斋从城内回来，向大家讲了事变的经过。目前，双方正在谈判，以免事态扩大。按照会议日程，当晚冀察政务委员会委员长宋哲元将军将在中南海怀仁堂设宴款待与会人员。下午五时许，大家乘清华校车进城，经过西直门时，城门半开，守卫的军警要求检查，经出示宋哲元签发的请柬才给予礼遇。所经过城里街道、交叉路口，尤其是在西单牌楼附近，到处是垒起的沙袋工事和掩体，荷枪实弹的军人随处可见，看得出局势已经相当严峻。

当晚的宴会气氛显得有些悲壮。根据张宗麟的现场记述，宋哲元并未出席宴会，秦德纯也没出席，只派了雷嗣尚出面招待。宴会开始时，雷局长致词：现在时局危机迫近，但冀察方面态度坚决，决不有负国人，如敌进犯，必予抵抗。至于诸位在平，绝无危险，市府方面必定保护云云。接着，由冀察政务委员会秘书长讲话，他说："时局严重，冀察当局服从中央命令与敌周旋，城亡我亡，牺牲到底。"听者闻此语动容，纷纷表达对前方抗战将士的钦佩。在回清华的路上，以秦德纯市长特准名义，才被守城的军警予以放行，沿途经过六七次盘问。街道上的路灯全部关闭，禁止开车灯，汽车在漆黑的夜色中缓慢行驶。探首窗外，二十九军大刀队士兵列队行进，在街上巡逻。一切迹象显示，一场大战就在眼前。陈鹤琴后来记述，在国势如此危急的时候，日寇侵略的火焰已经烧到门前，胡适应激励教育界和国人起来抗战，至少他应表示对抗战的决心，而不是钻进牛角尖里空谈"教育哲学"，这与他的安徽同乡，又同出自哥大和杜威门下的教育家陶行知有天壤之别。此时，陶行知已在香港，准备登船前往欧美，以国民外交使节身份，开始为时两年之久的环行世界宣传抗日活动。

7月9日，天下起雨来，使人感到凉意，代表们已无心参加日程中安排的游览故宫活动。上午，清华的教授向代表们讲了中日关系和国际形势。这时，很多人都已归心思切，他们不能不感到忧虑。由于战争爆发，北平经天津南下的铁路交通已停顿。经大会组织者商量后决定，从西绕道而行。7月10日，陈鹤琴、张宗麟随着百余名南来的代表一同乘平绥线火车至大同，再改乘由山西省当局派来的几辆卡车和一辆小车到太原，由太原转往石家庄，而后换乘平汉路火车前往武汉后搭长江轮船返回上海。在太原期间，全体人员在晋祠照了一张合影，作为此次难忘之旅的留念。随陈鹤琴北上的长子一鸣回忆说："令人振奋的是，太原的大街上到处响彻‘牺盟会’领导的民众抗战歌声。”

当陈鹤琴一行回到上海的时候，北平和天津已先后失陷。二十九军从宛平、卢沟桥一线撤退，国民政府的抗战誓言落空了，宋哲元和秦德纯的信誓旦旦犹在耳旁，不禁使人感慨万千。不到一个月，战争阴霾又在上海的天空集聚，人们都将面临严峻考验，全国都已热血沸腾。正如歌中唱道：中华民族到了最危险的时候，每个人被迫着发出最后的吼声！

对于教育家们说来，教育救国是手中高举的神圣旗帜和有力武器！

回到上海后的陈鹤琴立即投身于热烈而紧张的抗日救亡工作中。

国家兴亡，匹夫有责。

第十一章　孤岛纪事(上)

一　难民教育委员会

1937年8月13日，日军向上海发起猛烈进攻，企图以速战速决的方式迫使中国政府就范。一百多架军用飞机对闸北、南市火车站和杨浦、虹口等地的民用设施进行狂轰滥炸，大量民房被炸毁，数以千计的居民被炸死。熊熊火焰绵延数里，上海的上空战云密布，人们处在万分惊恐之中。陈鹤琴与妻子、儿女站在位于兆丰公园对面愚园路寓所的阳台上，不仅远远看见机翼上涂着太阳旗的日军飞机在天空中向地面俯冲，更看见闸北方向随之而起的冲天大火和滚滚黑烟，天空被染成一片血红。尖利的警报声和隐约传来的爆炸声，使有"东方巴黎"之誉的大上海顿时乱成一团。成千上万难民从闸北、沪东潮水般地涌入租界。外白渡桥上，喊声哭声连成一片。有统计显示，在租界范围内，完全被毁的工厂及工场有905家，失业工人3万人。发生在南京路繁华地带的炸弹爆炸事件，死伤人数达3 000多人。随着越来越多难民涌入租界，多家慈善福利机构或组织在徐家汇、静安寺、霞飞路口、康悌路等处和大学的操场上设立了上百个难民收容所或简易设施，无家可归的难民们在拥挤的空间和较差的卫生条件中勉强度日，街道两旁到处可见流离失所的人们，更有许许多多衣衫褴褛、面黄肌瘦的儿童跟随他们的父母流落街头，擦鞋、卖报、沿街乞讨。面对日益严重的难民形势，上海各地方人士和救亡会等社会团体纷纷行动，许多知名人士带头捐款，发动募捐，普通民众积极响应，许多学校学生和僧侣也组成救护队开展对难民和伤兵的救助。陈鹤琴的几个子女都曾随学校到收容站为从前线撤退下来的伤兵包扎伤口。他还将三个女儿秀霞、秀煐、秀云送到受伤婴儿的收容站帮忙，陈家三姊妹被安排协助护理人员为婴儿喂奶、换药、洗澡、洗尿布，一直干了一个多月。她们还将自己

抗战时期和夫人及子女在上海寓所的合影

的零用钱拿出来给婴儿们买玩具。收容站里大都是几个月到一岁多的婴儿。日机轰炸时,母亲伏在孩子身上或抱住孩子,不惜牺牲自己。婴儿们瑟瑟发抖,有的伤口化脓,室内弥漫着刺鼻的气味。陈宅的客厅摆上几张小桌子和一块黑板,办了一个街童识字班,来学习的都是附近弄堂里失学或流浪的儿童。陈鹤琴的儿女们清楚记得,有一次父亲把一个人力车夫领回家,原来是这个人力车夫的脚被马路上的玻璃碎片扎破,鲜血如注。父亲为他洗净伤口,上药包扎,并送给他一双鞋。他还让几个年纪稍大些的儿女担任小先生。陈鹤琴对儿女们说:"你们虽然年纪小,也能为抗战出一份力。"三女儿秀云记得,当时她站在椅子上往黑板上写字,父亲说:"你会什么就教给他们什么。"这就是陶行知先生说的"即知即传"。

音乐教师马虚若写道:

> 抗战期间,陈老还把失学而流浪街头的孩子组织起来,开办街头教学。因为没有校舍,就化整为零,各科分散上课。我负责教唱爱国歌曲。这部分街童是在大西路(今延安路)附近,但没有教室。陈老当时住在美丽园,他把自己的客厅让出,给街童上唱歌课。开始上第一课,孩子们叫喊地唱。后来我用对比的方法,让孩子们辨别正确与不正确的发声方法,并教他们认真学会;学会了回去做"小先生",去教邻居的孩子,或自己的弟弟妹妹唱歌。这样明确了学习目的后,他们渐渐喜欢上唱歌了……

战争打响后,在上海市区有许多救济机构对难民进行收容和救济,其中较大的机构有:由上海市社会局和民间慈善团体合办的上海市慈善团体联合救灾会(简称慈联会),由国民党上海市党部主办的非常时期难民救济委员会和由在沪中西人士组成的上海国际救济会。其中慈联会的影响和作用最大。非常时期难民救济委员会是官方机构。国际救济会由法、英上海领事和工部局及天主教、基督教的知名人士组成,陈鹤琴、宋汉章等应邀参加,会址设在八仙桥青年会内。该会所属三个收容所,其中第一收容所设在位于马斯南路(今思南路)震旦大学操场上,以毛竹芦席搭成大棚让难民居住，并在此设立了一所难童中学——国际中学，该校有学生约100人，设两个班，陈鹤琴领衔担任名誉校长。此外，由公共租界工部局中国籍职员组成的工部局华员总会（简称工华）、蚁社等团体也开展了大量救济工作。在慈联会、国际救济会和工华所举办的难民救济、募捐活动中，陈鹤琴都积极响应并参加；对其他慈善救济组织所发起的难民救助义举，陈鹤琴也给予热情的支持与帮助。11月初国民党军队退出上海，日军占领除租界以外市区，租界成为“孤岛”，更多难民挤在租界铁栅外等待进入。据《申报》1937年12月2日报道，当时仅南市难民区就设难民收容所104所，收容难民6万余人。由各地在沪同乡会和中华慈幼会、中华妇女互助会、基督教女青年会、上海回教会等团体举办了许多规模稍小的难民收容所，从“八一三”到9月底一个半月中，收容难民最多时达20余万人。① 这些难民除老幼者外，大部分是工人、店职员和农民。1937年11月，国际红十字会曾指派一个委员会来到上海从事难民教育。据当时的统计数字，在上海租界越界区和南市安全区大约有30万难民。② 赵朴初先生回忆：

> 1937年抗战爆发以后，我负责战区难民收容工作，在两三年中，先后收容难民五十多万人次，其中有老年、壮年、青年，也有少年儿童。我们曾在一个地方搭了一个很大的棚屋，收容几千人，叫作难民营。当时有两位教育家主动来帮助我们办难民教育。一位是过去沪江大学的刘湛恩先生，他是非常爱国的，后来被敌伪特务暗杀了；另一位就是陈鹤琴先生，他那时负责上海公共租界的教育工作。他给了我们很大的帮助，在难民收容所进行的教育，主要是抗日救亡教育和扫盲教育及对儿童的一般教育。③

---

① 《抗战初期上海党的难民工作》，第53页，中共上海市委党史资料委员会编，1993年4月。

② 《陈鹤琴全集》，第六卷，第290页，江苏教育出版社，1992年1月。

③ 《北京教育通讯》，1992年第2期。

随着难民形势更加严峻，难民教育问题迫在眉睫。陈鹤琴曾描述难民收容所的情形：“现在他们（按：指难民）都集中在难民营里，除了吃饭、睡觉之外无事可做。”①慈联会成立了难民教育委员会，统筹租界范围各难民收容所的难民教育事宜。在赵朴初等人的力邀下，陈鹤琴担任委员会主任，主持难民教育工作。陈鹤琴是沪上最知名的教育家之一，又担任工部局华人教育处处长，负责统筹租界内的华人教育事务，享有很高名望。当时慈联会是难民救助的主要机构，其所属难民教育委员会成为抗战全面爆发初期上海难民教育工作的中心。同时，陈鹤琴还分别担任上海国际救济会常委兼教育组主任和上海红十字会教育委员会主任。陈鹤琴还以工部局名义，为难民教育拨付一定的经费款项以及通用的教科书、文具用品等。他亲自组织难民教育处，制订计划，分配任务，听取汇报，把教师和教学用品及时送往各难民收容所和难童学校。1938 年，工部局华员总会代表李伯龙、张菊生曾与赵朴初会谈，共同开办了一个专收儿童的难童收容所，由双方共同派出人员组成管理委员会，定期讨论工作，组成人员有陈鹤琴、陈选善、潘抑强、张菊生、李伯龙、朱廉湘、马夔庆与慈联会赵朴初、朱启銮、周克、丁佩瑜、杨宛青、杨铮、蒋君毅等人，所需经费由华员总会组织捐款。华员总会筹集了大量捐款作为教育经费。

难民教育委员会在陈鹤琴等人的主持下，展开大规模难民教育运动。一方面，对难民中 6—15 岁的儿童，不分性别，根据程度分班，对教学进行指导，并免费提供课本和文具用品。由于难民收容所人满为患，十分拥挤，没有适合的教学场地，儿童们上课只能坐在地上或站着，陈鹤琴和难民教育委员会就出面到附近小学借教室上课。同时，他们还因地制宜组织儿童们自己动手创造学习条件，如用稍大一些装饼干的铁罐做小凳，用硬纸板放在膝盖上当桌子。在教学内容上，课程包括四项主要科目：读和写、常识、算术、唱歌和游戏。另一方面，他们将关注的重点放在组织难民

① 《陈鹤琴全集》，第六卷，第 291 页，江苏教育出版社，1992 年 1 月。

自救上，使之融入社会，成为对国家有用之才；对于难民中的成人，分设男、女班，进行为期3个月的简单课程教育，包括课堂指导、讲课、体育锻炼、电影和讲故事；他们还特别注重人格的训练和卫生状况，积极组织难民生产自救，以自食其力。为此，陈鹤琴的态度很明确："难民问题是不能单靠给饭吃、给衣穿和给住宿就能全部解决的。他们的时间和精力应该被最好的运用。只有慈善的施舍，而没有教育和工作，就可能产生乞丐，因此给难民适当的教育和有益的工作是非常重要的。"[①]对此，委员会的专家们冥思苦想设计了很多方案，如组织难民中的妇女在商家的指导下绣花、织袜、织麻袋等，组织20名年轻力壮的男性难民组成推销队，在经过一定指导后，推销贩卖当地产品以谋生。

在陈鹤琴亲自倡导、推动与支持下，1938年底，收容有难民3 000余人的上海慈联会所属最大的收容所——上海慈愿收容所，创办了一所儿童玩具工场——民众工业合作社。陈鹤琴亲自指派技术指导，从难民中挑选工人，设计、生产各类玩具，制成品由市内各幼儿园及小学购置采用。著名玩具设计师叶炳祥，当时只是一名26岁的青年，举家逃难来沪，生活无着，从报上看到陈鹤琴委托中华职业教育社登报聘请玩具设计师，即前来应聘，后被录取，从此与他结下了师生之谊。陈鹤琴认为，一个难民收容所就是一所社会大学。难民中有工人、农民、各种职业者或无业者，能者为师，会的教人，不会的跟人学。

陈鹤琴十分重视师资训练问题。他们将招聘来的失业教师集中在一起进行培训，上课地点设在青年会的慕尔堂，先后举办五期训练班，每期200人，总计1 000人次。这些师资在接受短期训练后被分配到各收容所开展工作。每周六，陈鹤琴都会召集参与工作的骨干人员以聚餐形式在一起开会，听取、交流有关各收容所的工作情况，讨论、布置下周工作等。此外，他还组织教师每周定期召开教学讨论会，研究教学中的各种问题。

孤岛初期，公共租界和法租界当局维持中立立场，同时也出于维持社

---

① 《陈鹤琴全集》，第六卷，第293页，江苏教育出版社，1992年1月。

会秩序的需要，对民众抗日救亡活动采取容忍和默许的态度，这使正在恢复中的中共地下党有条件组织一些公开、半公开的抗日救亡宣传活动，难民收容所和难民教育则成为开展这些工作的合法阵地。地下党派出党员和进步青年深入各收容所，担任难民学校教师。据当时担任中共江苏省委组织部部长的王尧山回忆：“当时我们只有 100 多名党员，各条战线都要人，工人界、学生界、妇女界、文化界、教育界、职业界，都要有党员去工作、去领导。在那种情况下，省委仍把难民工作作为重大的工作来抓，一开始就有 30 多名党员到难民收容所工作。还有一部分党员是从监狱里出来的‘政治犯’，经省委审查也派到难民所工作，把难民工作开展起来。”①一些刚刚来到上海，或在上海开展工作的中共地下党员在当时公开身份是难民收容所和难民学校、报童学校任职的教师或工作人员。根据后来的资料，一些共产党的重要干部如曹荻秋、刘述周、陈国栋、韩念龙等都在难民收容所工作过。在此种情形下，由陈鹤琴出面主持难民教育，使难民收容所和难民学校、难童学校得以在合法形式下开展工作，从客观上为中共地下党组织巩固基础、扩大队伍创造了有利的环境，并且由于他的奔走，使中共地下党组织在租界上层统一战线方面取得了成功。实际上，这时的慈联会已成为中共地下党组织的重要工作阵地，地下党用“群众路线”和“统一战线”两个法宝，“把难民工作开展起来，把难民所变成‘孤岛’的政治大学校，变成革命阵地，为开展各方面工作作出了贡献”②。

1938 年初的一天，公开身份为慈联会收容股教育组组长、前上海《新闻夜报》战地记者的中共地下党“难委”党团书记朱启銮，通过赵朴初介绍，前往拜访工部局华人教育处正、副处长陈鹤琴和陈选善，向他们请教有关难民教育问题，并且参加由他们在国际大厦主持召开的会议。在朱启銮的记忆里，陈鹤琴彬彬有礼、诚恳坦率、平易近人、和蔼可亲，乐于探

①② 《抗战初期上海党的难民工作》，第 5 页，中共上海市委党史资料征集委员会编，1993 年 4 月。

讨问题，并无颐指气使、居高临下、令人望而生畏的态势。① 在难民教育委员会的成员中，除陈鹤琴担任主任外，沪江大学校长刘湛恩担任副主任，赵朴初兼任总干事，委员有陈选善、赵朴初、姚惠泉、何清儒、韦悫（上海基督教青年会）、陈望道、陆高谊（世界书局董事兼经理），干事为朱启銮、周新民（周克）、丁佩瑜、杨昌镛（杨海纹）、吴宝龄。为开展工作方便，陈鹤琴主动提出聘请5位干事为工部局华人教育处义务巡视员。由于委员会系上海教育界权威人士组成，因而使难民教育工作得到租界当局和社会的认可，从而为中共地下党在难民工作方面打开局面创造了有利条件。尽管当时陈鹤琴并不了解这5位干事的真实身份和肩负的任务，但这些年轻人刻苦耐劳、坚毅不拔、富有朝气的工作热情和发挥的骨干作用，使他深受感动。在他的周围，还有一大批有志青年和追随者，其中有经中共地下党教委推荐的进步教师以及陶行知、陈鹤琴过去的学生和助手，包括张宗麟、朱泽甫、方与严、邢舜田等。赵朴初曾有过一段文字：

那时候，上海地下党处于秘密状态，我做难民工作的四年里，没有一个人暴露自己的党员身份，也没有人传达党的意思，要我办什么事。我始终不知道谁是共产党员，只是猜想某某某可能是有关系的。②

在《中国共产党上海史》中有以下记载：

党的难民工作重点是加强难民抗日救亡的政治教育。难委党团书记朱启銮以慈联会收容股教育组长的身份，与工部局华人教育处处长陈鹤琴、沪江大学校长刘湛恩多次商讨难民教育工作，于1938年初成立了慈联会难民教育委员会，由陈鹤琴等7位上海教育界权威人士任委员，赵朴初兼任总干事，朱启銮、杨昌镛、周克、吴宝龄、丁

① 《怀念老教育家陈鹤琴》，第61页，四川教育出版社，1986年7月。

② 《抗战初期上海党的难民工作》，第28页，中共上海市委党史资料征集委员会编，1993年4月。

> 佩瑜5名党员任干事。陈鹤琴任命这5名干事为工部局华人教育处义务巡视员，全面负责和督促各难民收容所的教育工作。难民教育委员会的成立，表明难民教育得到了租界当局的认可和上海教育界的关心、支持。
>
> 在宣传教育的内容上，难教工作人员结合全国抗战形势的发展，上海的政治环境，难胞的悲惨遭遇，自己动手编写教材，结合识字学文化，有针对性地宣传党的全面抗战、持久抗战路线，宣传八路军、新四军的英勇战绩，增强难胞抗战必胜的信心。此外，还进行了“谁养活谁”、“世界是工农造”、“人民是国家主人”等启蒙教育。在陈鹤琴的积极倡导下，各难民所的儿童识字班，都推广拉丁化新文字，统一使用难民教育委员会编写的教材，第一课就是《我是中国人》。①

那时，上海的社会环境十分复杂。作为工部局华人教育处负责人和著名教育家的陈鹤琴，将热情和精力投入到对难民的救济和教育之中。尽管不清楚这些地下党员的真实身份，但陈鹤琴从爱国救亡、救济和教育难民的需要出发，对他们予以高度信任，从而为中华民族的救亡大业发挥了特殊作用，也为共产党领导的抗日民族统一战线作出了贡献。几十年来，陈鹤琴的这些贡献一直都得到中共的肯定和高度评价，称他为“爱国、进步的民主人士”。即使在五六十年代国内各种政治运动中，他的教育思想和主张受到排斥和贬损，但其在抗战初期所作贡献一直得到肯定。

二　儿童保育会和报童学校

1937年底，由陈鹤琴发起成立上海儿童保育会，旨在救济与教养因战事孤苦无靠的儿童。陈鹤琴担任该会理事长，沪上慈善福利界知名人

① 《中国共产党上海史》，第1037—1038页，上海人民出版社，1999年9月。

士黄定慧女士担任副理事长，王国秀、孟太太（美籍、宗教职业者、儿童保育工作者）、李瑞华、吴志骞（私立上海女子大学校长）等为理事。这个组织规模不大，但目标和宗旨却很明确："以最有效、经济和持久的方法救济和教养因战争而失去父母、家庭的儿童，以养成健全的公民。"陈鹤琴为儿童保育会题词：保育民族幼苗！

儿童保育会的工作之一是为难童办学。在许多难童学校中，报童学校很具特色，是抗战教育中的一个亮点。陈鹤琴、刘湛恩、刘王立明等以儿童保育会名义向赵朴初提议，将慈联会所属各收容所的卖报儿童集中起来进行教育，慈联会遂将所收容的报童集中在河南路天津路口的川康实业银行大楼内的一个收容所中，这里地点适中，交通方便，与大慈收容所和其他难童收容所较近。在陈鹤琴的首肯下，曾是陶行知、陈鹤琴学生与助手的中共地下党党员朱泽甫被聘为校长。1938 年儿童节，报童学校开班。此后，借各区中小学校的教室，儿童保育会陆续办起了 10 所报童学校和 2 所报贩（成人）学校，共有学生五百余人、教师三十多位，其中不少是由中共地下党教委推荐的进步教师和青年学生。报童学校的办公处设在圆明园路 169 号基督教青年协会大楼二楼。1938 年 9 月，已到达香港的陶行知在致张宗麟的函中特别提到：

> 陈、赵、黄（按：即陈鹤琴、赵朴初、黄定慧）诸先生发起难民教育协会，对难民进行战时教育，成立儿童保育会，举办报童学校，培养难童人才幼苗，均为善举，甚合我意。行知立定志愿，回国后尽力保育难童工作，培养人才幼苗，为抗战积蓄力量，为建国培养专门人才，请你和泽甫弟代我向陈、赵、黄诸先生致意。[①]

据朱泽甫回忆，报童学校的建立是受了陶行知倡导建立卖报儿童工学团的启发。上海最早的卖报儿童工学团是由方明、陈顺尧（后改名陈挺夫）在陶行知的指导下，于 1935 年创办的。当时陶行知要方明、陈顺尧到

---

① 《陶行知全集》，第十一卷，第 653 页，四川教育出版社，1998 年 10 月。

静安寺一带找报童联系，找到申广圣等10多个报童，在极司菲尔路荣庆里一个报童家里成立了卖报儿童工学团，课本是陶行知所编的《老少通千字课》。与此同时，方明又在威海卫路创办了流浪儿童工学团以及亭子间工学团等。

报童学校按照陶行知的教育思想，推行小先生教学法，取得良好的教育效果。小先生教学法以明确的实用意义在普及教育中广受好评，其主要原则与方法有三：即知即传，非班级常规，开门教人。在收容所里，报童们边卖报边学习，教学时间和卖报时间岔开来；教师以报纸为活教材，指导报童、报贩讨论报上的重要新闻和文章，使学生的政治觉悟有较快的提高。由于实行小先生教学法，通过这些在报童学校学习的报童，吸收更多的报童参加学习，鼓励孩子们交朋友，组织起来，按地区分成学习小组，推选负责人，自主进行学习；打破传统按程度分班的做法，混合编班，谁是谁的好朋友座位靠近；识字的教不识字的，程度高的教程度低的，会的教人，不会的跟人学，很快就能攻破识字的关口。由此，1938年后，更多难（报）童学校陆续建立起来，共有10所，另有2所报贩（成人）班；从外滩到静安寺，从杨树浦到曹家渡，从公共租界到法租界，因地制宜，分点设校。在报童或报贩（成人）班就读的学生共500人以上。学校中有教师三十余人，多为进步青年，每人每月生活费10元，校长也是10元，仅能维持本人的最低生活，有的教师经济条件较好则少拿或不拿钱。报校教师的朋友中有失业教师或失学青年追求进步，自愿尽义务工作，与报校教师一起组织学习小组，以至实际教师数达到50人左右。朱泽甫写道："陈先生为人富于正义感，热爱难童，热爱青年教师，在上海孤岛上有威望，他一号召，就捐来经费；他提出的工作计划，理事会就通过。通过他的关系借小学教室给报童上课，没有借不到的。经地下党提名由我推荐的难民教师和报童学校教师，陈先生没有不同意的。"①

每逢星期日或纪念日，陈鹤琴就出面邀请一些知名人士前来演讲，其

① 《怀念老教育家陈鹤琴》，第70页，四川教育出版社，1986年7月。

中有黄定慧、吴志骞、韦悫、胡愈之、沈体兰、吴大琨、王任叔等人。陈鹤琴常借位于八仙桥的基督教青年会服务部的场地，请刘良模、陈歌辛等音乐家教救亡歌曲。此外，陈鹤琴还在难(报)童学校的基础上，主持举办数次教师进修学习班。难(报)童学校的创办得到社会各界的支持。《申报》报馆曾捐助报校一部分办学经费，还做了500套印有“申报”两字的草绿色马夹。在上海市区繁华地带常见身穿草绿色马夹、手持《申报》的报童身影。报童学校还曾义卖《译报》春节增刊。在报童学校举办的联欢会上，报童每人至少串联校外一位新朋友参加，人数达千人以上，看热闹的不计其数。在陈鹤琴致开幕词后，表演开始了，由报校教师与报童创作，表演形式多样、丰富多彩的活报剧，真实再现了报童的生活：“啦啦啦！啦啦啦！我是卖报的小行家，不等天明等快报！一面跑，一面叫：今天的新闻真正好，七个铜板就买两份报！”台下观众反响热烈，人们纷纷议论：“这些‘小瘪三’真有两下子！”此外，陈鹤琴还邀请戏剧界朋友为儿童保育会义务公演，募集经费。1939年，在纪念“八一三”两周年暨报贩班成立一周年的演出中，报童们表演了活报剧《活捉日本鬼》。

1939年7月，有汪伪政权背景的《中华日报》出版，报童们在教师的宣传教育下，坚持一致抵制，不卖汉奸报，不当亡国奴，受到人们的赞扬。

曾担任过难童小学校长的李瑞华回忆：

> 不久，两所规模较大的难童小学成立了。陈老(按：指陈鹤琴)分配我担任第二难童小学的校长，我立即赶到办学地点，原来是在昌平路的一个自给收容所里。这个所，情况非常复杂，只有供难民居住的芦棚，伙食由难民自理；芦棚拥挤、肮脏、杂乱，根本没有当教室上课的地方。孩子们要出去捡破烂卖钱，拣菜皮裹腹，都不肯来上学。工作一时展不开。我向陈老师汇报后，他要我克服困难，他说：“难民所有那么多孩子，我们一定要在那里办好学校。”
>
> 他分配了几十位有教学经验的老师来这里工作，又亲自去找难民所的主管人员交涉，要他们腾出或另盖芦棚当教室，还为上学的儿

> 童争取到了供给的口粮，让他们能安心学习。他老人家确实花了不少心血，学校终于开学了，十四个班级，六百多名学生，琅琅书声开始在芦棚丛中回响。全体教师身居芦棚，夏天像闷在蒸笼里，雨天在棚内撑着伞办公，然而谁也没有一句怨言。备好课，上好课，课后还到难民的芦棚中去“串门”，了解孩子们的生活和学习情况。陈老经常在百忙中挤出时间来参加我们的校务会议，指导我们的工作。①

孤岛形势恶化后，报童学校被工部局以“赤色学校”为由勒令停办，大部分进步教师和学生转移到慈联会难民所，一部分则前往苏北参加新四军部队。陈鹤琴遂将报童学校改为儿童教养院，秉承儿童保育方针，继续收养流浪儿童。1939 年 4 月，陈鹤琴与工部局儿童保障科合作，在儿童保育会下创立儿童保育院，专门收留、教养流浪儿童和孤儿，请朱泽甫负责。儿童保育院实行“工读并进，手脑并用”的方针，进行教育和技术训练。10 月，聘李瑞华担任院长。

三　拉丁化新文字

拉丁化新文字是 1931 年由在苏联的中共党员吴玉章、林伯渠、萧三和苏联的汉学家根据瞿秋白拟订的草案研究制定的，起初的目的是为了侨居苏联的 10 万中国文盲工人，此举措在伯力（今海参崴）的华工中最早推行。1934 年，从事世界语研究的学者焦风在世界语杂志《世界》的副刊《言语科学》上撰文介绍了中国语书法拉丁化方案。这个方案被介绍到国内后，受到各地青年和学生的广泛重视，也得到鲁迅、陶行知等文化界、教育界人士的热情支持，许多研习、推广新文字的团体纷纷成立，介绍新文字的书籍陆续出版，在社会上掀起了与救亡运动相结合的文字改革运动。自五四以来，为了提高语文教学的效率，新教育的提倡者们利用“注音字母”（30 年代改为注音符号）解决在推行国语（普通话）过程中所出现的汉字读音困难。关于汉

---

① 《怀念老教育家陈鹤琴》，第 107 页，四川教育出版社，1986 年 7 月。

文字的改革问题，自清末就有人提出过，许多教育家、文字学家都曾为此做过尝试，提出不同的方案，但都没能得到社会和民众的普遍认同，更未得到推广与实施。然而，这些尝试所起到的推动作用，促进了汉文字自身的改革与进步。早在1934年7月至1935年3月在欧洲考察教育期间，陈鹤琴就已经意识到汉字改革对于教育普及的重要性。他写道：

英国儿童读英文，读到10岁可以看书看报纸，10岁以后是文学上的研究；中国儿童读书读到10岁恐怕还不能看报，至少要到12岁。总之，汉字比英文、法文都要难，汉字固然要保存，不过文字是一种工具，要使普通儿童和人民普遍受到教育，不要为文字所障碍，要想达到这一目的，第一，要简化，采用手头字、简体字；第二，名词简单化，如“明白”、“明了”、“了解”三个词词义相近，只要选择一个容易明白的就够了。我们要想普及教育非把文字简化不可。①

陈鹤琴在谈到文字改革进程时曾作阐述：

本来一国文字的造成不是偶然的，有它历史和文化的背景，我国现行的楷书汉字有二千年历史。在我国闭关时代，一切社会生活简单，受教育的人大部可说是悠闲者，他们没有时间上的限制，穷年累月的在文字上用工夫，时间消耗得愈多，社会上对于这种人也愈看重。近年来，我国各种社会事业有长足的进步，大部分的人所需要的文字，不再是以前墨客骚人的文字，而是大众化的文字了。于是一般先觉的人就提倡文字上的革命，从事大众化的运动。因为汉字的难学难看难写，已为一般人所共认。近来有人设法把“汉字难”的难关打破，使它能得到大众化，因此注音符号、简体字、新文字等运动就应运而生了。这种运动惟一的目标，无非要想出一个法子来打破“汉字难”的关头，同时易于使教育普及，文盲扫除，使一般人不致因文字上的难关而阻塞知识的门径，更不使他们把一生的光阴大部分浪费在文字本身方

① 《陈鹤琴全集》，第四卷，第199页，江苏教育出版社，1991年3月。

面。因此这种运动一天扩大一天，而社会的需要也一天增加一天。①

在拉丁化新文字推广初期，新文字研究会的公开活动一直被政府当局的禁止，被视为赤色宣传工具，许多从事推广和宣传工作的青年遭到当局拘捕。该会举办所有的活动只能以地下传习的方式进行。直到 1937 年 7 月，抗战全面爆发，该会作为文化界救亡协会的团体之一恢复活动，在很短时间内，面向社会宣传、普及拉丁化新文字，曾先后在七八个难民收容所办学习班，受到人们的关注。拉丁化新文字也被作为有效的扫盲和抗战教育工具，为社会逐渐接受。

1937 年 11 月，国民党军队全面退出上海。租界当局提出取消租界范围的一切抗日活动，包括取缔所有抗日救亡团体，为表中立立场，以免日本干预。上海新文字研究会也被认为是抗日团体，禁止活动，会所被搜查，理事会的人员也被劝告离境。在此形势下，该会理事会决定向租界知名人士寻求支持和帮助。他们知道，陈鹤琴是沪上知名教育家，负责租界华人教育事务并主持难民教育，只要他肯出面，事情就好办。有一天，陈鹤琴在华人教育处办公室接待了一位叫王君恒的中年人，他是代表上海新文字研究会前来请求陈鹤琴给予支持的。他说明了来意，并向陈鹤琴详细介绍了拉丁化新文字简单、易于普及的特点。在此之前，陈鹤琴曾看过《北方话写法拉丁化方案》，很感兴趣。他提出，请王君恒每天教他一小

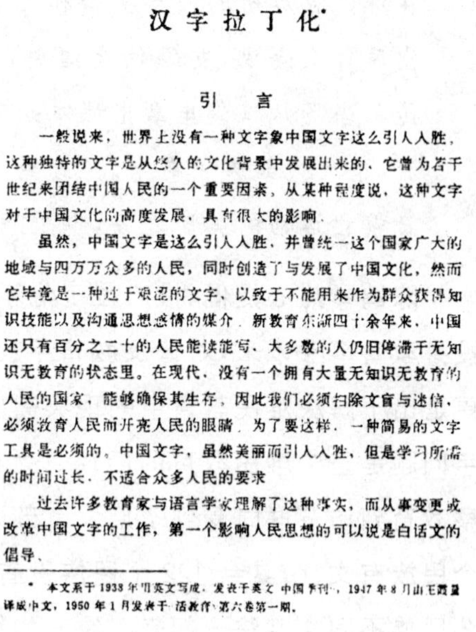

汉字拉丁化*

引　言

一般说来，世界上没有一种文字象中国文字这么引人入胜，这种独特的文字是从悠久的文化背景中发展出来的，它曾为若干世纪来团结中国人民的一个重要因素，从某种程度说，这种文字对于中国文化的高度发展，具有很大的影响．

虽然，中国文字是这么引人入胜，并曾统一这个国家广大的地域与四万万众多的人民，同时创造了与发展了中国文化，然而它毕竟是一种过于艰涩的文字，以致于不能用来作为群众获得知识技能以及沟通思想感情的媒介．新教育东渐四十余年来，中国还只有百分之二十的人民能读能写，大多数的人仍旧停滞于无知识无教育的状态里。在现代，没有一个拥有大量无知识无教育的人民的国家，能够确保其生存，因此我们必须扫除文盲与迷信，必须教育人民而开亮人民的眼睛．为了要这样，一种简易的文字工具是必须的。中国文字，虽然美丽而引人入胜，但是学习所需的时间过长，不适合众多人民的要求

过去许多教育家与语言学家理解了这种事实，而从事变更或改革中国文字的工作，第一个影响人民思想的可以说是白话文的倡导．

* 本文系于 1938 年用英文写成，发表于英文《中国季刊》，1947 年 8 月由王霞量译成中文，1950 年 1 月发表于《活教育》第六卷第一期。

《汉字拉丁化》中译文

① 《陈鹤琴全集》，第六卷，第 174 页，江苏教育出版社，1992 年 1 月。

时。经过几天学习，陈鹤琴对这种科学、实用、大众化特点显著的拼音文字表现出极高的热情。他曾表示，自己只用几小时就能基本掌握这个方案，几天以后就能读能写了。然后，陈鹤琴前往正在试教拉丁化新文字的几个收容所查看，并走上讲台亲自试教，发现效果很好，解决了难民文盲多、识字困难的问题。最后，他答应亲自出面并作为保证人，请租界当局批准上海新文字研究会为合法教育团体，不予取缔。同时，陈鹤琴亲自编写的拉丁化新文字课本《民众课本》(上、下册)，由国际红十字会救济会难民股出版，发给各难民收容所使用。这种新文字之所以受到陈鹤琴特别青睐，是与包括陶行知、陈鹤琴在内的新教育倡导者自五四以来所一直致力“平民化”、“大众化”教育改革的理想和探索、实践密切相关的。

原上海新文字研究会的成员、著名文字学家倪海曙回忆：

> 从此，在将近两年的时间里，先生几乎把大部分时间精力，都放在难民收容所的教学实验和拉丁化新文字的宣传推广上了。他不论出席什么会议，发表什么演讲，都要谈这个问题，而且常常“即知即传”，当场从口袋里拿出课本来教。他的热心不但影响了许多社会名流，也大大鼓舞了群众。“陈鹤琴热心提倡新文字”，这是当时上海抗日救亡运动的美谈之一，也是“孤岛”的头条文教新闻之一。①

陈鹤琴热心提倡、推广拉丁化新文字，不仅作为自他1919年回国后，投身教育事业以来，对普及教育平民化、大众化的不懈追求和努力，而且更是出于解决难民教育中的现实需要。他发现解决难民中众多文盲的识字问题是整个难民教育的门径。尤其值得一提的是，他几年前赴欧洲考察教育到访苏联时受到了启发。苏联有152个不同的民族，其中只有30个民族有文字，其余122个民族没有文字。十月革命后，苏联用拉丁文将各民族不同文字统一起来。统一的结果是在13年内已有90%的人受到教育，“人人都可以看书读报，每种报章销路要以数十万计算，这是一个惊

① 《怀念老教育家陈鹤琴》，第9页，四川教育出版社，1986年7月。

人的成功”。陈鹤琴继而阐述了自己的目标：“我们要使文盲认识了文字，那么世界大事、科学常识、民族意识、国家观念、国民道德才有方法灌输，而民族文化水准也能逐渐提高了。否则，文盲的百分比常在80%以上的民族，怎样能实现提高民族文化的目的呢？所以，我们在上海难民收容所中来试验用新文字扫除文盲，我们的目的并不要废汉字，而是给难民一个达到认识文字获得知识的钥匙，使他们能自动地变成非文盲。”①当年，与陈鹤琴一同大力提倡、推广拉丁化新文字运动的，还有陈望道和赵朴初、刘湛恩、胡愈之、韦悫等人。陈望道是最早将《共产党宣言》介绍进中国的著名翻译家，同时也是文字学家。赵朴初曾用拉丁化新文字记过日记。1938年3月20日，中国铲除文盲协会在青年会成立，新文字运动向各领域积极推进：陈济成负责在中等学校推广，廖世承、孟宪承负责在各大学推广，教会学校里的推广工作则由李培恩、赵传家负责，基督教青年会还举办了新文字训练班。在极短时间内，拉丁化新文字在社会上得以迅速推广、普及。

陈鹤琴对推广拉丁化新文字充满热情和信心，充分利用一切场合和机会宣传拉丁化新文字的各种好处。作为一种拼音文字，拉丁化新文字只有28个字母，可以用拼音的方法组合形义不同的汉字。1938年5月陈鹤琴在对上海《大美报》记者的谈话中说道：“在普及全民教育的便利上着想，新文字实在比原来的注音符号简单便利得多，新文字的符号比注音符号省略18个字母，在受教育者记忆上，无疑省了一半力。注音符号在字体面积上大小相同，难以区别主要和次要，读者消费在字面的注意力，每个字母上完全相同，

陈鹤琴设计的徽章

① 《陈鹤琴全集》，第六卷，第178页，江苏教育出版社，1992年1月。

比起新文字的每个组合，字母有显著的差异与变化，当然感觉前难后易。”他还专门设计了一种徽章，圆形的徽章中间是一把象征开启知识之门的钥匙，钥匙柄上写有“扫除文盲”四个汉字，周围是一圈拉丁化新文字和汉字对照的文字：“我能看书写字。”1938 年 3 月，在上海新文字研究会举办的第一次难民新文字读写成绩表演会上，陈鹤琴和陈望道发表了热情洋溢的讲话，来自各收容所和难童学校的学生们用新文字现场表演阅读和书写。表演结束后，陈鹤琴邀请陈望道先生上台为每位表演者颁发这种徽章。

有一天，陈鹤琴收到一封特别的来信，使他大喜过望。这封信是慈善难民收容所难民邢握真写的。信中说：

> 鹤琴先生，我是本所的一个难民，没有机会拜会你，昨天读过你的民众课本，才知道你是研究新文字的学者，而且很热烈地提倡新文字教育。因此给你这封信，请你看一下。
>
> 我从前不认识新文字，从去年在正大收容所请朱先生教了一星期，我因为求知识心切，不分日夜地研究，所以不到十天就能看书、写信、作文章。我又用即知即传的方法教不识字的难友，他们也很有兴趣。不过本所学新文字的班次很多，课本还不够，希望你继续努力，你的教育工作，使在这孤岛里面的文盲都叫你是救星呢！

很快，陈鹤琴找到了写这封信的邢握真，了解到他曾读过几年书，有一些学习的基础，因此学习新文字很见成效。于是就把他带到了大西洋西餐社世界书局举行的宴会上，向在座的作家、编辑数十人介绍学习新文字的成绩，现场表演。陈鹤琴即席作了介绍性的讲话。还有一次，陈鹤琴在八仙桥附近银行俱乐部由心理学会举办的活动中，当场做实验，请两个学习过三周新文字的儿童现场表演，其中一个儿童能够将陈鹤琴的话很快用新文字写出来，另一个儿童看了这些文字后便能准确无误地读出来并且完全明白。此外，还有一个只学了两周新文字的儿童，已经能够阅读用新文字编写的《阿Q正传》。与会者十余人，其中有沪江大学校长刘湛恩、前燕京大学神学院院长刘廷芳和教育家韦悫等。会后，刘廷芳对陈鹤琴说："从前我不是对你说'对新文字我要反对到底'，今天我看了表演之后，改变我的态度。我的态度是这样的：我不反对，也不反对赞成。"陈鹤琴听后受到鼓舞，更加坚信新文字对扫除文盲的功效。

从1938年5月起，上海的难民收容所开展拉丁化新文字教学实验，国际救济会难民教育股成立了新文字组，并发布由陈鹤琴起草的《收容所新文字教育草案》，举行各收容所的第一次新文字总考试。到当年8月，国际红十字会救济会宣布举办新文字教育的收容所已有48所，计121个班，学习人数4 285人，其中儿童3 144人，成人1 141人。为使学会拉丁化新文字的难胞有读物，陈鹤琴亲自编写了两册新文字课本，又联系世界书局，出版用拉丁化新文字和汉字对照排版、连环画形式表现的中外历史名人故事，还亲自用拉丁化新文字改编英国女作家奥维达的名著《穷儿苦狗记》(又名"弗兰德斯的狗")。

从1938年4月起，世界书局出版了《岳飞》、《花木兰》、《爱迪生》、《林肯》等14本"中外名人故事"连环画丛书，用拉丁化新文字和汉字对照排印。此外，陈鹤琴、陈选善共同主编"小学自然故事"丛书共40册，由工部局小学各科教师撰写。陈鹤琴还与朱泽甫合作出版"中国历史故事"丛书共40册，其中有《大禹治水》、《卧薪尝胆》等篇章，介绍中华民族悠久历史文化和民族英雄，进行爱国主义教育。这几套丛书出版后，受到教育界的热烈欢迎。陈鹤琴还曾作词一首《中国统一歌》，歌词云："我们要爱中国！要爱同胞！同胞幸福！中国兴隆！民族光荣！"

1938年5月，陈鹤琴为《上海妇女》杂志撰文，题为"新文字与妇女"。文中写道：

新文字的长处，是在容易学习。每个人只需费极短的时间，就会学得识字的工具。用这工具就能自己学习，虽然不进学校，自己也有学习的本领。这是再简便没有的方法，其优点现在已渐渐被人所了解了。再推广一步说，妇女要能用新文字来扫除文盲，比男子更能收到良好的效果。为什么呢？因为母亲与子女接近的机会比父亲多，母亲认识了字，对于儿童教育的推进有极大的帮助。反过来说，母亲如果是文盲，她的子女必须入学校受教师的教导，若因环境的困难而不能得到上学的机会，那连子女也变成未来的文盲。每个妇女如若能费两星期的时间，新文字就可以学会。学会了新文字的拼音方法和规则，那就会自己识字，自己写字看书，同时用这种方法传递给她的子女，使她的子女也很迅速地学得这方法，也能自己阅读。这样，那新文字就会很快地流传开去，而文盲就会很快少起来。①

1939 年 11 月，孤岛局势更加危急，租界内，日本及汪伪特务活动十分猖獗。估计到日本人占领上海并进入租界后也会像他们在东北殖民一样，强迫学校教日语，陈鹤琴与陈望道等用中国语文教育学会名义发起，于 1939 年 11 月中旬在上海南京路大新百货公司五楼举办了一个大规模的中国语文展览会。展会陈列了汉字改革和拉丁化新文字的教学成果。陈望道先生特地为展会撰写《中国拼音文字的演讲》，作为会刊之一在会场里散发。展会为期 10 天，上海的大中学校师生纷纷前往参观。尽管此期间陈鹤琴因在宁波避难未能到会，但展览会获得了空前的成功。

① 《陈鹤琴全集》，第六卷，第 184 页，江苏教育出版社，1992 年 1 月。

第十二章　孤岛纪事(下)

一　星期聚餐会

在《中国共产党上海史》中,有以下记载:

上海沦为"孤岛"后,国民党失去了统治作用,半公开的八路军驻沪办事处在更广泛的范围内开展统一战线工作。1937 年 12 月 27 日,"八办"主任潘汉年奉命离沪去武汉,"八办"工作就由秘书长刘少文主持。在各协会党团成员王纪华、王任叔的积极配合下,刘少文分别拜会了上层社团和工商金融界、文教界、宗教界有一定社会影响的爱国著名人士,并保持经常联系,向他们介绍党的抗日主张,分析"孤岛"形势,希望他们出面广泛联络社会名流,加强团结,为抗日救亡做些工作。通过"八办"和各协党团的个别工作,由各界社会名流发起的"星期聚餐会"应运而生。其中发挥上层领导核心作用的是"星四"、"星二"聚餐会。由"八办"和各协党团直接领导的"星四"聚餐会,又称"九人核心组",参加者先后有租界工部局华人教育处处长陈鹤琴,沪江大学校长刘湛恩,基督教青年会全国协会出版部主任吴耀宗,宁绍保险公司总经理胡咏骐,上海地方协会负责人姚惠泉,新华银行副总经理孙瑞璜,麦伦中学校长沈体兰,世界书局总经理陆高谊,上海会计师公会主席、工部局华委李文杰等近 20 人。"星二"聚餐会,由胡愈之、张宗麟、王任叔、王纪华发起,基本骨干力量有宗教界、救济界的吴耀宗、杨怀僧、赵朴初、黄定慧，文化界的胡愈之、张宗麟、许广平、韦悫、欧阳予倩、郑振铎，教育界的刘湛恩、沈体兰、王国秀、漆琪生，新闻出版界的顾执中、陆高谊，工商金融界的王志莘、吴承禧、胡咏骐、孙瑞璜、萧宗俊、陈已生，上海地方协会的姚惠泉、吴大琨，租界工部局的华人职员陈鹤琴、严景耀、张菊生、李文杰等著名人士约40余人。

上层聚餐会公开名义是社会名流联谊聚餐会，联络感情，交流信息，研讨问题，实际上是党开展上层统战工作，扩大政治影响，推动进步爱国活动的重要基地。聚餐会不设理事，无固定会址，每周聚餐一次，由会员轮流担任主席。"星四"聚餐会经常在会员家中聚会；"星二"聚餐会经常借南京路西侨青年会、八仙桥基督教青年会或三北轮船公司俱乐部举行。每次聚会有中心议题，组织专题发言人，常聘请中外学者、专家出席演讲，介绍时局变化、抗战形势，参加者自由发言、各抒己见。刘少文经常以"八办"代表的公开身份出席聚会，通报党的方针政策，介绍八路军、新四军的战绩，直接解答与会者提出的各种问题。①

事实上，在陈鹤琴的周围不乏共产党员和进步青年。他的学生、助手张宗麟是1927年加入中共的党员；他最钟爱并寄予厚望的长子陈一鸣也在那时参加了爱国学生运动，担任上海市学生界救亡协会宣传干事，不久加入中国共产党。当时，陶行知的学生方与严、孙铭勋、朱泽甫等人经常来陈宅拜访，有时留宿下来，他们都是地下党员或进步教师，受到陈鹤琴和夫人的热情接待。

民社，也称"星六聚餐会"，由部分在沪的文教界知名人士组成对外不公开的组织，成员有吴耀宗、沈体兰、陈鹤琴、严景耀、郑振铎、王任叔、杨怀僧、孙瑞璜、胡咏骐、张宗麟等10余位知名人士。严景耀夫人雷洁琼女

① 《中国共产党上海史》，第1001—1003页，上海人民出版社，1999年9月。

士曾说过，陈鹤琴是民社起领导作用的成员。

当时，八路军驻上海办事处负责人刘少文参加民社组织的“星六聚餐会”，向与会者介绍时局发展和前方抗战情况，其中讲到皖南和苏北新四军受到当局封锁，在医药和给养等方面遇到很多困难。会后，与会者发起“节约救难”运动，向社会劝募寒衣，积极筹措医药和物资，并委托各银行代收节约救难捐款，连同发售纪念章所得，每日登报公布，造成声势。所收到捐款、物资部分交上海难民协会救济难民，更多则通过“八办”安排的渠道送往苏北新四军控制的地区。不久，陈鹤琴参与了以红十字会名义动员和组织医生、护士到前线的工作。陈鹤琴知道这批医生、护士将前往支援新四军的内情，积极奔走，表现出了很大热情。在此之前，他还曾支持由慈联会赵朴初提议，由朱启銮、杨昌镛（海纹）等人负责，以培养难童一技之长、谋取生活出路为名，成立“无线电报务员训练班”。该训练班从各难民收容所中挑选表现较好的又具有相当小学毕业程度的难童，经考试合格后成为学员。经过两个多月紧张训练，第一批 15 名能熟练掌握收发报技术的学员由“八办”陆续送往新四军工作。紧接着又办了第二期，“八办”派了电讯专家李绳铭任技术教员，学员的技术水平有了显著的提高。前后两期训练班共培养约 50 余名学员，其中 38 人被送往新四军工作。据记载，在 1938 年秋至 1939 年秋期间，“八办”创办的《内部通讯》、《江南通讯》两个刊物的发送对象，包括慈联会“难教”核心成员和陈鹤琴、陈选善、盛丕华、盛康年等人。

大约是 1937 年底，美国记者埃德加·斯诺从陕北来到上海。上海各界为斯诺到来举行小型聚餐会，会上斯诺介绍了他在西北的所见所闻，并现场展示了他在那里拍摄的许多照片。当时还是 17 岁中学生的陈一鸣跟随父亲参加了这次活动。父亲要一鸣现场为正发表讲话的斯诺画一张速写。斯诺停下讲话对一鸣说：“别画了，送您一张照片吧！”陈鹤琴代儿子回应道：“是画了送给您的！”会后，一鸣将画好的速写送给斯诺留作纪念。一鸣还随基督教女青年会干事龚普生在上海女青年会听了斯诺夫人海伦关于西北之行的报告。1938 年春，《西行漫记》（又名“红星照耀中国”)出版,一时间洛阳纸贵,人们争相传阅。上海一百多所大中学校,特别是由学生自发成立的读书会纷纷传阅或讨论。陈鹤琴与许多知名人士都收到了此书。斯诺描写的毛泽东、朱德、周恩来、彭德怀、贺龙等红军领袖的传奇经历和红军在艰苦条件下坚持抗战的故事,使更多人对共产党、红军有了新的了解和认识。陈一鸣写道:“《西行漫记》给了青年什么鼓舞和力量?为什么会产生如此巨大的影响?大家认为:书的真实报道,回答了处在危难、黑暗的中国和旧上海的青年所面临的迫切问题,使我们看到了中国的希望、青年的前途。”①

随着战争推进,欧美政府对日采取妥协政策,租界当局为表中立立场,收紧对租界内抗日团体及其动员、宣传活动的限制,时常会有许多爱国团体成员因“宣传”、“煽动”、“激进”、“鼓吹抗日”等名义遭到拘捕,其中一些人被引渡给日本当局。由于陈鹤琴在工部局高级华人职员的身份和影响,经常会有人找到他希望帮忙营救被捕人士。赵朴初曾回忆:“‘八一三’抗战后,我们在陈先生的领导下,许多在难民收容所担任教育工作的人,不仅受到他的帮助和教育并且受到他的保护。曾有一个收容所的六位教师,是日本特务要求租界警方将他们逮捕的。我找陈先生帮助,陈先生设法将他们保释出来。”②1937 年 12 月底,主要由生活教育社成员组成的上海战时教育服务团的几位团员被成都路巡捕房拘捕,服务团负责人方与严向陈鹤琴求告,陈鹤琴遂以华人教育处处长名义将被捕的青年保释出来。1938 年夏天,青年编辑邢舜田在公共租界被拘捕,经陈鹤琴多方奔走、营救,获得保释。当邢舜田前去向他致谢时,陈鹤琴以长者对晚辈亲切关怀的语气说:“现在上海的环境跟以前不同了,如果再发生意外就难办了。以后就跟着我工作吧。”从那以后,邢舜田跟随陈鹤琴,成为他的主要助手之一。不久,方与严也被巡捕房拘捕,经陈鹤琴积极奔走,被营救出来。有一天,陈鹤琴在办公室接待了一位来自新文字研究会

① 《世纪》,2005 年第 4 期。

② 《北京教育通讯》,1992 年第 2 期。

的年轻人。来人说，研究会在宁波路一个弄堂里租住的亭子间被巡捕房贴了封条，并带走了两个人，希望他能帮助营救。陈鹤琴几经努力，终于有了消息。过了几天，工部局一个英国负责人把被捕的两人找来谈话，陈鹤琴也在场。陈鹤琴对英国人说：“这些青年人为教育难民做一些工作是很不容易的。”那个英国人问：“那么你们为什么要教这种文字？”被捕的人回答：“可以很快识字，扫除文盲。”英国人又问：“你们知道吗？这种文字是宣传共产主义的！在租界里不准宣传共产主义！”坐在一旁的陈鹤琴哈哈笑了起来。英国人奇怪地问：“陈先生你为何发笑啊？”陈鹤琴回答：“任何文字都是一种工具，谁都可以用。先生当然了解，马克思的许多著作不是用贵国的英文出版的吗？那么英文能够说是宣传共产主义吗？”英国人的脸涨得通红，无言以对。后来，陈鹤琴几经周旋，这两个年轻人才获得释放。陈鹤琴嘱咐他们：“要注意工作方法，不要太心急。”①

事实上，作为公共租界主管华人教育事务的陈鹤琴，并无更多高层人脉和背景，他营救被捕人士的主要渠道是通过时任工部局总办处华人副总办，后来升任华董的何德奎②。在工部局里，何德奎负责华人事务及卫生、教育和人力车夫问题，性格豪爽，讲信义，与租界当局和上海地方势力上上下下都搭得上关系。何德奎与陈鹤琴的私交很好，也很钦佩他的为人。每次有人为营救的事情找陈鹤琴帮忙，陈鹤琴就去找何德奎想办法，事情通常都能得到解决。

还有一件事，陈鹤琴也费尽心力，想方设法终于办成了。

1939 年 2 月，上海各界民众慰劳团第二批人员在吴大琨和杨帆率领下前往皖南慰问新四军，陈鹤琴参加了对他们的欢送。慰劳团在通过国

---

① 白广荣：《怀念恽老——抗战时期在上海〈立报〉回忆片断》，载《上海老年报》，1996 年 7 月 12 日。

② 何德奎(1896—1983)，浙江金华人，字中流。北京大学预科毕业，1917 年以教育部考试第一名赴美留学。先后在威斯康星大学和哈佛大学获得学士及硕士学位。曾任上海光华大学教授。1931 年以公共租界纳税华人会秘书身份入工部局总办处任帮办，1936 年升任副总办，为工部局中为数极少的华人高级职员。

民党第三战区防地前往安徽泾县新四军总部途中一再遭到国民党特务的阻拦。到达目的地后，慰劳团受到叶挺、项英等新四军首长和官兵的热情接待。慰劳结束，团员都自愿留下，吴大琨只身返回，行至太平县时遭国民党特务逮捕，随即被投入囚车押往江西上饶茅家岭。这一消息传回上海，相关人士焦虑万分，四处奔走无果。1941 年 3 月，皖南事变后，吴大琨被押往上饶集中营。这时已离开上海正在江西办学的陈鹤琴打听到了他的下落，便设法营救。陈鹤琴先是寄去钱款和自己的新著《我的半生》。陈鹤琴是有名望的教育家，这使得狱方打消了对吴大琨是共产党的怀疑。不久后，陈鹤琴又通过夫人给担任第三战区后勤总监职务的同乡廖启贤写了一封信。陈鹤琴夫人与廖启贤少年时相熟。此时，廖启贤掌握第三战区发放军饷大权，他考虑到陈鹤琴的名望和同乡关系，亲自写信给主管上饶集中营的长官，层层疏通，方使吴大琨被批准"交保开释"，结束了三年半的集中营生活。

二　青年是灯塔

1938 年 10 月 16 日，陈鹤琴应邀在中华职业补习学校和苏民初级职业学校举办的星期学术讲座上发表演讲，题为"在孤岛上怎样做个好青年"，他的这篇演讲在复刊后的《申报》的教育新闻专栏连载。这时，上海孤岛的局势更加岌岌可危，日军对租界早已虎视眈眈，有人对和平、休战抱有幻想，有人则到处散布妥协、投降论调。租界里的景象截然不同，一面是人心惶惶，难民遍地，民不聊生；另一面，娱乐场所依然歌舞升平。在这种情势之下，许多有识之士纷纷行动，深入社会，宣扬、传播思想和文化的火种。身处难民教育第一线的陈鹤琴，不辞辛劳，大声疾呼，传播教育火种，坚定人们团结起来，改造社会，追求光明的信念和决心。

有研究者注意到，在这篇演讲中陈鹤琴提到了西北红军(后改名八路军)并将他们作为青年的楷模。他说道：

至于怎样才配称做“好青年”呢？那么国内像西北、西南各地的青年，埋头于学术、建设等工作，牺牲刻苦的精神，都值得我们钦佩。据某外国医生从西北回来说，那边从事军队生活的青年，不论长官与士兵，每人每月都只有一块钱零用费。某医生又替一个十七岁的士兵医疗伤口，见他不但满身体伤，而体内还有好几粒子弹没有取出，足见他作战时的忠勇了。某医生劝他割去腿子才能保全生命，他坚不肯听，他的理由是割去腿再也不能上前线了。于是某医生又劝他：“你割去了腿，保全了生命，还可以在后方工作呢。”这时，他才听了医生的话，医好了他的伤口。依我们平时阅报所知朋友辈的传递，像西北和广西的男女青年，其刻苦为公的精神，多足为孤岛青年的模范。

他继续说道：

现在孤岛上的青年，大体可分为下列三种：

第一种是青年学生，于国军西退之前，曾有不少轰轰烈烈的举动。现在情形改变，大体说来，还是好的居多，但和诸位的关系较少，故不具论。第二种是有钱有业的堕落青年。在孤岛上有不少有钱有业而薪给较高的青年。他们只知个人享乐，于私事不惜挥金如土，于公事则一毛不拔。每见洋行青年职员，一出办公室，便是成群结队借旅馆、开房间，遇到星期假日，整日整夜地赌博、跑舞场、上电影院。这样昏天黑地地过着糜烂的生活，看来也很忙呢。所以这般青年，连报也不看了，你说哪里还有国家社会观念呢？要是有人劝他募难民捐，往往吝不肯施，而外人则多慷慨捐助者。曾有某管家向一家洋行买办（即华人经理）劝募难民捐，他只是拿出了一块钱，好像还有些肉痛的样子。惟遇有在华外人因事返国，他们则慷慨解囊，盛宴欢送，极尽献媚逢迎之能事。第三种是有职业而志在前进的青年。诸位多为有职业而志在前进的青年，不然何苦于疲劳之余而将血汗之钱入补习学校呢。不过现在我们读书，不仅为己，是为人、为社会。职业青年在晚上受补习教育，以欧美情形来说，原为寻常事。只就伦敦一

地说，每晚受补习教育的青年，有几万人。近来苏联也竭力在推行补习教育，有四千工人之某厂，竟有三千工人在晚上受补习教育。所谓"行有余力，则以学文"，最怕青年有了职业，不肯上进，因循敷衍，苟安现状。则不仅社会难以进展，即整个国家，亦日蒙受重大之损失。诸位能利用业余时间，增进学业，造福人群，这是很合理的事情。

他提出了对青年人的期待：

我以为，在孤岛上做一个好青年，应注意下列几件事：

1. 做一座灯塔。做一个现代青年，不但自己要学好做好，不受恶环境的诱惑，并且要有坚定的意志，正确的中心思想，自助又助人。否则连自己的脚跟都站不稳，哪里谈得到"劝人行善"呢？一般人每以为社会万恶，使一般有志青年陷入堕落的污泥中。我们不怕社会的万恶，我们也不可"独善其身"，我们要找同志，我们要组织读书会一类团体。我们要用团体的力量来造就好的势力，推动社会，消除社会的恶势力。我们每个人要有做一座灯塔的信心，发放光明，照见自己的前途，同时又照耀他人，照耀社会，造成光明的世界。像孤岛的现社会，诸多需要改造的地方。我们走在外国都市中，常闻见一片悦耳的音乐声，走进上海的每一条里弄中，只听见拍拍的打牌声。要革去愚昧恶习，自然非用团体的力量不可。外国人说我同胞没有团结力，叫做"一盘散沙"，殊不知沙子里的石英，加以熔炼便为最有用的玻璃，可以造望远镜、显微镜等高度的文明器物。我们青年正像沙子里的石英，联结起来便有无限的力量。

2. 救济失学儿童。现在两租界的学童，约有五十万人，失学的比比皆是。我们尚能设法纠合同志，办理学校，负起教育街童、难童和贫苦儿童的责任。我们要办的学校，不必具怎样的规模，只要在精神能达教育的目的便是了。记得陶行知先生曾在曹家渡向一贫苦的老妪借一间小屋，创一所工学团。这间小屋里有着老妪的床铺和农具。有人问陶行知先生："你为什么借这样简陋的屋子办学呢？"陶先生答:“只有这样贫苦的老妪肯不收租金把这屋子借给我用,富贵人家的好房子不肯给我用呢。”有钱的人体会不到穷人的苦痛,他们不会同情穷人的,只有穷人才知道什么叫痛苦,所以稍有余力便肯出钱出力的救助他人。所以我的设法救济失学儿童,并不是已经有了足用的钱、足够的力,也是勉强的干去。如果因为职业的关系,自己没有时间来担任教课的,那么聘请失业教员(孤岛上失业教员大约估计约一千人)来担任这项工作,间接又解决一部分人的职业问题。须知道强国之道,端赖民智的提高,世界各大国的文盲,向以我国、苏联、印度为最多。苏联已经履行普及教育,印度早沦为殖民地。我们要保持泱泱大国的风度,首宜注意扫除文盲工作,希望诸位来负担这件有价值的工作。

3. 节约救难。在这多难的时期,所以哀鸿遍野,仅以孤岛上的难民来说,经多数设法疏散,仍在十二万人左右。如此长时间地维持下来,给养教育重重困难。而在内地也有惨不忍睹的事情,据该地警局的统计,重庆一处每月死于道路的难民约有六百人。我们本着物我胞与的观念,我们来努力推行节约救难运动,每人每日节约一分钱,全上海四百万同胞,便可节约四万元,可以救活(每一难胞每日消费以一角计)四十万难民。我国习俗于婚丧喜庆情事,靡费尤巨,若把此费省下来,可供二千万儿童学费之用,可购五万架飞机。国民经济支配得当,有助于国力的发展、政治的推进……

总之,我们仍抱纯洁心理,不仅“自我为善”,并且有组织地推动他人,推动社会,要像童子军“日行一善”那样,干种种“利他的工作”。如此,则诸位便成为无数的灯塔,而孤岛也成为光明的福地了。①

1939 年 6 月,由陈鹤琴、陈选善、许德良、朱泽甫、凌集熙等人发起成立上海成人教育义务促进会,以“扫除文盲,促进成人教育”为宗旨,开办

① 《鹤琴之声》,第 15 期,2002 年 8 月。

成人义务学校，传授文化知识和生产自救技能。该会邀请基督教青年会、中华职教社和工商界知名人士组成理事会。理事长为陈鹤琴，副理事长为陈选善，其他发起人分任理事；推举朱泽甫为干事，凌集熙为副干事，名誉理事有赵朴初、孙瑞璜、许资新等。中华基督教青年会全国协会干事吴耀宗、胡大龄，基督教上海青年会干事甘莲笙，中华职业教育社的潘仰尧和一部分工商界人士也参加了理事会。朱泽甫的真实身份是中共上海地下党教委领导的党员干部，专门负责联系并协助陈鹤琴的工作。地下党还派出党员在成人义务教育促进会所办的学校担任教师工作。学校刚开办时，借用圆明园路169号基督教青年协会大楼二楼上海儿童保育会所属的报童学校办公室办公，后迁到该会大楼底层103室。学校招收16岁以上男女学生，以工厂工人为主要对象，同时招收失学青年和家庭妇女，以及处于被践踏、被轻视地位的舞厅舞女。课程内容有国语、算术、唱歌等。上课时间，依据具体情况，分别定在晚上及早晨。每学期只收书籍费两角，免收学费。学校选用的教材，主要是世界书局出版、由陈鹤琴主编的《民众课本》和教师根据教学实践集体编写的课本。此外，由陈鹤琴编写的拉丁化新文字课本也是重要学习内容。音乐课采用聂耳编的《大众歌声》和冼星海的抗战歌曲作为教学内容。与此同时，学校开办师资训练班，借用基督教女青年会在今南京路茂名北路的会所为课堂，报名前来的学员有41人。陈鹤琴、陈选善、俞庆棠、李平心等亲自登台授课。随后，成人义务教育促进会在全市各区先后办起了10所夜校，共办了5期，学员达5 000名左右，成为孤岛时期重要的劳工文化教育阵地。

三 撤离上海

1938年4月7日，沪江大学校长刘湛恩在静安寺路大华路口（今南京西路南汇路口）车站准备上车时，突遭三名不明身份人枪击，当场倒地身亡，终年42岁。消息传出，上海各界震惊。刘湛恩是当时中国最年轻的大学校长，也是沪上最活跃的知名教育家之一。后来在审判时，据凶手供认，这是日本特务组织指令汉奸帮会所策划的暗杀阴谋。1938 年初，汉奸梁鸿志在南京成立伪“维新政府”时，曾游说刘湛恩出任伪教育部长，遭刘严辞拒绝并斥责，故怀恨在心下黑手暗害。刘湛恩遇害后，上海各界举行大规模悼念和抗议游行活动。在难民教育开展的全过程中，刘湛恩是陈鹤琴最亲密的战友和同志，他的被刺使陈鹤琴感到莫大的悲伤，更十分愤慨，抗日决心和意志更加坚定；同时，他感到同样的危险也将降临到自己的面前。他很清楚，他主持的难民教育、办报童学校及拒卖汉奸报纸《中华日报》，参加各种抗战团体的活动，如“难教会”、“星期聚餐会”等都遭到敌伪特务的嫉恨。汪伪设在上海的特工机构“中央执行委员会特务工作总指挥部”（因总部设在沪西的极司菲尔路 76 号，简称 76 号），是由一批降日的“军统”、“中统”人员作为骨干，另收买流氓、地痞等社会渣滓作打手建立的一个汉奸特务组织，这一组织在上海租界内活动非常猖獗，专门组织了暗杀团，威胁和暗杀租界内主张抗日的知名人士、爱国分子，配合与接应已占领租界外日军的军事行动。李士群、丁默村是这个组织的头子。为此，陈鹤琴做了准备，蓄起胡须，穿起长衫，化装成商人。他出门时都很小心，躲避跟踪，以防不测。他明白，自己已处于危险之中。

1939 年 10 月初的一天，工部局巡捕房告知陈鹤琴称，曾有巡捕房密探报告在暗杀团里看到了他的照片，遂通知他暂避。上海著名报人徐铸成曾撰文回忆：

> 1937 年“八一三”抗战前后，陈鹤琴先生曾在上海公共租界任华人教育处处长，使这片十里洋场的教育阵地保持了一片净土，而侵占租界四周的敌寇则视之为眼中钉。
>
> 那时，创刊不久的《文汇报》编辑部设在今延安东路山东路口附近，为了防止敌伪之破坏，由后门大同坊内进出，后门口及大同坊口均设有铁栏门，有工部局派的志愿警严查出入。有一天，岗位以电话报告，说有一位工部局的密探求见，其名为朱晓芙。我顿忆几年前在

汉口任《大公报》特派记者时，曾协助当地《大光报》之创立，曾与朱见过数面。既是熟人，即叫门房放入。朱来时神色仓皇，谓适在工部局总办费信惇玻璃板下看到日方给工部局一纸黑名单，请火速对付或拘捕。朱出示名单，第一名即为陈鹤琴，其次为我及恽逸群、王任叔等，共有十人。①

与此同时，陈鹤琴接到朱泽甫传来的消息，说他接到了匿名打来的恐吓电话，情势紧急，一定要小心。朱泽甫回忆：

儿童保育会、报童学校，还有民众书店，为了对外联系方便，陈先生向新华银行（南京路江西路口）总经理孙瑞璜先生免费要了一间房子为办公地址。我两年多即以此为家，白天办公，晚上就住在里面。1939年10月里的一个深夜，忽然电话铃响了，原来是恐吓电话："某某，小心点，你干些什么，我们都知道了……"我向党组织汇报，立即隐蔽起来，称病不公开露面，由党安排别的同志接替我的工作。陈先生也不便去联系了。②

在这样危急情势之下，陈鹤琴在家人和周围朋友的力劝下，决定离开上海前往宁波暂避。临行的前几天，他找来第二难童小学校长李瑞华，请她接手儿童保育院的工作。李瑞华记述了当时的情形：

1939年深秋，正当我满怀信心地开展第二难童小学工作的时候，陈老突然委派一位新校长——张经一来接我的工作。第二天一早，朱泽甫同志急匆匆来找我，说是陈老下午三点在保育院等我，有要事和我商量。我准时去见陈老，他那时的神态，是我过去从来没有看见过的。他面带一些愁容，但仍是那样温和，慢慢地说出了一句令人不安的话："我就要离开上海，他（按：指朱泽甫）也要走，你接下他的工作，来主持儿童保育院吧！"这时，我得知，由于敌伪嫉恨陈老的

① 《上海滩》，1989年第4期。

② 《怀念老教育家陈鹤琴》，第75页，四川教育出版社，1986年7月。

爱国思想和革命行动，蓄意谋害他，他不得已决定暂时离开上海。我意识到这是一件艰巨任务，我对他说："我怕能力不够，挑不起这样的重担。"他说："你不用着急，我都作了安排。我请萌太太（按：陈鹤琴留美时的同学）为孩子们筹措生活上需要的东西，请赵先生管理财务，你就借用赵先生的办公室办事。"他将两人的地址告诉了我。接着他又说："我走后，你工作上如有其他困难，可找青年会杨怀僧先生协助解决。"我们见面不到十分钟，他就匆匆走了。我望着他老人家的背影，心中久久不能平静。我想，这是多么崇高的心灵啊，在这样严峻的时刻，一群无家可归的孩子竟占着他心头的重要一角；他冒着生命危险来给我交代工作，他是来托孤的啊！真是感人肺腑。①

玩具设计师叶炳祥回忆道：

1939年，由于陈先生积极参加抗日救亡运动，日伪蓄意谋害先生。是年深秋的一个下午，先生约我前去晤谈，见面时先生已蓄须改装，化装成一位老者。先生对我说："孤岛不能久留，我今日将赴宁波转内地，继续搞抗日救亡工作，现在日寇虽然猖狂，但最后必将灭亡，你要把社里的机械设备保管好，待抗战胜利后，我们要继续幼教玩具生产。"随后，我陪着先生佯作在外滩散步，步行至宁绍码头，送先生登轮离去。当时先生在生命遭受严重威胁的情况下，仍坚信抗战必胜，并念念不忘儿童教育玩具的生产，其为事业、为儿童、忠于祖国的赤子之心，多么难能可贵！多么令人敬佩啊！②

在宁波，陈鹤琴在友人家中暂住。大约两周后，他觉得情势稍缓，打算尽早回沪处理手头积下的许多事情。很快，他购买了11月13日回沪的船票，并将行程和到港时间通知他在华人教育处的秘书。船开当日，他

① 《怀念老教育家陈鹤琴》，第107页，四川教育出版社，1986年7月。
② 《怀念老教育家陈鹤琴》，第139页，四川教育出版社，1986年7月。

白天去奉化溪口办事，赶回宁波码头时船已启航，误了船期。这时，令他意想不到的事情发生了。次日晚，特务闯进了位于胶州路300弄17号的陈鹤琴寓所，显然他们是有目的而来的。这一次的阴差阳错，使陈鹤琴躲避过了一劫。

陈鹤琴的小儿子一心目睹了所发生的一切：

> 1939年11月13日（按：应为11月14日）晚，汪伪特务持枪闯入我们家寓所，企图行刺我父亲。当时我们家寓所在上海胶州路300弄17号，是一座小花园洋房，周围环境较清静。13日晚七时半左右，正当母亲和我们兄弟姐妹刚吃好晚饭，突然有人敲门，一开门就冲进三个男人。他们全部头戴西服帽，身着深黑色长大衣，每人手里都拿着手枪。为首的一个长着斜白眼，把我们赶到厨房间，凶狠地叫嚷："陈鹤琴在哪里？"并用手枪对着我们。母亲和我们说："不知道。"另两人就提着手枪上楼挨屋搜查，毫无所获。气急败坏之下，为首的那个就用手枪柄将挂在客厅里的父亲大幅照片取下带走，然后在家门口开了三枪，三个特务才离开，我们的父亲因及时转移才幸免于难。第二天清晨，我们在家门口的大理石地面上捡到了三颗子弹壳，我把它们保存了起来。我心里默默地想，这是日本鬼子和汪伪特务妄图杀害我父亲的罪恶铁证，我要永记心头。①

第二天一早，陈夫人俞雅琴立刻发电报要陈鹤琴暂缓回沪，并将孩子们安顿在另一处安全地点，然后由大女儿秀霞陪同赶往宁波，与陈鹤琴会合并商量善后事宜。这时，陈鹤琴已经明确地意识到，上海肯定是回不去了。于是，他在宁波青年会一住就是几个月，深居简出。入冬，江南的天气很冷，在朱泽甫等建议下，他开始有了写自传的念头。他想到自己84

① 陈一心：《不忘历史　开拓未来》，载《体验日本——上海学者亲身经历谈》，2001年1月。

岁的老母，该为老人家送上一份寿礼，“母慈如天”；想到自己膝下7个子女，老大一鸣已是19岁的青年，品学兼优，在学校中十分活跃，而幼女秀兰只有4岁，尚在童稚天真之中，他要为儿女树立做人的楷模。经过一番构思，终于开始动笔。每日上午9时到下午3时，笔耕不辍，文思泉涌，十分投入。他用讲故事的方法，将自己从出生到读书、出国留学，再到投身教育，娓娓道来，往事历历在目。原本书名为“五十回忆录”，他觉得这样或许更加直截了当。后来，他到了重庆，见到了久违的老友陶行知。经陶行知建议，他起了一个更满意的书名——“我的半生”。他觉得这个书名比“五十回忆录”来得新颖、确切、有意义。他解释：“顾名思义，半生事业还在后呢！”

80年代，有一位名叫杨怀的中学副校长，讲述了自己在四十多年前与陈鹤琴的一次邂逅：

> 抗日战争爆发后，上海成为孤岛，当时我是一个中学生，由于不愿在这种令人窒息的环境中生活下去，我向父亲提出到大后方去。他认为我还在年幼，因此，没有同意。于是，我就从家中逃出去，乘船到了宁波。这是1940年1月，一个风雪交加的下午。
>
> 由于所带路费很少，我只好到青年会旅馆去请求免费住一夜。服务员安排我住在走廊里，在炉边烤火。坐到九点钟左右，有人叫我到一间房间去，会见一位五十岁左右的老先生。这位长者详细询问我来宁波的经过，然后拿出十块钱交给我做路费，我含着泪花接过这张宝贵的钞票，同时请他告诉我姓名。他翻了一本书，指指作者，上面印着陈鹤琴三个字。我才知道，我有幸遇到一位名教育家。
>
> 第二天一清早，我启程时，服务员告诉我，陈先生还委托一位同路去内地的成年人，沿途照顾我。依靠了陈老师对我这个萍水相逢的中学生热情的帮助，我才有可能到达目的地。
>
> 抗战胜利后，我回到上海，母亲对我说：“这十块钱是救命钱，你父亲当时就去感谢恩人。”后来，我在一家书店里，看到陈老师写的一

本自传，我就买回家去，一口气看完。我把看了这本书的感受，并且把自已也决心从事教育工作的愿望，写信告诉陈老师。①

此时，已在宁波滞留月余的陈鹤琴有些待不住了。他写信给在哥伦比亚大学读书时的同窗，时任江西省教育厅厅长的程时煃告知自己现状；同时也给教育界前辈黄炎培写信，请代为向教育部了解有无自己适合的工作。他想继续从事教育工作，他希望亲手办一所幼儿师范学校，以实践自己的教育思想。不久，江西方面派人专程迎接他入赣。黄炎培也来电说，国民政府教育部希望他能赴渝。于是，他收拾了行装，匆匆赶往江西。

① 《怀念老教育家陈鹤琴》，第 112 页，四川教育出版社，1986 年 7 月。

第十三章 “活教育”的诞生(上)

一 到江西去

在接到程时煃的邀请电报后，1940 年 2 月，陈鹤琴到达江西省临时省会泰和。程时煃与陈鹤琴既是哥大同学，也是教育界同行。1927 年陈鹤琴在南京担任教育局科长时，程时煃在第四中山大学教育行政处担任处长，因在江苏省立小学推行实验教育名噪一时。据说，他有一句名言在当时很流行：“用科学的方法，去解决教育上的一部分困难问题。”随即，程时煃陪同陈鹤琴前往拜会江西省政府主席熊式辉。熊式辉于 1928 年曾担任过淞沪警备司令部司令，负责上海防务，对陈鹤琴早有耳闻。加之程时煃因熟识并敬重陈鹤琴，之前曾向熊式辉作过介绍，因此在这次谈话中，熊式辉对陈鹤琴大加赞扬说：“中国教育界有四位圣人，陶行知先生是乡村教育的圣人，晏阳初先生是平民教育的圣人，黄炎培先生是职业教育的圣人，而儿童教育的圣人，先生真可以当之而无愧。”[①]熊式辉提出，希望陈鹤琴能留在江西办教育，创办一所公立幼稚师范学校，培养幼教师资。次日，陈鹤琴搭机飞往重庆。到达重庆后，他前往北碚古圣寺，与陶行知见面。陶行知是陈鹤琴最信赖的挚友，也一直被陈视为楷模。自 1936 年 7 月陶行知出国，担任国民外交使节以来，这是陶陈的再次重逢。陈鹤琴在陶行知陪同下参观了育才学校，详细考察了育才的种种设施和

① 《陈鹤琴全集》，第五卷，第 52 页，江苏教育出版社，1991 年 7 月。

教学方法、计划等。育才学校创建于1939年7月20日，是陶行知从国外归来后进行的又一项创造。该校的培养方针为：引导学生团结起来做追求真理的小学生，做自觉觉人的小先生，做手脑双挥的小工人，做反抗侵略的小战士。陈鹤琴为老友在艰苦条件下办学，百折不挠、不弃不舍的精神深深感染。他称赞陶行知是“多灾多难儿童的保姆”。育才学校的成功坚定了陈鹤琴创办幼师的信心。

在重庆期间，时任国民政府教育部部长的陈立夫与陈鹤琴会面。会面结束时，陈立夫要陈鹤琴在渝小住几日等待进一步消息。几天后，陈鹤琴在教育部的朋友告诉他，教育部希望陈鹤琴前去主持正在筹备中的教育部国民教育委员会，并对外发布陈鹤琴为该委员会常务委员。这时，江西方面发来电报，促他早日回赣。电文中称他是“富贵不能淫，贫贱不能移，威武不能屈的圣人”；在渝公干的程时煃也数次力邀陈鹤琴与其同行返赣办理教育事宜，这使陈鹤琴更有“知遇之谊”与“盛情难却”之感。在“做官”与“做事”两者之间，他毅然选择了后者。

陈鹤琴1934年前往欧洲11国考察教育，通过对欧、美新教育的深入研究与认识，受到新的启发，提出“活教育”(Living Education)的主张，江西办学强化了他的理想——创办幼稚师范，“目的在于实验‘活教育’的理论，使她能成为全国广泛的教育运动”。[①]“活教育”的立意在于创造中国化的新教育。当年，陈鹤琴在创办鼓楼幼稚园时，就已经体会到中国化的幼稚园需要中国化的师资。而在当时，大部分师资都来自教会办的幼稚师范学校与幼稚师范科，“她们因为所受的是外国化的训练，在教学做方面，未免缺乏中国的气味，结果很难发生广泛的影响以配合全国的要求”。陈鹤琴曾主张，要建立真正的中国化的幼稚园，必须同时建立中国化的幼教师资训练机构。但他的这个理想一直未得以实现，始终挥之不去，此刻江西方面的盛情邀请，使他有机会实现自己的夙愿。回想自己青年时代的求学经历，他在清华时代就已经有了这样的信念：“凡是别人不愿干的、

① 《陈鹤琴全集》，第五卷，第51页，江苏教育出版社，1991年7月。

不敢干的、不屑干的，我都去办！”凭着这样的信念，他在清华办过校役补习学校，在留学时期从事过华侨童子军的工作，回国后又创办鼓楼幼稚园。现在，创办中国第一所公立幼稚师范学校的机会将使他的梦想成真，怀着这样的信念，他要走自己的路。在美国读书时，《黑奴成功传》是对陈鹤琴启示最大的一本书，书中描述的每一个黑奴都在艰苦条件中奋斗，为自己的种族和生存历尽艰辛，实现自己的主张和愿望，曾使他感动不已。当年，他跟随孟禄考察黑人教育曾到过塔斯基吉黑人学校，那里所有的教授、研究员和师生都是黑人，校园里没有工友，所有事情都是师生自己来做。而他的老友陶行知先生在晓庄师范开学典礼上，神情自若，指青天为屋顶，指黄土为地板的情景也历历在目。这些创造的精神和不畏艰难的气魄给了陈鹤琴极大鼓舞。他决心，用“活教育”学说，创办一所幼稚师范学校，为了培养中国化的幼稚教育师资，为了培养“活教育”干部，孕育和培养一批创造光明、服务真理的教师，他终于做出决定——到江西去！

1940 年 3 月，陈鹤琴曾在广西桂林参观中山学校，并为该校题词：“教活书，活教书，教书活；读活书，活读书，读书活。”陈鹤琴对该校校长杨寅初说：“我将回江西照此理想办一所学校，实验‘活的教育’。”陈鹤琴给江西方面答复，说明办学态度，决定以“多则五年，少则三年”作为自己留赣的期限。陈鹤琴订出了计划，4 月份回到江西，6 月拟定预算并筹备办学各项事宜。此时，陈鹤琴又一次踌躇满志，心中充满热情与渴望。

江西之所以成为陈鹤琴办学的首选之地，除了与他长期以来所怀有的教育理想有关外，也与当时江西在抗战中大后方的地位、环境和气氛有关。1939 年 3 月，日军进攻南昌，江西省政府被迫撤退至吉安，随后在泰和县县城西郊上田村驻扎下来。从当年 4 月至 6 月，省府各部门几千人浩浩荡荡开进泰和，在当地占用大户人家宅院、书院作为各机关办公地，一时间，小小的泰和县成为全省政治、文化、教育的中心。包括南迁的浙江大学和中正大学等二十多所院校分布在全县各处，许多来自内地的文化界、教育界人士也在此聚集。泰和与吉安、遂川、万安相连，南下赣州，北达南昌，自古就是重要的水陆要冲，也是有名的“鱼米之乡”，当地百姓勤劳朴实、善良敦厚。这时，距泰和百里以外的赣州，正热火朝天地推广由行署专员蒋经国主导的“新赣南”运动，大街小巷和车站、码头及路边茶亭，到处可见大字醒目标语：“人人有饭吃，人人有衣穿，人人有屋住，人人有工做，人人有书读”，机关行政人员站在街头向路人宣传“新政”内容。年轻气盛、满怀大志的蒋经国，用从社会主义苏联学来的办法，试图在赣南开辟一块新的天地，成为处于抗战时期国民党政治改革的亮点。办学是所有教育家追求的最高境界，也是陈鹤琴长期以来的向往。二十多年来，陈鹤琴的夙愿就是创办一所中国化的幼稚师范学校，实现教育理想。幼教师资对幼教事业发展起到关键作用，而创造中国化的新教育，更离不开建立中国化的幼教师资训练机构。当年，陈鹤琴协助陶行知主持晓庄师范学校的幼稚师范院（第二院），志在办中国化的幼稚师范，但由于晓庄很早就被当局解散而中途夭折。陈鹤琴主政上海租界华人教育事务时，在收回租界教育权利的大背景里，由于租界当局规定，华人不得办理师范教育，因此他的办学梦想仍不能实现。陈鹤琴非常珍惜这一次机会，决意在江西办一所培养中国化幼教师资的幼稚师范学校，以实现自己的理想。陈鹤琴写道：“江西确实是一个贫血的省份。像这样一个环境，对于教育的要求是迫切的。怎样的改造人民生活，怎样的增加社会生产，怎样的使下一代健壮起来，都需要教育来辅助与推动。像这样一个环境，处在抗战的前哨，更迫切的需要一种新的教育来创造一批有思想、有认识、能实干、能苦干的教育斗士；来孕育一批有思想、有认识、能实干、能苦干的新中国的人民。”[①]他继续写道：“从我的人生态度，从我的教育理想，从伟大抗战的时代，从江西这个特殊的区域，这些都是促成我创办幼稚师范的主要因素。”而办幼稚师范的直接目的，用陈鹤琴自己的话来说：“一方面是培养高级师资和研究人才，一方面也是竭力提倡发动宣传，藉以建立中国幼稚教育制度以及学术基础。”[②]陈鹤琴的意图很明确，从创办幼稚师范，使

① 《陈鹤琴全集》，第五卷，第 53 页，江苏教育出版社，1991 年 7 月。

② 《陈鹤琴全集》，第五卷，第 160 页，江苏教育出版社，1991 年 7 月。

“活教育”思想体系取得一个样板，进而发展成面向全国的幼稚教育运动。

4月间，陈鹤琴与程时煃一同从重庆前往江西，着手筹备成立幼稚师范学校的各项事宜。

二　松林中新生的学校

文江村，泰和县城附近的一个小村庄，原名文岗。因在江西方言中，“岗”与“江”同音，故外来的人们将此地改称“文江”。陈鹤琴经过在多地查勘校址，最后选在文江作为幼师的办学地点，一方面这里地广人稀，在村庄附近有一座不很高的山岭，当地人叫大岭山，政府划了340亩地用于建筑校舍；另一方面，文江村距省政府所在地上田村不过5公里路程，省教育厅也在此办公，工作联系较方便。按照教育厅的建议，陈鹤琴首先在当地建了一所小学，定名为省立南昌实验小学分校，主要为解决政府行政机关人员的子女上学和当地老百姓受教育问题。

然而，办学的事情并非一切顺利。陈鹤琴向江西省府上报幼师开办经费预算为6.5万元，但提交省务会议讨论后却被核减至2.5万元，这些钱在当时币值较高情况下，只够盖中正大学的一幢宿舍，现在却要办一所有规模的师范学校，有些不可思议。虽然陈鹤琴有一个省“参事”的头衔，但办学经费仍被核减下来，这使他感到有些不快。但他转念一想，既然是来做事、来办学的，那么，尽管经费少，还得要坚持办下去，而且还要以最少的钱来办最好的学校。于是，陈鹤琴带领大家开始了学校的筹建工作。他亲自购木置料，设计校舍，与师生共同开辟道路，用了三个月时间，总算使学校初现规模。

大岭山尽管是一片荒山，杂草丛生，但满山的青松翠柏在遍野的多刺小月季花衬托下，更显得淳朴、亲和。山下有赣水，蜿蜒而行。山上的林涛澎湃，风动时，犹如万马奔腾，气势恢弘。这里的地势起伏平缓，左牵泰和，右接武山，四面被青山环抱，空气清新，风景宜人，实为办学之佳境。陈鹤琴有时会在夜里独自一人上山，观月色，听松涛，其情其景恍如梦境。正如清朝诗人易实甫在天童山上月夜有感赋诗所描写的：

青山无一尘，青山无一云；
天上惟一月，山中惟一人。
此时闻松涛，此时闻钟声；
此时闻涧声，此时闻虫声。

陈鹤琴完全被眼前的景色所陶醉。在他的脑子里，房子的式样怎样，什么地方建筑怎样的房子，什么地方需要筑路，什么地方应该平地，林林总总都像诗行或五线谱上的乐符，跳跃着，律动着，他感觉自己好像鲁宾逊开辟荒岛一样，正在做着一项伟大的事情，将凄凉的荒山开辟成一个乐园。

在陈鹤琴的心中，已有了一幅宏伟的规划蓝图：

青翠的山野之间，一座座校舍点缀其中；有一座大礼堂，可用来集会，可用来做雨中操场，还可以用来做食堂；有一排行政用房，包括一间办公室，一间阅览室，还有诊疗室、病房、厨房、厕所、浴室。除了师范本部校舍之外，还要附设一所小学和一个幼儿园……

这时，陈鹤琴的学生和助手们陆续从南京、上海、福建等地来到泰和，其中有朱家振、邢舜田等。1940 年秋，钟昭华到达泰和，受聘在幼师任教并任附设幼稚园主任。1941 年 8 月，雷震清、袁昂分别被聘为幼师训育主任和教导主任。1942 年春，余之介来到幼师。1942 年 7 月，刘于艮兼任幼师附小部主任。1943 年春天，张文郁从福建来到江西，担任幼专教师兼校长秘书。

余之介（1907—1979），1935 年后在上海参加中国共产党领导的文化界救国会和生活教育社的抗日救亡运动。1937 年“八一三”抗战爆发，他一面在文化界救国会的联络股工作，一面团结自己所在的工部局小学同

幼稚师范学校全景图

仁，组成战时教育服务团，在战地及后方进行抗日爱国的文艺教育宣传活动。1942 年春，来到江西在幼师任教。早在抗战初期，余之介就秘密加入了中共地下党组织。

张文郁（1915—1990），1935 年夏天大学毕业后，在中华儿童教育社上海总事务所临时工作，参加《儿童教育》的编辑工作。1937 年 7 月中华儿童教育社在北平召开第七届年会时，张文郁担任会议秘书，陈鹤琴对这个年轻人印象很好。此后，张文郁成为陈鹤琴的得力助手之一。

朱家振（1915—1987），1934 年加入中国左翼作家联盟。同年参加上海图画书局工作，任《生生》文学月刊主编，1936 年自费出版童话集《小草》。上海沦为孤岛后，由于失业生活无着，遂即由友人介绍拜见陈鹤琴，希望能帮助安排工作。此前，陈鹤琴曾收到其寄赠的抗日童话《凯旋门》，他认为抗战期间向孩子们进行抗日宣传非常重要，随即亲自安排朱家振到难童学校任教。1940 年夏天，当正在教书的朱家振接到陈鹤琴发来的邀请他去江西任教的电报和汇来的旅费时，激动不已，略事准备，一到暑假便携妻小前往泰和。

这时的陈鹤琴，人已中年，但仍精神饱满，情绪高涨，成日里忙忙碌碌，跑前跑后，事必躬亲。他一直希望自己也能像当年布克·华盛顿创办塔斯基吉黑人学校和陶行知创办晓庄师范那样，亲手创办一所幼稚师范学校，实现教育理想。如今，他的梦想就要成真。在他的脑海里，浮现出了一头可爱的小狮子，在浩荡的松林中昂首长啸。幼师——幼狮！

建校伊始，陈鹤琴带领助手们制订了规划内容，然后请来建筑师绘图估价。两周后，图纸和估价一并摆到了陈鹤琴的面前。按照这份估价，要完成所有规划内容需 6 万元，这样大的一笔款项在短期内很难筹措。有一天，陈鹤琴在赣江边见到一个正在劈竹的竹匠，便问道："你给什么人造房子？"竹匠回答："给一个合作社干活！"陈鹤琴又问道："活怎么干？"竹匠告诉他，材料由合作社提供，他们来做，工钱照工作算。陈鹤琴一时没明白："什么叫照工作算？"竹匠解释道："譬如泥墙每方 6 元，墩子每个 9 角，做三合土每方 3 元。"这是泥水匠的活。木匠的活，也是以工作来计算的。如地板的工钱每方 1.3 元，屋顶每方 7.5 元，门每扇 24 元，窗每扇 14 元。听了这话，陈鹤琴受到启发。他粗粗算了一下，按这样只包活不包料的办法比连料带活一起包给大建筑公司能省去不少中间费用。陈鹤琴对竹匠说："我有许多房子要造，你能来包吗？"竹匠点点头："可以的。"第二天，竹匠就找来一个"博士"（按：江西木匠称为博士）来见陈鹤琴，带走了规划图纸。不到几天，一份估价单送来了。

6 月中旬的一天，陈鹤琴和朋友跟着一个专办采购木材的工人，到赣江边上马家洲、白土街两处采办木料。在谈生意方面，陈鹤琴是十足外行，对于木材质量、规格、计量方法则更是一窍不通。于是，他只有向木材行老板诚恳请教。木材的运输，也有一套学问。从马家洲到上田，木料须绑扎成木排，由专人押运顺水而下，两天之后到达浙大码头。木排到达码头后，雇了当地人将木材搬上岸。因借不到汽车，只好找了几辆两轮的"塌车"（按：排子车），用人力从上田拉回文江。有时，天下雨，道路泥泞，就不能运；车辆缺乏，也不够运；运费太贵，又不敢运，可谓困难重重。工地上的盖房进度也因此断断续续。

在山上盖房子并非易事，山上都是坡地，到处是密密的松林。房子若是造在没有树的地方，恐怕冬天太冷，夏天太热；若是造在树林太密的地方，又恐春天潮湿太重，夏天凉风吹不进来，且采光受到影响。此外，陈鹤琴十分强调所有房子之间的相互联系，宿舍要与厕所、厨房相近，办公室要和教室相连，礼堂要建在校园中心位置。

在校舍方面，陈鹤琴提出了严格的要求。照校舍建筑的标准，教室要有足够的空间，窗子的面积应为地板面积的1/4到1/6，每间教室要有6扇大窗。依据普通教室采光原则，窗子都应开在左面，所谓“单面光”，这样，学生写字时，光线就不至于被手挡住。陈鹤琴一向认为，教室内的空气一定要通畅，因此，在房子的两面都要有通风的气孔，使空气可以对流。此外，陈鹤琴提出，在窗子上面开一扇摇头窗，一方面增加光线射入的面积，一方面使空气在每个摇头窗上下实现对流。门的问题，陈鹤琴也十分看重。他认为，教室应当有两扇门，都开在一边，以便进出。前面的一扇门，应当距墙壁2米，使前面墙上的黑板，不至于发生反光；门开的方向应该向外，这样既少占了教室面积，也便于进出，避免因学生拥挤造成危险。

学校里盖有两幢宿舍，在每间寝室里隔出前后两小间，前面一间用于教员寝室，这样可以随时督导督察；后面一间作为储藏室，用来供学生安放衣箱杂物。

学校的礼堂呈长方形，这样可以使观众方便就座，声音更加集中。在礼堂的上层两侧，开了2尺高的通风斜窗，使屋内空气流通。礼堂讲台的设计，要考虑台下观众是否方便，若太高，则使坐在前面的观众不得不仰头看台上；若太低，则会影响到坐在后面观众的观看的效果。礼堂的地面，铺设的是防滑地板。

附小和幼稚园建在一片树林中间，在一片小坡上单独平整辟出一块，共有六间大房间和两间小房间。幼稚园占了一间大房和一间小房，另一间小房用来做办公室，五间大房作为小学教室。房子前面有一块草地，前面有一块很大的游戏场，场地周围环抱着参天的松树。陈鹤琴觉得，“这种自然的环境，真是儿童最好的读书、游戏的地方”。[1] 整个校园布局错落有致，教学区与宿舍区交相辉映，每幢小楼造型各具特色、精巧美观。教学楼用陈鹤琴最崇拜的中外教育家的名字命名，分别有福禄培尔院、斐斯泰洛齐院、杜威院、孟母院、欧母院等。宿舍楼的名字起得别有意境，如松涛斋、龙泉斋等。陈鹤琴也为学校的音乐室和山坡上一座古色古香的小亭子起了很好听的名字，音乐室被称为鸣琴馆；小亭子则被叫作放鹤亭，此外还有供课后休息、散步的桃花坞等等。

幼师学生楼鸣燕描绘了当年教室周围的景象：

> 礼堂的后面长长一排房子，那就是福禄培尔院了，是幼师、幼专的教室。这又是与众不同的教室。除讲台外，角上有个三角橱，置放教室的清洁用具，橱上摆着同学们用山花插成的毛竹花瓶。教室里没有一排排课桌，却是五人一组一张长方桌子，中间也有个毛竹花瓶；四周洁白的墙壁，幽雅美观。室外走廊上，冬天可以望着晒太阳。教室后面，只有一个“放鹤亭”了。每到重九，校长带我们从这里登山，喘着气、唱着歌。登上大岭山顶，举目远眺，农舍、公路和远处苍翠的武山一览无遗，心旷神怡。我们像一群仙鹤翱翔在大自然的怀抱里。[2]

在山上办学，饮水是首先要解决的大问题。当地流传有这样两句诗：“文江不见江头水，日夜松涛当水声。”有一天，陈鹤琴跟着当地一个“博士”上山寻找水源。他们发现有一条涓涓细流从山上流下来，就溯流而上，果然发现有一汪清清的水潭，潭的上面没见再有流水。于是，他们判断，潭中一定有泉源。他们下山后，把这个发现告诉了村里的老百姓，大家都不相信。次日清晨，陈鹤琴带领由学校行政人员和泥水匠组成的探

① 《陈鹤琴全集》，第五卷，第 12 页，江苏教育出版社，1991 年 7 月。
② 《鹤琴之声》，第 15 期，2002 年 8 月。

水队再次上山。他们沿着溪流爬上山头，又下到山坳，寻找到水潭。然后就叫泥水匠在潭的四周挖掘，挖到右上角边看见土上现出湿痕，沿着湿痕处继续挖掘，越向深处挖湿痕越重，水开始渗出。忽然挖到一个洞，水流似蛟龙一般从洞中流出来，陈鹤琴兴奋地喊叫：“一条水龙出来了！一条水龙出来了！”泥水匠从左面向下挖，又挖出一个大洞，洞口被一块大石挡住，旁边长满了青草。人们将洞口周围清除干净，陈鹤琴探身向洞中望去，看见洞的壁上又有湿痕，马上意识到：“这里又有一条龙！”随即把洞口的土挖掉，一条水流从两块石头之间流淌出来。大家都非常高兴，陈鹤琴将此泉命名为“双龙泉”。

在双龙泉前

找到了山泉，解决了水源问题，但还要想办法将水引到学校去。山泉够不够上百号人使用？陈鹤琴就带人做实验。他用一根稍粗的毛竹，把水接在水桶里，3 分钟一桶水满。算一算水量便知，3 分钟有 1 桶水，6 分钟就有 1 担水，1 小时可有 10 担水，1 天下来就是 240 担水。以平均 2 人用 1 担水计，这里的水可供 480 人使用，不仅足够学校师生使用，还可输送到山下村子里造福百姓，山下村民日常生活用的是塘水，卫生程度很差，亟需改善。陈鹤琴和大家一道，想了各种办法将泉水从山上引下来。从源泉到学校厨房约百丈距离，当地找不到自来水管。正当人们为此焦急的时候，竹匠想了一个很简单的办法，他说这很容易，“可以用小竹子来通”。不出一个星期，三个竹匠就将水管连接好了，汩汩的清流终于流进了校园。

筑路，也是一件花费了陈鹤琴很多心思的大事情。山地起伏不平，杂石很多，开一条平坦的路很不容易。如何既能做到少砍树，保护好山上秀美的风景，又能在山林中间开辟出一条两旁松林成行的道路？陈鹤琴跑上山去望一望，又跑下山再看一看，几天后，终于“看”出一条干路来，从公路一直通向学校礼堂的干路中段向左右分成两条支道，分别通向教室和宿舍。

操场是陈鹤琴一向十分注重的问题。他们用了200块钱平整出了一块球场，安装了篮球架、排球架等运动设施。陈鹤琴曾说过：“运动好比吃饭，是不可少的。中国的女子身体太弱，素来不注意运动。要学生运动，非要有运动的场所、运动的设备不可。”过去，在他主持的学校和幼稚园，体育课一向受到极大重视。在1941年5、6月间江西省举办的全省运动会上，幼师组队参加，取得了女子组第一名和第三名的优异成绩。

实习场地也是陈鹤琴对教学所提出的重要要求之一。在大岭山脚下，有一块20余亩的农田，他们出重资买了下来，供学生们学习农桑。学校为培养学生双手万能，以养成勤劳习惯，培养生产技能，达到自食其力的目的，专门准备了锄头、铁耙、锤子、锯子和筐篓、水壶等生产用具。

经过艰苦的奋斗，理想将变成现实。望着眼前崭新的校舍和年轻、热情、质朴的教师、学生们，陈鹤琴激动万分。他亲自写了幼师校歌：

幼师！幼师！美丽的幼师！松林中响的是波涛来去，山谷间流的是泉水清漪。放鹤亭、鸣琴馆是我们的新伴侣。更有那古塔斜阳、武山晚翠，陶冶我们的真性灵，培养我们的热情绪。幼师，幼师，美丽的幼师！

幼师！幼师！前进的幼师！做中教，做中学，随做随习。活教材，活学生，活的教师。大自然、大社会是我们的工作室。还要有手脑并用，文武合一。建设我们的新国家，教导我们的小天使。幼师，幼师，前进的幼师！

三　幼师！幼狮！

1940年10月1日，江西省立幼稚师范学校开学。这时，学校的建筑、设备都还未及完成。用陈鹤琴自己的话来说：“开学实际上等于说是全校师生集体劳动生活的开始。”开学后的第一课便是劳动。师生一起筑路，编草苫盖屋顶，开荒种菜。① 许多文弱的女学生根本不会使用斧子、锯子，便跟着木工师傅一边学一边做，苦学苦练，终于掌握了本领。朱家振回忆道：“那时幼师在筹建阶段，学生未曾来校。先生率职工冒酷暑，挥铲攀登荒山野岭之间，披荆斩棘，胼手胝足，修建道路，架设简易房屋，以树皮为屋顶，削篾竹圬泥灰为墙壁，营建教室及师生宿舍，筚路蓝缕，惨淡经营，等一切草草就绪，师生也陆续来报到。先生率领他们一面上课，一面美化环境及补充未了工程。”②学校里的138名学生大都是十七八岁的女孩子，在家很少劳动。在陈鹤琴和老师们带领下，学生们发挥“小狮子”精神，干得热火朝天。山野中，清脆的歌声和富有节奏的劳动号子洋溢在风中，此起彼伏，连绵不断。因为是特殊时期，校舍和宿舍建筑不可能富丽堂皇，尽管简陋，但造型精美，尽显设计者独具的匠心。开荒筑路，松土割草，编帘搭屋，条件虽然艰苦，师生们的情绪依然高涨，因为他们用自己的双手，努力创造一个新的世界！大家唱着电影《大路》的主题曲《开路先锋》：“轰轰轰，哈哈哈，轰！我们是开路的先锋！轰轰轰，哈哈哈，轰！我们是开路的先锋！不怕你关山千万重！不怕你关山千万重！不怕你关山千万重！……”

① 《怀念老教育家陈鹤琴》，第147页，四川教育出版社，1986年7月。
② 《怀念老教育家陈鹤琴》，第142页，四川教育出版社，1986年7月。

像当年的晓庄师范一样，幼师的校园也没有围墙。在一条通往校园的土路上，周围是郁郁葱葱的松林，入口处放置着木制校牌，上面写着：江西省立实验幼稚师范学校。在另一条路上，两棵松树上端横悬着一块白色的大横匾，上面绘着一头充满稚气、生气勃勃的红色小狮子。校园中央竖立两块大牌：“做人，做中国人，做现代中国人”和“大自然、大社会都是活教材”。学校编级的方法颇有特色，第一届参加建校的学生被编为两个班：光明级和创造级，第二届为服务级，第三届为真理级，以下分别为建设级、互助级、劳动级、力行级、清廉级。专科部则为大公级和格致级。大公是陈鹤琴所追求的境界，他将学校办公室称作为大公室，用以自勉；格致意即“格物致知”，可解释为求知的方法。《礼记·大学》中有“致知在格物，物格而后知至”之说，明代王阳明也有“所谓格物致知者，致吾心之良知于事事物物也”的解释。数月前，陈鹤琴应邀在江西省政府召开的行政会议上，面对全省各地县和机构负责人一百八十多人演讲“活教育”。此后，陈鹤琴在江西各地作了多场演讲，听众中的赞成者占大多数，反对者亦有之。什么是“活的教育”？陈鹤琴的回答很简单，就是“不是死的教育”，“书本主义的教育就是死的教育”。①

在幼师，除了日常作息有统一的规定外，没有“禁止”或“不准”内容的校规，学校从未处罚过学生。在校中，陈鹤琴十分重视学生的仪表，要求整洁、朴素，尽管抗战时期物资匮乏，仍想尽一切办法使每名学生都有两件校服，一件是用黑、白两色粗棉纱混纺织成的灰色土布，被学生戏称为“蚂蚁布”做的旗袍，另一件是用深蓝土布做的工装背带裤。由会裁剪的同学自己动手，在背带裤胸前口袋缝上小狮子的标识，在灰色旗袍上镶上黑色花边。每个班级都用一种花作为班花，创造级是红色的小玫瑰花，光明级和服务级分别是菊花和兰花。他自己也穿着整齐笔挺的浅色服装，在上衣的小口袋里插着一朵小野花，满面红光、精神抖擞、和蔼可亲。

陈鹤琴对幼师的课程作了精心的设计，通过教学内容和目标真正做

---

① 《陈鹤琴全集》，第五卷，第24页，江苏教育出版社，1991年7月。

到使课程能够“活”起来：

1. 公民。公民注重做人，做现代的中国人。对于处世接物，我们都加以详细的讨论和研究，现在要做的，有几件事：

(1) 选定一二十种伟人传记，给学生一种做人的模范。

(2) 采用讨论方式，来研究人生的重要问题。

(3) 关于习惯方面的活动，我们给学生一种实习的机会。

2. 体育及游戏。体育及游戏分两部分，一部分为学生本身的体育，一部分为学生将来出去教儿童的节奏及游戏。

3. 卫生。第一是注重实际的卫生生活，第二是注重实习，第三是注重儿童营养。

4. 国语。对于应用的文字，有相当的发表能力，关于儿童的文学、故事、歌谣、谜语，都能创作编著。

5. 自然。对于普通自然的现象，应当有相当的了解；对于儿童所接触的自然，应当有充分的知识；还应当对自然有研究的兴趣，使儿童也能对事物发生探讨，追求真理。

6. 社会。注重现代的历史，注重当前的国际的问题，研究乡村社会的生活与本国的状况。

7. 美术。关于普通的人物、花卉，如人及猫、狗、鸡、牛、羊、花草、树木、房屋等各种活动和形态，都能画得像；能应用美术的原则，来丰富日常的生活，提高审美的观念。

8. 家事。能烧饭做菜，做各种点心，能缝纫，能做儿童的衣服，知道怎样布置家庭，知道怎样管理家政。

9. 音乐。能唱得悦耳动听，能弹普通歌曲，能引起儿童爱好音乐的兴趣。

10. 教育概论。明了教育原理、教育史、教育新趋势和各种教育法。

11. 儿童心理。知道儿童心理发展的过程，各种心理的现象，以及儿童心理怎样应用到教育上面去。

12. 保育法。知道幼儿的养育，幼儿的衣食。

13. 幼稚教育。明了幼稚教育的历史、原理，幼稚园的设备、教材、教法等。

14. 时事研究。注重抗战的进展，以及国际的问题。

15. 农艺。注重园艺、畜牧，使学生自己能够种菜栽花，饲养家畜。

16. 工艺。注重幼稚生的工作教材及日常生活所需的用具修制。

17. 实习。注重实习和讨论，创制教材，试验教法。①

幼师上课时采取一种开放的形式，别具一格。教室中摆设几张长方桌，每桌坐五至七名学生，其中有一个小组长，带领大家讨论问题。教师讲完课后，学生分组讨论，或由学生提出问题，教师予以启发。有时，学生重点发言，教师就作进一步补充。在教材选用方面，除教科书外，经常选用报章杂志上的文章作补充教材。有时，教师带领学生到自然和民间汲取新的营养，学习新的知识。如生物课，生物教师带着学生到野外寻找植物化石，认识和鉴别古生物、古植物生长的年代、地层和自然环境；近代史课上，教师组织学生到附近村庄走访农家。幼师还在校区里办了一个小实验工场和一个农场。实验工场主要制作教具、玩具。农场则为学生学习种植蔬菜瓜果、养鸡、养鸭、养猪提供实践场所，师生们在课余纷纷自觉到农场培土、浇水、施肥。晚会上，师生们就品尝自己的劳动果实——花生、番茄、草莓、西瓜，分享劳动带来的快乐。在陈鹤琴的办学主张中，教学与实践相结合，教学做一体；强调实践，包括培养学生动手能力；重视学校附设幼稚园、工场、农场等实践、实验场所的建立，力求使教学、研究、实践体系完整。

① 《陈鹤琴全集》，第五卷，第18—20页，江苏教育出版社，1991年7月。

幼师的生活丰富多采，充满活力。老师将十几种劳动组合起来编排成早操，学生们按劳动节奏边唱边做拉绳索、锯木、织布、划船等动作。上下午是集中上课学习，每周举行两三次分组集会，冬季开夕阳会，夏季开月光会，师生们一起欣赏音乐、谈天说地、讲故事、朗诵诗歌、表演歌舞，有时也探讨学术或讨论时事。有时，陈鹤琴也会露上一手，为师生们表演翻筋斗、“麻雀跳”，兴致很高。他还会高兴地唱起《小兵丁》，举起手杖，做着操演、刺杀各种动作，活泼有趣。有的师生担心校长已年近五旬，恐有闪失，他却不在乎，依然活力十足。学校中的气氛积极、向上、融洽、和谐。为了锻炼学生的生活管理能力，学校许多行政事务由学生管理。学校的伙食由各班级代表组成的管理委员会管理，每日所需蔬菜及副食品采购按班级由学生担任，伙食烹饪也是由学生轮流完成，这样既能培养学生的动手能力，也提高了学生的服务精神。幼师的学生来自四面八方，有的是从沦陷区逃难而来，也有慕“活教育”之名专程前来求学的，还有地方保送的，其中有的曾是抗日军队的女兵或大户人家的童养媳，她们遍及东南各省，来自不同的家庭。“这些年轻女孩子们常常课余在桃花坞或放鹤亭旁散步，或找个僻静之地促膝谈心，相互倾谈心中的隐秘，讨论祖国的前途、人类的理想，向往着兄弟们去的地方。”①幼师的教师都有相当的教育背景与经历，具有较高学术造诣和丰富的教学经验。师生们互相关心，感情深笃。在幼师，陈鹤琴提倡老师要做学生的朋友、知心人。他十分关心学生，能叫得出每一名学生的名字。他常与学生们在一起劳动、谈心。由他亲自讲授的儿童心理学课程深受欢迎。当学生遇到困难时，他总会想尽办法帮助解决，就像对待自己的子女一样。他对家在沦陷区的学生们深情说道：我的家乡也是沦陷区，我和你们一样也是流亡的难民。但是我现在是幼师的校长，你们是将来的小学教师，我们都是做儿童教育工作的，一心想着儿童，就不会有什么烦恼了。

在一个春光明媚、鸟语花香的季节，新来的女生程家玉走在幼师的校

① 《怀念老教育家陈鹤琴》，第 172 页，四川教育出版社，1986 年 7 月。

园里。几十年后，她记述了一个难忘的场景：

想当年，我背着被子，手提小木箱，一步步地向前迈进。一路上，同学们的歌声、笑语声、背诵英语声，令人神往。那活泼、欢乐的气氛，冲跑了我对父母的思念。我疾步跨进校园，远远看见一位中等身材，圆圆脸庞，穿着西服的慈祥长者向我走来，接过我的背包和手提木箱后，双手紧紧地拥抱着我。他说："欢迎你，我亲爱的孩子！"又对一位同学说："请你把新同学的行李搬进寝室安排好，让她休息吧！"然后他挥挥手说了一声"再见"。①

当年幼师学生楼鸣燕回忆道：

教室里一时还没有课桌椅。老师站着讲，学生站着听，站着记笔记。这一天是陈校长给服务级（每个班级都有名称，如光明、创造、服务、劳动）同学讲儿童心理学课程。一会儿春风送来了美妙的乐曲，扰得全班同学如醉似痴，竟没有一个人知道校长已悄悄地离开教室。

琴声戛然而止，大家才惊觉上课。只见校长笑吟吟地从门外进来。刹时笑声一片。

"燕老师拉得实在好，你们都听呆了。现在上课，以后你们去向燕老师学。"校长笑着说。②

楼鸣燕还在文中讲了一个小故事：

一个刚从浙江来江西的同学，她不懂江西话，陈校长就找来一个浙江籍的同学并对她说："请你带带这位新同学。"于是她带新同学去寝室、领校服、领碗筷、去食堂。食堂无空位，只好带她到厨房。新同学有些不高兴了。厨房里，她看见两个姑娘坐在烧火凳上吃饭，另两个捧着碗站在门口吃，新同学想：这一定是雇来的人。

"没有凳子，你就站在这里吃。"她指指工作台旁边，就走了。新

---

①② 《鹤琴之声》，第6期，1998年10月。

同学就更不高兴了。

“让一让。”新同学刚扒了两口饭，过来一个男校工，叫她走开。那校工盛了饭竟站着不走了。这一下，她再也忍耐不住了，感到非常委屈，就把饭碗甩在地上，奔到宿舍大哭，一边哭一边捆铺盖，打算走了。

不知道谁把校长请来了。他像老祖父对撒赖的小孙女那样慈祥、平静地说：“碗打碎了，饭浪费了，多可惜！不吃饭，要饿肚子的，再去领个碗，快吃饭去。”这个新生满脸泪痕，呆呆地望着微笑的校长。

后来她才知道烧饭的都是同学，每天四个同学值班。那个男的是校工，同学们都称他为工友。早晚两餐吃粥，中午才吃饭。抗战时期缺粮，学校里的粮食全靠校长东奔西走才弄来的。“真可惜”，浪费了粮食可惜，甩掉了校长的爱心更是内疚万分。①

在陈鹤琴面前，学生们毫无拘束。平日里，在校园，学生遇到陈鹤琴说一声：“校长好！”陈鹤琴慈祥地微笑、点点头，有时还会笑容满面地拍拍学生肩膀，询问学业和生活情况，有时也会与学生一同走上一段路，拉拉家常聊聊天，非常平易、亲切。幼师的学生们都亲热地叫他“妈妈”，他也十分高兴学生们这样地称呼自己。有一天，陈鹤琴在通往校园的大路上看见有一个十六七岁的女学生在抹眼泪，他走上前去对女学生说：“你有什么难事吗？为什么在这里哭？”女学生没好意思道出读幼儿师范没有前途，想改投别的学校的真情，低着头像受了很大委屈似的小声说：“我想妈妈！”陈鹤琴轻轻拍了拍她的肩膀，用手指着山上一幢幢新建的校舍，和蔼地说：“同学，你看我们的学校有多美，这些房子盖得多漂亮。”女学生咬着嘴唇点点头。陈鹤琴关切地看着她，然后说道：“不要想家，我就是你们的妈妈！”过了几天，陈鹤琴在校园里又遇见了这个女学生，他走上前去亲切

① 《鹤琴之声》，第6期，1998年10月。

地对她说:“你不记得我了吗？我是你们的妈妈呀!”此情此景,这个女学生记了一生。

幼师学生胡鑫回忆:

当年,刚进幼师时,因为来得晚,只能坐在最后一排位子。我是近视眼,根本看不清老师在黑板上写字,所以每次上课时,只好坐在那里发呆。有一天,教室里进来一位穿着蓝色长衫的中年人,他自我介绍说他是校长。他讲得一口绍兴官话,我根本听不懂。但他说的最后一句话,我倒听明白了。他问道:“同学中间有没有近视眼?”我赶忙举手,大声说:“我是近视眼!”他说:“你坐在那么远,怎么能看得见呢?”我回答:“根本看不见!”于是,他就走到坐在前面的一位同学身旁,很和蔼地说:“你看那位同学是近视眼,很可怜喽！你可不可以同她调一个座位?”那位同学点点头。他仍有些不放心,又问道:“你的眼睛怎么样,坐在后面能看得清吗?”那位同学说:“我的眼睛好得很,能看得清。”于是,我就坐在了前排的座位上。

陈鹤琴十分重视学生道德品质与行为习惯的培养。他提出“从小到大”、“从人治到法治”、“从不自觉到自觉”、“从知到行”、“从空口说教到以身作则”等13条训导原则,强调对学生教育应贯彻“自知、自觉、自我教育”的原则。他在大礼堂门口专门设了一块黑板,要学生每天写一条中外名人的语录,教导做人、做事、做学问的哲理。幼师还开展“日行一善”活动,培养学生乐于助人、舍己为人的思想品德和道德情操。

对于有过失的学生,陈鹤琴从不当面批评,他会笑眯眯地用眼神注视学生,轻声讲话、交流,他的笑容使犯错的学生感到惭愧并铭记在心。陈鹤琴说过:“言行只是你意识中一个方面的反映,如果重新让你再做一次,你会是另外一个样子。”

邢舜田回忆道:

有一次到高农校参观,两校相距二十余里,一半是山路。到达高农时已近中午。吃过自带的干粮，稍事休息，高农请校长介绍“活教育”作讲演，然后是两校同学联欢。结束时已是太阳西垂。我们加紧脚步往回走，前锋刚下山，突然乌云压顶，雷电交加，大雨倾盆而下。这时还有一部分同学困在山上，我们请校长先走，校长坚持不肯。我们一些健壮同学又冲上山去，把处在险境的同学全部接下山来。大家不知滑了多少跤，摔得满身泥水，但还是一路欢笑，一路歌声，回到学校已经午夜了。在灯下相对而视，哄然大笑。一天的疲劳都笑跑了。校长就是这样乐观，永远兴致勃勃。①

陈鹤琴希望学生更加热爱生活、热爱大自然，在抗战时期的艰苦条件下，充满热情和信心。当年幼师学生李平江回忆：

他总是不失时机地用他对生活和自然美的感受来启迪我们，感染我们，让我们用自己双手，创造美的环境，校长带领我们用自己双手编稻草盖屋顶，用竹片和泥搭墙。我们的课桌是一张张大的粗糙的木桌，几个同学围坐，环境单调极了，校长告诉我们，山坡上有许多采不完的野花，还有一种叫做“乌不食”的红果，可以用来装饰我们的环境。于是，我们采集了一束束紫色、黄色的野花，顿时，教室显得美了，我们的精神面貌也似乎美了，生活中多了许多情趣。②

不多久，昔日的荒山变成乐园，文江有了一片崭新的气象。当时到过文江的许多名人都要来幼师看一看，其中不乏陈立夫、熊式辉等军政要员，也有夏衍、于伶、雷洁琼等文化界、教育界名流。

前全国人大副委员长，时任中正大学教授的雷洁琼回忆当年情形：

幼师建立在文江村一片荒山上。抗日期间，泰和办学条件极为

---

① 《怀念老教育家陈鹤琴》，第148页，四川教育出版社，1986年7月。
② 《鹤琴之声》，第9期，1999年6月。

艰苦，我第一次去参观时，看到陈先生亲自带领学校教师和学生开辟荒山，砍伐毛竹，建造校舍。为了解决师生饮水困难，陈先生率领师生在荒山上寻找水源。在抗日战火弥漫的艰苦岁月里，陈先生坚持教育必须适合中国国情，主张办学要平民化和中国化。我对陈先生艰苦创业的献身精神，十分敬佩。

我第二次到文江村参观时，幼师已经建设完成，荒山变成美丽的校园，幼师的教学楼、宿舍楼和大礼堂造型精巧而朴实。我还参观了幼师教学的情况。幼师上课形式与一般学校不同，课室内摆几张长方桌，六七个学生围坐一桌，每桌有一个小组长。老师讲课后，学生分小组讨论。陈先生提倡"活教育"，要求教师教活书，活教书；要求学生读活书，活读书。大社会和大自然都是活教材。学校开办了农场和工场，推行"做中学，做中教，做中求进步"，"手脑并用"的教学原则。陈先生倡导的理论联系实际的教学原则，是我们今天办学的宝贵经验，是值得我们研究和学习的。①

当时，在幼师校园里流传着一首《醒狮歌》，从中能够感受得到陈鹤琴对于幼师未来所寄予的期待。歌中唱道："醒呀！醒呀！醒，大家一起醒。醒呀！醒呀！醒，唤起中国魂！"陈鹤琴对师生们说："每个人心中都有一只狮子。"当时人们将中国喻为睡狮，故称国人就是睡狮之子。陈鹤琴曾告诉学生们："小狮子作标帜有双重意义：它不仅代表我们幼师，还象征着中国幼儿。人们常把中国比作一头巨狮，只是因为近百年来巨狮沉睡了，所以遭到别人宰割。校旗上的小狮子是巨狮的后代，只要好好培养教育它，长大会成为觉醒的巨狮的。"幼师还有一首人人都会唱的歌，这是陈鹤琴亲自作词的一首劳动时唱的号子，歌词是："吼！吼！我们的幼师真好！吼！吼！我们的幼师真好！美丽的幼师，改造环境；前进的幼师，大放光明！"

① 《北京教育通讯》，1992 年第 2 期。

四 “活教育”的诞生

1941 年 1 月，由陈鹤琴主编的《活教育》月刊在江西出版，标志“活教育”理论开始形成。一年多以前，陈鹤琴在上海出版的《小学教师》月刊创刊词中曾提出了反对“死教育”、倡导“活教育”的基本理念。《活教育》发刊的主旨为：(1) 建设教育理论；(2) 辅导教师进修；(3) 提供具体教材；(4)讨论实际方法。

陈鹤琴在各时期主编的部分教育刊物

陈鹤琴在《活教育》发刊词中写道：

“教死书，死教书，教书死，

读死书，死读书，读书死。”

这两句话是陶行知先生在十年前描写中国教育腐化的情形。这种死气沉沉的教育到今天恐怕还是如此，或许更糟一点。

我们应当怎样使这种腐化的教育，变为前进的，自动的，有生气的教育？怎样使教师教活书，活教书，教书活？怎样使儿童读活书，活读书，读书活？

这个问题，实在很重要，这个使命，实在很重大，本刊发行的惟一宗旨，就是想负起这个使命一部分的责任。我们不愿墨守成规，来贻误子弟，我们要研究所有的教材，是否适合儿童的需要。我们要研究所有的教法，是否能够引起儿童的兴趣，启发儿童的思想，培养儿童创造的能力。我们要研究种种教学上的设施，是否合于儿童的心理。我们要检讨既往，策励将来，把所有的教材重新估量，把所有的教法重新研讨。我们要利用大自然、大社会做我们的活教材。我们要在做中教，做中学，做中求进步，我们要有活教师，活儿童，以集中力量改进环境，创造活社会，建设新国家。①

陈鹤琴将"活教育"简要概括为，用"活"的教师去教"活"的儿童。他将"活教育"与"死教育"之间的十大区别逐一列举。

活教育：

1. 一切设施、一切活动以儿童做中心的主体，学校里一切活动差不多都是儿童的活动。

2. 教育的目的在培养做人的态度，养成优良的习惯，发现内在的兴趣，获得求知的方法，训练人生的基本技能。

3. 一切教学，集中在"做"，做中学，做中教，做中求进步。

4. 分组学习，共同研讨。

5. 以爱以德来感化儿童。

6. 儿童自订法则来管理自己。

7. 课程是根据儿童的心理和社会的需要来编订的，教材也是根据儿童的心理和社会的需要来选定的，所以课程是有伸缩性，教材是有活动性而可随时更改的。

8. 儿童天真烂漫，活泼可爱，工作时很静很忙，游戏时很起劲很

① 《陈鹤琴全集》，第五卷，第1页，江苏教育出版社，1991年7月。

高兴。

9. 师生共同生活，教学相长。

10. 学校是社会的中心，师生集中力量，改造环境，服务社会。

死教育：

1. 一切设施、一切活动，教师（包括校长）是中心是主体。学校里一切活动差不多都是教师的活动。

2. 教育的目的，在灌输许多无意义的零星知识，养成许多无关重要的零星技能。

3. 一切教学，集中在“听”，教师口里讲，儿童用耳听。

4. 个人学习，班级教授。

5. 以威以畏来约束儿童。

6. 教师以个人主见来约束儿童。

7. 固定的课程，呆板的教材，不问儿童能否了解，不管与时令是否适合，只是一节一节的上，一课一课的教。

8. 儿童呆呆板板，暮气沉沉，不好动，不好问，俨然像个小老人。

9. 师生界限分明，隔膜横生。

10. 校墙高筑，学校与社会毫无联系。①

“活教育”理论最初的内容简括为三大目标：做人，做中国人，做现代中国人；大自然、大社会都是活教材；做中教，做中学，做中求进步！

1941 年 3 月，陈鹤琴提出“活教育”教学原则 10 条，以后陆续完善、充实为 17 条：

原则一：凡是儿童自己能够做的，应当让他自己做。

原则二：凡是儿童自己能够想的，应当让他自己想。

原则三：你要儿童怎样做，就应当教儿童怎样学。

原则四：鼓励儿童去发展他自己的世界。

① 《陈鹤琴全集》，第五卷，第 30 页，江苏教育出版社，1991 年 7 月。

原则五：积极的鼓励胜于消极的制裁。

原则六：大自然大社会都是我们的活教材。

原则七：比较教学法。

原则八：用比赛的方法来增进学习的效率。

原则九：积极的暗示胜于消极的命令。

原则十：替代教学法。

原则十一：注意环境，利用环境。

原则十二：分组学习，共同研究。

原则十三：教学游戏化。

原则十四：教学故事化。

原则十五：教师教教师。

原则十六：儿童教儿童。

原则十七：精密观察。①

陈鹤琴写道：

"活的教育"是学校的校训，主要有以下几点：

（一）发展学生个性，引导体格健康，鼓励创造能力，培养合作、坚韧和热心为公众服务的精神。

（二）从接触大自然和大社会中获取第一手知识和经验。

（三）使用"做中学"的方法。②

在幼师，从未有学生受过处罚。陈鹤琴常说，对学生记过、开除，这只能说明教师的无能，是自己教育失败的结果。他一贯尊重学生的人格，非常重视对学生人格的培养，因此十分反对学生考试一定要由老师监考的做法，他说这是对学生人格不尊重的表现。在他的力主下，幼师实行"荣誉考试制"，在考试之前，积极做好学生自己管理自己、尊重自己人格的思

① 《陈鹤琴全集》，第五卷，第74页，江苏教育出版社，1991年7月。

② 《陈鹤琴全集》，第六卷，第298页，江苏教育出版社，1992年1月。

想教育。先经过两个班级作试点，情况良好，然后全面展开。陈鹤琴常告诫同学们，要懂得尊重别人，培养良好的行为习惯，如进别人门时要轻轻敲门，得到主人允许后再进去；开会时，进入会场应轻轻走进去。他亲自示范，踮起脚尖悄声迈步。

1941年3月的一天，幼师校园里传递着一个消息，明天是校长的五十大寿，学生自治会向各班布置任务，准备隆重庆祝。第二天晚上8点，礼堂里灯火辉煌，师生们个个喜气洋洋，有说有笑，手上拿着自制的花环、花篮。庆祝会开始，师生代表分别献上祝寿词，然后大家一道高唱校歌。接下来，师生们上台表演拿手节目，有歌舞、相声，其乐融融。白天，有一个班级的女孩子商量送礼物的事，大家身上都没有钱，买不成什么像样的东西。有人从山上捡回了一顶破旧竹笠，心灵手巧的女孩子们将采回的野花、树叶、青草插满竹笠，成为了一顶美丽的花冠。当陈鹤琴戴上这顶花冠，台下的学生们兴奋地鼓掌。然后，陈鹤琴又一次表演了看家节目《小兵丁》，只见他扛着手杖，神气十足地行进。兴奋之下，他不顾50岁年纪，居然打起筋斗和“麻雀跳”，全场气氛达到高潮。晚会结束时，礼堂里回荡起歌声：“祝校长生日快乐！”歌声划过星月，响彻夜空。

1941年11月，陈夫人俞雅琴带着四个孩子秀云、一飞、一心、秀兰一路颠簸，风尘仆仆从上海经香港辗转来到泰和。在孩子们的眼里，久别的父亲头发已经有些花白，脸上刻下了皱纹，穿着一身沾着泥土的工装，但看上去精力仍十分充沛。陈鹤琴了解到，他的母亲曾从楼梯上摔下，不禁十分担心。不久，母亲离世，陈鹤琴闻讯后，心中悲痛至极，痛哭失声。

陈鹤琴带着孩子们在山林中转，指着一座座用竹蔑作墙，树皮、草帘盖顶的房屋娓娓道来，这是教室，那是宿舍、礼堂、办公室、图书馆、诊疗室、附小和幼稚园。有一次，他带着儿子一飞走到一个山坳，讲起了上山找水源的经过，他说当时大家把找到的水源称作“抗战自来水”。

一飞、一心都还记得，当母亲带着他们走进父亲亲自设计的一座竹木结构的新屋时，发现其中有一间房的墙壁没有抹泥，也没有粉刷。父亲对一飞、一心说：“这是我给你们安排的第一课。”接着他指着请来的泥瓦匠师傅:“你们好好向师傅讨教!”两个孩子就跟着泥瓦匠干起活来。

是年年底,陈鹤琴的《我的半生》和《写给青年》两本书分别由江西教育用品厂和桂林华华书店出版,他撰写的《一个活的林间学校产生了》、《松林中新生的幼师》、《活教育与死教育》在上海《小学教师》杂志上发表。在千里之遥的陕北召开的陕甘宁边区新文字协会第一届年会上,未能到会的陈鹤琴被推选为名誉主席团成员。

1942 年夏天,幼师派往重庆进修的邢舜田带回陶行知书赠陈鹤琴的条幅——“谦谦君子”。10 月间,陈鹤琴动身前往重庆,此行的目的是向教育部请求将幼师从“省立”改为“国立”,同时成立幼稚专科。师范改革,是陈鹤琴教育实践的另一个目标。陈鹤琴认为,要培养优良的国民师资,必定要改进现阶段的师范教育。他主张“师范教育一定要实验”,只有经过实验,才能获得切实的改进。他提出:“不但师范课程要实验,教材教法也要实验,以至师范学制种种,都要通过实验和研究,才能产生一部恰当而完整的师范学校新课程,适合中国国情的师范教材和教法,然后才有完美的新学制。”[①]沿途,他应邀在桂林、重庆和福建等地作了多场学术演讲,介绍“活教育”,还为戴自俺、孙怀琮等编著的《国民教师手册》校订并题词:“良师伴侣”。在重庆,陈鹤琴见到了教育部部长陈立夫。陈立夫曾在五六年前对陈鹤琴在上海推行拉丁化新文字表达过不满,但对幼师却留下很好的印象,因此对于陈鹤琴所提出的改“省立”为“国立”和增设幼稚专科的要求表示同意。

1943 年 2 月,国立幼稚师范专修学校的牌子正式挂了出来。至此,幼师已具备婴儿院、幼稚园、小学部和国民教育实验区一整套完整的机制,建立起从初级到高级的幼稚师范教育体系。陈鹤琴时刻思考着这样的问题:欧美各国新教育所制定的学制、课程、方法等,都是适合本国国情的,因此欧美的师范教育各国有各国的特点。而中国之所以不能创立一个适合自己国情的师范教育,只是一味跟着欧美走,就是因为没有在师范

① 《陈鹤琴全集》,第五卷,第 39 页,江苏教育出版社,1991 年 7 月。

教育上下一番实验研究的工夫。陈鹤琴指出，过去的师范教育专注重书本教学，徒然养成儿童死读书和读死书的习惯，“所以过去国民教育之失败，未始非师范教育之失败所使然。”①为使“活教育”得到广泛传播，幼师联合国立中正大学附属小学、省立南昌实验小学等学校，共同进行了“活教育”的实验与研究。

幼专学生周懋绮写道：

> 1943年我在幼师毕业时，刚好学校要创办幼专，我的婆家听说我要上幼专，即刻来电，不准我再读书，否则跟我断绝经济关系。我接到电报，如判死刑，我立即找校长汇报。他老人家同情我的遭遇，反复安慰我，鼓励我向黑暗势力斗争。过了几天，陈校长高兴地把我叫到身边，摸着我的头发说：“你不是喜欢弹琴吗？我们让你每周教幼师新生四节课，教他们弹琴，这样半工半读，可以一直念到幼专毕业，你看这样好吗？”当时我激动得说不出话来，过了好一阵才断断续续地回答：“我一定努力学习，决不辜负您的希望。”②

幼专另一位学生漆竟余因参加学潮被原在读学校开除，抱着求生存、求继续学习的一线希望前来报考。考生们在教务长雷震清的主持下进行笔试、口试和声乐面世。她选唱的歌曲是那首著名的《松花江上》，被公榜录取。漆竟余清楚地记得：

> 1943年9月1日正式开学，陈鹤琴校长在幼专开学典礼上致词时说：“欢迎你们来到我们这个大家庭。这里是培养中国新一代幼稚教育中、高级教师的学校。当今中国幼稚教育很不发达，有少数幼稚园和幼稚师范也是外国教会办的，幼稚园和幼稚师范的教师多是外国传教士、牧师、嬷嬷，我国更没有培养幼稚教育的高等专业学校。为了中国儿童的幸福，为了中华民族将来的强盛，必须培养自己的师

---

① 《陈鹤琴全集》，第五卷，第41页，江苏教育出版社，1991年7月。

② 《怀念老教育家陈鹤琴》，第179页，四川教育出版社1986年7月。

资，你们就是中国第一批高等幼稚教育师资和研究人才。”他还说：“我希望新的幼稚园教师要富有劳动生产技能，富有建设组织能力，不但人格、行为可做人们的楷模，而且在服务和为人方面能做人们的榜样；不但要做一个有学问的好老师，而且能做一个好的社会领导者。”①

1944年2月，陈鹤琴主持召开实验“活教育”筹划会议，与会人员包括幼专、幼师、附小、幼稚园全体教师和有关学校校长、教师及教育界人士。会议主要议题为“‘活教育’的课程及教学实施问题”。会后成立“活教育”课程起草委员会，制定了“五指活动”实施大纲草案。“五指活动”具体内容是：(1)儿童健康活动；(2)儿童社会活动；(3)儿童科学活动；(4)儿童艺术活动；(5)儿童文学活动。陈鹤琴形象地用人的五个手指作比喻，说明儿童教育与儿童生活、环境互相联系，有不可分割的完整性、系统性。据刘于艮回忆：

> 于是在1944年春节之后，立即召开“活教育”研讨会，还请了中正大学的几位教授参加。经过几天讨论，决定将附小全部课程合并为健康、社会、自然、文学和艺术五种活动。当讨论活动的定名时，有的提名“五项活动”，有的提议为“五种活动”等等，先生独排众议，主张称为“五指活动”。也有人认为活动与手指无关，这是标新立异。先生笑嘻嘻地说，我们教学虽从五个方面进行，但教育工作毕竟是不可分割的整体；正如一只手上五个指头，看起来虽是各自独立，各司其责，但实际上是血肉相联的整体，我把这五项活动以“五指”名之就是这个道理。②

到1943年，文江已成为集教学、实习、实验与研究融合一体的“活教育”实验基地。坐落在山林中的校舍错落有致，山林高处是幼专各班级，

① 《童心拓荒》，第66页，南京大学出版社，2001年10月。

② 《童心拓荒》，第86页，南京大学出版社，2001年10月。

分别为格致级、大公级、至诚级，山林中部是幼师的服务级、建设级、互助级、劳动级、清廉级，稍低处是小学班、幼稚班和托儿班。作为幼专、幼师教学实践园地，山坡上是学校附设国民教育实验区的工厂、农场等，山脚处建有图书馆、阅览室、运动场。校舍占地面积约340亩。

在课程方面，先后开设普通教育学、心理学、儿童心理学、幼稚教育学、儿童心理研究、儿童卫生学、儿童文学、幼稚园教材教法研究、教育实习等专业课程和体育、音乐、钢琴、美术、园艺、家政和劳动科目。使用的教材除专业课程及普通课程的部分课本外，多为授课教师编印的讲学提纲或讲义。除此而外，在泰和的许多教育家、文学家、生物学家、艺术家、海洋学家、经济学家和中正大学、医学院的兼职教授、专家、学者经常来校讲课。陈鹤琴自己也经常开办讲座，以自己求学的经历、感怀和所思所悟，启发和引导学生开阔视野，增长见识，提高分析问题和解决问题的能力。他还深入介绍欧美幼稚教育现状，反复强调根据中国国情建立中国化幼稚教育的重要性。

“活教育”诞生了！

当年江西幼师的同学都会唱这样一首歌：

幼师——光明！幼师——光明！
就像那玉兔东升，红日西沉！
幼师——光明！

第十四章 “活教育”的诞生(下)

一 赣 州

1944年3月,随着战局进一步发展,日寇南进,丰城、樟树接连失守,吉安告急,泰和城内人心惶惶。由前线撤下来的军队和伤兵源源不断,幼师师生成立了服务队,为路过文江村的受伤士兵包扎伤口,端茶送饭。5月,形势进一步恶化,曾经被称为最吃硬的湘桂线吃紧,位于湘赣交界的莲花、界化陇一旦失守,泰和就危在旦夕。在泰和的各大机关、学校纷纷撤离、疏散,教育部即将转移;许多学校就地解散,幼师和幼专也接到了撤退的命令。这时,传来中正大学战地服务团在新淦被敌人包围,团长姚显微教授和团员吴克昌同学在突围中殉难的消息。顿时,泰和的空气更加紧张。陈鹤琴立即召集行政人员开会,共商办法,做出了迁往赣州的决定。随后,陈鹤琴派人前去赣州洽商新的校址,同时设法借调经费、粮食并准备交通工具。他将全体师生召集到大礼堂开会,一改往日笑容可掬、亲切慈祥的表情,这一次,他闭上眼睛半晌才开口说话:“同学们,我们将要离开我们大家共同甘苦建立起来的美好家园,迁往赣州……”停顿了一下,他在竭力控制自己的感情,台下的同学有的低着头,有的在流泪。他把目光转向礼堂外面,低声说:“我们会如何留恋这块我们自己创造出来的美丽校园!”同学们听了后更加难过,礼堂里一片低低的哭泣声。陈鹤琴又一次闭上眼睛,平静了一下心情,然后将学校搬迁的计划向大家报告。散会后,同学们一下子慌乱起来,有的说先回家,有的说准备投靠亲友，也有喊着要参军的。最后，绝大多数同学取得了一致，跟着学校走。离开文江前，陈鹤琴常常独自在校园的松林中和山坡上徘徊，他内心的留恋与凄凉可想而知。

从泰和撤退前，互助级的同学王杰因没有父亲，与母亲相依为命，陈鹤琴同意她们母子随学校转移。王克明同学的父亲是小职员，无力带家眷疏散，陈鹤琴找来一辆小推车，由王克明推着小车带着母亲、弟妹一道逃难。全校师生随着人群向南行进。沿途，成千上万的人冒着风雪严寒，拥挤在漫长泥泞的公路上。陈夫人带着孩子们也随着学校师生步行在逃难的人流中，颠沛流离，饥寒交迫，历尽艰辛，终于到达赣州。

赣州是一座古城，汉高祖六年（前201）设县，晋朝时为南康郡，宋朝始称赣州。北宋大文豪苏东坡和南宋爱国将领、文学家辛弃疾都曾驻足于此，留下传世诗文；民族英雄文天祥曾任赣州知府，组织新军，高举抗元大旗。赣州城内，古街、古巷、古民居、古城墙保留完好，市区三面环水，贡江与章江合流，注入赣江。自1939年6月，蒋经国出任江西省第四行政区行政督察员兼区保安司令，辖赣南11县，提倡建设新赣南运动。1940年1月，蒋经国在当地举行的春节座谈会上首次阐述了“推行新政治，建设新赣南”和三年实现“五有”（按：即人人有工做、有饭吃、有衣穿、有屋住、有书读）目标。蒋经国对教育和师资尤为重视，由他亲自担任村长和校长的中华儿童新村和正气中学，因采用了苏联的先进设施与管理而名噪一时。陈鹤琴曾记载：“那时赣州有一个叫儿童新村的，实际上是赣州儿童教育的大本营，其一切设施、教学，也都采用活教育的原则来办理，所以在赣州的这一个时期内，我们可以说，是把活教育的种子直接散播在赣南各县的土地上。”①由此可见“活教育”在当时所产生的广泛影响。

幼师、幼专迁到赣州后，由于找不到合适的校址，只得将师范部设在城郊梅林镇，借用省立赣州中学一些空置房屋，专科部被放在东门外天竺

① 《陈鹤琴全集》，第五卷，第58页，江苏教育出版社，1991年7月。

山一座年久失修的公园里，找了几间旧房作校舍。陈鹤琴每日往来于两地之间。由于借用的中学校舍残缺不全，条件十分简陋，陈鹤琴向教育部申请到了经费，带领师生自己动手设计、拼凑、改造，将本已破烂不堪的老屋改造成简易、适用的校舍，又请一些知名教授、学者前来授课，厦门大学海洋研究所所长唐世凤、英籍学者格林和著名报人曹聚仁、作家王西彦都曾来幼师讲过课。经过一段时间不懈奔波、努力，总算将学校暂时安顿下来。陈鹤琴常常将学生们聚集到赣江边、榕树下，在大自然、大社会的新课堂里畅谈人生和教育理想。尽管条件艰苦，他风趣地表示："假若还有来世，我还要选择为幼教事业奋斗的道路。"①

梅林是一个偏僻的小镇，初迁至此的师范部女生们常跑到赣江边上洗衣。有一天，互助级女生徐邦荣约了同学去江边洗衣，因一时高兴走到停在岸边的竹排上眺望，不幸坠入江中，被湍急水流冲走。当时在旁的同学，一面下水救人，一面大声呼救，等附近的老百姓和学校师生赶到时，已见不到落水者的影踪。陈鹤琴得知这一消息时，竟一下呆住了，然后急忙赶往江边，像母亲失去爱女，沿江边跑来跑去，终于无望。师生们央求村中百姓帮忙打捞尸身，但村上开出的价钱使大家束手无策。这时的幼师经费告罄，连伙食几乎都成问题。结果，陈鹤琴只好将自己的私人衣物拿去抵押，又凭自己信誉担保借来一些钱，方才与当地乡民谈妥，将徐邦荣的尸身打捞出来。为此，陈鹤琴前后奔跑了一个星期。在公祭仪式上，陈鹤琴表达了对遇难同学的哀痛和惋惜之情。死者的哥哥沉痛地说："我接到学校的电报后，对幼师简直恨之切骨，但来了以后，又觉得自己不该错怪人，陈先生真不愧为教育家，青年们的良导师。我妹妹的死，绝不能责怪学校有所不合理。这是敌人杀死她的，我要向敌人清算；漠不关心的政府也得负一部分责任。希望胜利能把这些毒汁消灭，偿还血债，更要抢救与我妹妹同样命运的更多同学。我痛心！我也知道陈先生、老师们、同学们也和我一样的悲伤着……"

---

① 《怀念老教育家陈鹤琴》，第 184 页，四川教育出版社，1986 年 7 月。

有一天，一名女生接到家中来信，得知兄长和父亲因战争和瘟疫传染相继去世，便决定乘车赶回家中。陈鹤琴闻讯赶来，拉住女生的手，十分恳切地说道：“你的心情完全可以理解，但现在不能走，你走的这条路很危险。学校里有我校长在，就有师生在，就有你在！”女生听了校长的话留了下来。仅仅几天之后，日军就截断了该女生原定回家的路线，她得以免遭意外。

1945年1月，日军再次发动对赣江的攻势，赣州城内一片恐慌。尽管蒋经国信誓旦旦，要像苏联保卫列宁格勒一样与赣州共存亡，但仍不能安定人们的情绪。几乎所有在赣州的党政机关、学校都在紧锣密鼓地安排撤退和疏散。在赣州的许多学校都接到就地解散的命令，幼师和幼专师生也十分恐慌。学校在赣州刚安顿下来又不得不再度迁校，钱、粮和交通工具均无着落。陈鹤琴一面安抚大家说：“我是一校之长，我就是讨饭也要带着你们一起走，决不丢下一个”；另一面又四处奔走，设法筹集撤退经费。他直接去了专员公署找到蒋经国，请求签发教育部拨给幼师的100万元迁校费。与当初欢迎幼师来赣州的态度天壤之别，蒋经国非常冷淡，一口回绝。谈话结束前，蒋经国还劝说陈鹤琴将学校解散，自己带着家眷去重庆。陈鹤琴气鼓鼓地从房内走出，脸色十分难看。关于这次不愉快的谈话，陈鹤琴的记载是：

> 1945年1月26日，撤离赣州前夕，重庆教育部电汇100万元给幼师、幼专作为遣校费。江西裕民银行由蒋经国控制，取款必须他签字。我跑到专员公署找蒋，他不见；我进他的办公室，他坐着不动，说我不能签，我就愤然不告辞而去……

没过几天，前一天还在劝谕人们不要惊慌，口口声声说会亲自领导军队守城的蒋经国，就已经乘飞机离开赣州到达重庆。消息传来，城内近30万百姓顿时惊慌万状。往日以廉明、清正、亲民、干练而深得人心的蒋大公子，顿时间形象不复，人们失望至极。许多青年学生在街头将当时学校统一配发的一种白帽子（按：指中正帽）抛向空中或摔在地上。于是，红极一时并享誉大后方的新赣南神话破灭。

赣州城里，空空荡荡，一片狼藉。四处奔波的陈鹤琴拖着疲惫的身体，两手空空，心中不免焦虑万分，但他仍未放弃最后的希望。这时，失业青年谷斯范站在了陈鹤琴面前。

谷斯范记述道：

我第一次跟他（按：指陈鹤琴）结识，在一九四五年一月底，日寇进犯赣州的前夕。当时我正处于走投无路的窘境，没有职业，又穷得身无分文，想逃离赣州，谈何容易。在这危急的当儿，听到个消息说陈鹤琴先生任校长的国立幼稚师范学校师生，从泰和南下经过赣州。我跑去找陈先生。当时全城笼罩着可怖的战争气氛，没有一家店铺是开着的。我找到目的地，扑了一个空，师生们已撤退到离城十五里的梅林去了。我大失所望，问一个守着空屋的办事员模样的中年人："他们全走了吗？"

"不，陈校长还留着，他在奔走借钱，你等一会儿，他会回来。"

……

我等待了一个多小时，陈先生回来了，穿着半旧呢大衣，身板挺直，精神抖擞，一点不像五十年纪的人。他热情接待我，听了我的一番叙述，爽朗地回答：

"不用急，随我们学校一起逃难吧！你是搞文学的，做个语文老师能胜任，就在我们学校教书，怎样？"

我喜出望外。他又问：

"有家眷吗？"

"才结婚不久。"

"那好，回去收拾行李，带新娘子一起走，战局变化很快，一天也不能耽误。"

他匆匆写了聘书和一封介绍信，叫我们当天赶到梅林去。[①]

---

① 《怀念老教育家陈鹤琴》，第 188 页，四川教育出版社，1986 年 7 月。

谷斯范到达梅林时看到了这样的情景，全校两百多师生正背着背包，伫立江边，冒雨焦急地等待校长从城里回来。此前，陈鹤琴为租船的事情伤透了脑筋。由于渡船非常紧张，根本无法雇到，师生们只能“望江兴叹”，眼巴巴地望着一批批撤退的队伍经过。此时，日军已打过湘赣边境，向赣州方向压了过来。刘于艮拿着陈鹤琴的名片，找到船舶管理委员会，负责船只调配的管理员刚读过新出版的《我的半生》，对陈鹤琴投身教育的精神十分敬仰，听说他正带领幼师学生逃难，就答应拨出四条渡船。由于幼师的师生人多，加上行李、教学设备、图书等，根本无法装下，渡口上还有像小山一样高的行李堆在那里。大家盼望校长能再租一条较大些的渡船将这些行李运走。师生们焦虑万分，听说谷斯范刚从陈鹤琴那里来，就围上来抢着问：

“借到钱了吗？难道银行忍心一个钱也不借？”

“看校长神色，并不急，好像有希望！”

傍晚时，师生们终于看见有一条帆船渐渐靠近岸边，学校的庶务老胡站在船上，却仍不见陈鹤琴的人影。

有人问：“钱有希望借到吗？”

据老胡说，校长为了借钱，几日来一直在城里东奔西跑。教育部从重庆汇来了 100 万现款给赣州各直属机关和学校作迁移费用，但只收到电报，款项却未到达。陈鹤琴拿着汇票先后去了中央银行、裕民银行，都遭到拒绝，他又去找私人借钱，战乱时期，私人的钱也很吃紧，谈何容易。就这样，陈鹤琴独自在空荡荡的赣州城说尽了好话，受尽了冷遇和白眼，总算通过熟人从青年会和圣公会借到了 8 万元钱。除了带回了钱以外，老胡还告诉大家，眼下的这条船也是很不容易才租到的。由于敌人已迫近，不允许渡船多往返一次，在专科部主任雷震清的安排下，师生中不能步行的家属或有病痛的同学随同公物、行李一道走水路。陈夫人和孩子、谷斯范夫妇以及体弱和有病的教师、学生等同乘一条船，患伤寒病初愈的黄静庄同学也在船上；其余多数师生由老师带领，由陆路向距赣州 120 公里的宁都转移。出发时分成五队，专科部打头，其他四队为师范部，规定每人只携带必需的日用品，两人合用一条棉被，各队均有正副队长负责，打前站、殿后、管理伙食杂物、救护等一一安排妥当。总领队是雷震清，他的话语里充满伤感："我除了叫你们沿途小心珍重外，实在想不出其他的话来。大好河山被敌人占领，现在美丽的赣州城，它也想来夺取，而我们只好惭愧地红着脸走了。"大家听了格外难过。

陈鹤琴的秘书陶蔚文记载了路途上的情形：

> 我们踏上赣宁公路，天已经黑了，又不许点灯，也不敢多声张，跌倒爬起，爬起跌倒，大家默默地走着，走着(走的人当然不只是我们一群)，这样走到十时光景才抵达江口，因为已有"打前站"的先生、同学事先布置了(所谓布置，不过借定人家或公共场所的厅堂、余屋，买好一点稻草或借到几张篾席就地一铺而已)，所以大家一走到，都不由地倒在地上，暂求休息。
>
> 第二日，天刚亮，警卫组就来通知，敌人已迫近赣州城郊，而此时陈先生却还留在赣州继续借钱(照预算我们的钱只够用到于都)，大家为他的安全担忧。有的同学竟哭着说："不要借钱了，叫校长快回来吧！""让他和我们在一起！"但是，我们不能再滞留，便催促膳食组烧了一锅光饭(已经买不到菜了)，大家狼吞虎咽地把它消灭。
>
> 炮声越响越近，雨也越来越大，路面泥泞也更难走，尤其是上坡下坡，总是几个人手拉着手的牵着走，否则，一个倒栽跟头——左面是深坑，右面是大江，准没性命。

此时此刻，陈鹤琴与刘于艮、工友老余仍在赣州城里筹钱。这时，形势更加紧急，日军离城不足几十里，又传来国民党军队为阻挡日军进攻准备炸掉赣江大桥的消息，"要炸桥了！""要炸桥了！"惶恐万分的人们喊叫着，乱作一团，纷纷涌向长途汽车站。刘于艮十万火急找到汽车站站长，站长恰好与他相识，便一口答应发最后一班车前务必通知。刘于艮他们不知，陈鹤琴正焦虑地等待在一家工厂做工的儿子一飞的消息。工厂在赣州郊外，一两个月前，他将 14 岁的次子一飞送到那里参加劳动，接触自然、认识社会。由于满脑子想着借钱、安排学校转移的事情，竟忘记了及时将儿子找回来。很快，站长的通知来了，陈鹤琴、刘于艮、老余三人赶到汽车站，上了最后一班汽车。车厢内挤满了人，水泄不通，车门被压得死死的。刘于艮他们合力将陈鹤琴从车窗口塞进车内。这班车开出不久，赣江大桥就被炸断了，几日后，日军攻陷赣州。

当一飞急急忙忙赶回赣州时，在原来的住处找不到陈鹤琴，并未慌乱，独自一人去了当地的青年会，带了一点钱，跟着逃难的人群过了赣江。半路上，他打听到幼师的队伍朝东北方向的于都、宁都去了，才又跟上另一队难民赶往于都。

二　逃难路上

从赣州到于都的公路上，难民络绎不绝。尽管一路艰辛，但幼师队伍始终情绪高昂，不时有人开着玩笑；行有余力时，也会去帮助其他逃难的老百姓。这一带地方，崇山峻岭，山路崎岖。在队伍路过江口的一个小山坳时，人们亲眼看见一辆由湖南曲江逃难的亨得利钟表行所雇大卡车在坡上翻车，滚至路基下的深坑，全车二十余人，仅一人生还，且有路人受到殃及，或被压在车下，或被挤到坑里。幼师师生纷纷越坑相救，施以援手。雨越下越大，路上的泥浆厚的地方深达尺余，为防止跌滑，师生们大都换上了草鞋，因为雨伞带得少，只好几人合打一把伞。风雨之中，寒气侵人，大家都不得不默默地忍耐。1月30日下午，陈鹤琴、刘于艮等冒着大雨终于赶到，看到师生们安全无恙，又听说在路上帮人的事情，陈鹤琴的脸上展开了笑容。他再三叮咛学生，不要离开队伍，尤其在这寒风冷雨季节，每人要注意御寒防病，有不舒服要告诉老师或同学。

队伍在于都停下来修整，等待由水路撤退的师生和行李、设备。于都距赣州相隔百里，中间有险要山隘阻挡，赣江大桥又被炸断，因此相对安全。但此时，带来的8万块钱付了租船费后所剩无几，由于物价飞涨，即便是清茶淡饭，幼师两百多人每日伙食费也要花去三千元左右。到达于都时，几乎弹尽粮绝，师生们生活无着，陈鹤琴不得不再次犯起难来。他又带着教育部的汇票找到当地的银行，不被理睬。当他两手空空回到借宿的县立于都中学，下车时，师生们忍不住掉下眼泪，师范部的女生们更是哭作一团。陈鹤琴摇摇手："不要哭！不要哭！"他对大家说道："我们国家多灾多难，害得老百姓受了苦。但在困难面前不能低头，不能悲观。古人说，多难兴邦。也许这正是好事情哩！"然后，他接着赶往县政府借米。一连去了几次，他都吃了闭门羹，最后索性老着脸皮待在县政府不走，才借到四担糙米。但买菜和柴火的钱仍无着落，他只好又东挪西借，勉强度过了几天。回想起自己在赣州借钱过程中所受到的种种冷漠，他的心里有说不出的滋味，银行已经完全官僚化，只管自己发国难财，不顾人民的死活。照这样下去，中国的社会如非彻底改造，国家就不会有救。

当从水路撤退的船只到达，儿子一飞也随后赶来，陈鹤琴终于松了一口气。这时，传来了新的消息。日本军队从遂川越过赣江向万安进犯，于都又有陷入包围圈的危险。于是，陈鹤琴与大家商量，决定继续向东北方向转移。他非常担心学生们，尤其是女生们一路上的安全，吩咐将同学分成若干小队，每队由教职员护行和照顾。

幼师转移的第二个目的地是宁都，大队再次出发，路上走了四天，风餐露宿，历尽艰辛。陶蔚文写道：

> 虽则我们有了更多的经验，但所面临的困难，恰也更难更深。有几晚我们都无可奈何地留宿在半山腰里，或是熬夜不睡觉；因常常行走二三十里内不见人烟，逼着饿肚子；一路上也看到不愿为顺民的难民，流离颠沛的情形，有的因遭劫而求生无路遇死不得，有的饿死冻死在路边，还有翻车致死的死尸，车辆的残骸……

师生们到达宁都时，个个都已疲惫不堪。有的学生连脚上穿的草鞋、布鞋也被陷在了泥泞中。到达时，一些同学体力不支病倒，老师们赶忙寻医找药，及时救治。当天，下起了大雪，找不到住的地方，也没钱买炭烤火，当地的炭价是 10 元一斤。陈鹤琴回忆道："到达宁都时，学校已没有一块钱了，大家束手无策，可是数百学生与教职员是需要吃的，没有钱那怎可以呢？结果只好东借西凑，向蔡智传先生借了 15 万元度过了这段难关，直到教育部的钱汇到，我们才算透了一口气。"①

宁都县城虽然不大，但随着人口激增，物价飞涨。城内找屋很困难，幸亏陈鹤琴事先派人打前站，在宁都乡村师范学校内借了两间教室，才使师生们暂栖。同时在校园里借住的还有从赣州和各地撤下来的中央机关、军队和地方政府的部门，大大小小四十多个，就连房屋之间的过道、厨房、厕所里也打满了地铺，所谓"身无立锥之地"。更有甚者，校园内的垃圾、粪便随处可见，极其肮脏。在陈鹤琴的提议下，乡师发动大扫除，幼师师生积极参加，大家齐心协力将院内环境打扫得干干净净。当年的幼师师生们都还记得，他们是在饥饿中度过了到达宁都后的第一夜——那天，学校断了粮，屋外漫天大雪，师生们蜷缩在一起忍受着、坚持着。

第二天，是农历除夕。一大早，陈鹤琴直接去了县政府，总算从税务局借到了 10 万块钱，又向县粮管处借到谷子 20 担。有一位姓李的副处长对陈鹤琴说，我们三年来从没有借出过粮，今天是个特例，看你老教育家头发都白了，如此为师生热心奔走，我们不忍心不借。陈鹤琴派人用借到的钱买来打地铺用的稻草，又买了 20 斤猪肉和许多青菜、萝卜，准备年夜饭。除夕夜，师生们将各自分得的一两肉集中起来，扒雪拾柴，石头垒灶，用脸盆作锅，树枝滋滋地燃烧着，半生不熟的猪肉飘散出诱人的香味，大家美美地吃了一顿，这是师生们自逃难以来第一次尝到肉味。有些女生因思念家乡和远方的亲人"乐极生悲"，一人哭了，引起许多人伤心落泪，大家都很难受。

大年初一早晨，幼师全体师生举行团拜。外面仍飘着雪花，院中地面铺了一层银白，不远处传来当地乡民迎请菩萨的鞭炮声。陈鹤琴对师生们讲话："我们永远不要忘记逃难中过的这个新年！"他说，"我们要保持相

① 《陈鹤琴全集》，第五卷，第 59 页，江苏教育出版社，1991 年 7 月。

依为命、同舟共济的精神！即使不在患难中也要如此。”他谈到人的改造的重要，要好好革一下心，国家才会有希望，他展开说了几点：(1)公私分明；(2)公事当自己的事做；(3)从仿造到改造，从改造到创造；(4)改造环境，服务社会；(5)失败是成功之母，多一次失败，多一次经验；(6)要准备付相当代价，没有牺牲，就没有收获。他勉励大家要“为幼教事业不怕受挫，坚持到底！”最后，他微笑着说：“这是我送给大家的新年礼物！”

由于赣州沦陷，日军攻势暂缓，战局稍平稳，教育部的疏散经费也已汇到，陈鹤琴、雷震清等开始考虑早日复课，派人分头寻找新的校舍。他们先是在南丰县满源村找了两间破旧的祠堂，祠堂有门无窗，楼板霉烂，墙壁有洞——天晴时满屋刮风，雨天时房顶漏雨，加上旁边的两座单间的福神祠和民房共六间，也容纳不下两百多师生。最后，有同学记起途经广昌县甘竹乡时，见到江边风景优美，附近有一个小村庄，好像有一些空房。闻讯后，陈鹤琴马上派人回头去找，果然发现了他们心目中的“桃源洞”。3月13日，幼师从南丰折返回广昌，结束了四十多天颠沛流离的逃难生活。

幼师终于又有了新家！

三 甘竹谣

山清清，水泱泱，甘竹山水青，甘竹山水长；
中华儿女来四方，研究实验聚一堂。
聚一堂，喜洋洋，
学成之后再还乡呵，再还乡呵，再还乡。
再还乡，永不忘，
甘竹山水青又长！

——《甘竹谣》

幼师的新家安顿在了广昌县甘竹乡的龙溪村，也称饶家堡，是一个风光秀丽、景色宜人的小山村。村前有一条潺潺小溪，四周是重峦叠嶂。村里人说，在这个方圆不过0.5平方公里的小地方，宋代时曾有一家三代出了五个进士，明代出过知府，清代出过榜眼、编修、进士、知州。村里有明代的雯峰书院和清代的榜眼第、大夫第，房屋鳞次栉比，古色古香，建筑上都雕绘着精美图案。村里的六七幢砖造祠堂空闲着，适宜作教室和宿舍，而榜眼第有门无窗，规模很大，能容纳许多人，可以作开会的礼堂。经过多年的时局动荡，村中的住户外迁很多，人口也逐渐减少，村子里显得空空荡荡的。陈鹤琴和师生们一下子就喜欢上了这个地方，很快就把新的校址定了下来。

在幼师的先遣人员到达之前，国民党第六后方医院的先遣人员也看中了这里，打算将医院搬进村来，于是通知村民集中腾出房屋。陈鹤琴听说了这个消息，赶忙亲自与第六后方医院的负责人和广昌县县长交涉。

甘竹乡的祠堂，当年幼师的校舍设于此

几经磋商，终于争取到了这块“风水宝地”，国民党医院答应在甘竹街驻扎，幼师如愿以偿搬进了龙溪村。不出村民们所料，国民党医院驻扎后，伤兵们军纪败坏，嫖赌打劫，无恶不作，将街上闹得鸡犬不宁；而在村中的幼师师生整齐有序，彬彬有礼，健康向上，和村民们相处非常融洽。有村民说：“这多亏了陈校长！”“陈校长是我们的恩人！”

陈鹤琴夫妇带着一飞、一心和秀兰住在大夫第的空闲房里，随他们一道来江西的三女儿秀云已于年前去了重庆的小学里教书，后考上中央大学教育系。他们另外三个年龄稍长一些的儿女一鸣、秀霞、秀煐仍留在上海。一鸣秘密从事中共地下组织的学生工作，秀霞、秀煐在圣约翰大学上学，她们也是地下党员。后来，秀霞曾有一段时间在幼师担任音乐教师，后转至重庆中央大学继续学业。当年饶家堡的房东饶皆钦仍清晰地记得：

陈鹤琴校长一家五口人居住在我们“大夫第”的空闲房里。我家是他家的房东。两家房连房，门对门，他与妻子住的房间约十四平方米，除了一张硬板床、一张书桌、两只书箱和几条板凳外，其他什么也没有。窗户低矮漏风，他们用纸糊着。他的三个子女则住在他们对面的一间房里。虽然他们雇有伙夫做饭，但陈鹤琴先生仍然坚持早早起床。每天起床后他就到住房后面的草坪上散步，或看书，或思考问题，或辅导子女学习。早餐，他家吃的是稀饭；中餐和晚餐，桌子上也不过三两个菜。那时正是抗日艰苦岁月，物资匮乏，有钱也买不到所需的东西。陈先生喜欢吃豆腐和霉豆腐。因此他家饭桌上大多是豆腐、青菜等素菜，几乎与我家无异，生活清苦贫困。

除了工作外，陈先生常串门到我家聊天，了解风土人情，讲解抗战道理，询问家庭情况等等。那年我二十五岁，血气方刚又带着几分稚气。记得有一次，陈先生微笑地问我：“你有没有读过书？”我回答：“读过一年私塾。”他又问：“为什么不读下去？”我说：“家里穷，没钱！”他叹了一口气，接着问：“想不想读书？”我答：“想读。可我年纪这么大又没钱，到什么地方读呢？”他语气肯定地说：“我给你想办法。”我惊愕疑惑之余，又有几分兴奋。①

饶家堡的老人们仍还记得，陈鹤琴的邻居中有一家农户，户主名叫饶求生，家里人多劳力少，吃不饱穿不暖，家徒四壁，生活无着落。为了糊口，曾忍痛卖掉两个亲生儿子。陈鹤琴听说后，十分同情他家的遭遇，拿出四块银洋给他家买稻谷。陈鹤琴住处不足100米的地方住着一位叫兴保妈的孤寡老妪，无依无靠，常常拄着棍子外出讨饭。陈鹤琴吩咐校医务所的医生免费为她看病。她的水缸没水，陈鹤琴又叫学生帮她挑水。她没衣服穿，陈鹤琴就拿出妻子的衣服挑出几件送给她。她没钱用，陈鹤琴左一块银元右几元钞票送给她。兴保妈在临死前都在念叨：“陈校长是世上难得的好人”，“他在哪里？”

幼师师生分别住在各祠堂的空房内，搭木架通铺睡成长排。上课时，学生们每人只有一块木板和一把小竹椅，人坐在竹椅上，木板放在膝盖上当桌子，条件十分艰苦。周末，同学们可以过独木桥到河对岸的镇子上买东西，到饭馆或街摊上吃上一碗米粉。幼师设师范部和专科部，师范部学生年纪稍小，专科部学生年纪稍大，专科部设在大祠堂里，上课、住宿兼食堂。经过细致周到的安排，大家的情绪总算稳定了下来。此外，幼师在当地办了一所附属中学——章江中学以及附属小学、幼稚园。总务主任由雷震清担任，幼稚园主任是杨士彤，会计为方炳坤。1945年3月，陈鹤琴与县政府商量，将幼师所属小学和幼稚园的一部分并入甘竹镇中心国民学校，以加强当地师资和教学力量，同时也帮助解决当地学校经费不足的困难，发展乡村教育事业。幼师派出5名教师，派出教师的工资和教学用品仍由幼师负担。陈鹤琴对镇中心国民学校校长张仁镜说：“两校合在一起，不要分彼此。我们的共同目的是为了使更多孩子受到教育。”到广昌后，幼师开始招收男生。

① 《鹤琴之声》，第13期，2001年6月。

当时，幼师开设的主要课程有幼儿启蒙、幼儿心理学、幼儿图画、幼儿教育学和音乐课、体育课等。上音乐课和体育课时，常有许多村民围观——从泰和带来的三架风琴弹奏出悠扬悦耳的旋律，学生们又舞又跳；体育课上，学生们生龙活虎为一个球争抢得难解难分，村民们感到既新奇又兴奋。除了上课，师生们还参加修路、种菜、栽花、打扫卫生等劳动。菜园里栽种了葱头、金菜花、西红柿等引进的洋品种蔬菜，村民们觉得非常新鲜，眼界大开。在幼师，“活教育”被广泛应用于教学、实践和生活的各环节，“三大目标”作为最重要的办学宗旨和目标，受到全体师生的尊崇。幼师要求教师“教活书，活教书，教书活”，要求学生“读活书，活读书，读书活”，“教学做合一”，“手脑并用”，使得实验精神和敬业、乐业、专业、创业的作风成为师生们自觉的行动。

由于地处偏僻，村子里缺医少药，许多村民患病得不到医治。陈鹤琴看到这个情况，一方面将学校医务室扩大，另一方面向当地的国际红十字会组织申领到许多药品，为患病的村民免费治疗。同时，学校还组织师生去驻扎在甘竹镇上的第六后方医院慰问伤兵。幼师在村中开办民众夜校，每晚都有三四十名当地的中、青年参加，学习识字、写字、唱歌、打算盘。幼师附设的幼稚园主动接纳当地儿童入园接受早期教育，还将生活困难、家境贫困、有劳动能力的几位村民安排在学校工作，为生活困难的乡亲向行政当局请求救济，等等。

从饶家堡到甘竹镇之间，隔着一条叫盱江的河流，河上的简易木桥又窄又矮，只能一人通过。为了办学和村里的事情，陈鹤琴无数次从木桥经过，不怕危险，不辞辛劳。

幼稚园筹办之初，陈鹤琴提出，现在是战时，这里是乡村，办幼稚园要从实际出发，因陋就简。他亲自带领有关人员四处查看适合办园的地方。当他看到校园后面有一座破戏台，诙谐地对大家说，这座戏台也可以办幼稚园嘛！老百姓不演戏了，你们可以用它来教孩子们来演。你们看，戏台上可以做课堂，教幼儿唱歌、画画、识字、算术、做泥塑；戏台下的场地，可以上体操课，做游戏，不用怕雨淋太阳晒。这里离小学又近，教室上课、幼儿用水都很方便。听了陈鹤琴的点拨，大家茅塞顿开，幼稚园很快就在这座旧戏台上办了起来，先后免费招收了四十几名4至6岁的儿童入园。起初，有的家长不愿送孩子入园，后来，当他们看到入园的孩子知道的事情多了，聪明伶俐了，便纷纷将自己的孩子送了进来。此时的饶家堡，已逐渐变得热闹起来，村中的总门楼一带，饭馆、小卖部、肉铺、粉丝坊、豆腐坊等应运而生，附近的村民纷纷挑着农副产品前来交易，形成了一个热闹的集市。村民们说，这都是因为幼师的进驻将这里的生意带旺。在村上，常能见得到穿戴整齐的幼师师生三三两两从街上经过，有的也会在饭馆里吃早点、炒菜，喝点米酒。

幼师与当地村民关系十分融洽，在春节、元宵等传统节日，幼师牵头与村民一道举行联欢活动，唱歌、跳舞、演文明戏，形式多样，给山村带来了新的气象。学校音乐教师程懋荣是留洋回来的音乐家，据说也是国民党党歌的曲作者。他才华横溢，性情开朗，编写的歌曲通俗易懂，琅琅上口。他教当地群众唱《美丽的幼师》和《吹起小喇叭》等歌曲，还为陈鹤琴所作的《甘竹谣》和《摇篮曲》谱曲，很快唱响，并广为流传。

“拜干娘”是幼师的又一个创造。为了密切同当地群众的关系，加深学生情感培养，陈鹤琴引导女生们开展拜干娘活动。女生中的许多人来自上海、南京、湖南等地和江西省内各县，她们远离家乡，来到偏僻的广昌，再加上水土不服和生理等因素，情绪上容易产生波动，常常暗自流泪。陈鹤琴在一次师生大会上说：“可恨的日寇把我们逼到这么一个艰苦的境地学习，我们要挺起腰板顶着，胜利是属于我们的！饶家堡的父老乡亲不错嘛，他们勤劳、善良、淳朴，热忱支持和帮助我们，我们应入乡随俗，与民众打成一片，学会在逆境中生活。尤其是女生可以拜拜干娘嘛！要改善条件，使自己就像在父母身边学习、生活一样……”当年，幼师的许多名女生在当地认了干娘，与老百姓水乳相融、亲密无间。

幼师学生尹民瑞回忆：

在那艰苦的环境下，好不容易，我们的老校长把我们安排在几所祠堂内，教室、寝室均在内。记得我们全班共睡一张大床，那是用竹片编成的，如果有一个人翻身的话，便会发出吱呷吱呷的响声，当然会影响全班人。炊事员老张一直跟着我们，照顾我们。我们吃的多是辣椒炒的菜，可苦了一些浙江、福建的同学，她们不适应。最苦的是夏天洗澡困难，后来饶家堡的好老百姓——我们的好干娘，为极大多数同学解决了问题。①

陈鹤琴自己记述：

在广昌甘竹乡饶家堡，我们差不多住了一年多。在这一年中，我们虽然过着极艰苦的生活，校舍不够、设备不周、经费困难，许多问题整日困扰着我们，但有一件事情值得自慰的就是师生与当地的民众非常融洽，甚至分不出我们是从外地来的，朴实的农民也的确太可爱了。老太婆们都在学生中认女儿，有好多同学都做了她们的干女儿，直到胜利之后，我们离开了饶家堡到上海来了，而她们的干妈妈与干女儿之间，还时常通讯联络，在这种感情融洽的情形下，民众教育是极易进行的，所以在这一年中，不少同学都担负了教育送上门去的扫盲工作。②

1945 年 8 月，日本宣布投降，抗战胜利的消息传到饶家堡，幼师师生和百姓们一道奔走相告，敲锣打鼓，欢庆胜利。陈鹤琴更按捺不住内心的激动，一面吩咐程懋荣马上编写欢庆胜利的歌曲，一面组织师生赶写宣传标语，并连夜召开庆祝大会。幼师师生组织起宣传队，去四乡里游行。晚上，在草场上举行了盛大的联欢会。会场里坐满了当地百姓、伤兵、镇公所的职员等。村民和师生们手持火把，摇着用彩纸裁成的三角小旗，人人脸上喜气洋洋，相互拥抱道贺，有的甚至放声大哭，将心中郁积的痛苦、屈辱尽情地发泄出来。“我们可以回家了!”“我们可以回家了!”师生们喊

① 《创建国立幼师 60 周年纪念》，2005 年 5 月。

② 《陈鹤琴全集》，第五卷，第 60 页，江苏教育出版社，1991 年 7 月。

着、跳着、欢笑着，会场里一片热闹，鞭炮声噼噼啪啪响个不停。陈鹤琴大步走到台上，高声说道："父老乡亲们！今天我们召开一个破天荒的大会，庆祝我国取得抗日战争的伟大胜利！日本鬼子投降了！我们胜利了！正义战胜了邪恶！人民战胜了敌人！这是历史的必然，是成千上万的仁人志士浴血奋战的结果！"台下的人们热烈鼓掌，全场一片欢腾，大家一起唱着、跳着。陈鹤琴将手臂高高举起，摇动着，挥舞着，在他红润的脸上放射着光芒！

此刻，师生们心中都有一个美丽的憧憬——幼师新生。许多人在心里已经开始筹划未来的工作、生活。大家计划着怎样迁校，怎样还乡！

四　写给青年

1940 年至 1941 年，陈鹤琴初到江西期间，曾应邀在江西各地发表有关青年修养方面的讲演。在幼师，陈鹤琴也亲自讲授人生哲学课，共 12 讲。这些演讲和授课内容经他的助手钟昭华记录、朱家振整理，汇编成册，以"写给青年"为书名，采用书信的形式畅谈他对人生、环境、生活与事业的见解，于 1946 年由上海华华书店刊行。在中国，自古就有教育家传授人生经验和治国、治学、持家之道的传统，陈鹤琴也不例外。国民政府教育部长陈立夫曾有过评价说，陈鹤琴和他办的幼师、幼专影响遍及东南半壁。

关于这本小册子的内容，陈鹤琴这样写道：

究竟这几封信有什么重要的意思呢？

一、一般人总是以为自己是对的，错的总在别人。其实自己或许是错的，别人或许是对的。

二、一个人常常受环境的影响，身体的影响。身体病弱，心境就会忧郁，态度就会悲观，这是一般人的心理。我们要了解这种心理，要克服环境的不良影响。

三、身体要练习，思想要锻炼，品格要陶冶；身体、思想、品格，都常要有被“用”的机会，不“用”就好像铁一样会发锈。

四、为什么有的人有朋友，有的人没有朋友呢？这是很值得我们研究的。一个人在世界上是不能没有朋友的，没有朋友的人，是很可怜的。我们如何得着真正的好朋友呢？

五、人总是不知足的。不知足，一方面是进步的原动力，一方面是苦闷的来源。我们要对所“有的”知足，对“所足”的不知足。

六、人一般是“利己”的，因为“利己”与别人发生冲突；若是“利人”，人亦利之。所以我们做人，一定要以“服务”为目的。

七、做事一定会有困难，不困难的事，是没有意义的。所以我们遇着困难，应当抱“决不灰心”的态度去克服它。

八、做什么事，不做则已，一做应当负起责任来。但是要负责任，必要出力气，非要吃苦不可，不然就不能克尽责任。

九、“管人”容易，“管自己”倒难；其实自己都不能管好自己，哪里能够管人呢！

十、你要别人待你有礼貌，你须先得有礼貌待人；你没有礼貌待人，哪能希望别人有礼貌待你呢？

十一、人生三法宝：

（一）“照妖镜”：你发脾气的时候，把你的脸孔照一照。

（二）“天平秤”：处世接物，必须出之以公正的态度。

（三）“十字架”：人生在世究竟为什么？无非是为人类谋幸福。要为人类谋幸福，你必须背着“十字架”，牺牲自己，帮助别人。

十二、中国传统的做人哲学是“己所不欲，勿施于人”。西人的做人哲学恰巧相反，“己所欲，施于人”。这两种哲学都有毛病。己所不“欲”的，也许是人家所“欲”的；己所“欲”的，也许是人家不“欲”的。“假如我是你”这种做人的道理，也许比这两种哲学都来得恰当。你所欲的，我给你；你所不欲的，我不给你。多从人家的实际处境想，不是只从自己的主观作出发点来想问题。

世界上为什么许多有才能的人常常东碰壁，西碰壁，遇到各种困难呢？仔细考察起来，不是因为他们没有能力办事，实在因为他们不知道怎样做人：说话太随便，做事太鲁莽，思想不正确，态度不和蔼，利己心太重，事业心太薄弱，一遇到困难就灰心，一遇到人事就办不通，终日悲天尤人，不肯反求诸己。“做人”比“做事”难得多，我愿你们把这道理好好研究一下，体会一下。①

“做人”和“教人做人”是陈鹤琴教育主张的首要目标，也是“活教育”学说的核心内容。在陈鹤琴所主持的学校里，无不将“做人”放在一切教育之首。

《写给青年》一书扉首题词

① 《陈鹤琴全集》，第六卷，第645页，江苏教育出版社，1992年1月。

他在第一封信《对的或许在别人》中，列举了自己教育孩子的例子：

有一次，吃早饭的时候，他的儿子一飞埋怨道："昨天晚上，妈妈没有把窗子关好，给风吹开了，害得我现在头痛。"陈鹤琴马上予以纠正："这窗子你自己应当关好，妈妈关得不牢，你可以关牢，就不会给风吹得头痛了！"

他又举了两个学校里的例子：

一个小学生迟到了，老师不问情由，罚该学生站立。事后才知道，小学生迟到是因为家中的妹妹病了，他要帮妈妈照顾妹妹，等妹妹睡着后，他才有空来上学。

一个小孩因为没有做指定的功课，挨了老师的骂，跑来找到陈鹤琴诉苦。陈鹤琴就请该老师去了解小孩不做功课的原因，方才了解，小孩家里没有钱，晚上点不起灯，所以功课没有做。

陈鹤琴试图通过这两个例子说明，明明是老师不对，而老师反倒怪学生是错的，对的总是在自己。这样错误的心理，做教师的常常会有。

他写道：

> 我们做事做人，不能不顾是非曲直，总是认为自己是对的，别人是错的，要经常反过来想一想：错的也许在我，对的也许在人。自卑心理，固然要不得，但是如果只承认自己对，别人错，那未免太自负，太不讲情理了。孔子说："反求诸己。"又说："躬自厚而薄则于人。"就是说要扪心自问。王阳明所说的"良知良能"，也是说一个人处世接物，必须要有纯洁的心地，这都是改造心理的重要方法。①

他在第二封信《悲观和乐观》中，总结了取得成功的秘诀。

他写道：

> 综合起来说，做人固然要乐观，但必须：
>
> （一）有深刻的认识；

---

① 《陈鹤琴全集》，第六卷，第650页，江苏教育出版社，1992年1月。

（二）有精密的计划；

（三）能不断地努力。

此三者缺一不可。能够做到这样，那么，做人做事就一定可以得到成功，一定可以得到快乐。①

他在第四封信《怎样交朋友》中，谈到了为友之道。他提出了四条法则：

（一）守信。古人云："言必有信"，"与人交可以无信乎？"

（二）爱。人类的关系，在某种定义上是建筑在"爱"的基础上，基督教所崇尚的"博爱"，佛家所倡导的"慈悲"，儒家所阐扬的"仁爱"，墨子所主张的"兼爱"，莫不以"爱"为出发点。朋友之间更应该相亲相爱，以建筑更密切的友谊。

（三）互助。友谊是互惠平等的，所以两方面应当互相协助，彼此提携，所谓"守望相助"，"有无相通"，这样友谊才能持久。

（四）互尊。你的朋友不论是贵是贱，你都应当尊重他的人格。你要你的朋友尊重你，你应当先尊重你的朋友。②

他在第六封信《利己和助人》中，讲了一个道理：

我们观察一般人做人的态度，大概可以分为两种：一种是利己的，一种是利人的。有人说，世界上利己的人太多，而利人的人太少，人生来都是利己的，动物也是利己的。这样看来，人与禽兽之间除了智力不同之外，天赋的德性方面，竟也相差不远。但人与其他动物的不同点之一是人能够藉着良知，佐以教育的力量，培养优良的德性，使自己能克制利己的欲望，顾念到他人的利益。③

他在第十一封信《人生三法宝》中，谈到自己做人的真谛。他要人们随身携带的三件法宝是："照妖镜"、"天平秤"和"十字架"。

① 《陈鹤琴全集》，第六卷，第654页，江苏教育出版社，1992年1月。
② 《陈鹤琴全集》，第六卷，第663页，江苏教育出版社，1992年1月。
③ 《陈鹤琴全集》，第六卷，第667页，江苏教育出版社，1992年1月。

他解释：

> “照妖镜”原是一面镜子，它可以把一个人的喜、怒、哀、乐、惧的尊容呈现在你自己的面前。假使发怒的时候，你立刻把这“照妖镜”拿出来端详一番，当你看到自己的状态时，我相信你不但不会怒起来，反而会笑起来。
>
> 人生第二个法宝，就是“天平秤”。物不平则鸣，所以待人处事，最要紧的就是用“天平秤”这个法宝，来衡量衡量，看看是否做到公道。
>
> 人生还有一个法宝，那便是“十字架”。印度的圣雄甘地，他之所以能够得到印度人的爱护与全世界人类的称戴，便因为他有为人、助人与牺牲自己的精神。记得有一次甘地落下了一颗牙齿，于是便有人力劝他来镶一颗金牙齿，但甘地坚决地拒绝了。他说：“为了自己的一颗金牙而耗费足以维持穷人一年生活的金钱，是决不愿意做的。”所以甘地到处受到人家的欢迎，自然不是偶然的。①

这本《写给青年》与《我的半生》一样，是陈鹤琴对自己人生的回顾与感悟之作，包含了陈鹤琴对“做人”和“教人做人”内涵的阐释。

在“活教育”的观点看来，“做人”是教育的根本。陈鹤琴曾说过，不教人做人的教育是有害的。因此，“做人”是一门最基本的学问，并且是人终生的学问！

1943年秋天，陈鹤琴在重庆参加教育部组织的大专学校校长集训期间，又一次来到育才学校，与陶行知见面，畅谈教育理想。

1944年元旦，陈鹤琴出席在重庆张家花园黄炎培寓所举行的人生座谈会。座谈会由黄炎培主持，并请与会人士“尽管主观的作彻底谈”。会上，陈鹤琴首先发言，题目为“为人的人生观”，他说：

> 如何养成人生观的“为己”或“为人”，动物里面，除蚂蚁和蜜蜂是

① 《陈鹤琴全集》，第六卷，第687页，江苏教育出版社，1992年1月。

为他的而外，其他都是为己的。人呢，小孩子尚在动物性时代，所以多半是为己的，因此，特别要在这时期悉心教育他为人，爱人，教孩子们去做一个“为人”的人。因为，惟有做一个“为人”的人，能得到真快乐，真幸福！①

出席座谈会的还有沈钧儒、黄炎培、孙伏园、杨卫玉、徐维理、屈映光、杨扶青、柯育甫、冷谲、黄万里、陈北鸥等知名人士。

五　告别江西

1945年8月20日，陈鹤琴收到即将出任上海市教育局局长的顾毓琇由湖南芷江发来电报：“上海教育接收整理，务请返沪指导。幼稚师专请暂托人代理。即日成行，并电复沪市教育局为幸。”收到来电后，陈鹤琴马上想到了幼师和幼专的未来，形成了一个新的想法：将学校迁回上海！在江西艰苦奋斗所创办的幼师、幼专应该迁到上海去，作为“活教育”的传播基地。幼师的许多师生也催促他赶快动身，到上海接洽将学校迁址的事情。几乎所有的人都相信，校长一定会有办法。9月7日陈鹤琴启程返沪，临行前，许多村民和师生敲锣打鼓，一路鸣放鞭炮，一直送到几里外的甘竹街。大家依依不舍，希望他能再来饶家堡。陈鹤琴点着头，一步三回首，挥泪而别。

9月16日，陈鹤琴回到上海，前往市教育局报到。顾毓琇是留美工科博士，曾任中央大学校长和教育部副部长，抗战胜利后，由国民政府派往上海负责教育方面的接收事宜。他的副手，担任上海市教育局副局长的是拥有美国哈佛大学哲学博士头衔、曾任浙江大学工学院院长和交通大学教务长的李熙谋。由于接收工作来得匆忙，所以教育局所有处长、主

① 《鹤琴之声》，第9期，1999年6月。

任都是一时之选，如社会教育处处长俞庆棠、中教处处长陈选善等。顾毓琇原来的安排是，请陈鹤琴担任国民教育处处长，但这一职位后来由于国民党市党部和三民主义青年团方面争夺，改由原江苏省立上海中学的英语教师朱君惕出任。最后，陈鹤琴被安排担任督学室主任，负责接收在上海的外国人所办学校，其中包括所有日本学校和前工部局所办的中西学校，共三十多所。在接管过程中，陈鹤琴亲眼看到，国民党军队进占许多学校，劫掠、破坏学校里的钢琴和许多贵重仪器。因此，他们更加小心翼翼、顾虑重重，一方面怕学校财产被坏人偷窃，另一方面怕被军队掠夺，随意破坏。前后经过一个半月，接收工作大体完成。陈鹤琴自己十分清楚，督学室主任不过是个虚职，但仍竭尽心力，把各项工作安排得井井有条。他对上海学校的情形十分熟悉，延揽了一批有实际教学经验的各科专家担任督学和视察员；同时，为改善各中小学校教育设施，他还经常下到各校亲自指导。他曾向顾毓琇提出建议，为加强中小学美术、音乐、劳作教学，创办三个中心站，聘请专家、教师对各校的有关课程进行辅导，也可使缺乏相关师资和设备的学校定期组织师生到各中心站进行教学。

然而，陈鹤琴的工作进行得并不顺利。据当时与陈鹤琴共事的施南池先生回忆：

> 此后陈先生为了根本解决美术、音乐、劳作三科的教育师资问题，又向顾毓琇局长建议创设上海艺术师范学校。于是上海第一所专门培养中小学美术、音乐、劳作师资的专科师范成立了。我又兼任了师范美术科主任。校舍在上海永康路原来一所法国学校，规模相当大，光线、设备都比较理想。办了两个学期之后，由于上海市立务本女学原在西门黄家阙路的校舍毁于抗日战争，抗战期间租赁威海路的民房为校舍，抗战胜利后，这个学校校长杨某要求分借艺术师范的剩余教室。可是杨某得陇望蜀，竟想独占艺术师范全部校舍，杨某通过国民党吴开先的势力，对当时的市参议会施加压力，说什么艺术

> 师范是装点门面的学校，应予取消，把全部校舍让给务本女中使用。市参议会不顾上海一些著名的艺术教育家如姜丹书、马公愚、孙海妮等以及艺术师范学校家长们的登报反对，也包括了陈鹤琴先生在内一些教育家的反对，通过决议，予以取缔。①

自返沪之后，陈鹤琴一直非常挂牵尚在千里之外山村中等待消息的两百多名师生，幼师、幼专的前途和师生们的命运系于他的身上。为使学校能顺利迁沪，他曾找过顾毓琇，请求将位于愚园路404号（现为460号）的校址以及迪化路60号的前工部局西童女学旧址划拨出来，作为幼师、幼专校址。他又在较短时间内将上海幼师成立起来，并出任校长，拟将前来上海的幼专安顿下来。后来得到消息，幼师将不能迁出省外。经与尚在任上的江西省教育厅厅长程时煃商量，今后幼师校长一职由赣籍留法女博士胡德兰担任。时隔不久，江西省政府改组易人，川军将领王陵基担任省主席，陈鹤琴的老熟人程时煃辞去省教育厅厅长职务，周邦道继任。新一届省府会议正式作出“国立幼师系中等学校的性质，不得迁出省外”，并入省立南昌女师为幼稚师范部的决定。消息传到广昌时，正值12月25日幼师校庆，专科部格致级与师范部劳动级两班同学同时联合举行毕业典礼。此前一天傍晚，学校接到陈鹤琴从上海发来的快信。信中说到迁校复员的事情，教育部不但不许可，并且要将专科部裁撤，师范部并为省立女师。从陈鹤琴这封来信中，大家感觉得到，字字句句充满了痛苦和绝望。他在信中写道：

> 孩子们，别因我的消息而失望，我是你们的校长，也是愿意驮着你们奔走于荒漠间的骆驼，尽我的力，我要为你们寻找可以使你们休息、学习、工作、发展的绿洲。只要我存在一天，我对教育事业，对你们，不会有一丝一毫的懈怠，我要斗争下去。②

---

① 《鹤琴之声》，第8期，1998年11月。

② 《陈鹤琴全集》，第六卷，第392页，江苏教育出版社，1992年1月。

关于第二天开会时的情形，陶蔚文记载：

> 大家得到这消息，正像晴天里的霹雳，立时涂满了乌云，也没心情再举行这个隆重的典礼，大家沉默地瞧着闪闪发光的火炬，情景是异常的凄凉，当唱离歌时，真的夹杂了哭声。老天也同情我们似的，雨雪一阵紧似一阵，雨水化滴在脸上，大家都不以为意，甚至更希望淋个痛快；那时的陈师母也像大家一样，也在怀念着鬓发斑白为教育奔走的陈先生，关心着幼师的前途，默默地流着泪！
>
> 当时，同学们都准备把他们一份最低的伙食费拿出来，发起护校运动，要进京请愿。老师们硬是劝导，说要等陈校长的最后消息，这才把他们的愤怒抑平。

事实上，在陈鹤琴心中，最牵挂的仍是留在江西的幼师，他一直没有放弃复校的努力，他曾一再写信给新任的省教育厅厅长周邦道，要求保留这所全国第一所公立幼师的独立设置，不要裁并。他原以为周邦道会看在曾是东南大学校友的情份上，重新考虑撤并幼师的事情，不料想，周的回复令他大大失望。周托辞这是省府会议的决定，他个人无能为力而“无法应命”，把事情推得干干净净。不久，陈鹤琴借到庐山江西中等教育暑期讲习会讲学之际，与正在南昌为幼师并校的事情奔走的刘于艮相约碰头，共商幼师的善后事宜。随即，两人分别拜访了在庐山的过去曾与陈鹤琴相识的国民党政府浙江籍要员陈布雷、沈昌焕等人，他们还直接找了江西省主席王陵基，但均失望而归。后来，陈鹤琴甚至想出再走内线的办法试试，要刘于艮直接写说帖邮寄给正在庐山的宋美龄，请她为维护我国儿童教育事业的发展，支持保留幼稚师范的独立设置。说帖寄出多日，犹如泥牛入海，毫无音讯。

至此，陈鹤琴只能忍痛接受这个无法改变的现实，他又一次陷入深深的失望之中。

尽管陈鹤琴终于没能如愿将幼师带回上海，但经过一番奔波，据理力争，教育部最终同意“准许专科迁校”。当陈鹤琴的电报到达广昌，在饶家堡的一所庙里困守的幼专师生们立刻雀跃、欢呼起来，“校长来电了！”“学校迁上海了！”“迁上海了！”很快，师生们启程分水陆两路前往上海。走水路的学生有二十多人，在两位男生带领下，一路舟车劳顿，终于到达上海。

第十五章　重回上海

一　“活教育”的传播

刚回到上海后，陈鹤琴就得知，他所寄予厚望并钟爱有加的二女儿秀烘，因在就读的圣约翰大学参加反对校长沈嗣良在日本占领期间投降行径的爱国行动，遭学校当局开除，同时被开除的还有社会知名人士、宁绍轮船公司经理陈巳生的儿子陈震中及其他参加运动的学生。圣约翰大学共产党地下组织发动学生反对汉奸校长沈嗣良，原本是为迎接到达上海城外的新四军进城接收而做准备。这次活动结束后，学校当局恼羞成怒，将参加活动的学生予以开除，理由是“行为不检、违反校规”。对此，陈鹤琴非常气愤，公开站出来，为保护自己的女儿而愤然一呼。他是沪上有名望的教育家和圣约翰校友，学校学生会邀请他和陈巳生以家长的名义参加后援会，支持圣约翰师生发动的反开除斗争，他们还联合其他学生家长组成了被开除学生家长联合会。陈鹤琴认为女儿的行为是正义的。回到家里，他没有继续追问女儿。由于担心身份暴露，秀烘转移到了表哥家暂住。有一天，她正准备回到住处，行至静安寺一带时，被急匆匆赶来的表姐告知，住处被军警搜查，不能回去。原本陈鹤琴打算派秀烘到虹口区一所被接收的日本学校担任校长，但遭到教育局和三青团的人反对而作罢。后来，他在教育局看到了一份由三青团开列的激进学生的黑名单，上面有秀烘的名字，于是，他心中有些明白了。回家后，陈鹤琴赶忙将此情况告诉了一鸣和秀烘，要他们千万小心。此时，一鸣和秀烘也接到了地下党组织的通知，分头转移去了外地。

陈鹤琴先后出任私立省吾中学校董会董事长和名誉校长。这所由中共地下党学委实际控制的学校，聚集了一大批共产党员和进步教师。1945年抗战胜利前夕，中共地下党学委所属圣约翰大学党总支决定创办一所中学，为革命事业培养人才。此后由教育系支部党员蔡怡曾、李蕊真主要负责，并由陈秀煐等一批共产党员和进步学生共同筹办。学校筹办的过程，也是他们团结校内教授和陈鹤琴等教育界知名人士的过程。陈鹤琴的小女儿秀兰也在这所学校读书。曾在这所中学任教、前上海市教育局局长吕型伟回忆道：

> 我所在的那所学校（按：指省吾中学），他（按：指陈鹤琴）在那里当校长，这个校长不是假的，他管我们的，甚至一个毕业典礼上用钱，他都给我们具体指导，应该怎样用，文凭怎样发给学生，都是很严肃的，他说这就是教育。不是随随便便把文凭发下去，发给班主任，班主任发给班长，分下去就算了。他是以校长的身份坐在台上，一个一个上来领文凭。他说要让学生终生难忘……①

陈鹤琴还担任过华模中学校董会主席等职务，这所学校实际上也是由上海地下党学委创办的。

陈鹤琴与麦伦中学和校长沈体兰的关系非常密切。陈鹤琴的三个儿子一鸣、一飞、一心都是在麦伦中学上学，从而走上革命的道路。沈体兰是爱国教育家、社会活动家，他曾经是陶行知领导的国难教育社中学教育的负责人，学校中还有一位英籍教师白约翰，他们都是陈鹤琴教育事业中的好朋友。抗日战争和解放战争时期，陈鹤琴经常受邀去该校作演讲。在沈体兰的爱国进步办学方针下，这所英国教会传统的中学被改造成为一个培养民主革命人才的教育基地。陈鹤琴十分欣赏沈体兰的办学特色，先后将三个子女送进该校学习。抗

① 《鹤琴之声》，第23期，2006年8月。

战胜利后，一鸣曾托付该校地下党组织关心两个弟弟一飞、一心的成长。此后，一飞、一心都成长为这所被誉为“民主堡垒”学校的学生运动骨干。一飞曾负责学校青年会工作，一心曾担任学生自治会的领导工作。在复杂多变的环境中，他们经受了严峻考验。1949 年解放前夕，警察局来人要逮捕一飞、一心等三人，在校长沈体兰和教务长余之介的掩护下，他们得以脱险。

回到上海后的陈鹤琴，顾不上安顿生活，很快就去了一趟南京，查看被战乱破坏的鼓楼幼稚园。空旷的原址上只剩下园舍，屋内大部分地板被日军拆走，其他设备、用品被抢掠一空。园内荒草满地，地面凹凸不平，一片凄凉景象。几天后，他将周淑钟、王若昭两位教师邀到自己在上海的住所，请她们主持鼓楼幼稚园的复园工作。他对她们说：鼓楼幼稚园一定要恢复，希望你们去办好幼稚园，去办一所我们所理想的中国化的幼稚园，只要我们有决心、有信心去办，一定能办好的。接着，他拿出家中仅存的 2 万元（旧币）交给她们，作为办园的经费。

经过周、王两人和教师们的努力，鼓楼幼稚园于 1945 年 12 月 3 日复园，首批招收了 7 名儿童。陈鹤琴特意从上海赶过来，笑吟吟地对教师们说道：万事开头难，慢慢会好起来的！在许多热心人士和朋友们的帮助下，园中的自来水管得到修复，增添了课桌椅、各种积木和木马、摇船等户外运动设施。

在园主任周淑钟领导下，鼓楼幼稚园开始了建园以来的第三次单元教学的实验。前两次单元教学实验一是于 1926 年秋冬，由陈鹤琴、张宗麟带领鼓楼幼稚园教师根据江南一带的自然现象和社会现象摘要编制《幼稚生生活历》，相当于教学计划大纲；二是于 1935 年至 1937 年抗战全面爆发前，在陈鹤琴指导下，由钟昭华担任园主任，鼓楼幼稚园教师根据单元教学计划实验结果和以往工作的实际经验，出版了《幼稚园课程》和《一年中幼稚园单元教学》。

陈鹤琴每月从上海来南京对幼稚园各项实验进行指导，与教师们共同研究、讨论。鼓楼幼稚园教师每周至少开一次经验交流会，讨论一周的施行情况并制订下一周的单元教学计划。教师在每天课程之后将教学情况填写在实验簿上，作为实验记录保留下来。陈鹤琴写道：

> 科学实验是一项艰巨、复杂的工作，幼稚园课程的试验也不例外。它经历了三次试验，持续了十余年。①

1945 年 11 月，陈鹤琴被上海市政府委任为上海市立幼稚师范学校校长，兼办幼师附小及幼稚园。经过一番精心筹备，终于在 12 月 24 日挂出上海市市立幼稚师范学校校牌，设校址于愚园路 404—406 号，该址原是租界为外国学生专设的汉璧礼西童公学(后改为西侨中学)。新幼师建校之初，学校师资有随陈鹤琴北上的张文郁、雷震清、朱家振、钟昭华、谷斯范等，也有在上海招收的优秀教师，还聘请了多位专家。学生则是在当地招收。新幼师的办学宗旨是：“培养师资，实验及推行活教育。”训练师

上海市立幼稚师范(后改名为女师)及附小校舍(现为市立第一师范及附小)

① 《陈鹤琴全集》，第六卷，第 344 页，江苏教育出版社，1992 年 1 月。

范生的基本要求:(1)锻炼强健身体;(2)陶冶道德品格;(3)培养民族文化;(4)充实科学知能;(5)养成勤劳习惯;(6)启发研究儿童教育之兴趣;(7)培养终生服务教育之精神。不久,原幼专教师和学生到达上海,找不到合适的校舍安置,陈鹤琴就从国际救援总署等处设法搞来几座活动房,搭建在上海幼师的院子里,使他们有了安身之处。以后,幼师和幼专作为中等和高等师范分别建校,恢复后的幼专校名仍为国立幼稚师范专科学校,下设三科:幼稚教育、小学教育和特殊教育。两所学校校长由陈鹤琴一人兼任。幼专分设三个教育组:幼稚教育组、国民教育组和特殊教育组,由黄世明、刘于艮和张文郁分别任组长,聘刘于艮为教务主任。在幼专三年制的教学计划中,除学习 36 门课程,包括 10 门选修课外,还安排了大量实习、实践机会。在幼专校内,学生们办了一所民众夜校,招收一百多名学生,大部分是工人。同学们白天上课,晚上在民众夜校义务教学。陈鹤琴对学生们说:陶行知先生提倡"教学做合一",我提倡"活教育",都是反对旧的教学方法,主张从做中教、做中学和做中求进步,并要以大自然、大社会为活教材的场地。

1946 年冬天的一天,4 个十五六岁的女学生敲响了陈鹤琴寓所的门。陈夫人开门一看,是原幼师的学生白浪、赖贵阳、赖曹生和王守恒。恰巧,陈鹤琴这时不在上海。陈夫人赶忙将女学生们迎进屋内,安排她们洗脸、换衣,并吩咐家人做了一大锅热汤面,让她们美美地吃了一顿,晚上又将她们安顿在客厅里睡下。这几个学生在幼师合并到南昌后寄读了一个学期,听说陈鹤琴在上海重建幼师,决定来上海回幼师读书。她们在一个东方微白的清晨,迎着寒气迫人的晨雾,从南昌乘车出发,经九江搭上了来上海的轮船。上船后,人群很拥挤,因为没有钱买床位,从早到晚只好依着轮船上的栏杆东站站、西坐坐,或是聊天打发时间,或是哼着歌曲眺望两岸景色。有一个好心的船员得知这几个小姑娘是为求学而远行,就安排她们住在饭厅里。到达上海后,几个小姑娘已是囊空如洗,好不容易找到静安寺愚园路 404 号的上海幼师所在地。因为她们没带证件,陈鹤琴又不在校内,办事的人不为她们办理注册手续。经再三说明,仍无效果。情急之下,几个小姑娘想到了向陈师母求助，找到了陈鹤琴的家。陈夫人听了女学生们的述说，安慰她们道："不要急，等校长回来了，一切都会解决的。"大约一周后，陈鹤琴回来了。他看见学生们焦虑不安的样子，详细问明了情况，一把将她们拥在了怀中，嘴里喃喃地说道："你们不容易呵！来了就好，先好好休息，问题总会解决的！"很快，几个女生入学的问题得到解决，她们激动地热泪盈眶，高兴得跳了起来，连声说："谢谢校长！""校长真好！"

在陈鹤琴所主持的学校里，民主办学，提倡学生的自我管理，开展学术、文娱活动和丰富的社会实践成为一大特色。随着国内局势的动荡，国民党当局加紧对各学校的控制，在许多学校成立了隶属于三青团的学生会组织，学校里左派和右派学生争夺学生会领导权的斗争非常激烈，而在幼师却大不相同。1946 年 5 月，在陈鹤琴的倡导下，幼师将学生自治会组织改为"大姐姐服务团"，由年纪稍大些的高年级学生帮助、辅导年纪稍小的低年级学生，在学生中广泛开展互助服务活动，实际起到了学生自治会的作用。蔡怡曾是中共地下学委女中区委派来幼师进行建立党组织工作的年轻教师，她被指派对服务团进行指导。这位毕业于圣约翰大学教育系的女硕士，亲切、和蔼，见到人总是笑眯眯的，脸上显出浅浅的酒窝。她在学校教授教育概论和儿童心理学课程，与学生们吃住在一起，耐心倾听学生们心中的苦闷，细心讲解做人、做事道理。她关心学生们的疾苦，在这些十几岁的女孩子面前，她既是老师，也像慈母，深受学生爱戴。有时蔡老师的胃病发作，还一手捂着胃部坚持上课。同学们不忍，请老师去休息，她微笑着摇摇头。她的真诚与善良取得了陈鹤琴和全校师生的信任与尊敬，她也成为陈鹤琴的主要助手之一。

在幼师，大姐姐服务团的影响几乎无处不在。各种时事讲座、演讲比赛、读书会、合唱团和义务小学、夜校等活动给校园带来蓬勃向上、积极进取的良好风气。尽管外面的环境和气氛越来越令人感到压抑，但校园内仍是一片红红火火。师生间关系融洽，同学们的服务精神好，热心公益，互相关爱，助人为乐，工作认真负责。有人说，这是得益于"活教育"提倡的大自然、大社会都是活教材，引导学生树立正确人生观，注重社会事件的结果。也有人说,这是共产党地下组织充分运用学校里宽松、民主的环境积极活动,大力开展工作的结果。

1946 年 1 月,蔡怡曾悄悄带领一些同学到玉佛寺参加公祭昆明"一·二一"惨案烈士的追悼大会。三八妇女节时,蔡怡曾又带领许多学生参加了在兆丰公园召开的各界妇女纪念会,主题是揭露美蒋勾结发动内战的反动面目,启发妇女起来为维护妇女权益、争取妇女解放而斗争。

大姐姐服务团成员张耀华回忆:

当时学校里的政治活动是多种多样的,如反饥饿游行,罢课罢教,搞文艺演出,教唱解放区的歌曲。这些活动都是市学联统一布置的,幼师校园成了活动的联络站和接待站。半夜里各教室都用黑红布罩好,大家忙着写标语为游行示威作准备。陈校长为我们请了陶行知先生、沈钧儒先生来校作报告,幼师的礼堂成了地下党的政治活动场所。这些活动都得到我们的爱国校长的支持、掩护,为我们的活动大开方便之门。①

对于这些活动,作为一校之长的陈鹤琴采取了默许的态度,以至于受到市教育局方面越来越多的不满与压力。1947 年 2 月,上海市立幼稚师范学校改为市立女子师范学校,分设幼稚师范和普通师范二科。教育局方面和李熙谋等人曾打算找人替换陈鹤琴的校长职务,试图改变学校局面,后因受到抵制而未果。陈鹤琴随即任命沈寿金为教导主任,蔡怡曾为训育主任。

在 40 年代后期,上海幼师(以后称女师)和幼专在国内享有很高的知名度,"活教育"也成为中国最畅行的教育理论之一。

1948 年初,上海女师曾编印过一本小册子,内容是女师的各项规程、设施和教学体会等。陈鹤琴为这本小册子撰写了前言:

三十四年(1945)的胜利歌声,仿佛就是市立女师的序曲。市立女师最初是以幼稚师范的姿态出现的。由本人担任催生及保育的责

① 《怀念老教育家陈鹤琴》,第 228 页,四川教育出版社,1986 年 7 月。

职。三十六年(1947)二月本市教育行政当局鉴于女子师范教育有充实的必要,把幼师改为女师,分设幼师、普师两科。

女师的使命在培养新中国基层教育的优秀师资。一个优秀的教师,至少要对于所授的教材有充分的认识,与具备教学上应有的技能,才能指导儿童去认识大自然、大社会。

“活教育”不是立异,想自外于一般教育的主张,而是不满于旧的传统教育的固陋、呆板,以谋推动全民幸福的一种教育运动,是要大家如何去做人,做一个中国人,做一个现代中国人,所以“活教育”的方法就着重于做中学,做中教,做中求进步。女子师范就是“活教育”理论的实验场所。

女师开办,先后不过两年,一切设施和我们的理想还有相当的距离,像一个旅人在旅程中所免不了要遭遇的许多阻碍,但我们的方向和意志是坚定的!①

二　尊师运动委员会

1946 年 1 月 24 日,陈鹤琴参加以沈君怡为首的大连市接收委员会,抵达长春,下榻于曾是日本侵占东北时军机要地的“满炭大楼”。陈鹤琴所接到的任务是从日本人手中接管大连市教育局,收回教育主权。他动员了一些幼师、幼专的学生随行北上,打算在东北开办更多的幼稚园。他对学生们说:东北有鞍山的炼钢厂和抚顺的大煤矿,还有“三宝”。没到过东北,就不知道中国的疆土有多辽阔、多肥沃。当时的东北,国民政府派出的军政要员是熊式辉、杜聿明,外交事务由张公权负责。由于苏军已抢先占领大连,对国民政府所提出的接管要求根本不睬,张公权与苏军司令马林可夫将军之间的谈判未有结果。对于苏军的这些近似不通情理的做法,

① 《鹤琴之声》,第 7 期,1998 年 1 月。

陈鹤琴和同行的其他人一样，心中产生了不满情绪。一个月过去，接收人员仍滞留长春，陈鹤琴心中非常失望。这时，他接到家中兄长病危的电报，立即乘飞机南返，回到家后不久，四哥就病故了。当陈鹤琴再次回到上海，他答应了由顾毓琇、李熙谋提出的请他出面主持“尊师运动”的建议。

由于时局动荡，国民党政府腐败，金融日益混乱，物价飞涨，人民生活每况愈下。一般中、小学教师的生活压力越来越重，困苦不堪。陈鹤琴曾回忆那时的情形：

> 原来上海的小学教师，在国民党反动统治下遭受着种种剥削与压迫，加之伪金圆券加速贬值，每月所得只好买几副大饼油条，政治上也没有自由。①

由中共地下党学委领导的学生团体联合会继成功举行“助学运动”以后，发起了“敬师运动”，遭到当局的抵制。为了对付学生和教师运动，缓和教师情绪，压抑随时可能爆发的罢教风潮，国民党当局决定，由市教育局出面搞“尊师运动”，动员全社会为中小学教师募捐，并成立上海市尊师运动委员会，由李熙谋任总干事，陈鹤琴任副总干事。当时担任中共地下党学委委员的陈一鸣回忆：

> 国民党当局要陈担任此职是希望借助其在教育界的威望，而陈则认为“尊师运动”是一件有利于教师的正义之举。地下党学委分析了情况，决定团结陈，联合举行“尊师运动”来绕过当局阻碍，打开发动群众的局面。

陈震中回忆：

> 由三青团控制的“学生总会”，为了装饰门面，欺骗群众，也参加了“尊师运动委员会”，准备义卖尊师徽章。面对这一形势，地下学委为了减少阻力，争取合法，放手发动群众，通过实践教育群众，壮大进

① 《陈鹤琴全集》，第六卷，第439页，江苏教育出版社，1992年1月。

> 步力量，决定采取灵活的策略，由学团联（按：学生团体联合会）公开出面，与“上海市尊师运动委员会”和“学生总会”联合开展尊师运动，把尊师运动的旗帜举在学生自己手里。学团联党组要我通过陈秀煐同志找陈鹤琴先生，希望由他出面与市教育局疏通，同意联合开展尊师运动。一天晚上，我和学团联联络部顾光顺同志来到了陈鹤琴先生愚园路住所，经秀煐同志介绍，陈先生忘记了一天工作后的疲劳，热情地接待了我们，出于对青年学生群众力量的信任，他对发动广大学生参加运动十分赞同，欣然接受了我们的意见。由于陈先生的促成，学团联、市教育局“尊师运动委员会”和“学生总会”三方面代表达成了联合开展尊师运动的协议。这样，学团联发动学生群众参加尊师运动就合法化了。①

学团联代表找到陈鹤琴希望得到他的支持的时候，陈一鸣也参加了谈话。面对这些热情、纯洁的年轻人，陈鹤琴答应出面找李熙谋以促成此事。他还很痛快地答应学团联代表提出商借上海幼师作为学团联办公地的请求。从这时起，上海幼师成为上海学生运动的中心，各校代表在这里活动、开会，不计其数的宣传品由这里向各校分发。广大学生逐渐明白了一个不争的道理，国民党政府的内战政策和对外投靠美国，是教师生活贫困，学生遭受失学、失业的根源。从4月9日尊师运动开始，上海全市159所学校，计两万多学生上街开展劝募活动，到6月底结束。在陈鹤琴领导下，劝募委员会广泛联系，积极奔走，全力募集，得到上海市社会各界人士，尤其是文艺界、工商界的热烈响应。他们征集到上海书画家作品义卖捐献，又邀请京剧大师梅兰芳、周信芳等开展义演活动，所有收入全部充作中小学教师福利款项。陈鹤琴曾作描述：“在这两个月之间，可以说是从早到晚、从晚到夜一天二十四小时之中要花掉十五六个小时的工夫，一共筹到八亿元以上，暂时解决了中小学教师生活上的困难。”

---

① 《怀念老教育家陈鹤琴》，第224页，四川教育出版社，1992年1月。

6月10日，由学团联组织各校学生五千多人参加的尊师庆功联欢大会在天蟾舞台召开。根据当局所颁条令，禁止学生参加政治活动，凡需使用公共场所集会，须事先得到教育主管部门批准。起先，李熙谋并不同意举办这次活动，恐怕会引发反对政府的学潮，后经陈鹤琴一再力争，李熙谋才同意借用，但有先决条件："只准开会，不准游行！"然后，陈鹤琴又亲自出面，用劝募委员会名义，几经努力借到天蟾舞台作为会场。开会当天，陈鹤琴亲自主持。他在讲话中热情赞扬了学生的团结和力量，他说："这是历次上海学生运动中空前成功的一次，象征了学生的力量！"大会最后，陈鹤琴亲自宣读了由学团联起草的宣言。宣言中的五项内容包括：(1)立即停止内战；(2)减低学费，提高教育经费；(3)保障教师生活和职业；(4)救济失业同学，普及义务教育；(5)上海学生联合起来，阻止内战，维护国家一切主权。大会上，郭沫若、孙起孟、林汉达3位知名人士分别演讲，结束前会场里响彻"反对内战"，"争取和平、民主"的口号。

多年后，陈鹤琴回忆了当时的情形：

> 庆功大会规模很大，几千学生把天蟾舞台挤得水泄不通。我主持大会并致开幕词，继由郭沫若、林汉达先生先后讲话。郭老一开头就激昂慷慨，大声疾呼，要求立即停止内战，把军费用到教育上来。会场上群情激愤，鼓掌声、口号声和歌声不断。①

开会前，李熙谋曾警告陈鹤琴说："不要上他们的当！"会后，李熙谋大为光火，对陈鹤琴进行了严厉责备。

当年的地下党员向顼写道：

> 1946年蒋介石发动内战，地下党决定建立"上海市校教师福利促进会"（简称市校福利会），团结市校教师开展"要和平反内战，要民主反独裁"的斗争；同年5月26日市校福利会成立后，一方面在教师群众中发展会员，组织活动，大造社会舆论，争取教师合法权益的斗

① 《陈鹤琴全集》，第六卷，第410页，江苏教育出版社，1992年1月。

> 争，一方面则聘请负有声望的社会人士做顾问，一边依靠他们的身份进一步开展公开与隐蔽相结合的斗争，同时也做这些社会人士的统战工作。①

由于陈鹤琴不仅是知名教育家，而且是富有爱国心和正义感的民主人士，因而成为市校福利会首席顾问的最佳人选。由原工部局华人教育处职员、女师教师、中共地下教委所属女师支部负责人王鼎成作为联系人，陈鹤琴欣然接受了邀请。他还在市校福利会主办的“新知识讲座”上发表演讲，题为“我们必须要努力推行新的教育理想”。应他的邀请，美国教育家毕来士在沪与该会成员交流。陈鹤琴将女师作为该会会所，开展了大量活动。1946 年 12 月 8 日，在陈鹤琴的积极支持下，市校福利会创办中国少年剧团，由女师教师、儿童文学作家朱家振负责，张文郁代表陈鹤琴、赵景琛、吴仞之、陈伯吹、董林肯、虞哲光等到会发言。剧团的主要成员是女师的“大姐姐”和“大朋友”。陈鹤琴还为市校福利会会歌作词：

> 这儿是我们的家庭，我们要握着手，并着肩，向着新教育的大道前进！我们要贡献毕生的心血，培植下一代的主人；我们要消灭饥寒、失业、落伍的威胁；我们要发扬自助、人助、助人的精神！建设民主的新中国，这是我们的责任！

上海市小学教师联合进修会（简称小教联），是以中共地下党组织为核心的教师团体，邀请上海著名教育界人士、工商界名人和有威望的小学教师担任顾问，陈鹤琴也应邀参加。他在小教联主办的“星期教育讲座”上演讲，支持“小教之友”活动，筹款创办义务学校。小教联负责人之一、原民进中央副主席葛志成回忆：

> 抗战胜利后，我在上海从事爱国民主运动，组织“上海小学教师联合进修会（“小教联”），陈先生是我们这个团体的顾问，经常参加我

① 《怀念老教育家陈鹤琴》，第 211 页，四川教育出版社，1992 年 1 月。

们的活动。他还出席过几千学生参加的和平民主集会，并担任大会主席，在会上喊出“反内战、反饥饿，争取和平、民主”的口号。[①]

除此以外，陈鹤琴还应邀担任上海市中等教育研究会顾问。1946 年 9 月，陈鹤琴为上海市省吾中学题词：“服务创造”，成为该校校训。

在女师校园里，许多教师都是进步团体的成员，学校里的气氛积极而热烈，各种集会、讲演、讲座、演出络绎不绝。校外一些组织也经常来女师举办活动。对此，市教育局和李熙谋等感到十分恼火，一再对陈鹤琴发出警告，要他“对这些团体的活动完全负责”。与抗战初期参加难民救济和难民教育一样，陈鹤琴对这些组织的真正背景并不完全了解，有的稍有知情，他只是感到这些人做起事情来总有一种忘我与向上进取的热情和活力。时任地下党学委委员的一鸣常常与他谈起时局，有时也给他一些开导。在他周围工作的张文郁、蔡怡曾、陈维雄等助手们也时常和他一起分析、讨论时事，与他共同应对来自外界的各种压力。他自己像是被燃烧了一样，每天都被热烈和激情包围着、沸腾着，同时，他也为儿女和学生们的安危感到隐隐担忧。记得在 1943 年，由外地寄给张文郁的《新华日报》和其他刊物、信件被国民党宪兵邮检所截获，警察局来人告诉陈鹤琴说张文郁是危险分子，可能是共产党，要他严加注意。陈鹤琴将这一情况告诉了张文郁，嘱咐他小心。

三　永远的陶行知

1946 年 4 月 12 日，陶行知由重庆飞抵南京，14 日前往晓庄旧地重访，感慨万千：“晓庄在焦土抗战的命令下，一切房屋都烧光了，树木都砍光了。”这天，从中央门起，沿途农民和儿童鸣放鞭炮热烈欢迎。[②] 4 月 18

① 《北京教育通讯》，1992 年第 2 期。

② 董富勇、胡国枢：《陶行知传》，第 476 页，教育科学出版社，1991 年 5 月。

日，陶行知到达上海，原打算住在位于愚园路851号的陈鹤琴寓所。这里是幼师的教师宿舍区，与陈家同住的还有另外两户人家，其中一家是国民教育实验区职员，同时也兼幼师教师的方山农，此人有国民党社会部背景，关系较复杂。为安全起见，陶行知选择住在吕班路53号，老朋友许士骐先生的亲戚家中一个三层亭子间里。陶行知顿感上海政治气氛比南京活跃得多，欣然作诗：

我从首都经过，
自由尚无一滴。
自从到了上海，
喜见民主消息。①

陶行知来到陈鹤琴寓所，老友久别重逢，非常高兴。他们关起房门，交谈了很久。在这次谈话中，陶行知谈到当前争取和平、民主的重要性，并谈起自己办社会大学的想法："大学之道，在明民德，在亲民，在止于人民之幸福。"他还说到了"民为贵，人民第一，一切为人民"的思想。陈鹤琴向他介绍了受邀主持开展尊师运动的情况，陶行知当即表示："极好，极合时宜，应该普遍到各地。"②陈鹤琴还向他介绍了在座的一鸣正从事学生运动，陶行知夸赞道："好，是民主战士！"又有一次，陶行知来到陈宅，谈话期间，陈鹤琴的小儿子一心进屋奉茶，他清楚地记得，慈祥和蔼的陶伯伯抚摸了他的头，亲切地说："小弟，长这么大了！"

在陈鹤琴的记忆中，陶行知先生曾将人家形容庙堂上供奉菩萨的"十字歌"修改成为可供青年人掌握学习方法的"十字口诀"。

庙堂上形容菩萨的"十字歌"原为：

一貌堂堂，两眼无光，三炷香火，四肢无力，五脏全无，六神无主，七窍不通，八方来拜，究（九）竟如何？实（十）在无用！

---

① 董富勇、胡国枢：《陶行知传》，第476页，教育科学出版社，1991年5月。

② 《鹤琴之声》，第11期，2000年6月。

经陶行知先生改过的“十字口诀”：

一个大脑，两只壮手，三圈连环，四把钥匙，五路探讨，六组学习，集（七）体创造，八个顾问，九九难关，誓（十）必克服。

陈鹤琴在《八个学术顾问》一文中解释道：“这个口诀完全是指导我们青年如何求学的，实际说来，称它是指导我们做人做事的，亦未尝不可；因为这口诀里面，每一句都包含着一种很深刻的意义，我们如能照它做人做事做学问，必可获益不少。”①所谓“八个顾问”是说研究学问要搞清楚、弄明白的八个方面：(1)什么(What)？(2)怎样(How)？(3)何时(When)？(4)谁(Who)？(5)为什么(Why)？(6)哪里(Where)？(7)到哪里去(Whither)？(8)多少(Much)？前六项是英国大诗人吉柏林说过的，后两项是陶行知添加的。陶行知曾亲口告诉陈鹤琴，他办的育才学校因为采用了这种学习方法，获得了意外的成功。有一名 14 岁的学生，读了一本苏联作家描写中国情形的书，其中提到元朝时意大利旅行家马可波罗到访中国的事情，这名学生向“八个顾问”请教，结果第三个顾问“何时(When)”使他发现了这本书作者在时间上的错误——马可波罗到访中国的时间不是在成吉思汗时代，而是在忽必烈当朝的年代。另外一个学生研究明代郑和下西洋，他将郑和的航海船队与哥伦布发现美洲大陆时率领的船队作比较，得出结论：中国在郑和下西洋时代的造船技术比外国先进，远航的时间也比哥伦布早了八十多年。

1946 年 5 月 24 日，在上海的儿童文学作家、编辑等十余人聚会于上海南京路大三元粤菜馆楼上，商谈抗战胜利后的儿童文学建设。大家一致认为战后儿童文学“必须反映时代，指导儿童注意政治，注意社会”，并“用儿童的口号来传达儿童所能了解的意念”。与会者包括何公超、朱家振、金近、黄衣青等。会上决定成立中国儿童读物作者联谊会。有记载说，这次聚会得到了陶行知和陈鹤琴的同意。

① 《陈鹤琴全集》，第五卷，第 283 页，江苏教育出版社，1992 年 1 月。

回到上海后的陶行知一方面积极投入各项争取民主、反对独裁的政治活动，另一方面立即着手建立生活教育社，将因抗战分散在后方各地和上海当地的同志集合起来。在陶行知的亲自推动下，5月12日，生活教育社上海分社成立，陶行知亲自主持成立大会，郭沫若、黄炎培等到会祝贺。会上，陈鹤琴被推选为理事长，张文郁、余之介被推选为副理事长。按照陶行知的提议，由上海分社出面，筹建上海社会大学并举办生活教育社社员暑期进修班。其间，陶行知出席了国立幼专学生首届毕业典礼，在会上颁发毕业证书并讲话。由于上海市教育局的阻拦，创办社会大学的计划被迫搁浅，而举办生活教育社社员暑期进修班的各项准备工作加紧进行，预定于7月25日开学，陶行知应允出席开学式。

7月25日下午，陈鹤琴主持进修班开学式，等待陶先生前来讲话。这时传来陶行知因脑溢血突发已于中午12时30分不幸去世的噩耗，全体师生一下子震惊了。陶先生去世时，只有55岁。仅仅在十几天前，陶行知来到陈鹤琴家中，告诉他自己已经上了国民党特务暗杀的黑名单，还说自己要赶快将诗歌集编出来。

陈鹤琴回忆：

> 1946年7月25日至友陶行知先生在上海友人寓所去世，是日下午我从《联合晚报》上得知这个噩耗，犹如晴天霹雳，不禁放声大哭。到了晚上又放声号啕大哭。我为什么哭呢？我哭中国失去了一个人民教育家，我哭世界上失去了一个教育改造家。他一生艰苦奋斗，创造新教育学说，实行新教育主张。我与行知是32年文教战线上的友好同志，一旦分手，于我个人失掉了一个最景仰的教育先进，于全国儿童失掉了一个最贤明的教师，于全国教育界失掉了一个最勇敢的革命先锋。①

陶行知发病时，周恩来、邓颖超闻讯赶到时为时已晚。周恩来伤心地

① 《陈鹤琴全集》，第六卷，第374页，江苏教育出版社，1992年1月。

说道："陶先生放心去吧！你已经对得起民族，对得起人民。你的事业会由朋友们，你的后继者们坚持下去的，你放心去吧！我们一定要争取全面的、永久的和平，并实现民主来告慰你。朋友们都得学习你的精神，尽瘁民主事业，直至最后一息，陶先生，你放心去吧！"在场的沈钧儒、田汉、司徒慧敏、陆怡和陶先生的家属无不为之动容。

当天，毛泽东、朱德联名发来唁电：

上海吕班路环龙路口胜利饭店陶行知先生家属礼鉴：兹闻行知先生逝世，不胜哀悼！先生为人民教育家，为民族解放与社会改革事业奋斗不息，忽闻逝世，实为中国人民之巨大损失。特电致唁。

正在参加国共和谈的中共中央代表团发来唁电：

伟大的人民教育家和民主战友陶行知先生不幸逝世，实为中国人民大众政治解放和精神解放的最大损失。相信陶先生之死，将振奋无数崇仰先生思想、事业、人格、作风之男女更加坚强起来，为人民大众服务。特电致唁，并希节哀。

周恩来、董必武、邓颖超、李维汉、廖承志[①]

7月26日，在上海殡仪馆举行陶行知入殓仪式。据记载，上午10时，殡仪馆已经挤满了祭奠的人，有白发苍苍的马叙伦、沈钧儒；陶氏生前友好郭沫若、许广平、田汉、欧阳予倩、阳翰笙、史东山、陈鹤琴、雷洁琼、吴晗等；中共方面华岗、潘梓年、陈家康、章汉夫、乔木、龚澎等也前来祭奠。无数青年学生纷纷赶来瞻仰这位被誉为"万世师表"的遗容。会场里，"陶夫人不住地悲嚎。百货业店员乐队奏着哀乐，育才学生的挽歌震动了灵堂，在悲恸的哭声里，陶先生慢慢地入殓了"[②]。入殓时，陶行知先生遗体上覆盖着写有"民主魂"大字的旗帜。当年幼专大公级尚留校学生漆竟余回忆：

---

① 董富勇、胡国枢：《陶行知传》，第483页，教育科学出版社，1991年5月。

② 董富勇、胡国枢：《陶行知传》，第485页，教育科学出版社，1991年5月。

> 7月25日，突然传来陶行知先生逝世的噩耗，我深为悲痛。28日我大公级尚留校的同学，在校长带领下，奔赴殡仪馆与陶先生告别。当我踏进馆门抬头一望，四周墙上满挂着："杀了一个闻一多，千百万人唤醒起……"师母在嚎啕大哭，晓庄师生抚棺哭别恩师："恩师，您是为我们累死的呀！""您是被害死的呀！"在满馆的悲愤哭泣声中，陈鹤琴校长主持了简短的告别仪式，他说："伟大的人民教育家走了，勇敢的民主战士才五十五岁就与世永别了……"满堂的哭泣声、口号声，夹杂着持枪警察的恐吓声。郭沫若先生戴上帽子穿出人群离去。校长转头通知我们："结伴快回校！"①

陶行知逝世后，国内各党派、各人民团体推派代表组成陶行知先生追悼会筹备委员会，主要成员是民主同盟、生活教育社、陶先生创办各校代表和陶先生家属。陈鹤琴被推举为筹委会主任，张文郁担任联络员。筹委会的议事地址设在愚园路404号幼师院内。当时，郭沫若、沈钧儒、史良等许多陶行知的朋友们都来到幼师商议追悼会的筹备事宜。陈鹤琴还派专人将刚迁沪不久的育才学校师生接来女师住下，协助他们在上海进行义卖和演出活动。

10月27日，陶行知先生追悼大会在上海震旦大学礼堂举行，各界人士七千余人到会，陈鹤琴的儿女也都一一前往。场内摆满各界人士送的挽联，陶行知遗像悬挂在台上蓝色天幕的正中央，上面挂着一条写有"民主之魂，教育之光"八个大字的横幅，前面摆放着宋庆龄、冯玉祥、孔祥熙和美国援华会等送的花圈。原定大会执行主席为沈钧儒，因沈临时有事滞留南京，考虑到陈鹤琴是陶行知最亲密的同志之一，又是知名教育家，民盟负责人之一的史良连夜找到陈鹤琴，请他担任大会主席。对于陈鹤琴而言，他很清楚担任这一工作所将面临的危险，国民党政府对追悼会持反对态度。不久前，李公朴和闻一多在昆明惨遭暗杀；陶行知本人生前被

① 《童心拓荒》，第74页，南京大学出版社，2001年10月。

列入特务暗杀黑名单中的第一名。然而，作为与陶行知有着三十多年友谊的挚友，自己责无旁贷，慨然应允。

在陈鹤琴的亲自安排下，幼师、幼专学生与民盟的工作人员一同布置会场。为了保证追悼会的安全性和合法性，他还出面邀请与陶行知相熟的孔祥熙参加。大会开始后，陈鹤琴作为大会主席首先致词：陶行知是伟大的人民教育家，大家以赤子之心追悼他。我们要将他未竟的志向继续担负起来；陶行知的人格不仅是中国的，而且是世界的；他不仅是这个时代的人物，而且是万世的！接着，由俞庆棠介绍陶行知的生平和事迹，然后由田汉读祭文。郭沫若在讲话中热情颂扬了陶行知的伟大精神，来自美国的毕来士女士、艾德敷和育才学生代表先后发言。最后，陶晓光代表家属致答谢词。在大会结束时，陈鹤琴大声说道："我们要化悲痛为力量！我们要学习陶先生的革命精神！继承并努力完成陶先生未完成的事业！"自始至终，大会在一片悲痛的气氛中进行。

追悼大会结束后，有传言说陈鹤琴是陶行知的同党，也属于民盟，或是民盟的尾巴。他对此却毫不理会。

陶行知先生逝世后，如何将陶行知未竟事业继续下去？在周恩来的鼓励下，方与严、陶晓光等决心将由陶行知亲手创办的育才学校继续办下去。他们请陈鹤琴出面担任育才学校顾问委员会主席，为育才学校由重庆迁来上海募集基金。陈鹤琴义不容辞地挺身而出，以育才学校顾问委员会主席名义与育才学校校长马侣贤共同联署《私立育才学校在沪建筑校舍充实基金设备募缘启》，向社会各界募捐。他致函上海市教育局局长顾毓琇、副局长李熙谋。函中称：

> 敬启者：私立育才学校，系陶行知博士在抗战期中，选拔特殊才干难童，创办培养"人才幼苗"之试验学校。民国二十八年七月二十日，创校于四川北碚。程度由小学而初中而高中，办理将及八载，成绩优异，举世闻名。其经费得助于美国援华者特多。陶博士于去年四月间来沪，计划迁校，因积劳成疾，不幸于七月二十五日病殁上海。

全校同人及社会人士，咸愿继承遗志，维持办理。美国援华总干事毕来士女士，亲自飞渝视察，认为继起有人，允予继续赞助。因而赞助经费自本年一月份起，增加数目几及三倍，并予赞助迁校费用。毕女士在临行回美前，建议须得社会人士广泛赞助，组织育才学校顾问委员会，赞襄计划进行事宜。成立时，选定鹤琴担任主席。同时选派校务主任方与严驻沪筹备迁校事宜。现已购置本市大场附近房屋地基及行总拨助活动房屋，进行兴筑校舍。一面进行迁校，一面进行改组校董会，另行呈报立案。现第一批员生五十人已经动身，然后分批陆续迁来。特先奉陈，敬乞
鉴核，幸甚。敬上

上海市政府教育局局长顾李

私立育才学校顾问委员会主席陈鹤琴（盖章）

民国卅六年四月廿二日于育才驻上海办事处北四川路843号南三楼寄发

陶行知的学生杨明远曾撰文写道：

陶先生的未竟事业，当时在上海主要就是生活教育社和山海工学团。后者是陶先生在三十年代初开创的新型学校，曾经为工农大众和穷苦孩子的教育，为抗日救国运动作出显著成绩，是中外皆知的“小先生制”的策源地，抗战胜利后在地下党的领导下，于一九四六年春发动农友出钱出力恢复。陶先生突然去世后，我们山海工学团失去了导师和支柱，在工作上、经济上困难重重。当时的山海工学团地下党的领导人方与严同志和我商量请陈先生做山海校董会的名誉董事长，陈先生欣然同意，并帮助我们向市教育局备了案，使山海工学团取得了合法地位，工作得到进一步开展，逐步建立了七个分校，使周围四十多个村庄大人、小孩都受到教育或思想影响。①

① 《怀念老教育家陈鹤琴》，第258页，四川教育出版社，1992年1月。

1947年1月初的一天，在幼师校长办公室，陈鹤琴给秘书张文郁看了一封匿名信，信上画了一把匕首和三颗子弹，歪歪斜斜地写着："陈鹤琴！你追悼陶行知！你等着吧！你的下场比陶行知更惨！"看罢信后，陈鹤琴爽朗地大笑道："不管它！"

四　活的教育

1946年12月，在陈鹤琴等编著的《活教育理论与实施》书中，载有《活教育——中国新教育的幼苗》一文，阐释了"活教育"的真义。文中写道：

> 新教育的实验是需要一个新的环境的，中国的实验教育还在实验之中。现阶段的中国是处于争取自由民主，争取科学光明的大时代，对外抵抗侵略对内要求建设，正是新教育实验的一个崭新环境。我提倡新教育名之曰"活教育"，在抗战初起之时，是认识这时代的伟大，在这伟大的时代中，教育所负的使命是怎样的重大！活教育的目标是在做人，做中国人，做现代中国人，"活教育"的工作者认清了这个目标来训练儿童，训练青年，造就许多富有国家民族意识的新国民。为了完成这个目标，在活教育方法上，我对教师和教法方面的期望是做中教，做中学，做中求进步，因为只有在做中才能得着教学的实效，也惟有在做中才有进步。我们运用这种方法，虽然在物质人力两困的环境里却也不知道减少了多少困难，创获了不少新的方法。抗战以后，教材教具的添置是非常困难的，我们如果还是想像战前一样仰给于现成书籍教具，那是不可能的。因此，我提出了大自然、大社会都是活教材这一主张。①

① 《陈鹤琴全集》，第四卷，第349页，江苏教育出版社，1991年3月。

两个月后，该书再版。陈鹤琴写道：

就一般的情形来说，本书迅速再版，是证明中国社会是怎样地迫切需要一种新教育的主张。以往中国的教育运动，如设计教学、道尔顿制、文纳特卡制，都不过是直接抄袭外国的教育理论与主张，因此，它们难能在中国的土地上生根，虽然也曾兴起于一时，终究经不起中国现实社会的考验而趋于沉寂。

今天，活教育的主张，其所以异于以往教育运动者，即在于活教育的理论，是以中国社会为其发展的基础；它是针对社会实情，适合大众需要而发展起来的。它是中国社会的道地产物，所以，它才有可能在中国的土地上，发生深厚的影响。①

回到上海后的陈鹤琴，一方面着手创办学校，其中包括建立国民教育实验区；另一方面开始整理、总结“活教育”理论，以期在更大范围内得以实验和推行，成为一种适合时代需要、符合民族精神的完善的教育制度。

“活教育”的目的：做人，做中国人，做现代中国人。

陈鹤琴对做“现代中国人”提出了五项应具备的条件：

——要有健全的身体。

——要有建设的能力。

——要有创造的能力。

——要能够合作。

——要有服务的精神。

陈鹤琴写道：

不错，中国的教育应当和外国的教育有所畛畦，它自有它的特性。这“做人、做中国人、做现代中国人”就是中国教育惟一的特点，不苟同于其他各国的教育目的。②

① 《陈鹤琴全集》，第五卷，第143页，江苏教育出版社，1991年7月。

② 《陈鹤琴全集》，第四卷，第356页，江苏教育出版社，1991年3月。

"活教育"的课程:把大自然、大社会做出发点,让学生直接向大自然、大社会去学习。

陈鹤琴写道:

> 现在我们在这里主张大家去向"大自然、大社会"学习,就是希望大家能把过去"书本万能"的错误观念抛弃,去向活的直接的"知识宝库"探讨研究。①

"活教育"的方法:做中教,做中学,做中求进步。

> 原则一:直接的经验。"活教育"的教学并不注重过去班级教学的课程,而着重于室外的活动,着重于生活的体验,以实物作研究对象,以书籍作辅助参考。换一句话说,就是注重直接经验,这种直接的经验就是使人进步的最大动力。
>
> 原则二:不能让小学年龄的孩子去偏习某一学科,使他们有畸形发展的趋势。在幼儿园至小学六年级这一阶段之间,教学目的是在使小孩子获得均衡的发展。在这一时期,并不是专门培养儿童某一技能,或使他们精习某一特殊学科,我们不能让刚出芽的幼苗早熟结果。
>
> 原则三:自动的研究。过去把学生牵着鼻子,耳提面命的教学方法未免有些落伍了。最宝贵的是儿童们自动研究的精神,这种精神是小朋友们本已潜在的,不过因为种种限制,使它们不能流露出来罢了。我们现在最要紧的,就是启发他们这种自动研究的精神。
>
> 原则四:积极的鼓励。积极的鼓励比消极的责罚好得多,但是一般老师却常只知道责罚小孩,而不知道鼓励小孩。
>
> 原则五:具体的比较。我们对于教学常常采用比较法,有了具体的比较,事情就益加明了。
>
> 原则六:分组的学习。分班制是教师与学生在注意力上的交流,只适宜于注入式的教学。分组学习是小朋友以及小朋友教师双轨线

---

① 《陈鹤琴全集》,第四卷,第365页,江苏教育出版社,1991年3月。

的交流，适宜于互相讨论研究和工作。

原则七：集体的竞赛。可以养成爱护群体及牺牲小我的美德，还可以避免个别竞赛可能引起的弊病。

“活教育”教学的过程，可以分作四个步骤：一是实验，二是参考，三是发展，四是检讨。

“活教育”对教师的要求：(1)要爱护儿童；(2)要了解儿童；(3)要有积极的态度；(4)要有研究的精神；(5)要有改造环境的能力；(6)除具有国语修养外，须有一门专门学科的特长；(7)须有健全的体格。①

作为一种教学实验，陈鹤琴十分注重“五指活动”间的相互联系。“不同的活动单元可能在‘五指活动’领域内有不同的侧重。课程是整个的、连贯的。”同时，健康、有序、师生间的集体创造和及时研究、总结经验则是陈鹤琴对实验过程的基本要求。

儿童健康活动：

目标：培养儿童健全的身心。

范围：①体育活动；②个人卫生；③公共卫生；④心理卫生；⑤安全教育。

儿童社会活动：

目标：①使儿童明了个人和社会的关系；②使儿童参加社会活动，培养其服务团体的知能和兴趣；③使儿童了解乡、镇、县、省和全国的关系及中国与世界的相互影响，激发其爱国爱群及民族精神的发展；④根据时事的演变探求今后世界的新趋势。

范围：包括公民、历史、地理、时事。

儿童科学活动：

目标：①增进儿童科学知识；②培养儿童实验兴趣；③启迪儿童创造能力。

---

① 《陈鹤琴全集》，第四卷，第369页，江苏教育出版社，1991年3月。

范围：生物、理化、工业及生产劳动。

儿童艺术活动：

目标：①陶冶儿童的热情绪；②启迪儿童的审美感；③发展儿童的欣赏力；④培养儿童的创造力。

范围：音乐、美术、工艺、戏剧。

儿童文学活动：

目标：①培养儿童对于文学的欣赏能力和发表能力；②培养儿童对于中国文字的认识和运用；③培养儿童对于文法修辞的研究兴趣；④培养儿童对于文学的创造能力。

范围：童话、诗歌、谜语、故事、剧本、演说、辩论、儿童应用、书法。[①]

1946年，陈鹤琴主持的上海市立幼师所属附小，组织高年级学生按照“五指活动”教学步骤和“做中教，做中学，做中求进步”的教学方法，在教师指导下，以启发和自动的方式讨论时局问题。

在200多位教师围坐着的礼堂中，64个小学高年级的小朋友在活泼、热烈和真挚的气氛中，讨论着对于每一个中国人民切身有关的对日和约问题，这是全国空前的伟大创举，最值得注意的地方就是这个会议，是由儿童自己来主持讨论的。[②]

陈鹤琴用时局内容作为儿童社会活动的中心，将与会学生分为四组以讨论方式分别举行座谈会，然后将各组意见归纳成一个总的结论，用启发式的方法使儿童学会自己研究和思考问题。组织者将对日和约问题分成4个小问题：(1)日本为什么要侵略中国？(2)八年抗战中，我国所受的损失怎样？(3)美国对于日本的管制怎样？(4)对日和约应当怎样签订？

讨论前，学校为学生安排各项准备工作，包括收集资料，请专家讲演，准备中国地图、日本地图、日本侵略中国大事年表、八年抗战大事年表，拟

---

① 《陈鹤琴全集》，第四卷，第378—389页，江苏教育出版社，1991年3月。

② 《陈鹤琴全集》，第四卷，第391页，江苏教育出版社，1991年3月。

定讨论大纲等。在总结这次时事座谈会的教学过程时，陈鹤琴列举了一个平时寡言少语、不被老师重视的女孩子的例子。陈鹤琴写道：

当本学期第一次举行时事座谈的时候，这位女孩子发言了，她发表的意见，有条有理层次井然，博得满场的注目，因此就请她担任第四组的主席，她练习了一次，也觉得胜任愉快，这启示了我们，只有通过活动，才能发现人才，假使仅仅在室内上课，多少人才被埋没了。①

1946年12月，上海幼师在庆祝建校周年之际，举办了“活教育”成绩展览会。同期，陈鹤琴接受了瑞士裴斯泰洛齐基金会授予的会员证书。

1947年1月，《活教育》杂志在上海复刊。这本创刊于1941年1月，辗转泰和、赣州、广昌，颠沛流离、饱经忧患的教育刊物，与幼师和幼专一道，从江西来到上海。刊物主要面向小学、幼稚园教师和幼稚教育研究者，“建设新教育理论，提供新教材教法”，同时介绍国外最新教育动向和研究成果。在此后三年多时间内，《活教育》杂志一直在幼师（后改为女师）出版，由陈鹤琴担任主编，张文郁、余之介、杨士枬、邢舜田等参加编辑工作。陈鹤琴恳切地表示：“《活教育》月刊的发行，并不想以此刊物作为推行新教育的经典宝笈，倒是为了试行的结果或行前的计划不能不有一个记录。我们不愿意用高深的理论来把自己封闭于知识的宝库中间，为了攻破传统教育为教育而教育的宫墙，我们很想穿户入室，同时想打开库门，让知识和文化普遍发展，需要教育的都得受教育，要受什么教育的就有什么教育。”对此，陈鹤琴的期待是：

今天，中国的社会以及世界的趋势都是复杂而多变的，我们中国人民的生活，不论在意识上和方式上都是多样的。在今天我们还要求读书人闭门读书，把教育的意义停留在书本或学校圈子里，这是不合公理也是不可能的事。我们希望中国人民的教育是在生活上获得知识，以丰富的知识来提高生活，失去了生活的意义也就

① 《陈鹤琴全集》，第四卷，第403页，江苏教育出版社，1991年3月。

失去了教育。①

陈鹤琴在50年代初回顾《活教育》的创刊历程时写道：

我们一部分同仁流落在东南各省，鉴于日本帝国主义的侵略、压迫，深感国家前途的危急；那时误信教育为万能，想尽力搞好教育来挽救危亡。

我们觉得过去的旧教育，在我们的国家遭受如此严重的外患下，要挽救危亡，必须彻底改革教育。因此，我们提出的口号是反对传统的死教育，并揭示教育的目的："做人，做中国人，做现代中国人。"后来把"做现代中国人"改作"做世界人"。教育材料："大自然、大社会都是活教材。"教育方法："从做中教，做中学，做中求进步"，并"注重分组集体教学，互教互学"。教学步骤："（一）实验观察；（二）阅读参考；（三）发表创作；（四）批评研究。"就在1941年的1月，我们就用活教育社的名义，创刊《活教育》。

我们创刊的主旨在研究新教育思想，建设新教育理论，提供新教材教法，帮助教育界工作同志——主要是小学和幼稚园教师，提高他们的学习兴趣，改进他们的业务效能。②

1947年2月，陈鹤琴发起创办上海儿童福利会并任理事长，以解决难童教养问题；开办了一所难童义务小学，派幼专学生轮流执教。1947年4月，陈鹤琴发起成立儿童互助会，宗旨为促进儿童福利事业，发扬儿童互助美德，建立世界永久和平，110余所学校和单位代表参加了该会在上海召开的筹备会。8月，陈鹤琴发起成立中国新教育社并被推举为该社理事长。

陈鹤琴在《教育杂志》上撰文《战后的中国幼稚教育》，提出"要把幼稚园、托儿所从大都市带到小都市，从城镇带到乡村，从为少数贵妇官绅服

① 《陈鹤琴全集》，第五卷，第146页，江苏教育出版社，1992年1月。

② 《陈鹤琴全集》，第五卷，第304页，江苏教育出版社，1992年1月。

务到为农工劳苦大众服务”。他还在《民众教育要怎样普及》一文中指出：“行知先生曾经告诉我们，要大家‘认定中国是个穷国，必得用穷的方法去普及穷人所需要的粗茶淡饭的教育，不用浪费的方法去普及穷人所不需要的少爷、小姐、书呆子的教育’。仅仅这几句话，道出了中国普及教育的道路与方向。”陈鹤琴一向认为，民众应该成为教育的主体，普及民众教育是教育工作者所应担负起的责任，而在农村开办托儿所、幼稚园是将幼稚教育普及到农村的最好的一种方式。20 年代，陶行知和他在南京曾进行过这种尝试。是年暑假，幼专部分同学得到山海工学团和育才学校协助，先后在大场沈家楼、孟港巷、杜桥头、姚家庵等地办起了 4 所农忙托儿所，共收了 130 多个婴幼儿，免费为农民家庭服务。暑假后，陈鹤琴应当地农民的要求，决定在大场办两所常年农村托儿所，并作为幼专学生实习场所。办所的土地由农民捐出，屋舍由农民和同学们一道动手盖，所需经费，除在幼专经费中拨出部分开办费以外，还有一些来自大家筹措的捐款，有学生义演募捐、海外华侨捐赠等。陈鹤琴亲自致函由他担任董事长的儿童福利促进会，募来一批物资，他还与张文郁将出国讲学所得经费也捐了出来。

同学们口渴了饮井水，洗澡都用冷水，从清早到傍晚整天在托儿所照管孩子。给婴儿换尿布，教幼儿唱歌、学话，训练孩子集体午睡，替大孩子弄大小便，还要做点心。孩子们有规律地生活着。晚上农友们乘凉时，同学们就活跃在农民中话家常，讲故事，教唱进步歌曲，介绍解放区农民生活和斗争的情况。① 托儿所不设固定保教人员编制，由同学分批轮换实习，每两周一次；后将四所托儿所合并为两所。

与在江西时的情形相同，在大场，幼专和当地山海工学团、育才学校师生与农民打成一片，鱼水相处，不仅传播了知识和教育，也使当地的社会风气得到极大改变。村民夜不闭户，好人扬眉吐气，坏人隐身匿迹。有

① 《怀念老教育家陈鹤琴》，第 234 页，四川教育出版社，1992 年 1 月。

人说，这里像小解放区。不久后，为使托儿所能够长期、稳定地办下去，陈鹤琴、张文郁与有关方面商议，决定成立大场农村托儿所董事会。陈鹤琴任董事长，张文郁、李名英、刘德伟、杨明远等任董事。办所日常费用由幼专从国民教育实验费中每月拨 200 万元（旧法币），其他物资从社会募集中解决。

1948 年初，幼专学生曾提出扩大大场托儿所（简称大托）规模，学生们成立了大场农村托儿所计划委员会（简称计委会）。陈鹤琴热情支持学生们的行动，在校舍紧张的情况下，专门腾出一间木屋给计委会使用。为筹措建立新托儿所的资金，计委会印行《大托通讯》，还制作了一枚"大托之友"纪念章，上面的图案是两个可爱的小娃娃，是由幼专教师邢舜田设计的，颁发给积极支持大托的人士和捐助者。朱洁夫老师还主动争取到一个电影院为大托捐款作专场义映。按照规划，拟在孟港巷造瓦屋三大间，在姚家庵建活动房一幢。陈鹤琴、张文郁又作进一步筹款和打算，将大托发展蓝图和相关文字、图片资料铅印成册，一面派人专程去救济总署申请基建资金，另一方面将内容译成英文，向海外募捐。1947 年 7 月 8 日，大托第一所托儿所开学。托儿所开学那天，当地的老老少少纷纷跑来看热闹，陈鹤琴也从城里专门赶过来祝贺。他看着三间宽敞、阳光充足的大瓦房，天真活泼的孩子们穿戴得整整齐齐，心中有说不尽的喜悦。

1948 年 5 月，上海市校教师福利促进会为庆祝成立两周年，举办儿童教育工作研究成绩展览会，展览内容包括学校行政、教师生活、教材教法、训导问题和儿童读物、儿童戏剧等；形式除图表、照片、实物、模型等静态展品外，还有儿童自己演出的音乐、舞蹈、戏剧等动态节目。陈鹤琴参观展览后，感触很深。他写道：

> 我是喜欢儿童的，我的志趣，就是儿童教育。但我更有一个偏见，觉得儿童总是可爱的，即使是低能的儿童。不过，他们的命运和将来的前途，我敢说大概操在教养他们的成人手中，所以我也总觉得

> 儿童教育这一门工作非常之重要了！但由于我们（连我自己也在内）不会教，和没有给他们受教的机会，因而不知道贻误了多少的儿童，戕害了不知道多少新的嫩苗！①

对此，陈鹤琴的认识非常明确，只有摧毁多年来潜伏在中国教育界的落后思想，走出狭窄的教室与课本，勇敢地走向广阔的自然与社会，汇入大时代的潮流中，中国的新教育才会有前途！

1948年7月，幼专派贺一欧、朱希敏、杨毅、丁贞钦、袁品箫、刘仰兰等毕业生去江苏金坛县办农村托儿所，并以此作为幼专学生实习基地，把"活教育"传播到广阔的农村。

在《国立幼专第四届毕业纪念册》上，陈鹤琴深情地写下以下勉励的话：

> 我们同学应自许是中国幼稚教育的播种者。
> 我们同学应自信是活教育运动的开拓者。
> 我们同学应自勉着永远做一个教育工作者。②

---

① 《陈鹤琴全集》，第五卷，第281页，江苏教育出版社，1992年1月。
② 《陈鹤琴全集》，第五卷，第161页，江苏教育出版社，1992年1月。

第十六章　黑暗与光明

一　民主堡垒

在上海的大中学校中，女师和幼专以校园风气积极向上，学校管理开明、民主而享有声誉。作为校长，陈鹤琴历来鼓励学生关注社会、自然，以"创造"、"服务"作为办学思想，支持学生参加各种社会实践活动。许多女青年慕名前来，这些充满热情、纯洁的女孩子就是抱着"活教育"比"死教育"好的简单动机前来女师和幼专报考的。

女师校友刘瑜写道：

> 女师的同学大部分家境贫寒，不少是外地来的穷姐妹。学校的住宿条件比较差，几十个人挤在两间大屋子里，但对我们来说，并不觉得有什么不堪。每当夜自修下课，同学们回到宿舍，大家围在一起，特别是同那些进步学生在一起，谈学习，谈生活，谈时局，谈个人遭遇；在生活上互相帮助，在思想上互相启发，在学习上互相鼓励……这一切都给我留下了深刻的印象。像我这样一个过去一直生活在相对闭塞、孤单、缺乏关爱环境中的人，此时感到如同进入了一个全新的世界，我的眼界一下开阔起来。①

幼专校友孙爱月回忆：

① 《鹤琴之声》，第10期，1999年12月。

在幼专，他（按：指陈鹤琴）主张学生走出校门，到大自然、大社会中去学习。他认为要学生获得直接的知识应当到大自然、大社会中去追求，大自然、大社会是我们的知识宝库，是我们的活教材、活教师。他还主张教师要教学生研究时事等。因此他从不干涉进步教师的教学和学生参加学生运动，在某种情况下还给以大力支持。①

陈鹤琴自己写道：

对于学生参加政治活动，我的态度是这样的。开始时，学生参加校外政治活动，不加劝阻；等到局势紧张，外面压力加重的时候，我的态度就有所改变，在校内学生尽管活动，但校外活动最好不要参加。

陈鹤琴的担心不是没有道理的。1946 年 6 月 23 日，幼师和幼专许多师生参加了在上海北站为赴京反内战请愿代表团送行的活动。请愿代表团在南京遭到暴徒特务毒打，酿成血案。1947 年 5 月 20 日，来自北京、上海、南京、杭州等城市 16 所大专院校的六千多名学生在南京举行“反饥饿，反内战”游行，被国民党军警打伤一百多人，逮捕二十多人。在上海各校间，时常耳闻国民党军警、特务抓捕参加游行、示威活动的进步师生的消息。幼师和幼专学生大都是十六七岁的女孩子，作为一校之长，保护学生是他最大的责任。他总是嘱咐学生们：“要小心一点！”

秀霞回忆：“父亲支持我们子女参加进步活动。记得有一次游行，我们几个孩子一个个溜出门去参加。其实，他知道得很清楚，只是一再叮嘱我们要小心安全。”

当时，上海国民党市党部、三青团和教育当局对学生的思想、行动严加限制，连看进步书籍、发表进步言论也要受到监视和处分。而在幼师和幼专校园里，气氛显然非常宽松、安全。在学校任教的教授和就读学生中，有许多人是在其他学校传播进步思想或参加爱国、民主运动被解聘、开除而转来。陈鹤琴热情地接纳了他们。知名学者、教授杨晦曾亲历过

① 《怀念老教育家陈鹤琴》，第 196 页，四川教育出版社，1986 年 7 月。

五四运动，是最先冲进赵家楼的学生之一，1946 年因宣传进步思想被南京中央大学解聘，住在上海的友人家里，没有工作，生活无着。在中大教育系读书的陈秀云将这一情况告诉了父亲，陈鹤琴毫不犹豫立即要秀云将杨教授接来幼专。夏康农教授于 1947 年因“思想激进”被昆明中法大学解聘后来到上海，陈鹤琴也将他聘为幼专教授。1948 年秋，夏康农被国民党特务盯梢，被迫只身离开上海经香港转往解放区，留下家眷在上海，陈鹤琴关照学校总务处照发夏老师的月薪。

1947 年夏天，上海沪江大学学生会主席林雪娟被校方以“煽动学潮”罪名受到开除处分；王淑君、高亦韦、项爱月、张鸿斌四位学生因参加“抗暴”和支持“五二〇”学运，被无锡江苏省立教育学院开除。她们来到幼师找到陈鹤琴，陈述了被开除的原委，希望能转学来幼专继续学业，陈鹤琴一口答应下来：“这样的学生，我是要的！”当教务处有人提出异议时，陈鹤琴严肃地说道：“像这样一些青年，我们不要，叫他们到哪里去？他们不要，我要！”

对此，著名心理学家高觉敷教授回忆：

> “五二〇”运动中，我的女儿亦韦在无锡江苏教育学院求学，因贴写爱国标语，宣传“反饥饿、反内战”，被学校开除了。我向该院院长求情，请他收回成命，他威胁我说，我的女儿太有名了，在无锡怕有生命危险，不如离开较好。我只得让她忍痛失学了。幸而有一天，中国教育学会在南京召开，我看到了陈鹤老。我对他说，我的女儿参加学生运动因而失学了，他能不能让她到上海幼专上学。出乎我的意料，他满口答应，这不能不使我对他深表感佩的。要知道那时在蒋政权统治下，特务横行，鹰犬满街。被开除的革命学生号称危险人物，当校长的谁敢收留呢？可是陈鹤老不计个人安危，不但招收我的女儿，还让她同命运的三名学生共四人，一起进入了他的幼专。所以我同这四名学生永远怀念这位具有大公无畏精神、热爱爱国学生的老校长。[①]

---

① 《怀念老教育家陈鹤琴》，第 15 页，四川教育出版社，1986 年 7 月。

40年代后期的上海，由于国民党政权的日益颓败，政治、经济形势更加恶化，城市中物价飞涨、货币贬值，官员贪污成风，民怨沸鼎；军警特务横行，三青团也加紧活动，在校园内外频频制造事端。而在女师和幼专，正义、民主和积极、向上的空气充满校园。人们都知道，在陈鹤琴所主持学校里，由于实行"活教育"，校园气氛宽松、开明、和谐，老师对学生爱惜有加，呵护备至，这也为中共地下党组织在女师和幼专开展工作，在师生中间发展、壮大进步势力提供了有利的生存条件和活动空间。

当时，为陈鹤琴一贯寄予厚望并深受师生爱戴的年轻教育硕士蔡怡曾是中共地下党组织派来学校发展力量的领导人，由她倡议成立的学生自治组织——大姐姐服务团，也成为中共地下党团结和组织学生的中坚力量和稳固阵地。陈鹤琴以后才知道，蔡怡曾在大学毕业前就加入了中共，曾担任地下党学委女中分区委书记，并被派来幼师开辟学生工作，与教委系统王鼎成、向顷并称上海女师进步力量的三根支柱。她在学生中最早发展的党员有刘修正、邢志康和李若兰。解放以后，她与志同道合的陈一鸣结为夫妻，成为了陈鹤琴的长媳与得力助手。

1946年12月30日，报上刊登了北平学生举行罢课，抗议美国士兵侮辱中国女学生沈崇的事件。女师校园里已无法正常上课，同学们议论纷纷。大姐姐服务团召开全校控诉声讨大会，会后大家又一同参加了上海大中学生的抗暴大游行。

1947年2月，上海永安公司梁仁达因抵制美货、主张用国货而惨遭特务杀害，上海各校学生义愤填膺，群情激昂，纷纷举行抗议活动。女师党支部适时建立了积极分子组织，取名为"清道夫"，喻意为"扫清前进路上的垃圾障碍（美帝国主义和国民党反动派）"。刘修正（后改名为刘秀政）回忆：

> "清道夫"的成员先后有五六十人，大多是经过学运锻炼的积极分子，她们活跃，斗争性强，是党支部的得力助手。她们同党员一块儿参加朗诵、演活报剧——张开希（蒋介石）竞选、测字先生（为国民

党反动派算命)、唱古怪歌、跳青春舞……她们到哪里,哪里就充满青春的活力。地下党常运用这支轻骑兵,让一些学校邀请这支轻骑兵去演出,冲击他们那里的沉闷空气,打开局面。①

女师同学组织民谣歌咏团,从上海音专请来老师教唱流行于国统区大中学校间的《茶馆小调》、《古怪歌》、《夜行人》等讽刺当局打内战的歌曲,还教唱从解放区传来的《黄河大合唱》。女师和幼专教师朱家振、包蕾指导学生编排针砭时弊的活报剧,秘密发行的进步丛刊《文萃》在师生间争相传阅。"清道夫"的许多成员都成为了学运骨干,读书会、时事讨论会、看苏联电影等学生自发组织的活动在校园里时有举行。愚园路404号女师校园成为上海西区的学运中心,享有"民主堡垒"之誉。

为了躲避特务的耳目,学生们经常将开会地点搬到陈鹤琴住宅庭院里的草坪上,用做游戏为掩护,开会布置工作任务。俞雅琴常常会从房间走出来,招呼学生们喝水。陈秀云在中央大学参加了共产党地下组织,开展进步学生爱国运动,有时带着同学回到家里商量工作。当时,陈鹤琴因忙于学校事务和社会活动很少在家,俞雅琴就像对待自己的子女一般,热情地招待、安排她们在家中吃饭、留宿。她从不过问子女们工作上的事情,有时也会到院子外留意街上的情况。无论是幼师、幼专的学生,还是秀云的同学们都很尊敬、爱戴她。据回忆,当时的共产党地下学委负责人之一,80年代担任外交部长、国务院副总理的吴学谦,公开身份是米店老板,曾来看望身为学委委员的一鸣,因此,俞雅琴亲切地称呼他为"老吴"!

1947年2月,国民政府实行停止黄金买卖及外汇流通、法币大幅贬值、冻结生活指数等一系列紧急措施应对日益恶化的国内经济形势,行政院长宋子文、经济部部长王云五、主计长徐堪和中央银行总裁贝松荪等人亲自坐镇上海监督实施。3月26日,国防部电令淞沪警备司令部改归国防部直接管辖。5月13日,交通大学学生在北站集合赴京请愿,抗议教

---

① 《怀念老教育家陈鹤琴》,第220页,四川教育出版社,1986年7月。

育部停办该校轮机、航海两科，引发学潮。市长吴国桢前往劝阻无效，军警在麦根路强行阻止。教育部长朱家骅紧急飞沪处理学潮。5月22日，上海市府与警备司令部共同发布治安办法，规定凡煽动罢工、罢市者均按戒严法处理。5月30日，淞沪警备司令部在上海采取大规模搜捕行动，逮捕共产党嫌疑37人，其中有学生26人。6月5日、6日、7日，市府和淞沪警备司令部接连张贴布告，公布拘捕光华大学、大夏大学、圣约翰大学、东吴法学院、国立音乐专科学校和上海商学院等校激进学生名单。一切迹象都在表明，当局的镇压已经变本加厉。

1947年秋天的一天，上海学联组织西区学生计划借女师礼堂集会，邀请李平心先生作形势演讲。女师和幼专学生自治会主席找陈鹤琴商量借用礼堂开会的事情，陈鹤琴答应了学生们的请求。由于是几百人的集会，国民党警察局一定会来干涉，甚至发生捣毁会场、逮捕学生的严重后果。为安全起见，陈鹤琴与秘书张文郁商量了三条应对措施：(1)大会名称改为联欢会或音乐舞蹈演出会；(2)开会时间公开通知为下午六时半，由学联联络员口头通知提前至五时半；(3)开会当天下午，陈鹤琴请病假就医并在家休息，由张文郁在校长办公室值班。大会按计划举行，李平心先生讲演半个小时结束，接着进行文艺演出。张文郁回忆：

> 当天傍晚五时半刚过，果然有两名静安区警察局的便衣警察来到学校说要见校长。我接待了他们，告诉他们校长生病在家休息。他们问："今天晚上你们学校开什么大会？"我说："还早，开幕时我陪你们去看。"接着就是泡茶送烟。他们几次要求先进会场，我很着急，王瑞生(按：学校工友)也很着急，我设法把他们拖住。过了六时，王瑞生进来说："演出就要开始。"就在此时，联欢会的主持者也来校长室请校长看演出，我告诉他们："校长生病在家，这里还有警察局二位先生，我陪他们一同来看，请让出前排座位。"我陪他们进入会场坐定，主持者宣布开幕，他们看了一个舞蹈节目就说要回去，我送他们

离开学校大门。[1]

一个星期后，静安区警察局一位副局长来到陈鹤琴办公室拜访，张文郁也在场。警察局副局长说："上星期你们学生开的会，我知道不是联欢会，是政治宣传会。"陈鹤琴说："他们告诉我是联欢会，而且他们事先也在排练节目。"张文郁在一旁插话："确是联欢会，我还陪同你们警察局来的二位先生观看节目了呢！"警察局副局长冷冷地说道："你们被蒙蔽了，那确是一次政治集会，以后要注意！"过了一段时间，张文郁从陈鹤琴手中接过一封没有具名的信件，信上还是那种歪歪斜斜的笔迹："陈鹤琴！你身边有奸匪盟贼！你不会有好结果！"陈鹤琴点了点头说："大家注意点，不管它！"

早在 1946 年 6 月 10 日，尊师联欢大会胜利召开后不久，陈鹤琴从市教育局听到消息称，他的儿子一鸣是学生运动的高级负责人。他意识到，一鸣正面临极大的危险，在国内待下去随时可能遭遇不测。于是，他立即着手为一鸣向美国的大学申请奖学金，一定要把一鸣送出国去。同时，他还担心秀霞、秀煐和秀云三个女儿的安全，她们在大哥的影响下，都已成为学生运动的骨干。在混乱的世道里，军警特务横行，何来言论自由和安全可言呢？陈鹤琴所不知道的是，一鸣于 1938 年 8 月已秘密加入中共地下党组织，在全市性的学生团体担负领导工作，开展爱国进步学生运动。1940 年夏，他调任地下党学委大学区委委员，后任书记，领导大学中的建党和群众工作。1942 年夏天，随中共江苏省委撤退至淮南抗日民主根据地，参加中共江苏省委举办的上海干部集训班学习，此后在华中局城工部工作。1944 年夏秋任新一届上海地下党学委委员，派回上海参与学生运动的领导。抗日战争胜利后，一鸣参与领导了上海学生界争取和平民主运动的工作。抗日战争期间及抗战胜利后，秀霞、秀煐和秀云也都分别加入了共产党组织。凭着父亲的直觉，陈鹤琴觉察到儿女们已经不再是普

① 《怀念老教育家陈鹤琴》，第 156 页，四川教育出版社，1986 年 7 月。

通学生，他们有了自己的信仰并有任务或使命在身。他相信自己的儿女所选择的道路和人生目标，同时，他也时时挂牵着儿女们的人身安全。据他的儿女们说，直到解放后，陈鹤琴才清楚地知道他们共产党员的真实身份。一鸣曾回忆，1951 年他从美国留学回来，告诉父亲自己是共产党员。父亲只是说："你为什么老早不告诉我？"一鸣回答道："这是党的纪律不容许的。"

黑夜里，陈鹤琴仿佛看见，有一只黑洞洞的枪口已经对准了愚园路 404 号女师校园和 851 号自己住所的大门。他预感到，一场狂风暴雨就要来临。

二　谁言寸草心

1948 年 1 月 19 日，由国民党当局召开的上海市各界戡乱建国大会在天蟾舞台举行，市参议会议长潘公展和市长吴国桢发表讲话。这次大会向社会发出新一轮镇压、平息日益高涨的市民不满情绪和学生运动的强烈信号。1 月 29 日，同济大学学生在进行了 14 昼夜的抗议示威活动之后，决定集体前往南京请愿。前一天晚上，传来国民党当局已下令各校校方要严加管制学生，不准学生到同济大学去参加声援活动的消息。当天夜里，蔡怡曾与刘修正等女师地下党员一起分析了形势，研究对策，决定要把学生带出校外去。次日拂晓，她们一面组织同学从后门悄悄离开学校，另一方面由刘修正、李若兰留在学校应付校方。刘修正记得很清楚：

> 1 月 29 日清晨不到七点钟，阴霾的天刚刚透亮，我到校长办公室去找陶蔚文老师（陈校长的秘书），我们约好请他帮助写一面旗帜，让同学们带到同济大学去，支持他们争民主反迫害斗争。陶老师挥臂刚刚写完，墨迹未干，突然教育局局长李熙谋闯来了，他怒气冲冲

地责问，并把陈校长也找来了。[①]

结果，在李熙谋的强令之下，陈鹤琴只好宣布将陶蔚文“解职”，同时悄悄将他安排在自己所主持的国民教育实验区工作。

据上海市地方志记载，1948 年 3 月 19 日，市教育局代局长李熙谋向 118 次市政会议报告称：得悉共产党地下人员将于本年四五月间，联合各级各校学生，发动大规模学潮，请各有关机关予以防范。陈鹤琴非常担心学生们的安全。在陈鹤琴的记忆里，有一次上海学联发动全体大中学生参加示威游行，事前，他已获悉当局和军警做了部署，准备镇压。于是他就苦口婆心地劝阻学生不要到校外去，以避免不测。但是，一连劝说了三个多小时，效果不大，这时，学联有人贴出一张纸条，通知游行活动取消，学生们方才散去。他感到学联的号召力和对学生的凝聚力，慨叹一张小小字条远胜于亲如一家的师生关系，心中竟生出几分敬佩之意。

1948 年的上海，社会动荡不安，市面上一片混乱，当局以整顿经济为名大肆敛财，不法商户囤积居奇，官员贪污腐败，物价飞涨，民众怨声载道。大、中学校的教授、教师和公费生的生活水平直线下降，学校食堂的伙食也变得越来越差，课堂教学无法正常进行。不久，灾难降临到了女师师生面前。

1948 年 5 月 9 日，深受师生爱戴的蔡怡曾老师突然被捕。消息很快传遍女师校园，同学们悲痛万分，有的相拥哭泣。大姐姐服务团在礼堂里挂起了蔡怡曾的大幅肖像，礼堂改称为“怀蔡堂”，每天晨会 15 分钟，大家列队进入，低声唱起《怀念歌》，深沉低回，所有人的脚步缓缓移动，表情凝重。歌中唱道：

> 夜是多么清净，我们敬爱的老师您在哪里！您被抓走，多少人痛彻心肺！四周是茫茫黑夜，我们在悲愤里过着日子……

女师师生们自发成立了人权保障委员会，派人到交大、师专等学校去

---

① 《怀念老教育家陈鹤琴》，第 221 页，四川教育出版社，1986 年 7 月。

控诉，举行记者招待会，公开揭露当局的特务行径。陈鹤琴也与身为工商界知名人士的蔡父向市警察局和警备司令部要求放人，托人说情，四处奔波，但毫无结果。在狱中，蔡怡曾受尽折磨，身体遭受严重摧残，但特务未能从她口中得到任何关于地下党组织的机密。据当时地下党教委成员、解放后曾长期担任中国教育工会主席的方明回忆，地下党组织对蔡怡曾的坚定抱有信心。大约5个月后，经各方积极营救，蔡怡曾终于走出监狱大门，出现在学生们的面前。原本亲切、温柔、漂亮的蔡老师已变得脸色苍白、憔悴，头发没有了光泽，原来雪白整齐的牙齿也被打掉了几颗，几乎认不出来了。同学们见状，抱住她哭了起来。这一情景深深印在国文教师谷斯范的脑海中：

“老师，你受苦了！”

“真是孩子气，哭什么，我不是回来了吗？”

“瞧你受了多深重的苦难……”

“不仅是我一个受苦难，全国千千万万人在受苦难，不要哭，我回来该高兴才是呀！”她笑了笑，抚摸她们的头发，抚摸她们的脸庞。“大家坐下来谈谈，我多么想知道学校里的事情！”临走时，千叮万嘱，不要再来，她仍受特务暗中监视，去看望她，对同学们安全不利。10月底，蔡怡曾在党组织安排下，摆脱特务监视，潜离上海去了解放区。①

1948年夏天的一天晚上10点钟，一群特务闯进校园指名要逮捕已上了上海特刑庭名单的幼专教师陈维雄、王霞量和学生曹桂英。特务先到集体宿舍带走了王霞量，又转到陈维雄住的房间扑了空，然后去学生宿舍抓了曹桂英。闻讯后，陈维雄立即转移，王、曹二人很快也被陈鹤琴设法保释出来。

有一位来自江西的学生在幼专担任学生自治会主席，公开组织学生

① 《鹤琴之声》，第1期，1995年4月。

游行示威，被国民党教育局强令作开除处理。陈鹤琴表面上签署了退学的决定，但退学的理由被写成“没有高中毕业证书”，这样找工作会容易些。他知道，这位同学在上海举目无亲，一旦被开除，无路可走。第二天他就带着这位学生到愚园路上每一所幼儿园和小学打听是否缺人，终于在一所小学为她找到了一份教师的工作。还有几位学生，也是因为参加了学运被盯梢，教育局要求学校予以开除，并要派军警抓人。陈鹤琴得知后，立即通知有关学生迅速离校转移。第二天，教育局来人时，陈鹤琴推称这些学生已被“开除”，离开了学校，搪塞过去，使学生免遭劫难。

一切迹象表明，女师和幼专已不再是昔日的“教育乐园”，更已不是曾经的“诺亚方舟”，就连校方主办的大场托儿所也受到监视。在恶劣的社会环境中，“偌大的中国快要放不下一张书桌了！”更何况年轻的女师、幼专和“活教育”了！

在日益恶劣的环境中，许多女师和幼专的教师相继离开学校撤往解放区，其中有陈维雄、蔡怡曾、朱家振、王鼎成等。幼专学生张小清回忆，1948 年秋天，国民党军警、特务到处逮捕、杀害爱国进步人士和青年。地下党一方面积极组织掩护，尽量避免无谓的牺牲，一方面组织力量保卫大上海。有一天，党组织突然来了通知，国民党特务要对杨晦教授下手，于是紧急安排杨教授全家撤离上海。第二天早上，人们发现杨教授家里人去屋空，纷纷议论起来。陈鹤琴到来后，见此情景，马上明白了其中缘由，他从容不迫地对在场的人们说：“杨老师去天津看望岳母去了，向我请了假走的！”人群便很快散去。

1948 年 8 月间，蒋经国抵沪，以上海区经济督导员身份监督整顿经济，开展“打虎运动”。8 月 19 日，当局颁布《金圆券发行办法》，宣布实行币值改革，规定以金圆券 1 元折合法币 300 万元，并规定冻结各地物价。8 月 23 日，金圆券正式发行。据上海地方志记载，11 月 1 日，当局被迫取消限价政策，物价在一夜之间暴涨，上海接连发生抢米事件。11 月 2 日，蒋经国发表《告上海市民书》，承认“打虎运动”失败，时局更加混乱不堪；与此同时，当局对共产党地下组织的活动和广大工人、市民、青年学生的镇压态势和强硬手段更加变本加厉。

当时，教育局内部的密报称：“国立幼专校长陈鹤琴之思想、言论及办学方针与左倾分子陶行知生前行为如出一辙”，“该校已大部分为共党学运分子所控制”。而此时的陈鹤琴却在忧心如焚，他牵挂着学校里的学生们，惟恐因少不更事，大多又是柔弱的女生，在外面会出现不测和意外。平日里“视校如家”、“爱生如子”，一贯和蔼、亲切的陈鹤琴，此刻却无法阻止情绪激昂的学生们上街游行，只能站在校门口像老妈妈一样不停地重复，一遍遍叮咛、嘱咐：“一定要当心！”“一定要当心！”他眼巴巴地望着学生们涌出校门，有时甚至会眼含泪水劝阻学生们不要上街，没有别的办法。因为他知道，这些身体瘦弱、身材矮小的女学生根本禁不起军警、特务的践踏和殴打。他不能不为她们的安全担心。

他只有一个想法：一定要保护学生！

三　出席国际儿童教育会议

1948 年 8 月，陈鹤琴一行从上海启程，经巴黎抵达捷克。此行他是应联合国教科文组织的邀请，作为中国代表出席在捷克召开的国际儿童教育会议，并在大会上发言。这是他继 1934 年 7 月至 1935 年 3 月对欧洲 11 国进行教育考察之后的又一次教育考察之旅，为期 5 个月。此前，他和张文郁曾于 5 月间前往菲律宾讲学 4 星期，向马尼拉暑期小学教师讲习会演讲《活教育的原理和实施》。在马尼拉期间，他们受到当地华侨和教育界的热情欢迎，并与中国平民教育的开创者之一、著名教育家晏阳初会面。

为参加这次国际会议，陈鹤琴在行前作了大量准备。据刘于艮回忆：

> 先生高兴地接受邀请，经再三考虑，准备介绍我国家喻户晓的

《三字经》作为全世界儿童读物。为了集思广益，特地邀请幼专全体教师开会，广泛征求大家意见。哪知大家听了先生的意见，都以为不妥，一致认为《三字经》是我国千余年前辈人所编的儿童读物，传授孔孟之道，宣传封建礼教，在我国也早就不用了，如今是二十世纪，特别是在新民主主义的讲坛上，怎能宣扬这种封建落后的东西呢？先生见大家都不同意，也就放弃了自己的主张。①

参加这次大会的各国知名人士和教育家有四十多人，会场设在离首都布拉格不很远的一个美丽小城布达勃拉第。会议重点关注 3 岁到 13 岁儿童教育问题，总议题为"为建立一个全球性的社会而教育儿童"。大会由一位来自挪威的女儿童心理学专家担任主席，下设教育哲学、儿童心理学、儿童教育学、特殊儿童心理 4 个专题小组。陈鹤琴被推举主持儿童教育学专题的讨论，该组讨论的题目为"研究不同文化与儿童教育之关系"。会上，陈鹤琴发言说：

全世界儿童应发扬互谅、互信、互尊、互助的"四互"精神，维护世界和平。"互谅"，即要彼此了解情况，熟悉彼此的风俗习惯及生活之异同，打破互相间的一切隔阂。有了互相了解，才能建立互信，由互信而互尊。而互尊就是反对一切剥削与压迫，在平等精神上的互尊。而互谅、互信、互尊乃是开辟积极互助的道路。惟有在互谅、互信、互尊的基础上进行互助，才是彻底、永久和牢固的。②

陈鹤琴对捷克教育留下了深刻印象：

革命以后，捷克最大的一个教育机构，是中央教育研究所，经常有一二百人工作。对于各阶层的教育，都有详尽的统计和研究。他们的新教育计划，很着重基层教育的发展。然而反顾我国的教育，时至今天，还没有建立一所完全的教育机关，也没有切切实实的推行基

---

① 《童心拓荒》，第 89 页，南京大学出版社，2000 年 10 月。

② 《怀念老教育家陈鹤琴》，第 315 页，四川教育出版社，1986 年 7 月。

层教育。以捷克国家战后经济还比较困难，土地、人口稀少能做到这地步，这足可以作我们的借鉴。①

在捷克期间，他在参观世界著名生物遗传学家孟德尔故乡时走进一座图书馆，那里收藏着世界各国的遗传学著作。有一个人指着其中一本书对他说："这是中国书！"他走近细看，原来是一本日本人写的书，顿时心中泛起几分苦涩。他还来到以倡导普及教育而举世闻名的大教育家夸美纽斯故乡参观，在捷克，夸美纽斯受到尊敬的程度犹如中国的孔子。许多人都知道，他是在教科书中使用插图的第一人，夸氏所著《大教授学》(1632)是世界上最早的一部教学理论书。夸氏写作此书时没有采用当时通行的拉丁语，由于热爱自己祖国的语言而使用了自己的母语——捷克语。他提出："不应当把科学藏在学者的书里，要使知识能接近所有的人；要人人都为自己的人民而写作。"

陈鹤琴记下了自己的观感：

我游览了夸、孟二氏的故乡之后，深深地感到捷克民族的确是优秀的民族，以一个六七千居民的小地方，能够建立博物馆和图书馆，这是很难得的。反观我们中国，除掉几个通都大邑有这种设备外，其他几十万人的都市，有图书馆或博物馆的，可以说寥寥无几，说起来真够惭愧。②

在捷克，陈鹤琴获赠一册夸美纽斯所著《世界图解》，爱不释手。他在书批中写道：

此书系捷克大教育家夸美纽斯所著，1658 年首次出版问世，书中插图实为创举。此书插图系采取 1720 年版，编排则系根据 1833 年捷克文版。

此书书名曾于 1914 年在霍普金斯大学读书时闻及，而今在捷克

① 《陈鹤琴全集》，第四卷，第 451 页，江苏教育出版社，1991 年 3 月。

② 《陈鹤琴全集》，第四卷，第 452 页，江苏教育出版社，1991 年 3 月。

34年后见到，何幸如之。[①]

陈鹤琴还到了捷克的波西米亚，这里曾是1618年爆发天主教徒与新教徒之间长达30年战争的地方。在当地的教堂里，仍保留着堆积成山的尸骨，可见战事的激烈和残酷。

离开捷克，陈鹤琴转道伦敦、荷兰、纽芬兰、加拿大，一路劳顿后到达美国。经过英国时，他感受到，这里由于实行新教育政策，提高了国民受教育的年限，使社会更加安定。这说明，社会进步与人民知识水平密不可分。在英国，他特别注意到，当地实行普遍的社会保险制度。居民发生疾病之后，可以免费到任何医院就诊；一旦失业，也可领到生活费用。在捷克，也是这样。英国的另一个现象更使他感慨颇深。他记述道：

在英国及欧美各国儿童是被优待的，不仅是儿童教育被重视，就是儿童的日常生活也特别的优越，牛奶、鸡蛋，是首先配给到的。如捷克，成人每周只能配给1只鸡蛋，而小孩可配到3只，甚至1天1只。这是欧美各国最合理的一种设施。[②]

在对美国的两个月考察期间，陈鹤琴的大部分活动是参观学校和教育研究机构。他先后到访、考察了美国教育学会、家长教师会、教师联合会。他的哥大老师和朋友、著名教育家卢克非常感慨地告诉他："美国的教育，已经成了停顿的状态，而当年所谓的'新教育'，到现在没有丝毫改进，就目前的教育情况而言，可以说没有什么新的设施。"话中透着几分失望与不满。

考察访问中，使陈鹤琴印象深刻的是这些国家对特殊儿童教育的重视。他说："民主国家的教育原则，就是人人要受教育，人人要尽量发展其天赋，在这个原则之下的聋哑残废，也由国家给予特殊照顾。"[③]在西方，

① 《陈鹤琴全集》，第六卷，第496页，江苏教育出版社，1992年1月。
② 《陈鹤琴全集》，第四卷，第453页，江苏教育出版社，1991年3月。
③ 《陈鹤琴全集》，第四卷，第455页，江苏教育出版社，1991年3月。

18世纪末就有教育家开始注意低能儿教育的问题，从伊塔德、爱仅、皮奈、西蒙、蒙台梭利到德可乐利都曾致力研究解决智力差异儿童的教育问题，即特殊儿童教育问题；而真正对特殊儿童教育给予重视，并有效解决了这一问题的国家，只有社会主义苏联和现代化的经济大国——美国。

关于前者，陈鹤琴写道：

> 苏联自十月革命后，对残废者的教育有了显著的进步。对残废儿童原因之考查，教育方法与教材内容之研究，不遗余力；教育家与医师协同工作，进行矫治，解决问题，尤为难得。
>
> 在苏联对于聋哑和盲人，均设置有特殊学校，7岁以下的聋哑儿童更有专设的幼稚园，并强迫16岁以下的伤残儿童接受普通教育，特别注重职业训练。
>
> 在聋哑学校里，自幼稚园起为了训练他们有发言和听话的能力，引用了一切可能用的办法，尽力训练，并且采用了“口语法”来代替“手指法”。方法的进步改良，可见一斑。①

关于后者，陈鹤琴继续写道：

> 究竟美国如何推进特殊儿童教育呢？
>
> 一、在行政方面——中央教育机关的特殊儿童教育司、地方教育机关的特殊儿童教育科，专负辅导、推进全国特殊儿童教育之责。
>
> 二、在师资方面——美国各大学教育系均专设特殊儿童教育科，或有关特殊儿童教育的课程，来培养大量的专门师资，以从事特殊儿童的教育工作。②

陈鹤琴了解到，在纽约，设在普通中学中的特殊儿童教育的班次有1 730个。美国政府和地方教育主管机构设有特殊儿童教育部门，各大学教育系均专设特殊儿童教育科或开设有关特殊儿童教育的课程，培养大

① 《陈鹤琴全集》，第四卷，第428页，江苏教育出版社，1991年3月。

② 《陈鹤琴全集》，第四卷，第426页，江苏教育出版社，1991年3月。

量的专门师资，从事特殊儿童教育工作。而在中国，情形则大不相同，甚至很少有特殊儿童在所有儿童中所占比例的官方统计数字。据陈鹤琴的估算，当时中国的特殊儿童为数应在2 700万以上，几乎相当于比利时、奥地利、挪威、丹麦、芬兰和瑞士6个欧洲国家人口的总和。尽管2 500多年前，孔老夫子就提出"有教无类"的思想，但直到近代才出现少数由外国传教士或慈善团体办的收养残疾人机构，而且根本谈不上教育。旧中国的执政当局从未真正重视过特殊儿童教育问题，反映出教育落后的现实。

陈鹤琴进一步提出：

试问中央教育部、各省市教育局、各县教育科，是否注意到这个特殊儿童教育问题，是否有这种特殊儿童教育的实施呢？问题如此严重：将近0.2亿的残缺儿童，似乎无人顾问。我们如何教育他们，不成为社会的累赘，相反地变成新社会有用的公民？也许有人说：平日健全的儿童都没有受教育的机会，残缺的儿童更无法顾及。话虽如此讲，国家的贫瘠、物质条件的缺乏，使得特殊教育的推行遇到很大的阻力，这种工作是艰巨的，但是很有意义。我们应当在可能的范围内尽量去努力用后天的力量去弥补先天或后天的不足，使那些一向被人忽略被人遗忘掉的特殊儿童得到教育与治疗，他们将会和正常儿一样愉快地、健康地生活、成长！①

在美国期间，陈鹤琴与他昔日的老师、教育家克伯屈共同发起了一个教育问题双周讨论会，邀集当时在纽约的中国教育学者二十余人参加，广泛讨论教育问题和国内时局。与会者中有他的朋友、教育家俞庆棠、董任坚、傅统先、彭子民、雷震清、李清悚等人。据李清悚回忆：

会后陈老师约我和雷震清较知己的师生二三人到他在美留学的

① 《陈鹤琴全集》，第四卷，第426页，江苏教育出版社，1991年3月。

子女寓所吃茶，广泛讨论到国内时局和今后出路问题。那时正是国内淮海战役胜利结束，国民党反动政府垮台在即，陈老师都是鼓励大家赶回中国，迎接全国解放，为新中国教育贡献力量；对大家消除顾虑，鼓舞信心所起作用很大。①

回国后，陈鹤琴在南京中央大学教育系开设幼稚教育课程，每两周赴宁讲课一次。他还在上海广播电台开设有关儿童教育问题的专题讲座，共10讲，讲稿汇编成《怎样做父母》一书。该书和由他编写的《活教育的教学原则》、《活教育的创造——理论与实践》先后由华华书店出版；此外，《活教育》月刊发表了由陈鹤琴撰写的《活教育的目的论》一文，将“做人，做中国人，做现代中国人”的活教育目的，进一步阐述为“做人，做中国人，做世界人。”

对此，陈鹤琴作了阐释：

……为什么要做世界人呢？因为这个时代不再像以前了。以前，尤其在清以前的封建时代，一般人总以为四海之内，莫非王土，把别的国家不放在眼里。自鸦片战争后，中国社会发生激变，然而仍然缺乏一种对世界的正确看法，不是惧外媚外，便是排外。我们知道，中国是世界的一环，不能脱离世界关系而孤立自存的，譬如在第二次世界大战中，当时日本侵略中国，并不只是危害中国的生存；意大利侵略阿比西尼亚，并不仅是危害阿比西尼亚，而是危害世界和平，所以全世界人民要团结起来，击败共同的敌人。在今日，要缔造世界的永久和平，自然亦非仅中国人的努力所能成功，必然也是世界每一个人的责任，因此生在今日世界的一个中国人，他除了要过国家的生活以外，同时还要过世界的生活。他不特要了解中国社会发展的特质，他还要了解世界的潮流。他不特要为中国的民主独立而努力，他还要为世界和平而奋斗。所以活教育要求进一步做世界人，现代世

① 《怀念老教育家陈鹤琴》，第24页，四川教育出版社，1986年7月。

界人。

“爱国家，爱人类，爱真理。”①

四 特殊儿童教育

陈鹤琴最早接触特殊儿童教育，要上溯至1918年春天，他在美国哥伦比亚大学师范学院攻读教育学硕士期间，造访过美国纽约市的一所聋哑学校。他听说，美国的聋哑学校能教聋哑儿童说话，于是前往一探究竟。他来到校门口，向门房说明来意。门房很友好，带他进入学校。一路上，他连续提了好几个问题。门房并未回答只是走路。他向前跨了两步一把拉住门房很客气地问道：“方才我问你话，你为什么不回答？”门房立即很流利地回答：“我是聋子，听不出声音！”陈鹤琴好奇地问道：“既然听不到声音，怎样会说话呢？”门房的回答很简单：“我看你的嘴巴！”陈鹤琴还想提出新的问题，门房说了一句：“你随我来，看小孩子怎样学习开口讲话吧！”

在学校办公室门前，一位四十来岁的女校长出来欢迎，然后带领陈鹤琴到各教室参观。

他们来到一所幼稚园，看见十几个天真活泼的小孩子正在上手工课。女教师扬手招呼了一个看上去五六岁的小女孩子过来，站在了陈鹤琴面前。女教师先将女孩的右手贴在她的颌上，再自己张开嘴巴，发出很长很响的“L-O-V-E”（爱）声音。照此方法，女教师带着女孩又发了几个字音，她向陈鹤琴讲解：“我们说话，不仅用嘴，还要用肌肉，发音的时候，颌上的肌肉颤动。小孩子一面看见你的口型，一面学着你颌上颤动，就慢慢模仿着发音了。”然后，女教师让小女孩站在墙壁上的一面大镜子前，她先对着

① 《陈鹤琴全集》，第五卷，第67页，江苏教育出版社，1991年7月。

镜子开口“L-O-V-E”(爱),小女孩跟着发出声音。陈鹤琴终于明白,小女孩在镜子里可以看见自己的口型;如果发出的字音不对,女孩可以对着镜子予以纠正。女教师用这个方法使班上的学生很快就能把开口说话的第一步——发音学会了。

然后,他们又走进一年级教室。班上的学生不但已能发音,而且能说简单的字句了。女老师叫学生们做了一种游戏。

她说:“站起来!”学生们都站起来。

她说:“走过来!”学生们就走过来。

她说:“停止!”学生们就停了下来。

她说:“跳起来!”学生们就欢快地跳了起来。

这所学校的二年级学生能够读书,中年级学生程度更高,高年级学生能够开口说话。最后,校长带着陈鹤琴参观音乐课。音乐教室里,十几个十五六岁的女生围着钢琴正在唱歌。陈鹤琴来到钢琴旁,心中感到奇怪,为什么这些学生一面嘴里唱歌,一面围着钢琴,并且将手搁在钢琴上呢?校长笑眯眯地告诉他:“陈先生,他们的耳朵都是聋的。他们的手指就是他们的耳朵。钢琴一弹,琴上就发出颤动,他们的手指一感到颤动,便能欣赏钢琴所奏的音乐了。”

这次参观给陈鹤琴留下了深刻印象。原来,“哑巴也会说话!”

陈鹤琴回国后,于1925年出版的著作《儿童心理之研究》中,用了专门章节研究对特殊儿童,包括耳聋和口吃起因与矫正、教育问题。关于聋儿的研究,他引用了美国教育家、心理学家品脱纳与帕德森、施弗托等人对聋儿的研究成果与结论。

记忆实验:

1. 口授的聋儿比手授的聋儿平均来得好。
2. 耳聋的儿童在记忆上,远逊于耳明的儿童。
3. 生后聋的比生来聋的来得好。
4. 男女的记忆没有什么上下。

形数交替和数形交替测验：

1. 对于联合数目与图形一种心理作用，耳聋的儿童与耳明的儿童相比差3年。

2. 耳聋的男孩与耳聋的女孩有相等的学习能力。

3. 生来聋的与生后聋的在学习上没有什么分别。

陈鹤琴写道："我们中国人没有想法去教育聋哑，欧美各国对于聋儿教育甚为注意。他们不但能够使聋哑用手达意，也能使聋哑人用口说话。"①

口吃的原因：

口吃一症，是从后天发生的，是因为未口吃以前，口吃者偶遭阻力，使所要说的字句，忽而说不出来，以后就怕说那个字句。一怕说，寻常说话的机械动作大受阻挠，而还要用力去战胜它，说话的机械动作一受阻挠，说话因此不易，而惧怕益甚。

……

还有一种致口吃的原因，就是模仿。常有儿童，因模仿口吃者而发生口吃。

口吃的矫正方法：

口吃儿大抵因惧怕发生的。所以矫正之方法，不外使口吃的儿童有自信心，使他战胜他的惧怕心。最好常教以唱歌，与以独自低说。②

1934年7月至1935年3月，陈鹤琴第一次赴欧洲考察教育。在英国，政府对特殊儿童教育予以高度重视。仅在伦敦，就有1万名身心残缺的儿童得到学校当局的特别照顾。英国不仅有为聋哑和半聋哑儿童的学校，为弱智与身残儿童的学校，还有为体弱儿童的户外学校及为犯罪儿童

① 《陈鹤琴全集》，第一卷，第484—489页，江苏教育出版社，1987年11月。

② 《陈鹤琴全集》，第一卷，第490—492页，江苏教育出版社，1987年11月。

的学校。

1948年7月21日至8月25日，陈鹤琴在捷克参加联合国教科文组织召开的国际儿童教育会议后，到达美国考察教育，主要是特殊教育。他强烈感受到了欧美发达国家在特殊儿童教育方面所取得的较大程度的发展。

什么叫特殊儿童教育？陈鹤琴认为，就是“对特殊的儿童施以有效的适当教育。”①他把特殊儿童分为六类：

（一）视觉缺陷的儿童，包括：(1)全盲；(2)近视、远视、散光。

（二）听觉缺陷的儿童，包括：(1)聋哑；(2)重听。

（三）语言缺陷的儿童，包括：(1)口吃；(2)口齿不清。

（四）肢体残缺的儿童，包括：(1)残疾（四肢残缺）；(2)大脑伤残(Cerebral Palsy)。

（五）问题的儿童。

（六）低能的儿童，包括：(1)智力薄弱；(2)智力低劣。

陈鹤琴指出：“过去的儿童教育，不是没有把特殊的儿童与普通的儿童分开施教，便是把特殊儿童丢在一旁不闻不问，这两者都不是适当的办法。”他主张：“特殊儿童一定要特别分开，依据生理或心理的研究，对他们施以适合其需要的特殊教育。”②即：“因材施教，各得其宜。”

1947年初，陈鹤琴开始着手筹建上海特殊儿童辅导院。起先，国民党政府社会部计划在上海这个国际性城市建立一个稍像样些的福利设施，为此专门拨了一笔当时看来可观的经费，陈鹤琴提出创办一所特殊儿童辅导院。开始时，辅导院借了黄浦路17号一间小房办公，后来迁至由陈鹤琴主持的位于愚园路404号女师校园内。以后因人员增加，又在福

① 《陈鹤琴全集》，第四卷，第423页，江苏教育出版社，1991年3月。

② 《陈鹤琴全集》，第四卷，第417页，江苏教育出版社，1991年3月。

煦路附近（今延安西路649号内）三幢木板平房内办公。筹备组除了得到社会部拨款外，还从善后总署弄来一批物资。

在师资方面，陈鹤琴要求很高。辅导组中许多教师都有大学学历，而且是学教育的；其中有两位来自重庆大学，两位来自上海圣约翰大学，两位来自南京金陵大学，一位来自中央大学。辅导组第一任组长是文学家许啸天，第二任组长是曾留学美国、专门研究伤残教育的陈诒声。生活组配医务人员2人，研究营养的人员1人。

盲聋哑班儿童进行文化学习和美术、缝纫等技师学习

由于社会动荡和通货膨胀，辅导院的建设迟迟不能展开，社会部拨付的款项已经远远不够建院费用，已到了标卖善后救济总署援助物资，如卡车、罐头食品、棉布等方才勉强支付建筑费用的地步。到完工时，已近1948年年底。这时，南京国民党政府已经准备撤离，社会部自顾不暇。辅导院决定开始招生，先在柳林路办了农村儿童班，后在大西路附近（今延安西路）办了聋哑班，解放初又在柳林路开设伤残班。

1949年5月上海解放后，人民政府接管了学校。陈鹤琴听说，外地的一些特殊学校由民政部门接管，于是他四处奔走，争取到这所特殊儿童辅导院由上海市教育局接管。他从教育家的角度考虑，特殊教育不是救济而是教育，是研究特殊儿童的教育。1952年，辅导院改名为上海市聋哑学校，之后在原有基础上成立了当时全国惟一的聋哑人中等专业学校——上海市聋哑青年技术学校。

上海解放后，在陈鹤琴的倡议下，于 1949 年 8 月由中华职业教育社召开了上海市特殊教育工作者座谈会。陈鹤琴在会上阐述了特殊教育的重要性及分类等问题，并且指出此种教育仍处于幼稚阶段，今后应大力研究推行。同年 11 月，上海市特殊教育工作者协会成立。1950 年 3 月，由陈鹤琴主编的《活教育》出版了特殊儿童教育研究专号，他亲自撰写了卷首语。

50 年代，该校校长刘佩琦曾两次去南京找陈鹤琴，请求指导与帮助。陈鹤琴指出要对聋哑青年进行调查，研究和发挥他们的特长。他还拿出各种木制玩具的图样，帮助该校解决了教材缺乏的困难。此外，在陈鹤琴的关心下，该校美术教师师资问题也得到解决。该校建校二十多年间，培养毕业生七百多名。1974 年刘佩琦去南京看望陈鹤琴。他告诉陈鹤琴，在该校，学生们常常用两个手指作成鹤嘴状来打手语，表示自己是聋哑青年技校学生。这就是饮水思源，忘不了陈鹤琴先生当年创建特殊儿童辅导院的功绩。陈鹤琴听了很高兴，他说道："佩琪，我下了种子，你开了花，结了果。你要好好办下去！"

四　最黑暗的日子

1949 年 5 月 4 日下午 5 时许，女师校长办公室突然闯进 4 个特务，不由分说将陈鹤琴带走。次日凌晨 3 时，陈鹤琴的朋友潘垂统接到他从警察局打来的电话，说自己被逮捕了，囚禁在警察局里，他已与教育部次长杭立武通过电话，可以出来了，要潘垂统天亮以后开车去接他。一大早，潘垂统开车前去警察局，因为潘有市教育局顾问头衔，汽车风窗上贴有市府出入通行证，车子可以直接开进警察局。

陈鹤琴回忆：

国民党反动统治即将崩溃瓦解之时，把一切进步组织都加以取缔迫害，据说“小教联”顾问名单被搜获。军统特务毛森的伪警察局就对我进行迫害，于五四运动纪念日下午五时许在沪西愚园路404号国立幼稚师范专科学校办公室，不由分说地突然把我逮捕，送到四马路警察局刑事科，稍为审问一下，便把我关起来。幸看管我的人是工部局华童公学学生，他认识我，让我打电话通知家里，遂进行营救。①

潘垂统的叙述：

车进了警察局，我跑到楼上，在一间小房内见到陈先生。他让我去办释放的手续，但没成功。我回到小房内告诉陈先生。经商议我立即去西爱咸斯路（永嘉路）杭立武的上海办事处。进入会客室，见到大夏大学校长欧元怀、复旦大学校长章益、同济大学校长夏坚白、第一医学院院长朱恒壁、交通大学校长黎照寰、光华大学校长廖世承都在会客室内坐着。我立刻告诉他们陈先生被捕的事，他们感到十分吃惊，要我赶快上楼去见杭立武。我冲进杭的办公室，他正从盥洗室出来，拎着皮包要走。我与杭是相识的，拦住他，要他设法释放陈先生。他说，他马上要去飞机场（是逃跑）。匆忙中他又说，他要去谷正纲处辞行，请谷设法就是了。我不放心，跑到楼下会客室，请六位校长一同去找市长，要求释放陈先生。当时的代理市长是陈良。我和六位校长向陈良说明来意后，陈就写了一张字条给我说：“我是市长，毛森是局长，应听我的话，释放。如果这案件有特别的路线关系，我这字条不一定有效力。”当时我也顾不上他说的这些话，立刻拿了字条就到警察局去办手续，结果，陈先生在当天上午被释放了。②

陈鹤琴的这次遭难，完全是他自己未曾料想到的，可见当局已成惊弓

① 《陈鹤琴全集》，第六卷，第439页，江苏教育出版社，1992年1月。

② 《怀念老教育家陈鹤琴》，第246页，四川教育出版社，1992年1月。

之鸟，胡乱抓人，几乎到了疯狂的地步。此时人民解放军已打过长江，先后解放了南京和杭州，正向上海合围，国民党京沪杭警备司令部司令汤恩伯在蒋介石的亲自指挥下，指挥20万军队退守上海，加紧外围和市内各条战线的防卫部署。许多国民党军政要员、富商阔贾携带家眷和财宝纷纷撤退，一时间离沪的飞机、轮船一票难求。5月2日，解放军已从浦东、浦西发起进攻，对上海市区形成两路夹攻态势。城内的气氛更加紧张，军警、特务加紧抓捕、镇压进步团体和人士，已到了近乎疯狂的程度。小教联和市校福利会都是非常活跃的教师团体，许多成员都是共产党员，因而一直受到市教育局和李熙谋的特别“关照”。李熙谋曾不止一次地警告过陈鹤琴，要他注意这些团体的活动并对此负责。此外，尊师运动中陈鹤琴的积极表现和女师、幼专学生自治会鼓动学生上街游行、张贴标语、集会等大大刺痛了国民党当局的神经。陈鹤琴和女师、幼专早已成为警察局监视的目标。潘垂统是陈鹤琴的老朋友，1923年陈鹤琴在南京东南大学任教务主任，潘垂统在校内工读，一面读书，一面在教务处工作。1932年后，潘垂统来到上海从事保险业，同时积极参加文教界的救国活动，曾支持陈鹤琴创建中华儿童教育社，联络、组织工商界爱国人士创办中华儿童教育出版社。

仅仅过了5天，5月10日凌晨3时，潘垂统家的电话铃声又急促响起，电话是陈鹤琴打来的，他又被捕了。他在电话里要潘垂统立刻去见“坐镇”上海的社会部长谷正纲，并嘱咐先要找到女师所属国民教育实验区的职员方山农。方是谷正纲的人，由他带着去，谷正纲会接见的。

清早7时，潘垂统开车找到方山农，一同前往位于湖南路上的谷公馆。见到谷正纲后，潘垂统提出立即释放陈鹤琴的要求，说：“陈先生是我国著名的幼儿教育家，教育事业是国家兴盛的关键，为什么要迫害为教育而奋斗的人？”谷正纲打着官腔说：“如果没有问题，当然会释放；有问题就没有办法了。”潘垂统碰了钉子，赶忙找到陈鹤琴的熟识，时任教育部驻沪办事处主任委员程时煃，继而又请欧元怀、廖世承等几位大学校长，一同赶去位于四川北路上的上海警备司令部司令陈大庆的公馆。一进大门，陈大庆从屋内出来，带上几个人正要登车外出，被他们拦住。其中一个人与程时煃相熟，走过来问有什么事。程时煃将陈鹤琴被捕的事情简单讲了一下，那人转而与陈大庆耳语几句，然后就进屋里打了一通电话，出来后，让他们到警备司令部去见一名处长。到了警备司令部，那位处长说："人是我处逮捕的。案件属于海军司令部。"潘垂统、程时煃又转往海军司令部，找到管事的处长，正巧，这位处长也是程时煃的熟人。于是，他们由处长亲领着来到威海卫路的拘留所将陈鹤琴接了出来。

与上次被特务逮捕不同，这次逮捕陈鹤琴的是上海警备司令部。在被关押的两夜里，陈鹤琴听见楼下用刑的惨叫声，屋内摆放着各式刑具，心里感到非常恐惧。这一次，他之所以能够再一次从监狱里打出求救电话，有赖于拘留所中有一个看守曾在沈阳听过他有关儿童教育的演讲，对他的报告有很好的印象。连营救他的潘垂统都感叹："这不是苍天保佑，而是儿童教育家的演讲起了作用！"

这次被捕的缘由是这样的。陈鹤琴住在愚园路851号原西侨学校校长住过的房子，市西女中和女师的几位教师也住在同一幢住宅内，陈鹤琴一家住在二楼。市西中学有一位女体育教师刘桂馥住在三楼，她是中共地下党员，据说与"重庆号"起义有关。住宅内有一部电话，安装在过道里。刘桂馥和陈鹤琴的子女都经常使用这部电话对外联系，被特务机关一直监听。5月9日午夜全城戒严后，特务稽查第一大队的两辆吉普车开到愚园路851号门前，上楼抓走了刘桂馥，同时也搜查了陈鹤琴的家。在一飞和一心住的房间里，搜到了两本进步杂志《群众》和《大众歌曲》。审讯时，特务问道："杂志是从哪里来的？"陈鹤琴一口咬定说："书全是我的！"又说："是别人寄给我的！"特务问："谁寄给你的？"陈鹤琴回答："不知道！"特务追问："你怎么不知道？他们为什么寄给你，而不寄给我？"陈鹤琴有些轻蔑地说："我是中国教育家，人家晓得我，不晓得你，所以不寄给你。"特务一下子无言以对了。陈鹤琴决心要保护一飞、一心，不能让他们受到伤害。陈鹤琴自己的记载：

在特务稽查大队里，特务大队副讯问我这两本书是从哪里来的。我若说是小儿一飞的，那他们一定会去抓一飞，他会牺牲的；若说是小儿一心的，那他也会牺牲。我想，一飞、一心都是优秀青年，年纪又轻，他们的前途无量，他们对于祖国的贡献一定会很大，还是我承认吧！牺牲我自己！

特务进屋搜查时，俞雅琴用身体挡在小女儿秀兰睡觉的小房间门外，嘶哑地喊着："这是我的小女儿！我的小女儿！"她知道，在小女儿的床下藏着两个儿子一飞、一心带回来的进步书籍，但她并不知道，床底下还藏有迎接解放军进城的传单、《告上海人民书》和《人民解放军约法八章》等宣传品。幸得特务们罢手，否则后果难以预料。

在被关押的当夜，陈鹤琴平生第一次感到了绝望，心中作了最坏打算。他知道，国民党政权已到了土崩瓦解的地步，外面的特务、军警已近乎疯狂，天天都有人被杀害，关在监狱里的政治犯更是一批批被押往刑场枪决或活埋。他也不知道自己能否幸免。他想起了一件事：大概 5 个月前，他刚从国外回来不久，他的老朋友、麦伦中学校长沈体兰转达中共方面的意思，要他与上海其他民主人士一道北上参加新政协筹备会议。当时，他的心里一是放不下学校，二是放不下家庭，那时上海的环境已经相当糟糕，学校也处在比较困难的状态，因此未予回应，现在感到有些后悔。然而，在眼下这种艰难情势中，他能做到的就是立下遗愿：万一自己牺牲了，请求中共予以追认为共产党员。他清楚地记得大儿子一鸣曾告诉他，他钦佩的新闻工作者邹韬奋去过抗日根据地，邹病逝后，中共同意了他的请求，追认他为共产党员。当时的进步刊物对此作了报道。一鸣还给他分析：你一生在国民党统治下奋斗、办教育，也得到过一些"地位"；你对国民党中的陈立夫、朱家骅等人表示过不满，但还是没彻底看清国民党政府的反动本质。国民党这条路是走不通的！你还是走共产党的路吧！

张文郁回忆：

解放后，在一次我与陈先生的谈话中谈起他在两次被捕中的情况。陈先生说，在第二次被捕时他曾立下一个遗愿："我不是共产党员，我申请在我死后承认我为共产党员。"①

第二天，陈鹤琴回到学校，学生们围了上来，问他是否受了苦。他没有多说什么，只是关切地对学生们说："你们要当心，连我这样的知名人士他们都敢迫害，别说你们这些年轻人了！"当陈鹤琴说起他在监狱里留下遗嘱，如果牺牲请求党组织追认为共产党员的事情时，地下党员学生王淑君觉得做校长工作的时候到了，便对他说："您知道，现在中国有三百多万(共产)党员。"陈鹤琴用手拍了拍她的肩膀，凝视了许久，然后问道："你是三百万分之一吗？"他们相互会心地笑了起来。

这时，解放军的隆隆炮声已越来越近。乌云即将散去，天就要亮了！

① 《怀念老教育家陈鹤琴》，第159页，四川教育出版社，1992年1月。

第十七章　走进新中国

一　上海的早晨

人民解放军从5月23日开始对上海市区进行总攻，到5月24日晚战斗基本结束，解放军部队开进上海市区，陈鹤琴和夫人俞雅琴怀着惴惴不安的心情待在愚园路851号的寓所里。陈鹤琴十多天里两次被捕的经历，使俞雅琴在精神上受到不少惊吓。陈鹤琴从囚禁中被放出来时，身心疲惫，话也说不出了，浑身乏力，连路也走不动了，内心更忍受着极大的煎熬，一个教育家遭到如此境遇，难道不是中国的民主和中国的教育之莫大悲哀吗？陈鹤琴写道："我为世世代代千千万万的儿童哭！"

当夜，解放军部队沿着愚园路向市中心推进，远处的枪声已渐渐稀落，街上很少行人。深夜时分，后续部队在蒙蒙细雨中沿着马路休息，对民众秋毫无犯。第二天一早，有些胆大的市民走出户外，发现上海已完全变了样。震旦大学的校门上挂出"庆祝解放"的大字标语，师生们正张灯结彩准备欢迎解放军的活动。在迎接解放的日子里，女师和幼专的师生们也积极投入各项庆祝解放的活动。一连几天，人们忙着写标语，做纸旗，刻印宣传品，排练节目；就连平日里腼腆、文静、鼻梁上架着近视眼镜的教授、学生也走上街头扭秧歌，打腰鼓。整个上海成了一片热烈的海洋。

5月27日，陈鹤琴家中迎来了一批客人——新任上海市人民政府副市长韦悫、沙千里和市教育局负责人戴伯韬、杭苇等。陈鹤琴与他们大都相熟，在抗战初期，陈鹤琴与韦悫一道从事难民教育和拉丁化新文字运动；沙千里是著名的“七君子”之一；戴伯韬和杭苇都曾是陶行知的学生。一改往日西装革履或长袍马褂的教授、学者派头，坐在陈鹤琴面前有说有笑的这些新政权的干部们，一律身着黄布军装，头戴军帽，左胸前佩戴写有中国人民解放军字样的标志。他们谈了许多，谈到了共产党的各项政策，也谈到了上海的教育和学校等，越谈越兴奋。不久，陈鹤琴接受了国立幼专校务委员会主任委员的任命。

6月5日，受新成立的上海市人民政府邀请，陈鹤琴出席文化教育界著名人士座谈会，听取了陈毅市长关于共产党对知识分子和文教政策的讲话。座谈会在八仙桥基督教青年会举行，当陈毅市长进入会场时，除少数人外，大多数人都不知道这位身着褪了色的布军装，和蔼、亲切的人竟是大上海的“当家人”。经主持会议的夏衍介绍，全体与会者热烈鼓掌，欢迎陈市长讲话。陈毅在讲话中，首先对在国民党反动派统治下坚持正义斗争的人们表示亲切慰问；然后，他分析了当前形势和全国的战局发展，谈到了上海解放的伟大意义，详尽阐述共产党和人民政府对知识分子的各项政策，欢迎大家团结协作，协助人民政府，共同建设新中国、新上海！

有资料记载，在会场上，著名历史学家周谷城教授激动地站起身来说：“感谢解放军打进上海，把我们解放了……”陈毅立即接上去说：“不要说解放，是会师，解放军从外面打进来，你们从里面打出来，我们是共同会师！”一席话，使在场的所有人都十分感动。对此，陈鹤琴更是感怀颇深。

上海解放后，陈鹤琴怀着极大的喜悦和热情，四处奔走，组织师生，力争在短期内恢复女师、幼专正常上课。6月24日，女师和幼专举行欢迎接管和庆祝上海解放大会。陈鹤琴主持了大会，他在讲话中动员同学们报名参加南下服务团。不久后，他委派刘于艮参加上海市第一次高校统一招生委员会工作，为幼专招收新生八十余人。

7月，受宋庆龄委托，由陈鹤琴介绍，玩具设计师叶炳祥、邱志刚前往北京协助全国妇联筹办新中国第一家儿童玩具厂。年底，中国儿童玩具厂在北京成立。

幼专毕业生王淑君写道：

> 解放后，我在实际工作中深感校长为新中国的托幼事业培养了一大批骨干力量。我在上海总工会工作，具体抓工厂托儿所的改造与发展。旧社会留下的托儿所办得很糟，工作人员多是毫无育儿知识的老妈妈，托儿所的条件又脏又差。有个别托儿所里老鼠把孩子的鼻子、耳朵都咬破了，多数婴幼儿体弱多病，这种情况亟待改变。可是靠谁来改变呢？这是个首先要解决的问题，培养保育干部一下子又来不及，就只有去母校找校长求助。幼专一下子就分配了十多个同学到女工多的大厂托儿所，很快改变了这些单位的托儿所面貌。不多久，这些托儿所都成为市总工会培养和轮训保育队伍的实习场所，对提高和发展工厂托儿所起了重要的作用。①

同时，陈鹤琴还积极参加文教界许多活动。7 月，他受邀出席上海新文字工作者座谈会，被推选为上海新文字工作者协会筹备委员会委员。9 月该会正式成立，陈望道、叶籁士、陈鹤琴、王益、倪海曙等被推选为协会理事。

当陈鹤琴回到由他创办的上海儿童保育院时，受到师生们的热情欢迎。礼堂里红旗招展、歌声响亮，孩子们奏响了雄壮的乐曲。大家围着陈爷爷，争先恐后地将小手伸向陈爷爷的掌心。陈鹤琴慈爱地抚摸着孩子们的头，关心地向工作人员询问孩子们生活、学习的情况。当他知道已有不少孩子升入中学时，高兴极了。在欢迎会上，他勉励大家要跟共产党走，要好好学习，全心全意为人民服务。

在参观过程中，陈鹤琴注视着壁炉架上的一台外表精巧美观的无线电收音机，只见一个身材高高的小伙子用手揿了一下电钮，指示灯亮起，顿时响起优美悦耳的旋律。这台收音机是这个小伙子亲手装配的。陈鹤琴问小伙子："你在哪里学的？"小伙子回答："是保育院从前的一个学生教

① 《怀念老教育家陈鹤琴》，第 217 页，四川教育出版社，1992 年 1 月。

的。"保育院院长介绍说，由于缺乏师资，院里采取小先生的办法，组织孩子们半天读书，半天学习手艺。保育院要求孩子们每人至少学会一门手艺，如缝衣、制鞋、木工、修理无线电等。俗话说："荒年饿不死手艺人。"

陈鹤琴走到窗口，看到窗外树枝上挂着一个鸟笼，里面有一只鸽子，便问道："你们还有人养鸽子？"院长回答道："这是一个孩子养的，他特别喜欢玩弄昆虫、喂养雀鸟。我鼓励他长大了学习、研究动物专业，所以平时支持他玩弄、饲养虫鸟。"陈鹤琴听后，连连点头。他认为，应该发挥孩子的爱好和特长，寓教育于游戏和劳动之中，因材施教，发展个性，这样对孩子的成长会产生不可估量的影响。

陈鹤琴相信，在新中国、新社会里，"活教育"的价值和作用将会得到更好的实现。因为，"活教育"植根于中国，适合中国现阶段的社会发展和人民大众需要，符合新民主主义的教育精神及教育原则，所以能够继续得到发展。对此，陈鹤琴颇有些自信，因为他觉得，"活教育"在"教学做合一"方面的许多原则与毛泽东《实践论》中的原理有相通之处。同时，"活教育"不应只局限于教育圈子内，而要将教育的意义延伸和扩展到社会生活中去。

陈鹤琴写道：

> 今天，中国的社会生活及世界的趋势都是复杂而多变化的，我们中国人民的生活，不论在意识上和方式上都是多样的。在今天，我们还要求读书人闭门读书，把教育的意义停留在书本或学校圈子里，这是不合公理也不可能的事。我们希望中国人民的教育是在生活上获得知识，以丰富的知识来提高生活，失去了生活的意义也就失去了教育。①

他希望，更多的人能了解"活教育"的价值与作用，《活教育》杂志能够早日复刊。

---

① 《陈鹤琴全集》，第五卷，第146页，江苏教育出版社，1991年7月。

二　1949，新中国

1949 年 8 月，陈鹤琴应南京市军管会文教工作负责人徐平羽邀请，前往南京出任国立中央大学师范学院院长。

陈鹤琴是在他的女儿秀云陪同下从上海抵达南京的。陈秀云 1944 年从江西考入重庆中央大学教育系，是中共地下党外围组织——新青社的成员，抗战后随学校回到南京继续学业，不久，加入中共。解放前夕，秀云担任学校党总支委员和师范学院党支部书记。受党组织派遣，秀云回上海迎接父亲来南京。对于这一新的任命，陈鹤琴感到十分高兴，欣然接受。中大是中国国内的最高学府之一，该校师范学院前身是东大教育科，可溯源至南高师，曾是中国新教育的发祥地，也可说是陈鹤琴教育理想开始的地方。此外，他对徐平羽等人的印象很好，他们年轻有为，待人谦和、平易，充满自信，言谈举止，透着几分儒雅之气。中大军代表赵卓，看上去显得多少有些“土气”，但听说曾去过法国勤工俭学，能讲一口流利法语。看起来，共产党派来领导和管理文教工作的干部都是经过了认真挑选的，其中不乏饱学之士和精英干才。通过与他们的接触，陈鹤琴发觉，这些干部对于南京高等院校的情况已有相当了解，并作出未来发展的规划。过去，陈鹤琴曾吃过官场上的不少苦头，这下终于可以放下心来。

这时，中大已成立以梁希教授为主席的新校务委员会，确定了院系和各级领导，潘菽教授任教务长，干铎教授任总务长，陈章教授任工学院院长，陈鹤琴任师范学院院长等。校址位于南京市内四牌楼。

陈鹤琴接掌师范学院后不久，将上海国立幼专等校共三百余人迁来南京；1950 年 9 月，安徽大学艺术组并入师范学院；至 1952 年，师范学院共设 5 系 2 科，学系学制四年、专科学制两年，其中幼教系是当时国内高等院校中惟一培养幼教师资的系科。同时，陈鹤琴将原上海幼专教授雷震清、钟昭华、喻品娟等调来南京，参加组建幼教系和附小、幼儿园的工作。

8月8日，南京市军管会文化教育委员会通知，中央大学改名为南京大学。

9月，陈鹤琴参加由韦悫任团长的华东教育界代表团前往北京参加中华全国教育工者代表会议筹备委员会，同时出席第一届全国政协第一次会议。会议期间，与会代表受到中共中央副主席周恩来的亲切接见。在北京，他见到了许多老朋友，并惊奇地发现，他们中的许多人成为了中央教育部的领导干部。曾经与他共同创办鼓楼幼稚园的张宗麟，先后担任北京军管会教育接管部副部长和华北高等教育委员会秘书长，中央教育部成立后任教育部高等教育司副司长等职。他在上海工部局任华人教育处处长时的搭档陈选善，也在教育部视导司任副司长。

9月9日下午，陈鹤琴与其他出席全国政协会议的代表下榻北京东四头条的文华学校内。是日下午，他独自逛街，行至东四牌楼，在书摊上购得两本《联共〈布〉党史简明教程》，一本留给了自己，一本准备送给二儿子一飞。他在留给自己一本书的扉页上记载了如下文字：

> 1949年9月9日下午2时，与南京政协代表梁希、潘菽、吴贻芳、涂长望、陶孟和等12人到平。是晚无事，独自步行至东四牌楼，在书摊上购得是书，以志记念。
>
> 琴系教育界代表，得出席参加全国政协，实深愧恧，愿竭志尽忠为人民服务，为儿童尽瘁，以底于成。①

此时的陈鹤琴已开始认真研究共产党的理论和政策方针，尤其是新民主主义教育的特点和趋势，以期能早日完成从旧社会向新社会的转变，跟上时代的发展。在他看来，只有共产党和新中国，才有可能实现真正意义上的新教育。几十年后，他写下一段文字：

> 留学归来，我一心想从幼儿教育入手，实现"教育救国"的理想。当时，我除担任南京高等师范等校教职外，竭薪给所得，创办了鼓楼

① 《陈鹤琴全集》，第六卷，第483页，江苏教育出版社，1992年1月。

幼儿园。想当年，我编写教材，抚育幼儿，心力交瘁。满以为经过一番奋斗，冀能以一隅之实施，推而及于全国。无奈，旧中国内忧外患，民不聊生。祖国广大贫苦子弟，大多数在饥饿、死亡线上挣扎。救死之不暇，遑论幼儿教育！

解放前，我从事教育工作30年，含辛茹苦，困难重重。抗战期间，反因赞助青年学生爱国运动，被国民党政府两次拘捕，几乎送掉性命，真是“办学无功，爱国有罪”。及今思之，犹有余悸。①

政协会议期间与俞庆棠、戴伯韬、柳湜、葛志成等教育界代表一同游览了颐和园

① 《陈鹤琴全集》，第六卷，第477页，江苏教育出版社，1992年1月。

9月10日，陈鹤琴当选为中国文字改革协会常务理事。

1949年9月21日至30日，中国人民政治协商会议第一届全体会议在北平中南海怀仁堂隆重举行。参加这次会议的有中共和各民主党派、团体、无党派民主人士及特邀代表共662人。陈鹤琴作为教育界代表出席大会。会议由中共中央主席毛泽东致开幕词，林伯渠、谭平山、董必武等分别就政治协商会议筹备工作、政治协商会议组织法、中华人民共和国中央人民政府组织法和政治协商会议共同纲领等文件作了说明。经过充分的民主讨论，与会代表一致通过各项决议。

适逢大会休息，秋高气爽，陈鹤琴与茅以升、艾思奇和徐铸成结伴游览天坛，他们对祈年殿的建筑和回音壁的神奇叹为观止。

10月1日下午，陈鹤琴随全体参加政协会议代表一同登上天安门城楼，他感到无比激动和光荣。在一片欢腾中，毛泽东向世界宣告："中华人民共和国中央人民政府今天成立了！"雄壮的《义勇军进行曲》、冉冉升起的五星红旗和隆隆轰响的礼炮标志着一个新时代的开始。由解放军组成的队列迈着整齐步伐从城楼前走过，卡车牵引着各式火炮高昂着炮口气势雄壮。由于天空云层较厚，当战斗机、轰炸机飞过人们头顶时，只能听得见风驰电掣般的呼啸声，但所有人的兴奋都到了顶点。陈鹤琴从内心感到了毛泽东和共产党的伟大。他在当天的日记中写道：

> 听到毛主席在天安门向全世界宣告："中华人民共和国成立了！""占人类总数四分之一的中国人从此站起来了！"我站在毛主席的背后，看着他那高大的形象，听着他那洪亮的声音，不禁热泪盈眶，心潮澎湃。①

此刻，他的激动心情确实难以抑制，以至于在此后几十年里，他一直保存着记录开国大典的画册，即便是在文革劫难中也不曾丢失，这是他一生中最美好的记忆。他戴着老花镜，指着画册中一幅幅场景，向孙辈们如

① 《怀念老教育家陈鹤琴》，第328页，四川教育出版社，1986年7月。

数家珍，娓娓道来。

1949 年 10 月 19 日，陈鹤琴收到由毛泽东亲自签发的任命通知书，被任命为中央人民政府政务院文化教育委员会委员。

同年 11 月，陈鹤琴被推选为南京市第二届各界人民代表会会议代表。

对于新中国的教育，陈鹤琴寄予厚望。当他得知，中央教育部专设有特殊教育处，负责推进全国特殊教育事业，上海市教育局也设有特殊教育科，既感到意外，更感到振奋，足以见中央和地方政府对特殊教育的重视程度。仅仅在一年多以前，陈鹤琴从欧美考察后回国大声疾呼的重视特殊教育，在新中国开国之初就得到实现，这与官僚化十足的国民党政府所采取的冷漠态度形成鲜明对照。他相信，在共产党领导下的新中国，也会像社会主义苏联和捷克一样，发生更多的奇迹，新中国对学校教育和儿童教育的重视程度也会大大提高。作为国内最知名的教育家，他在儿童教育、儿童心理研究等方面的成就和影响受到人们的尊重，他的“活教育”仍是国内最有影响的教育理论之一。他期待自己和“活教育”都能在新中国教育事业中发挥更大的作用。

三　教育的新生

1949 年 10 月，陈鹤琴在北京参加了全国政协会议和开国大典后回到南京，立即主持召开《活教育》杂志社编委会，提出了新的办刊方针——为新中国教育服务，并决定恢复出版《新教育》杂志。复刊后的《活教育》，继续遵循“研究新教育思想，建设新教育理论，提供新教材教法，帮助教育界工作同志——主要的是小学和幼稚园教师，提高他们的学习兴趣，改进他们的业务效能”[①]的办刊主旨。杂志复刊后，先后刊登了陈鹤琴撰写的

① 《陈鹤琴全集》，第五卷，第 305 页，江苏教育出版社，1991 年 7 月。

《悼女人民教育家俞庆棠先生》和《介绍〈古庙敲钟录〉》。前者是为纪念逝世不久的著名教育家、中央教育部社会教育司司长俞庆棠女士。俞庆棠曾先后在中央大学、东吴大学、沪江大学任教授，大力倡导民众教育，创办民众实验学校，她曾与陈鹤琴在上海市教育局共事，彼此间非常熟悉。《古庙敲钟录》是陶行知写于 1933 年的一部革命性的教育小说，充分反映了陶行知的教育追求和理想。“社会即学校”，“生活即教育”是陶行知教育思想的最重要的基点，也是“活教育”受到启发和影响的源泉之一，其自身所具有的革命性、创造性和指导意义在新中国应该得到继承和发扬。

这一时期，陈鹤琴手头工作千头万绪，他日理万机，既要忙学院里行政、教学日常事务，还要出席教育部、华东军区和省、市及社会团体的大量会议、活动。空暇时，他认真学习中央下发的各种文件，掌握有关政治、文教方面的政策，阅读了大量的苏联教育理论，陆续在《活教育》上发表《苏联的幼儿教育》、《幼儿教育新动向》、《怎样做人民的幼稚园老师》等文章，根据党的文教方针政策，阐述新中国幼儿教育的目的、任务，对教师的素质、业务理论、工作态度等方面提出要求。

1949 年 12 月 23 日，全国教育工作会议在北京召开。这是新中国成立后首次召开的全国性教育工作会议，会议提出的新中国教育总方针是：教育应该是反映新中国的政治经济，作为巩固与发展人民民主专政的一种斗争工具的新教育。由于我们的国家是以工农联盟为基础的人民民主专政的国家，因此我们的教育也应该以工农为主体，大量地培养工农出身的新型知识分子，作为国家建设的新的坚强骨干。会议指出，当前全国教育工作的具体方针是：有计划、有步骤、有重点、稳步前进。同时，旧中国的文教事业基本上为帝国主义和官僚地主阶级所把持，成为它们宣扬反动思想、培养势力的工具，旧的学校中教育内容、学制、系科设置、教学方法等等均不合适新时代的要求。会议提出了对旧有教育进行改革的内容：(1)改革旧的学制；(2)大力发展工农教育；(3)大力发展少数民族教育；(4)全面调整高等院校系科设置；(5)改革学校课程和教学内容；(6)在高等院校中试行政治工作制度，加强思想政治工作。

1950年4月10日，陈鹤琴被任命为华东军政委员会文化教育委员会委员。

1950年6月1日至9日，第一次全国高等教育会议在北京举行，各大行政区教育部门负责人、专家、教授等两百余人，列席代表一百多人参加会议。这是继全国教育工作会议后召开的一次关于高等教育改革的重要会议，会上讨论并决定了高等教育的方针任务、组织规程、课程改革、领导关系等问题。教育部部长马叙伦、副部长钱俊瑞在会上作了报告。会后，毛泽东、周恩来等党和国家领导人接见全体与会人员并合影。6月8日，中共中央副主席、政务院总理周恩来到会作了重要讲话。周恩来的讲话分三个部分：(1)新民主主义的教育方针；(2)理论与实际一致；(3)团结与改革。围绕着《共同纲领》，周总理明确地指出："我们的教育是大众的，是为人民服务的，这是我们教育的方向。"①在讲话中，周恩来谈到培养新型知识分子问题，他说："我们一定要在若干年内从劳动人民中培养出大批的知识分子。培养这些新型知识分子，并不是为了排斥原有的知识分子，而是在团结改造原有知识分子的同时，增加新的血液。"周恩来专门提到理论与实际相结合的问题，他说："旧中国的高等教育大多是理论与实际脱节的。今天，如果说我们的大学理论与实际完全一致了，那也不符合事实。在座的专家都知道，我们高等学校的教学方法，就有很多是理论与实际脱节的，有许多地方需要改革。怎样使理论与实际联系起来？这就需要从教材、课堂教学到实验实习，反复研讨，总结经验。"关于团结和改革问题，周恩来在讲话中强调："除了极少数反动分子，我们应该团结所有的教育工作者。凡是政治上反对三大敌人、在教育上赞成新民主主义教育的人，我们都要团结。这是肯定和不可更易的方针。"

陈鹤琴作为华东的代表，对马叙伦、钱俊瑞代表教育部所作报告和周恩来总理的讲话中所提到如何看待知识分子的问题印象深刻。他在大会上作了发言："马部长、钱部长及周总理指示改革旧教育要团结全国的知

① 《周恩来选集》，下卷，第15页，人民出版社，1984年11月。

识分子。以前有人以为旧知识分子是被一脚踢开了，今天听到知识分子是宝贵的。当然，知识分子要改造，要成为有用的人才，这是肯定的。要团结、教育他们为广大人民服务，为中国建设服务。”①他还提出了建议：“就我所知道的，在美国有许多著名的中国教授，他们之所以到国外去，是因为不愿为反动政府服务，他们大多数是爱国的知识分子。我们应该重视这些人才，号召他们回来，为新中国建设服务。”在1950年6月召开的全国政协第一届第二次会议上，陈鹤琴与曾昭森、巴金联合提出了关于扫除文盲和成立中央教育科学研究所的提案。

当时，在一些大学里，党员学生领导教授的现象十分普遍。一些学校的军代表有时命令式的硬性规定不免使得许多教授感到不很适应，产生了不安情绪。显然，周总理的讲话对全国的知识分子是一种鼓励和安慰，打消了许多学者、教授和知识分子心头存有的对新中国和共产党政策的顾虑，从而顺利完成从旧时代向新时代的转变。

为适应新的形势，《活教育》杂志社于1950年11月召开编委会，决定改刊名为“新儿童教育”。陈鹤琴在《我们的今后工作方向》一文中写道：

> 我们过去所主张的、提倡的、获得“活教育”的理论是逐渐发现、逐渐形成的，是和新民主主义的教育精神及教育原则相符的；其最主要的优点是，第一，符合时代精神。“活教育”反对“死教育”，是与中国封建的、资产阶级的传统教育对立的。正因为这样，所以它是适合中国现阶段的社会发展和人民大众需要的。第二，适合新民主主义精神、教育原则。

他继续写道：

> 我们提倡的教育内容为“大自然、大社会都是活教材”，这显然是重视环境，要和生活联系，要从实际出发，才能提高到理论。我们提出的教学方法“注重分组教学，集体的互教互学；从做中学，做中教，

① 《陈鹤琴全集》，第五卷，第302页，江苏教育出版社，1991年7月。

> 做中求进步”，着重在“做”（实践），着重在“求进步”。惟有这样，才是实事求是的科学精神。我们提出的四个教学步骤：第一，实验观察。重视亲身体会，以避免教条主义。第二，阅读参考。因为单凭经验，可能不易彻底了解，或者易于陷入主观主义、经验主义的偏向，所以必须从参考阅读中来汲取人家的经验，做旁证，做判析了解工夫。第三，发表创作。把观察参考所得融会贯通，加以整理，变为自己的经验、自己的学习成果。第四，批评研究。这一步正是总结的必要工作。经过自我批评与大家相互的研讨，才能找出事物的真理，才能把总结所得应用到生活中去。我们揭示的教育目的是“做人，做中国人，做世界人”，具有“民族的”、“国际主义的”精神。

显然，陈鹤琴已经发现了“活教育”体系中的先天不足和弱点，无法完全符合新民主主义教育所应具备的基本条件，应该及时加以补充和完善。他开始检讨自己：

> 什么是我们过去的弱点呢？
>
> 第一，认识不清。只知道为“教育而教育”，把“教育”当“超政治”看待。却没有认清“教育”是“政治”的一环。“教育”必须为“政治”服务。
>
> 第二，没有放眼看工农大众，只在现存的教育圈子里搞。虽然也曾照顾到部分的工农，但那是零碎的，部分的，没有阶级意识的，也就是说，缺乏阶级观点。①

这时，外界对“活教育”的议论和批评时有耳闻，陈鹤琴开始感到了思想压力。

① 《陈鹤琴全集》，第五卷，第 307 页，江苏教育出版社，1991 年 7 月。

第十八章　洗　礼

一　“活教育”批判(上)

在1951年4月1日出版的《人民教育》第二卷第六期上，发表了张凌光的文章《评“活教育”的基本原则》。文章一开头就尖锐指出：

> 近来有不少教师提出：“活教育”的原则和办法，在今天的新中国是否适用？“活教育”和杜威教育学说的基本观点大致相同。杜威的教育学说，在新民主主义社会是根本不适用的，并且是有害的。现在“活教育”必须从思想体系上加以根本改造，才能克服其中错误，发展其中某些经验，然后才能对新中国有用。因为杜威的学说是“活教育”的理论基础，所以我们对于杜威的学说，要首先加以批判。①

张文从杜威学说“教育即生活”开始作深入分析，对“活教育”的目的、方法和课程教材问题逐一进行论述、批判。张文说，“活教育”没有认识阶级，没有认识世界发展方向，还是受着杜威影响，还是和杜威基本相同。为此，张文下的结论是：“这一基本观点，对于‘活教育’理论与实施都有重大影响。”②张文对“活教育”的课程论“大自然、大社会都是活教材”和“鼓励儿童去发现自己的世界”提出批评：“所谓‘做中学’，所谓‘着重室外活

① 《“活教育”批判》，第28页，人民教育出版社，1955年4月。
② 《“活教育”批判》，第33页，人民教育出版社，1955年4月。

动’，所谓‘活教育’的教材是大自然、大社会。同时也正是继续发挥杜威把‘历史和科学在日常生活中教学’的主张”。[1] 张文断言：

> 总而言之，杜威主张无目的的教育即生活，看不见世界发展的前途方向，迷糊了教育是阶级斗争的武器、是改造世界的工具，因此只能在垄断资本的统治下，应付目前生活，追求目前结果，为着目前实用，忽视千古以来人类改造世界的经验——系统的科学知识。这些都大大影响了“活教育”的目的、方法、课程教材各方面。[2]

由于这篇文章的作者张凌光为《人民教育》杂志社副总编辑，应该说，文中观点和结论具有一定权威性。对此，陈鹤琴赶忙站出来“说明”。他以为凭自己的解释，就能消除人们对他及“活教育”的误解。但后来事态的发展证明，他想错了。

张文在《人民教育》杂志上发表后，陈鹤琴马上组织相关人员，以活教育社名义写了文章《敬请读者们对“活教育”展开批评》并发表在《新儿童教育》杂志上。

文中写道：

> 兹为做好自我批评，搞好总结，我们请求张先生和读者展开批评，继续揭发，继续纠正；使“活教育”在思想体系上得到根本改造，其中错误观点得到彻底修正，其中某些优点对新中国得以发生效用。[3]

然后，文章将“活教育”的时代背景、产生因素和发展过程用了大量篇幅予以说明。

文章首先说，在半封建半殖民地的中国社会，反映在教育文化方面，只能产生一些“匍匐于外洋的思想，或者高谈一些复古的调头，不是东抄西袭，提倡欧化，便是歌功颂德，力主复古，以致完全脱离了中国社会之现

---

① 《“活教育”批判》，第 39 页，人民教育出版社，1955 年 4 月。
② 《“活教育”批判》，第 40 页，人民教育出版社，1955 年 4 月。
③ 《“活教育”批判》，第 42 页，人民教育出版社，1955 年 4 月。

实条件；中国需要适合本国特点的教育。① 文章接下来写道："因此，抗战成为中国新教育的温床，'活教育'之诞生于战时，自非偶然了。"

陈鹤琴对"活教育"的目的论作了阐释：

> 对于"活教育"的目的论，我们曾有进一步的发展。在抗日战争中我们特别提出"活教育"的目的在"做中国人"。胜利后我们扩大了"活教育"的目的范围，我们主张"活教育"的目的是"做人，做中国人，做世界人"，并且我们主张做世界人要"爱国家、爱人类、爱真理"……②

此文一出，无疑使批判者们获得了一份难得的反面教材，《人民教育》杂志连续发表署名林英才的《希望倡导"活教育"的先生们进行自我批评》，从教育的阶级性和"活教育"的阶级立场方面，对"活教育"予以否定，并戴上了政治帽子，名曰："杜威教育思想在中国的翻版。"署名王泰然的《"活教育"的主张能使中国旧教育变活吗——与"活教育"社商榷》则将"活教育"的教学方法"做中学，做中教"和"大自然、大社会都是活教材"说成是"秉承的是杜威学说的知识论"，"主张取消受科学逻辑所制约的各科教材，以大自然、大社会为教材，那就是否定了让儿童获得系统的科学知识的教学过程"。在教师的作用方面，王文的观点："新民主主义的教育，为使学校完成教育和教学儿童的全面任务，主张实行教师的全面负责制度，学校任务的完成，教师要起决定作用……"③

1951 年 6 月，为响应抗美援朝号召，陈鹤琴从南京专程回到上海，动员夫人支持年仅 16 岁的小女儿秀兰参军。秀兰是七个子女中惟一留在他们身边的，平日里疼爱有加，被视作掌上明珠。秀兰参军后，俞雅琴日夜思念，每到夜晚常会失眠，靠服用安眠药才能入睡，直至晚年。在此之前，陈鹤琴的长子一鸣、长女秀霞、次女秀煐已从美国回国参加新中国

① 《"活教育"批判》，第 42 页，人民教育出版社，1955 年 4 月。
② 《"活教育"批判》，第 44 页，人民教育出版社，1955 年 4 月。
③ 《"活教育"批判》，第 56 页，人民教育出版社，1955 年 4 月。

建设事业。一鸣在上海负责宗教事务方面工作；秀霞和秀煐进入外交部，秀霞在情报司(后改称新闻司)从事翻译和新闻发布等工作；秀煐于1952年赴朝参加停战谈判工作。留在国内的秀云在南京团市委工作，不久调往北京的团中央学校部；一飞在复旦大学党委工作，以后调北京新华通讯社总社担任编辑、驻外记者；一心在上海团市委工作。

1951年8月间，陈鹤琴应邀出席第一次全国初等教育会议和第一次全国师范教育会议。在会上，陈鹤琴被作为幼教反面典型受到了批判。会议由教育部副部长钱俊瑞主持。有一位苏联专家在发言中，批评由陈鹤琴倡导的“单元教学”是资产阶级的、违反科学的。陈鹤琴作了解释：幼儿的生活是整个的，因此教学也应当是不割裂的，这才是科学的儿童观和教育观。苏联专家又批评道：陈鹤琴在幼儿园搞识字教育是错误的，违反儿童身心发展的。陈鹤琴仍在解释：汉字与俄文不同，具有象形的特点。他曾在幼儿园做过实验，选择少量汉字，以游戏方式教儿童是完全可以的。在这次会议中，钱俊瑞副部长指出，要清除美帝国主义文化侵略影响，反对亲美、崇美、恐美的买办思想，他对陈鹤琴的教育思想提出了批评。陈鹤琴在发言中也作了自我批评。在闭幕宴会上，陈鹤琴代表与会特邀代表讲话：“我今年60岁，假如有人问我：‘你来生愿意做什么？’我说：‘我还是愿意做教师。’要问‘为什么？’我说：‘因为我喜欢小孩子。’”他的讲话得到了大家热烈的掌声。

1951年9月13日，陈鹤琴在《人民教育》杂志第三卷第六期上发表《我对“活教育”的初步检讨》，这篇文章后来被转载于1951年10月8日《人民日报》时，加了编者按。在检讨中，陈鹤琴承认自己的“改良主义教育思想”；“由于我没有阶级立场，不问政治，幻想用教育来救国拯民，其结果，不但国没有救成，反而为反动派服了务，为反革命统治装饰了门面，因而损害了革命事业”。

他在文章中作了两点说明：

第一，我在《新儿童教育》第六卷第十二期上用“活教育”社的名义，发表了一篇题名为“敬请读者对‘活教育’展开批评”的文章，这里所说的“活教育”社并不是一个有组织的社团，只不过是为了出版《活教育》月刊时所用的名称。

第二，我所以发表那篇文章，原意是想提供一些关于“活教育”的材料，在取得大家批评之后，帮助我能深刻地认识自己的错误思想，以便更好地做个自我批评，这并非为“活教育”的错误思想进行辩护。①

为了写好这篇文章，陈鹤琴费了许多心思，还专门到北京去找过去的秘书、同学和朋友等人商量、征求意见。他试图通过学习，更多掌握马克思列宁主义和新民主主义的理论、苏联的教育思想和学说，以使自己能够跟上新社会、新制度前进的步伐。在当时，许多知名学者、教授都在积极、主动地感受和适应新中国发生的翻天覆地的变化，自觉学习马列主义和历史唯物论、自然辩证法，改造自己的思想观念。毕竟，他们正从旧时代走向新时代。

陈鹤琴曾在送给即将去党校学习的一飞的《联共(布)党史简明教程》扉页上写道：

一、掌握马列主义毛泽东思想，全心全意为人民服务，这应当作为你做人的指南。

二、大自然、大社会都是活教材，所谓人人皆吾师、处处有学问，这应当作你求学的门径。

三、求人不如求己，遇困难决不灰心。但须走群众路线，依靠群众，这应当作为你做事的方针。②

1951年9月，全国政协第一届第三次会议期间，由中央统战部长李维汉介绍，陈鹤琴与毛主席进行了谈话，毛主席知道他是搞儿童教育的，

① 《“活教育”批判》，第67页，人民教育出版社，1955年4月。

② 《陈鹤琴全集》，第六卷，第484页，江苏教育出版社，1992年1月。

询问他最近的情况，他有些紧张地回答：刚刚作了初步检查，以后还要进一步检查。毛泽东表现得很大度，对他说："我看检查得差不多可以了。"陈鹤琴听后很激动，在接下来的大会发言中，他表示要响应毛主席、周总理的号召，认真学习毛泽东思想，在革命实践中锻炼自己、改造自己，成为一名全心全意为人民服务的人民教育工作者。

1951 年 10 月，陈鹤琴在南京加入九三学社，介绍人为潘菽、金善宝。

1951 年 11 月，中国人民保卫儿童全国委员会在北京成立，陈鹤琴被选为委员。

此时，对"活教育"批判的声调越来越高，已从理论本身扩大到陈鹤琴的整个人生经历与教育实践。他不得不面对新的考验。

二 "活教育"批判（下）

与陈鹤琴的检讨刊载的同时，《人民教育》杂志发表该刊总编辑柳湜的文章《写在陈鹤琴先生的"初步检讨"之后》。文章一开头，对陈鹤琴"诚恳和严肃的态度"给予表扬，说："这是正确的批评与自我批评所需要的，这种精神应该在教育界发展成为一种新的风气。"接着，作者笔锋一转，"目前对'活教育'的思想批评，还仅在开始"，"因为'活教育'不仅是一种理论，而是有行动的。如果批评不结合'活教育'的全部实践，那批评就会陷于片面性，并且也不能对'活教育'作出正确的理论的批判的"。柳湜认为："无论批评与自我批评都不应限于'活教育'的言论，重点应在它的实践；而且不仅限于'活教育'旗帜打出以后，或某一阶段的实践，应是包括陈鹤琴先生的整个教育活动。"①

在柳湜看来，对于陈鹤琴这样一个难得的"活教材"，当然不能轻意放过。效仿武训历史调查团的方法，由教育部组织的"活教育"调查小组前

① 《"活教育"批判》，第 26 页，人民教育出版社，1955 年 4 月。

往上海、南京、江西等地，对陈鹤琴的办学实践做实地调查，先后于1952年、1953年在《人民教育》杂志上发表《前上海公共租界工部局西区小学调查记》、《上海幼师(女师)附小和幼稚园调查报告》和《前上海市立幼稚师范学校调查记》。

《前上海公共租界工部局西区小学调查记》写道：

> 它说明了工部局西区小学是一所美国化的贵族学校，是一所为帝国主义者与它的走狗买办资产阶级服务的学校，是为他们培养奴才与顺民的学校。这就是在当时陈鹤琴先生直接领导下的教育的实质。这样反动的阶级本质，难道是用"没有阶级立场"，或"不问政治"的字句蒙混过去吗？①

《上海幼师(女师)附小和幼稚园调查报告》则下了结论：

> 一、"活教育"在实质上，实在是美国资产阶级实用主义儿童学派的反动教育理论的翻版，只是贴上了中文的商标而已。
>
> 二、从教学对象的成分中看来，"活教育"是为官僚资产阶级、金融买办阶级等服务，宣扬资本主义文明，散布亲美、崇美思想，是反动统治的工具。
>
> 三、教学没有目的性，课程没有系统，浪费儿童的时间、精力，知识、技能得不到正常的发展。
>
> 四、强调儿童兴趣与需要，放弃教师的责任，造成儿童自由散漫，缺乏组织观念，纪律性很差，主观、偏狭、个人英雄，近视目前实际利益，一切凭兴趣，没有克服困难的意志，缺乏热情和爱憎。
>
> 由此可见，"活教育"思想的存在与影响，对我们人民教育事业的开展，是起着破坏作用的。②

在《前上海市立幼稚师范学校调查记》中，作者终于"辩证"了一下

---

① 《"活教育"批判》，第91页，人民教育出版社，1955年4月。

② 《"活教育"批判》，第110页，人民教育出版社，1955年4月。

写道：

> 有人认为女师是一个“进步的学校”，是学生运动的“民主堡垒”，这很容易使人误解是由于陈先生作风的“民主”和实施“活教育”的结果。事实呢？女师所以会成为学生运动中的堡垒主要是由于共产党的领导，而陈先生这时还是采取两面的态度。一方面任用反动分子，并用很大的力量把同学们从轰轰烈烈的革命斗争中拖出来，使他们安于当时美蒋的反动统治；但我们也不否认另一面，他还是任用了一些进步教师。①

有一篇署名洛寒的文章《从〈我的半生〉看陈鹤琴的教育思想》，将陈鹤琴几十年的人生，从思想根源到教育主张、教育实践予以全面否定，并将他在江西的办学说成是“协助国民党在江西做的‘粪堆上插花’的工作”，从而下结论为“陈鹤琴先生的教育思想是买办资产阶级的教育思想”。②

面对这些激烈的言辞和抨击，陈鹤琴几乎无话可说，百口莫辩。他不可能再一次站出来为自己解释什么。他当然知道，在旧社会，任何教育家办学都不可能不与政府当局发生关系。尤其自己所办的学校都是公立，仅仅这一点，就无法撇清关系；至于女师这所被称为“进步学校”和“民主堡垒”的学校，是不是受到“活教育”影响，事实可以证明。对陈鹤琴来说，现在他所能做到的，只有不断、反复地检讨、承认、批判自己的“错误”；同时，他主动要求原《活教育》杂志编辑部人员和他的助手、学生们，写批判“活教育”的理论与实践以及揭发他本人的文章。陈选善、余之介、张文郁、朱家振、钟昭华、雷震清等人都写了相关的批判文章，发表在《人民教育》、《新教育》等杂志上。

在此之后近三十年时间，“买办资产阶级教育思想”、“为帝国主义和

① 《“活教育”批判》，第 122 页，人民教育出版社，1955 年 4 月。

② 《“活教育”批判》，第 156 页，人民教育出版社，1955 年 4 月。

本国反动统治服务”等政治帽子一直戴在陈鹤琴的头上，直到70年代后期，国内开展思想解放运动，“活教育”的内容与价值才受到人们的重新认识和重视。

1951年9月，北京大学马寅初等12位著名教授响应中国共产党的号召，发起北大教员政治学习运动。9月29日周恩来在教育部召开的北京、天津高等院校教师学习会上作《关于知识分子的改造问题》报告，在全国知识界产生巨大反响。周恩来在讲话的开头部分说道：

> 大家学习的目的是为了改造自己。我想，凡是要求学习的人，都应该有这样一个起码的认识。当然，改造需要时间，一下子要求很高、很快，这是急躁的，不合乎实际的。应该由浅入深，循序渐进。拿我个人来说，参加五四运动以来，已经三十多年了，也是不断地进步，不断地改造。
>
> ……
>
> 我们应该有这样的态度和决心，即犯了错误，就检讨，认识错误的根源，在行动中改正错误。有了犯错误的经验，就可以少犯以至避免再犯同样的错误。当然不可能一次就改得好，犯了一次可能再犯，但总可以改正吧！犯了错误，不要当包袱，要把它丢开。
>
> ……
>
> 我讲这一段话，是为了使同志们在学习的过程中建立这样一个信心：只要决心改造自己，不论你是怎么样从旧社会过来的，都可以改造好。在座的同志多数在旧社会生活过较长时间，会带来很多旧的东西，要求一下子把旧的影响肃清，这是不可能的。只有在不断的斗争中，才能求得进步。

然后，周恩来着重讲了立场问题和态度问题。他举了张伯苓和翁文灏的例子，说明要允许旧知识分子对新中国有一个认识的过程。

周恩来继续说道：

> 在学习中，对某一个问题持怀疑的态度是可以的，因为真理并不

是一下子就能被人们接受的。真理愈辨愈明，我们不怕怀疑。观察一下也是可以的。梁漱溟先生初到北京的时候跟我说，有些问题他要观察一下。他在这点上很直爽，我们也很尊重他，所以介绍他到各个地方去观察。他每次回来的确都有进步，这一点我们应该欢迎。①

由此，一场大规模知识分子思想改造运动首先由京、津两地高校开始，很快发展到全国各大中城市，以后推广到各界的知识分子。为搭上新中国这班快车进入到社会主义，国内几乎所有知名教授、学者都参与进这场运动中。据统计，到1952年秋，全国高校教职员中的91%、大学生中的80%、中学教师中的75%参加了学习。

10月23日，毛泽东在全国政协一届三次会议上讲话，对这一运动广泛开展感到高兴，他说道：

在我国的文化教育战线和各种知识分子中，根据中央人民政府的方针，广泛地开展了一个自我教育和自我改造的运动，这同样是我国值得庆贺的新气象。在全国委员会第二次会议闭幕的时候，我曾提出了以批评和自我批评方法进行自我教育和自我改造的建议。现在这个建议已经逐步地变为现实。思想改造，首先是各种知识分子的思想改造，是我国在各方面彻底实现民主改革和逐步实行工业化的重要条件之一。因此，我们预祝这个自我教育和自我改造运动能够在稳步前进中获得更大的成就。②

陈鹤琴当然也不例外。自他和“活教育”被点名批判以来，他曾找过许多朋友、同事以及他的子女们交换意见。在北京，他曾与已被提拔为教育部副部长的柳湜和担任司长的张宗麟谈过。在谈话中，柳湜提醒他，要从过去实际活动中去检查思想根源和思想影响；张宗麟则安慰他说，没有什么太大问题，要他放下包袱。这些谈话后，陈鹤琴找来毛泽东的《实践

① 《周恩来选集》，下卷，第60页，人民出版社，1984年11月。

② 《毛泽东文集》，第六卷，第183页，人民出版社，1999年6月。

论》、《中国社会各阶级的分析》、《在延安文艺座谈会上的讲话》和刘少奇的《人的阶级性》等文章认真研究，他写道："使我初步用阶级分析的方法来检查自己的阶级立场和思想方法；同时也认识到直接经验和间接经验发展和辩证统一的真理，以及应该从效果来检查实践成就，并认识到动机和效果应该是统一的革命理论。"他继而写道："我深深体会到知识分子的思想改造实在是长期的激烈的斗争过程。要加以改造，决不是用和平的温情的方法可以根除，非要经过激烈的残酷的思想斗争不可。"①这话他是发自内心讲的，也是他学习毛泽东、周恩来讲话内容后的所感所悟。从 1951 年 4 月到 1952 年 4 月的 12 个月里，他不停地奔波于北京、上海、南京等地，先后出席过 11 次批判"活教育"的座谈会。每次座谈会上，他都毫无例外地听到一大通批判发言。发言者中有他熟悉的旧日同事、学生、朋友，也有许多他不认识的人，同时他自己也毫无例外作上一通检讨。在当时的气氛下，他已不可能为自己辩护或解释什么。令他欣慰的是，除了许多言辞激烈的批判、否定之外，他有时也能听到一些对他的理解、肯定和正面的评价。那时，陈鹤琴的真诚态度给人留下了深刻印象。

随着国内政治气氛趋向和缓，对陈鹤琴和"活教育"的批判逐渐降温，他可以松一口气了。这时，筹建南京师范学院的各项工作已经提上日程，陈鹤琴已受命领导南师的创建工作。对于国家和教育部所给予的信任，他感到非常激动。他决心彻底丢掉过去所有的包袱，专心致志办学。

新中国教育的光明前景使他憧憬着未来。他在《师范教育的新方向》一文中写道：

> 最近中央文教委员会召开了一次会议，主要讨论学制问题。中国的新学制，虽然还未颁布，但已做了初步决定。在这个学制中，师范教育受到了重视。在学制系统图中，培养幼稚园师资的有幼稚师

① 《"活教育"批判》，第 244 页，人民教育出版社，1955 年 4 月。

范学校，培养小学师资的有初级和中级师范学校，培养初中师资的有师范中等专科学校，培养高中师资的有师范学院。①

1952年8月，陈鹤琴主动将在自己名下的中国最早的实验幼儿园——私立鼓楼幼稚园交由政府接办，定名为南京市鼓楼幼儿园。

陈鹤琴在期待新中国第一次教育高潮的到来。

① 《陈鹤琴全集》，第五卷，第310页，江苏教育出版社，1991年7月。

第十九章　创建南师

一　新中国儿童教育

1949年8月，陈鹤琴抵达南京担任中大（后改为南大）师范学院院长职务后不久，就亲自指导南大附小幼稚园和鼓楼幼稚园进行幼儿教育试点，主持召开了有南京市二十多个单位代表参加的幼儿教育座谈会，提出如何办好新民主主义幼儿教育的课题。

陈鹤琴的学生喻品娟记述：

> 51年（按：1951年）1月，受华东卫生部的委托，南京大学师范学院开办解放后第一个托儿所干部训练班。我担任该班助教，协助陈老处理班上的日常教务工作，并旁听课程。假期，陈老要我领导全班同学到郊区开办各种类型的托儿所，南京是全国三大火炉之一，烈日当空，有时，陈老也奔走在乡间羊肠小道上，热情地和老乡们打招呼。有的老乡看着这位汗流满面的老教授都流泪了，而同学们对他冒着酷暑深入乡间指导工作，更是感动得无法用言语表达，只见他们这个为他摇扇，那个为他递上毛巾擦脸，接着就是一阵嘻嘻哈哈的笑声在农舍上空飘荡。[①]

教育是什么？教育的责任又是怎样的？二战以后，在一些欧美国家的

① 《鹤琴之声》，第12期，2000年12月。

儿童教养机构里，尽管设施优良，却出现儿童因缺乏爱抚而反应淡漠、生长迟缓，甚至失去抗病力和求生动机。有人称这种现象为“设施病”。在教育家看来，教育不仅是满足儿童的生理需要，延续他们的生命，更重要的是爱，使他们对这个世界产生信任感，对生活燃起希望，对周围的人有所依恋。有人将幼儿教师称为“高级保姆”。陈鹤琴认为，教师是最伟大而又最辛勤的雕塑匠，是人类灵魂的工程师，幼稚园是培养新中国幼苗的温床。

《怎样做人民的幼稚园教师？》是陈鹤琴向南京市幼稚园教师所作的报告，经整理后发表于 1950 年 12 月和 1951 年 1 月的《新儿童教育》第六卷第八期和第九期。

陈鹤琴写道：

教师是最伟大而又最辛勤的雕塑匠，是人类灵魂的工程师。教师所负的任务是非常艰巨的；尤其在新中国的现阶段，要把旧教育转变为新教育，这并不是一件轻而易举的事。教师们首先要自我改造，把自己从旧教师改造成为人民的教师。在思想意识上、教学态度上、教学方法和技术上来一个转变，加紧学习，建立正确的观点，站在广大的人民大众的立场上，改造旧的教学态度和教学方法，这是新时代对教师的要求。①

《幼儿教育新动向》发表于《新儿童教育》1951 年第七卷第五期。陈鹤琴在文中阐述了新中国幼儿教育的目的、任务、教养原则和活动项目，他总结道：

新中国的幼儿教育，它的目的在为祖国培养健全的下一代，在为国家生产建设服务；它的内容，在培养全面发展的儿童。愿我们全体从事幼教工作的人员，朝着这个新方向为完成一个伟大而艰巨的任务而努力奋斗。②

① 《陈鹤琴全集》，第二卷，第 577—592 页，江苏教育出版社，1989 年 4 月。

② 《陈鹤琴全集》，第二卷，第 593—599 页，江苏教育出版社，1989 年 4 月。

《幼儿园的课程》发表于《新儿童教育》1951年第六卷第十期。陈鹤琴结合自己长期在幼稚教育、幼稚园方面研究、实验、实践的成果、经验与心得，提出了幼儿园编制课程的10大原则。

1952年秋季院系调整结束，陈鹤琴在南师幼教系开设儿童心理学课程，亲自登台授课。讲课中，陈鹤琴大量运用国外心理学家、教育家的实验结果，结合自己近三十年来对儿童心理所作的连续观察、研究及在幼儿教育、家庭教育等方面的实验、实践成果，努力建立科学的、实用的、适合中国国情的幼儿教育理论体系。

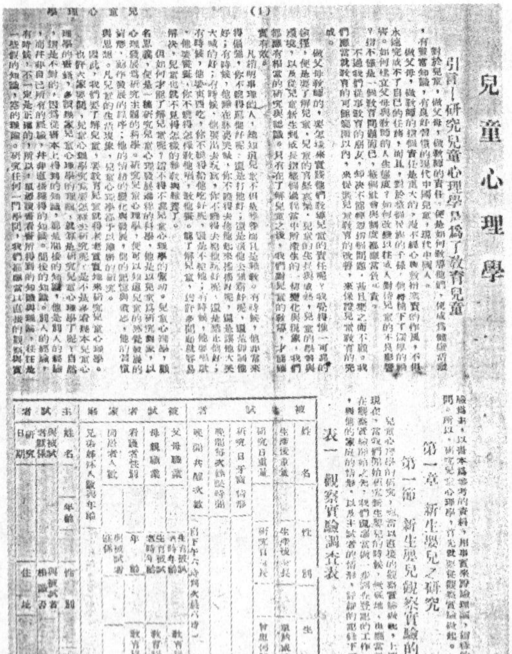
兒童心理學 (1)

兒童心理學

引言——研究兒童心理學是爲了教育兒童

第一篇 新生嬰兒之研究

第一章 新生嬰兒觀察實驗的步驟

表一 觀察實驗調查表

儿童心理学课程的部分讲稿

陈鹤琴在讲课中说道：

> 儿童心理学，顾名思义，便是一种研究儿童心理发展规律的科学，它是以儿童为研究对象，以心理发展为研究主题的科学。研究儿童心理学，便可以知道儿童的感觉发展的情形，动作发展的程序，他的情绪的变化与发展，他的记忆与遗忘，他的习惯与思想。凡儿童的生活现象，儿童心理学都应予以严密的研究。①

在教育史课程的讲授中，陈鹤琴倾注了大量心血，十分投入，非常认真。当年担任这门课程助教的张惠中撰文回忆：

① 《陈鹤琴全集》，第一卷，第564页，江苏教育出版社，1987年11月。

> 他（指陈鹤琴）对教学工作充满热情。虽然全院有许多工作要他去做，还有其他兼职，但他总是认真备课，从不缺课，而且讲课十分生动活泼。他平易近人，爱护学生。他对他所教的许多学生都认识，并对他们的个别特点有所了解。学生们喜欢听他的课，喜欢接近他。①

二　南师的建立

1952年7月，中央教育部统一部署，根据“以培养工业建设人才和师资为重点，发展专门学院，整顿和加强综合大学”的方针，进行全国高等院校院系调整。按照中央的方案，将原南京大学和金陵大学重组为南京大学、南京工学院、南京农学院和南京师范学院。26日，南京师范学院建校筹备委员会成立。新校以原南京大学师范学院和金陵女子文理学院有关系科为主，连同上海震旦大学托儿专修科、广州岭南大学社会福利系儿童福利组等系科合并改建而成立南京师范学院。

金陵女子文理学院（简称金女大）是国内最富盛名的教会学校之一，也是著名的女子师范高校，始建于1911年末至1912年初，前身是由美国8个传教会组织于1913年夏成立的扬子江流域妇女联合大学，1914年11月改名为金陵女子大学。1928年，德本康夫人辞去校长职务后，校董会推选金女大首届毕业生、留美女博士吴贻芳为校长。1950年12月，中央人民政府政务院颁布《关于处理接受美国津贴的文化教育机关及宗教团体的方针决定》，不久，教育部颁布《关于处理接受美国津贴的教会学校及其他教育机关的指示》，并着手接办大批教会学校。1951年，私立金陵女子文理学院和私立金陵大学被合并为公立金陵大学。1952年院系调

① 张惠中：《和陈院长一起工作的日子》，载《文教资料简报》，南京师范学院，1983年9期。

整时，金陵大学被撤销，原金陵女子文理学院与南京大学相关学院合并。按当时的说法，接办教会学校基本结束了帝国主义对我国的文化侵略，从根本上改变了中国教育事业的半殖民地性质，促进了新中国教育事业的发展。与金女大一同宣告结束的还有在上海的圣约翰大学、北京的辅仁大学和燕京大学等。由此，中国的高等教育彻底脱离了美帝国主义和外国教会的影响和控制，进入了全新的发展时期。

8 月下旬，南师院系调整的迁并工作完成，开始独立办公，校区位于南京市区陶谷（宁海路南端西侧）原金女大校址。9 月 8 日，华东区高等学校院系调整委员会南京分会第 20 号通知，华东教育部批准南京师范学院建筹委员会主任委员为陈鹤琴，副主任委员为吴贻芳、齐建秋。

建筹委员会成立后，立即着手建校的各项准备工作。根据教育部当年 7 月颁发的《关于高等师范学校的规定（草案）》和《师范教学计划》，将学院培养目标定为培养中等学校师资，对原有系科和专业进行了调整，设教育、幼教、中文、理化、美术、音乐等 6 系，生物、数学、地理、幼教、美术、音乐等 6 个专修科和中文、地理、数学、物理、化学等 5 个短训班。学院附设一所工农速成中学、一所幼儿师范学校和大石桥、五台山两所幼儿园。

10 月 6 日，南京师范学院举行建院典礼。11 月 19 日，教育部任命高觉敷为教务长、胡颜立为总务长、白沙为政治辅导处主任。学院下设秘书科、人事科、政治辅导处、教务处、总务处等行政部门。

据《南京师范大学大事记》记载：

> 12 月 4 日，院建筹委员会扩大会议通过 1952 年度第一学期工作计划，内容为加强各机构的工作计划性、效率性，推进教学正规化。计划中提出筹备出版南师校刊。

12 月 5 日，教育部任命陈鹤琴为南京师范学院院长、纵翰民为第一副院长、吴贻芳为第二副院长，同时，撤销建筹委员会。12 月 30 日，吴贻芳上调省里担任教育厅厅长，免去其第二副院长职务。

此时，南师全校共有教师 103 人，其中教授 28 人、副教授 19 人，讲师和教员 24 人、助教 32 人；在校学生 626 人。至此，南师的工作全面走向正轨。

作为新中国成立后的第一批师范学院院长，南师的建立给了陈鹤琴极大的鼓舞与信心。他感到，终于可以实现自己办学、办师范的夙愿了。从早年进入南高师和东南大学，到以后在上海工部局主持教育，再到江西办幼师、幼专，最后回到上海创建幼师、幼专，可以说是举步维艰、惨淡经营。尤其 1946 年回到上海后，陈立夫、朱家骅、李熙谋等所采取的排斥态度，令他失望至极。尽管此时对“活教育”的批判仍在进行，但陈鹤琴的身心已轻松许多。他可以确认，自己仍然受到中央和人民的信任。

陈鹤琴上任后做的重要的工作是建立雄厚的师资力量。除留用原南大师范学院和金女大一批具有丰富教学经验的教授、教师外，还从各地邀请到一些卓有成就、声名显赫的教授、学者前来学院任教。他深知师资对一所大学的重要性。当年，南高师和东南大学之所以享誉国内和海外，原因之一就是当时的校长郭秉文重视延揽人才，邀请一大批从美国学成回国的杰出人才来校任教，使学校具有很高知名度和广泛号召力，在国内高校中名列前茅。陈鹤琴担任院长后，邀请许多知名学者、教授来校任教，其中包括诗词大家唐圭璋教授，汉魏六朝文学专家段熙仲教授，文学专家徐复、陈中凡、孙望，教育家徐养秋，美术教育家吕思百和傅抱石，著名音乐教育家黄友葵，幼教专家钱且华等。这些教授、专家在学界的崇高声望、广博学识和深厚功力以及严谨的治学态度，赢得院内师生的尊重与景仰，也使更多中学毕业生慕名向往，纷纷前来报考。

不久，学院领导进行分工。陈鹤琴作为院长负责分管基建、总务、食堂和幼教系的工作，全院的教学工作和人事处则由副院长纵翰民负责。纵翰民是一位资历很深的老革命，曾担任过红军和新四军的高级指挥员。很快，陈鹤琴就将主要精力投入到校区的规划和基建、行政管理和幼教系的工作中去。

原金女大的宫殿式教学大楼，气势恢弘，具有民族特色，深受人们好评。陈鹤琴主张新建的教学大楼要与原有建筑和谐统一，提出要重视校园美化，修建操场、草坪、迴廊和松柏大道。为此，他专门请了清华大学建筑系主任梁思成教授进行设计。经与市政府协商，校园从仅一百多亩的规模扩大至将近一倍面积。在讨论建筑方案过程中，有人以节约经费为理由，提出要盖西式平顶楼房，反对“大屋顶”方案，并对陈鹤琴提出的在南、北大楼楼内的横梁上增加一些彩画，以突出民族特色建议表示反对。经陈鹤琴的坚持，大楼设计方案终于得以通过。在整个校区建设过程中，陈鹤琴参与了地形勘探、设计与校舍布局、施工建造到设备购置等全过程。他不肯放过任何细节，经常下班以后还到工地查看，向工人了解施工情况。在他眼里，师范院校应是一片纯洁的圣地和净土，新中国自己培养出的幼儿教育高级师资将从这里诞生，他们将肩负教育儿童并使之成为国家和民族栋梁的崇高责任。

事实证明，这是一笔巨大的财富。

原南师大校长谈凤梁写道：

> 一九五六年，是解放以来惟一允许小学教师自由报考高等师范院校的一年。这年，我有幸考入南京师范学院中文系。记得八月三十日到校的那一天，已经是深更半夜。接待的同学把我们从校门口领到宿舍，途经长廊、草坪和松柏大道，目睹沉沉的楼阁，心里又惊又喜。第二天清晨，我未及报到，就请一位同乡“老生”领着，去数那校园内的十一幢宫殿式大楼。“廊腰缦回、檐牙高啄”，相比之下，我觉得出类拔萃、最富气魄的是南大楼和北大楼。“老生”告诉我：“山上正在建造的一幢中大楼更加壮观，这都是陈院长争取得来的。”“喔，陈鹤琴院长！”我心里默默地念着……①

几十年的光景过去，南师校园的建筑依然保持庄重、典雅的中国气派，并成为南京市区内保留完好的风景名胜和文物保护单位。

南师食堂的伙食好在全市高校中是有名的。知名小学教育家胡颜立担任总务长，主管食堂的总务处处长由一位副教授担任，把伙食打理得价

---

① 《怀念老教育家陈鹤琴》，第 98 页，四川教育出版社，1986 年 7 月。

廉物美。有学生回忆说：

> 早上油条、烧饼、小菜、稀饭，还不时配上一碟油炸花生米。中午两荤两素四盘菜，蛋花汤、海带汤之类各取所需。晚上经常有包子、烧卖之类。节假日必定加餐。除夕之夜，总能得到两个水晶包子和大肉包子。我原以为十元五角的伙食好不了，因为我当小学教师的四年，每月伙食九元五，只有中午有盘荤菜，八双筷子夹几下，碗底就朝了天。而且那是在乡村，鸡蛋每个只有三分钱。想不到在大城市里只加一元就那么如意……①

平日里，陈鹤琴和学院其他领导经常一同来到食堂，问长问短，与大家一起进餐。逢年过节，陈鹤琴与师生们共同守夜，吃夜宵。除夕之夜，他又拿出自己的保留节目，扮成新年老人，把大家逗得欢乐开怀。

南师幼教系是当时全国仅有的两所设有培养幼教师资系科的高等院

现南师大附属幼儿师范学校

① 《怀念老教育家陈鹤琴》，第 99 页，四川教育出版社，1986 年 7 月。

校之一，另一所是北京师范大学。陈鹤琴是中国幼教的主要开拓者和公认的权威，幼教系主任钱且华教授是原金女大社会工作系主任、国内有名的幼教专家，被学生赞誉为“治学严谨、风度高雅”。在陈鹤琴看来，幼教系是南师的特点，一定要办好。他亲自担任学前教育小组组长和儿童心理小组组长的工作，并登台讲授儿童心理学和教育史课程。由院长亲自授课，在当时的国内高校中尚不多见。在幼教系中，钟昭华老师曾长期作为陈鹤琴的助手，留美回国后在南师任教，系里骨干教师还有喻品娟等人。

南师著名教授赵寄石回忆道：

> 1952年回国后，被分配到南京师范学院，进入了一种新的社会制度和教育体系中。当时的院长陈鹤琴先生、幼教系主任钱且华女士，还有几位留美归来的教师都有联系实际研究儿童教育的经验。加上苏联为我国幼教师资培养计划的4年中都为学生安排到幼儿园见习实习，并且对写观察记录、实习笔记以及小结交流等都有严格要求……①

经陈鹤琴提议，南师分别成立了附属儿童玩具研究室、玩具工厂、幼儿园及附小，形成教学、实验、生产的完整教学体系。

幼儿园是幼教系教师研究和实验的重要基地，也是幼教系工作的重要环节。在筹建过程中，陈鹤琴亲自勘察园址，参与园舍设计。当工程师完成园舍设计，将图纸送来审阅时，陈鹤琴提了两点意见：第一，根据苏联幼儿园的园舍样本，要结合中国的地理条件与气候，因此，幼儿园的走廊不必封闭，光照面积要占室面积的四分之一；窗户要矮，让孩子们站在窗前，可以观赏室外风景。第二，幼儿园的环境布置要做到美化、绿化、儿童化。

---

① 赵寄石：《难以言尽的欢乐》，载《幼儿教育》2003年增刊，中国学前教育研究会编。

陈鹤琴认为，玩具在幼儿教育中有重要作用。有人注意到，陈鹤琴经常前往教学楼旁边的儿童玩具研究室，与技师、技工讨论玩具的设计与制作。从20年代起，他就十分热衷于挖掘中国传统的民间玩具并赋予其新的教育意义。50年代中期，玩具研究室在南京新街口中央商场内曾举办玩具展览，红色横幅上写着一行大字："玩具——儿童的第一本书！"

三　一院之长

1953年1月，江苏省协商委员会成立，代行省各界人民代表会议协商委员会职能，陈鹤琴当选为副主席。从表面上看，陈鹤琴鹤发童颜、意气风发，讲起话来声音宏亮，但他心中却有无人知晓的苦闷。开全校大会时，他与代表党组织的副院长并排端坐在主席台上，发言总是一前一后；学院里的文件和公告、布告上两人的署名赫然在目。然而，党与非党的界限却像一道沟堑，不可逾越。

学院的大政方针、教学安排和人事安排，由学校党总支(后改为党委)讨论后，再提交院常务会议上正式通过，由教务处、人事处具体办理。他这个党外院长也须执行党组织和院常务会议通过的决定，在分工范围内开展工作。在学院里，党组织对他的生活给予充分照顾，为他全家安排合适的住宅；而在工作上，却一点也不放松，一切由党组织决定。为此，作为党外人士的一院之长陈鹤琴起初感到很不适应。

有一件事情，陈鹤琴总也弄不懂：在南大和金女大举行关于院系调整的联席会上，商量组建新南大和各专门学院的内容。会上，陈鹤琴提出多保留几架钢琴和体育设备，为筹建中的南师多争取一些家当。这是任何院长都会做的一件事情，却在后来被人批评为"本位主义思想"和"恶化会场上对接受党的领导的气氛"。

在用人方面，陈鹤琴也碰过两回钉子。

1953年南师决定成立附属幼儿师范学校，陈鹤琴感到非常高兴，这是他所设想的建设中国式幼教师资培养基地和教学、研究、实验完整体系中非常重要的“开卷之作”。他要挑选最合适人选来担纲校长重任。最后他选中了跟随自己多年、有丰富办学经验的雷震清教授。为这事，他亲自找到学院党总支副书记商量，他原以为，根据教育部发布的“附校校长由院长提请任命”的规程，这事儿就这样决定了。他觉得这是院长职权范围内的事，随后便找来雷震清正式谈话。但很快他就被告知，“幼师校长已请好了”。随后，有人提醒他，人事制度应由党组织来掌握，暂行规程已过时。于是，陈鹤琴只好作罢。对院里重要的人事任命，他觉得，作为一个院长，不应该事先一无所知。后来，学院的党组织批评他：“陈院长应该知道，做不做院长，是党和政府决定的，个人的意见，只能作为组织上参考。这个道理，连我们的同学都知道，你为什么反而不知道呢？”面对这样的质问，他不知如何作答。

陈鹤琴曾有过一个计划，在南师设立教育研究室，开展对幼教的专门研究。为此，他于1953年8月在上海同曾任他秘书、时任华东师范大学教授的张文郁见面，就这一问题进行深入讨论。两人商量，在南师设立研究室，开展对幼教的专门研究。张文郁提出希望前来南京参加这一工作，两人畅谈尽酣，意犹未尽。

从上海回来后，陈鹤琴向华东教育部提出在南师设置教育研究室的计划（草案），得到部领导的重视与支持。在这份草案里，陈鹤琴列举了四条理由：有计划、有目的、有重点地进行研究工作；集中力量，有效地使用各方面担任理论指导和实际工作者的力量，使研究工作顺利进行；更好地总结各方面教学工作者的经验教训；在幼儿教育方面起组织作用，并在改进教学方面起推动作用，使新中国的幼儿教育在质量上得到进一步的提高。回校后，他的建议连同计划（草案），却不明原因地被学院搁置下来，未获同意。至于不同意的理由，未见诸文字。但从以后所发生的事情看来，有一个原因，即当时许多人对幼儿教育的重要性认识不足，以至于在1958年第二次高校院系调整中，南师幼教系被裁撤。另一个原因是，学院中有人对陈鹤琴将幼教系作为“活教育”再生之地早有防范，因为在他们眼中，陈鹤琴仍然是“名副其实的资产阶级知识分子的代表人物”。

无奈之下，他提笔给在上海的张文郁写信：

> 此次在沪畅谈关于幼教研究工作，为新中国幼教前途庆幸！华东教育当局亦竟能如此重视幼教研究工作，实在令人兴奋无已。惟返校后与校内同仁中商谈，尚觉研究条件缺乏，进行不易，因此此事只好暂缓进行，将来有机会再行邀请吾弟前来襄理，以竟其全功。①

他将自己经过认真考虑，草拟的《南京师范学院设置教育研究室说明书（草案）》随信附上，草案对教育研究室设置原因、设置计划和经费预算等作了详尽说明。

1954 年 11 月，教育部副部长柳湜陪同教育部顾问、苏联专家费拉托夫教授来宁视察，了解南师领导工作及教学工作情况。在视察中，苏联专家对学院各系科领导、教研室工作以及教学、科研、教学法等问题作了详细指导。苏联专家走后，柳湜副部长召集南师党员干部、教师开会座谈，谈话的内容大概是关于党员在院内执行政策方面的情况；陈鹤琴这个非党校长没能参加。在后来召开的座谈会上，柳湜用提问的方式要在场的人对教学工作提出意见。当问到陈鹤琴时，他一下子语塞。因为按照学院领导内部分工，教学工作一直是由副院长负责的，许多事情他并不知情。为此，陈鹤琴感到平生以来少有的尴尬。

那天，柳湜临走时，当着南师领导们的面作了指示：“院长是掌握政策全面领导对部（按：教育部）负责，副院长是院长的助手。”陈鹤琴知道，在苏联的高等院校，实行的是“一长负责制”（按：政治统一、经济统一、意志统一）。1953 年时任江苏省委宣传部长的陈其五曾说过，大学里要“一长负责制”；这次柳湜也是这样说。陈鹤琴觉得自己的问题可以得到解决了。

① 《陈鹤琴全集》，第六卷，第 395 页，江苏教育出版社，1992 年 1 月。

1954 年 6 月初，南师组织全院教职员工学习《高等师范教育的方针任务》、《中国人民大学学习苏联的经验及其工作的主要特点》、《中国人民大学领导教学工作的具体经验》，院务会议作出《关于进一步改进领导方法的决定》，明确学校各项工作贯彻“一长负责制”原则，树立学校一切工作服务于教学的思想。

四　全盘苏化

新中国成立之初，采取“一边倒”的内外政策，在教育方面，提出“以俄为师”、“全盘苏化”的口号。刘少奇曾在中苏友好协会总会成立大会上的报告中说，中国人民的革命，过去是“以俄为师”，今后建国同样也必须“以俄为师”，“苏联有许多世界上都没有的完全新的科学知识，我们只有从苏联才能学到这些知识，例如经济学、银行学、财政学、商业学、教育学等等”。[①] 从 1949 年底开始，《人民日报》连续刊载苏联凯洛夫主编的《教育学》和冈察洛夫所著的《教育学原理》。大量苏联教育学著作被翻译出版，其中以凯洛夫《教育学》的影响最大。国内各主要高校邀请苏联专家讲授教育学课程，国内的许多学者也纷纷作报告、举办普及型讲座介绍学习凯洛夫教育理论的体会与心得。曾以批判杜威教育思想和美国资产阶级实用主义教育显露锋芒的曹孚，此时却成为了凯洛夫学说的崇尚者和热门人物，红极一时；他所作的学习凯洛夫教育学报告，曾在《文汇报》整版发表，供教育界学习。上海广播电台专门开设了面向中小学教师的广播讲座，邀请曹孚、张文郁、胡守棻等作辅导报告。在这些报告和文章的基础上，国内教育界迅速掀起了学习苏联教育学的热潮。

1953 年 2 月，陈鹤琴为《南师校刊》创刊号题词：“组织起来，学习苏联，结合实际，创造经验，为搞好教学改革而奋斗。”

① 《人民日报》，1949 年 10 月 8 日。

对于苏联的教育，陈鹤琴一向怀有敬意。1934 年 7 月他欧洲之行造访莫斯科时的所见所闻，尤其是社会主义苏联对幼儿教育的重视，经常在他的报告、文章中被提及。1948 年 7 月，他到捷克参加联合国教科文组织召开的会议时，亲眼目睹东欧社会主义国家在教育方面所取得的成就，也曾激动不已。但 1946 年初，他参加国民政府接收大连工作被苏军阻拦的经历，尤其是当他了解到苏军占领旅大，拒不交还中东铁路，将沈阳铁西工厂的机器搬走并运回苏联等情况，在他心中原来照耀的那些光芒稍有黯淡。

在全面苏化的大环境下，中国的教育体制，甚至包括学制、教材、教法和学生的坐姿都被规范得一板一眼。许多从前受过英美教育的教授、学者在校园里不吃香了，许多大学取消了原来在课堂上用英文授课的方式。学习俄文成为了一时风尚。

谈凤梁记载了一件事：

> 开学后不久有天下午，我坐在一百号大楼右侧的回廊边，埋着头，结结巴巴地读着英语。也许是专心的缘故，我竟没发现有位过路的老人站在我的身旁。当我拿起《大学英语》第一册的时候，我才发现他竟是陈院长。“同学，外语要认真学，眼光要远一点。”我唯唯连声，虽然当时根本不理解“远一点”的真正涵义。陈院长爱护学生、关心学生的情景，就像一股暖流似的，透过了我的心田。①

作为新中国的大学校长，陈鹤琴对于苏联教育理论进行了认真学习，同时，他派幼教系钱且华、钟昭华等骨干教师去北京师范大学学习、进修苏联幼儿教育理论。尽管凯洛夫所提倡以学科为中心、以课堂为中心、以教师为中心的苏维埃教育学理论体系与以生活和自然为中心、以儿童为中心的欧美新教育思想完全对立，也与近三十年来在中国被公认的新教育，包括“生活教育”、“教学做合一”和“活教育”等主张的观点根本相反，

---

① 《怀念老教育家陈鹤琴》，第 98 页，四川教育出版社，1986 年。

但陈鹤琴仍抱着学习的态度予以认真研究，结合新中国教育发展和幼儿教育发展的实际，进行了许多思考。他希望自己能够跟得上并且适应时代潮流。他写道：

关于新中国教育学的发展问题，我们应当特别学习马克思、恩格斯、列宁、斯大林的教育理论，而且我们也要学习苏联先进的教育科学技术，来培养我们人民教育事业的建设者和保卫者。①

50 年代初，苏联向中国派出大批专家，帮助新中国经济、文化、教育事业发展；在苏联专家指导下，我国制定了幼教师资培养计划。马努依连科、费拉托夫、格林娜等苏联专家都曾来南师指导教学。

原南师学生史慧中讲述了一件鲜为人知的往事：

1953 年 5 月，苏联幼儿教育女专家来到南师讲授幼儿教育理论，听众席上坐满了包括院长陈鹤琴在内的南师教师和学生。讲课中，女专家兴致突起，讲了一通苏联幼儿教育理论和幼儿园办学思想后，对着坐在前排的陈鹤琴说道："这下你就知道'活教育'的反动性了吧！"她满脸不屑一顾的表情。翻译的话音刚落，陈鹤琴举手要求发言，他毫不客气地回敬："其实你讲的（内容）与'活教育'内容是一致的。"顿时，女专家满脸绯红。这种毫不掩饰的反应，对于一向温良谦恭、被称作为"老好人"的陈鹤琴来说，是很罕见的，在场的人无不惊愕万分。

苏联女专家格林娜来南师参观时，曾与陈鹤琴讨论幼儿园应该保持清洁卫生、培养幼儿的良好习惯问题，陈鹤琴不禁脱口而出："'活教育'也是这样主张的。"

这一时期，陈鹤琴思考着一个重要问题。在他 1953 年 8 月间所提交并被搁置下来的《南京师范学院设置教育研究室说明书（草案）》中，有一段耐人寻味的文字：

要改进幼儿教育，必须学习和吸收苏联的先进教育经验，但我们

---

① 《陈鹤琴全集》，第五卷，第 332 页，江苏教育出版社，1991 年 7 月。

的民族特性和社会环境等等，与苏联尚有所不同，事实上不能把苏联的先进经验在我国的幼儿园直接应用。如何根据苏联的先进教育理论来改进我国幼儿教育的教材教法和教具，实在是目前教育界需要迫切解决的问题。①

作为南师院长，陈鹤琴深深感到新旧社会在对师范教育重视方面的天壤之别。新中国的建立和苏联在师范教育和幼儿教育方面所取得的巨大成就，鼓舞和推动了新中国师范教育和幼儿教育的新生与发展。1954年7月，陈鹤琴为新学年招收师范生，向全国高中毕业生写了一封题为“同学们，祖国召唤你们投考高等师范学校！”的公开信。

他在公开信中深情写道：

亲爱的同学们，祖国很热诚地召唤你们来参加培养建设人才的重要工作，来协助完成社会主义工业化建设任务，来推进人民教育光荣事业，在党、人民政府和毛主席的关怀下，人民教师的地位在政治上、社会上、文化上都比旧社会大大地提高了。做一个人民教师确是很光荣的，很愉快的；人民教师对儿童和青年的影响确是很深很久的，人民教师对祖国贡献确是很巨大的。亲爱的同学们，你们是中华民族的优秀儿女，毛泽东的好学生，你们是热爱祖国、热爱人民、热爱儿童的热心青年，我相信，你们必定会响应祖国对你们投考高等师范学校的迫切号召，为培养成为光荣的人民教师而奋斗到底。②

1954年7月9日南京《新华日报》刊载陈鹤琴的文章《保证以更大的信心和勇气来培养人民教师》，文中陈鹤琴感慨于自己在旧社会办学的曲折经历，表达了自己的信念。他说：

解放以来，党和政府要我办教育，要我担负南京师范学院的领导工作。这对于我是莫大的信任。几年来的工作使我深深体会到：只

① 《陈鹤琴全集》，第六卷，第397页，江苏教育出版社，1992年1月。

② 《陈鹤琴全集》，第五卷，第320页，江苏教育出版社，1991年7月。

有政权掌握在人民手里，教育工作才能真正为人民服务，教育事业才能得到重视和发展。只有在中国共产党和毛主席的正确领导下，知识分子才有为人民服务的机会，才有发挥才能、智慧的可能。因此，我今天要对党和毛主席保证：以更坚定的信心和更大的勇气，来做好培养人民教师的工作。①

五 “活教育”再批判

与1951年4月由对电影《武训传》的讨论与批判，波及到教育界，引起对陶行知和陈鹤琴的批判，从而发动知识分子思想改造运动时的情形大致类似，开始于1954年底对《红楼梦》研究的讨论与批判，也是从文化界发端，演变为又一场反对资产阶级唯心主义政治运动。胡适和杜威又一次成为人们声讨的主要对象。

1954年3月，《新建设》杂志刊载俞平伯文章《红楼梦简论》，山东大学两位大学生李希凡、蓝翎先后写作《关于〈红楼梦简论〉及其他》和《评〈红楼梦研究〉》两篇文章，向权威提出质疑，文章发表在《文史哲》杂志和《光明日报》上。李、蓝的文章发表后，受到毛泽东的重视。

1954年10月23日、24日，《人民日报》连续发表署名钟洛的《应该重视对〈红楼梦〉研究中的错误观点的批判》和李希凡、蓝翎《走什么样的路》两篇文章。此后，批判俞平伯的《红楼梦研究》和资产阶级唯心主义的运动首先在文化界展开，很快得到教育界响应，逐渐在全国形成高潮。

在文化界展开对资产阶级唯心主义批判运动中，胡适作为唯心论的典型代表，再次被口诛笔伐，而教育界的理论家则将胡适的老师——杜威

① 《陈鹤琴全集》，第六卷，第342页，江苏教育出版社，1992年1月。

作为资产阶级实用主义的总根源拉出来进行批斗。

这时，有人重新将已近平息的对陶行知和陈鹤琴的批判提了出来。在众多批判者中，曹孚在《批判实验主义教育学》一文中，将陶行知、陈鹤琴与杜威联系到了一起。以下是发表在 1955 年 2 月号《新教育》杂志上的两段文字：

> 在杜威来华之后，设计教学法曾经在中国小学界盛行一时。在陶行知先生的“生活教育”中，陈鹤琴先生的“活教育”中，所提倡的课程就是活动课程或经验课程。
>
> “在做中学”的教学法思想指导之下，若干著名小学，先后“实验”着设计教学法，以后又为其他许多学校所效尤。所谓单元教学法，一部分也是在“教育即生活”的思想影响下产生的。还有，就是上面已经提过的活教育与生活教育。陶行知先生在政治上是进步的，在他的教育活动中也有积极的、人民的因素；但他的课程论与教学方法论是杜威主义的。通过陶行知先生的“教学做合一”的主张，甚至实验主义教育学的课程论与教学方法论，部分地窜入了老解放区的教育实践中。①

1955 年 4 月，《人民教育》将 1951 年至 1953 年期间对陈鹤琴及“活教育”批判的文章、调查报告和陈鹤琴本人所作检讨及陈鹤琴学生、助手们的认识、揭发文章汇编成册，由人民教育出版社出版，书名为“‘活教育’批判”。

刚刚“轻装上阵”的陈鹤琴不得不面对又一波新的批判。

在《“活教育”批判》编辑前言中写道：

> 现在全国学术界正在热烈地批判资产阶级唯心主义，学习辩证唯物主义，教育界也正在对杜威教育思想进一步展开批判。现在本

① 《胡适思想批判资料集刊》，第 235 页，新文艺出版社，1955 年 5 月。

社特把“活教育”批判编印出来，供研究教育的同仁们参考。①

该书结合陈鹤琴从事教育事业的经历，对“活教育”予以彻底否定。《人民教育》杂志的编者在回答读者提问时，间接提及“活教育”所产生的影响：

> 过去南京上海等地，都是受到“活教育”影响较深的地方，深望这些地方的教育领导，进一步了解究竟有多少教师存在着像张介先生所说的思想情况，并进一步地研究怎样给以教育。②

与上次不同，或许是顾及陶行知的形象和影响，此次批判的“反面教材”和“活靶子”只有陈鹤琴一人充当。好在，批判的火力并不算猛烈。然而，这对刚刚有所平静的陈鹤琴来说，却是一次新的考验。实际上，陈鹤琴始终并不甘心“活教育”就这样被彻底打倒，他总希望人们能够对“活教育”的具体内容给予理解。据回忆，1954 年 12 月，在南师幼教系讨论设立幼儿教育及儿童心理教学小组时，他曾主动要求领衔，并说：“我的教育思想虽有错，但我的一砖一瓦还是有用的，我要为社会主义大厦添上一砖一瓦。”但很快，他的这个想法又被无情的批判“挡”了回来。据《陈鹤琴生平年表》记载：“随后，在南师又开展了对他的所谓‘一砖一瓦’思想的批判。”

同年 2 月，陈鹤琴以院长身份在南师开学典礼上讲话，要求院系领导改进作风，深入领导教学；教师集中精力提高教学质量；学生重视培养共产主义道德品质。他提出反对教育行政的衙门化作风，提倡行政学术化。在教学改革方面，他认为，教学内容的改革要与唯物主义教育结合起来。他说：“教材内容要有正确的辩证唯物的观点”，“讲授要有正确的科学内容和思想内容，并且要使理论结合实际”。与之相适应，他认为应该重点改进讲授方法，以适应学生不同的接受水平，“培养学生独立工作能力”。

① 《“活教育”批判》，第 3 页，人民教育出版社，1955 年 4 月。

② 《“活教育”批判》，第 260 页，人民教育出版社，1955 年 4 月。

在思想教育方面，陈鹤琴认为，结合新中国的文教建设需要，应该加强集体主义和爱国主义教育，克服落后的观念意识，自觉养成共产主义道德品质。①

4月，陈鹤琴又代表省协商委员会在江苏省政协第一届委员会第一次会议上作两年来的工作报告，并提出《加强对儿童和青年共产主义道德品质教育的几点建议》。在此次会议上，他当选为江苏省政协第一届委员会副主席。在与政协会议同时召开的江苏省第一届人民代表大会第二次会议上，陈鹤琴作了专题发言，就自己和“活教育”作了深刻检讨。

1955年，全国开展农业合作化运动，陈鹤琴参加了由省政协组织的到省内城乡对儿童教养问题进行的社会调查的活动。调查中，陈鹤琴得知，随着越来越多的妇女参加生产劳动，儿童的教养问题也越加突出。他还听说了一起儿童因无人照管而掉入池塘溺水死亡的事件，十分痛心。同时，他也看到由群众自办的幼儿保教事业正在一些地方出现。在省人代会上，陈鹤琴作了《对幼儿教养工作也必须全面规划加强领导》的发言，提出这项工作“应该由各级政府的文教部门和民主妇联等团体共同协商，对各该区域的幼儿教养工作作出全面规划”，鼓励群众自己兴办托幼园所。

他相信幼教事业一定能够办得更好。

他相信新中国，更相信共产党！

① 《陈鹤琴全集》，第五卷，第322—328页，江苏教育出版社，1991年7月。

第二十章　在灿烂的阳光下

一　1956年

对许多中国知识分子来说，1956年的春天提前来到，阳光灿烂，暖风和煦。在连续经历知识分子思想改造运动之后，1956年1月30日《人民日报》头版显要位置发表了周恩来于1月14日在中共中央召开的知识分子问题会议上所作的报告，立即引起全国知识分子的一片欢腾。这标志着国家政治气候的转暖。周恩来指出：

> 什么是当前的知识分子问题呢？当前的根本问题，就是我们的知识分子的力量，无论在数量方面，业务水平方面，政治觉悟方面，都不足以适应社会主义建设急速发展的需要；而我们目前对于知识分子的使用和待遇中的某些不合理现象，特别是一部分同志对于党外知识分子的某些宗派主义情绪，更在相当程度上妨碍了知识分子现有力量的充分发挥。我们必须加强领导，克服缺点，采取一系列有效的措施，最充分地动员和发挥现有知识分子的力量，不断地提高他们的政治觉悟，大规模地培养新生力量来扩大他们的队伍，并且尽可能迅速地提高他们的业务水平，以适应国家对于知识分子的不断增长的需要。这就是我们党目前在知识分子问题上的根本任务。①

① 《周恩来选集》，下卷，第161页，人民出版社，1984年11月。

在报告中，周恩来肯定了中国知识分子的绝大部分“已经是工人阶级的一部分”。陆定一所作的报告中对此进行了注解：在学术、艺术、技术的发展上，我们不要做“盖子”；“学术问题、艺术问题、技术问题，应该放手发动党内外知识分子进行讨论，放手让知识分子发表自己的意见，发挥个人的才能，采取自己的风格，应该容许不同学派的存在和新的学派的树立（同纵容资产阶级思想的自由发展严格区别开来），他们之间可以互相批评，但批评时决不要戴大帽子。”

这篇被许多人称许为是“和煦春风”的报告，令正在北京出席政协第二届全国委员会第二次会议的陈鹤琴长长地舒了一口气，也稍稍平复自四年多前“活教育”受到批判以来，在内心深处留下的创伤。2月2日，陈鹤琴在大会上作了题为“一个心愿”的发言，畅谈学习周恩来总理所作关于知识分子问题报告和郭沫若关于《在社会主义革命高潮中知识分子的使命》讲话的体会，决心为社会主义教育事业奋斗终身。他的这篇发言被刊登在2月5日的《人民日报》上。他在发言中，表达了加入中国共产党的心愿。

他说道：

> 最近我收到我最小的女儿的来信，她是一个青年团员，她说最近她要求入党了，要向我挑战。我一直没有勇气复她的信。我常常想，像我这样一个旧知识分子是不是能够做一个共产党员呢？我有7个子女，6个都是共产党员。我想自己应该多向儿女们学习。我早有一颗入党的心，但是我原来有一个十年打算，想在这十年长时期内，努力改造自己的思想，准备入党的条件。最近我看到刘仙洲、欧阳予倩都入党了，心里又高兴又惭愧。不久前，我和几个孩子在上海开了一次家庭会议，我把我心里的打算讲了出来，孩子们都鼓励我前进。他们说：“爸爸，你要快马加鞭，赶上去！”我现在已经回了信给我的小女儿，应了她的挑战。

我深深地相信，只要我努力争取，我的愿望是一定能够实现的。[1]

2月3日，毛泽东、周恩来在怀仁堂宴请出席政协会议的全体代表。陈鹤琴又一次被安排在第一桌，与毛泽东、周恩来同席。在这次宴会上，陈鹤琴向毛主席敬酒。这是继1951年9月陈鹤琴与这两位伟人直接接触以来，他又一次的莫大荣誉。他在当天的日记里写道：

出席怀仁堂宴会，与毛主席、周总理同席。席间，毛主席鼓励我们知识分子要多到工厂、农村走马看花或下马看花；周总理勉励我们要学到老，改造到老。这些话我将永远铭记在心中，成为我学习改造的座右铭。

1956年2月，在《中共中央关于知识分子问题的指示》一文明确提出：

因此，党有必要进一步地把知识分子问题放在全党和国家的各个工作部门的议事议程上，要求全面规划，加强领导，克服我们在这方面工作中的缺点和错误，采取一系列的有效措施，充分地动员和发挥现有知识分子的力量，不断地提高他们的政治觉悟和业务能力，并且大规模地培养新生力量来扩大知识分子的队伍，以便尽可能迅速地改变我国的科学和文化的落后状态，力求最急需的科学部门能够在12年内（即第三个五年计划期末）接近世界的先进水平，而使我国建设中的很多复杂的自然科学和技术的问题能够逐步地依靠自己的力量加以解决。

周恩来的报告和中央指示传达后，全国各科研、教育部门很快行动起来，制定和规划未来12年发展目标。“向科学进军！”成为当年最富号召力与凝聚力的响亮口号，党组织与知识分子之间的关系从一味强调领导与被领导、改造与被改造的对立关系，转变为逐渐同心同德、密切合作。

① 《陈鹤琴全集》，第六卷，第364页，江苏教育出版社，1992年1月。

全国高校、科研机构积极吸收一批知识分子加入共产党组织。中共江苏省委第一书记江渭清、省委书记刘顺元和统战部对吴贻芳、陈鹤琴等党外人士的工作和生活情况非常重视。南师党组织也更加注意改进工作方式，积极改善与陈鹤琴的关系，及时向他通报情况，增加沟通与交流的机会，注重发挥院长的作用。陈鹤琴激动之余，感到有一种神圣的愿望在心底油然而升，他向党组织递交了入党申请报告，题目为“我要贡献一切为实现共产主义理想而奋斗”。在省里，陈鹤琴是知名人士，除担任南师院长、人大代表、省政协副主席等职务外，还担任体育协会和基督教三自爱国会组织等多项工作，常常夜里12点钟才睡觉，忙忙碌碌，乐此不疲。他曾在阅读《列宁全集》第一卷时写下了书批：

> 列宁是世界劳动人民的导师。我要学习他的伟大革命精神，积极地投入到祖国社会主义建设事业中去。①

从北京回来后，陈鹤琴在3月9日至15日召开的江苏省政协第一届委员会会议上，与另一位副主席宫维桢分别传达了周恩来总理在全国政协二届二次会议上所作的政治报告和郭沫若所作的《关于在社会主义高潮中知识分子的使命》报告。

3月底，陈鹤琴与高觉敷及南师文科系主任、艺术教研室主任等5人又一次北上，出席全国第二次高等师范教育会议，会议主要任务是总结高师教育工作，确定高师教育今后12年工作方针任务和全面规划。5月5日，南师召开全体教职员大会，陈鹤琴传达第二次全国高等师范教育会议精神，高觉敷传达第一次全国高等师范教学经验交流会精神。会议指出，坚决贯彻党对知识分子的政策，继续在实际工作中坚决纠正对知识分子的一切成见：只看缺点，不看优点，只看到落后一面，看不到进步的一面，不把他们当作自己人，不用同志式的态度和他们共同工作，不尊重他们的经验和意见。同时也要反对低估中国专家在建设社会主义事业中的作

---

① 《陈鹤琴全集》，第六卷，第498页，江苏教育出版社，1992年1月。

用，只愿意向苏联专家学习而不重视同样要向中国专家学习；坚决反对把团结使用知识分子和教育改造知识分子这两个相互联系的任务割裂开来。①

7月间，在陈鹤琴的主持下，南师第二届院务委员会第二次会议通过《1956—1957学年工作要点》，主要内容为贯彻、执行各项规划，进一步克服右倾保守思想和急躁冒进的偏向，有步骤地进行教学改革；正确贯彻全面发展的方针，注意因材施教，发挥学生个性与专长；坚决贯彻"双百"方针，积极开展科学研究；按规划积极培养师资和干部；改进思想政治工作，提高社会主义觉悟，克服学生工作中的形式主义及学生生活过分紧张的现象；调动一切积极因素，为不断提高教学质量而努力。②

在这个月里，陈鹤琴一直期待的儿童教育研究室终于成立了。南师各科系分别举办了教学改革成绩展览会。这些迹象表明，中国教育已开始注重研究教育自身的规律，逐渐走出"全面苏化"模式，寻找适合中国国情的发展道路。9月，中共南师党委成立，学院的工作步入正轨，教学和科研气氛愈加浓厚。陈鹤琴回想起，1955年他曾主张将南师发展到6 000人规模，但省教育厅只批准了3 000人的发展规划；同时，教育厅提出将南师附属学校交出去，院内也有人提出附中、附小离学院太远，实习和科学研究工作多有不便等意见。陈鹤琴觉得，这样一来，会失去师范学院的特色，也会将附中、附小具有丰富教学、研究和实践经验的师资队伍拆散，不利于师范院校教学、科研、实践一体化建设和发展的目标。在他的支持下，幼教系组织学生到农村幼儿园实践，中文系组织学生到绍兴参观鲁迅故居。他还支持美术系组织学生出外写生，后因未得到批准而没能成行。

至年底，南师第一次科学讨论会举行。国务院和省教育部门负责人到会祝贺，兄弟院校、科研机关和中等学校等九十多个单位计三百多人参

① 《南师校刊》，1956年4、5月号。

② 《南京师范大学大事记(1952—1986)》，第16页。

加。全院教授、副教授、讲师和教员共向大会提交63篇科研报告，并举办音乐会和画展。同期，学院中大楼竣工，面积为3 409平方米，教学用房和家属宿舍也相继完工。至此，全院12幢教学大楼构成了一个具有民族风格、庄重典雅的建筑群，为教学和科研创造了良好的环境。

原南师学生、著名幼教专家唐淑教授写道：

> 作为幼教专家的陈鹤琴院长，他不仅创立了从附属幼儿园——附属幼儿师范学校——师范院校幼儿教育系三级育人体系，而且还创建了教学、教研、生产三结合的幼教体制；系里设有儿童教育研究室、儿童玩教具研究室及附属工厂，生产的玩教具除配合教学、科研外，还远销东南亚。①

9月26日，江苏省暨南京市政协邀请各界人士座谈中国共产党第八次全国代表大会文件，由省政协副主席陈鹤琴主持会议，高一涵、李维光、吴树琴等17人出席。

1956年11月3日在南京五台山体育场举行了江苏省暨南京市支援埃及和反对英法侵略埃及群众大会，陈鹤琴以省政协副主席的身份首先讲话。他用平生少有的激昂语调大声宣布："今天我们在这里举行江苏省暨南京市支援埃及和反对英法侵略埃及的动员大会！这是我们用全力支持埃及的决心大会！"他无比愤怒地警告英法殖民主义者："抛掉你们的梦想吧！你们横行霸道的时代已经一去不复返了。你们必须缩回侵略的魔爪，滚出埃及神圣的领土！你们不这样做，埃及人民就一定要强迫你们这样做！我们中国人民、全世界爱好和平的人民，就一定要强迫你们这样做！"

此时，陈鹤琴非常激动、兴奋，眼前人头攒动、群情激昂的场面，使他周身热血沸腾。会场里成百上千青年人振臂高呼，吼声震天，他觉得自己顿时年轻了许多，浑身充满了力量。

---

① 唐淑：《我在南师幼教系50年》，载《幼儿教育》2003年增刊。

11月20日，江苏省政协、南京市政协与省暨南京市各民主党派、人民团体举行联席会议，讨论支援埃及抗击英法侵略者的问题，并决定成立江苏省暨南京市人民支援埃及反抗侵略委员会，推定陈鹤琴副主席为召集人。11月24日，陈鹤琴被推举为江苏省暨南京市人民支援埃及反抗侵略委员会主席，李乐平、吴贻芳、金善宝、钱孙卿等为副主席。会议还通过了关于支援埃及反抗侵略保卫和平的宣传计划，决定动员全市宣传工具，采取各种宣传形式，广泛地进行支援埃及反抗侵略的宣传活动。

1956——难忘的一年。

二　向科学进军

在1999年6月出版的《毛泽东文集》第七卷中，收录有毛泽东于1956年4月28日《在中共中央政治局扩大会议上的总结讲话》，其中有一段话："艺术问题上的百花齐放，学术问题上的百家争鸣，我看应该成为我们的方针。'百花齐放'是群众中间提出来的，不晓得是谁提出来的。人们要我题词，我就写了'百花齐放，推陈出新'。'百家争鸣'，这是两千年以前就有的事，春秋战国时代，百家争鸣。讲学术，这种学术也可以讲，不要哪一种学术压到一切。你讲的如果是真理，信的人势必就会越来越多。"[①]1956年5月2日，毛泽东在最高国务会议第七次会议上正式提出了"双百"方针。5月26日，时任中共中央宣传部长的陆定一在向科学家、医学家、文艺家所作《百花齐放，百家争鸣》讲话中指出："我们所主张的'百花齐放，百家争鸣'是提倡在文学艺术工作和科学研究中有独立思考的自由，有辩论的自由，有创作和批评的自由，有发表自己意见的自由。"这时的新中国领导人已决心摆脱"全盘苏化"的束缚，走出一条依靠本国力量发展社会科学、经济和科学技术的道路。在学校教育方面，凯洛

① 《毛泽东文集》，第七卷，第54页，人民出版社，1999年6月。

夫也不再“吃香”了，原来被彻底否定的西方教育家及其理论也时而出现于学术报告或科研文章之中。

从1956年春天到1957年夏天，南师的科研、教学工作在各系科间蓬勃开展起来。据《南京师范大学大事记》（1952—1986）记载，1957年3月22日，南师第二届院务委员会第三次会议通过本学年第二期工作计划，要求继续贯彻“全面发展，因材施教”和“双百”方针，改进、提高教学质量，切实贯彻精简节约、勤俭办学的精神。4月3日，中文系举行全院首次学生科学讨论会，陈鹤琴院长到会讲话。他说，召开学生科学讨论会在南师历史上是第一次，希望通过这次科学讨论会，能鼓起大家向科学进军的热情，活跃科研气氛。在5月23日召开的院常务委员会会议上，决定科学研究工作部与教务处合并，教务处下设科学研究科。纵瀚民副院长领导教学，高觉敷副院长领导科学研究。

幼教专家唐淑回忆：

> 经陈院长倡议和组织，自1956年起，每年10月初还举行学术报告会，这一英明举措沿袭至今。在他（陈鹤琴）的带领下，吴璇仪教授的儿童服饰、玩具研究，方观容教授的幼儿计算教育研究，何佩芬教授的幼儿桌椅尺寸的研究，李美筠教授的儿童营养研究，黄人颂教授的游戏研究，汪爱丽教授的音乐教育研究，等等，在幼教科研园地里，呈现出百花齐放、万紫千红的繁荣景象。从此以后，理论结合实际的学风逐渐被全国幼教界公认为是南师大幼教研究的学术优势，几十年来我校学前教育专业教师们的研究均深深植根于幼儿园。①

1956年7月，《南师校刊》发表陈鹤琴撰写的《幼儿园应该进行识字教育吗？》一文，认为对幼儿园大班儿童可以开始进行识字教育，并提出教材和教法。陈鹤琴写道：

> 有人认为今天全国人民正在热火朝天地投入社会主义建设和社

① 唐淑：《我在南师幼教系50年》，载《幼儿教育》2003年增刊。

会主义改造高潮的时候，我们不应该来讨论这个无足轻重的幼儿教育问题。我认为这种看法是不对的……①

陈鹤琴提出关于幼儿园是否应该进行识字教育的问题，是针对教育部所颁布的《幼儿园暂行规程（草案）》第十七条所规定的“幼儿园不进行识字教育”，表达不同的意见。对于这一规定，教育部幼教处的一位处长曾经解释道：“幼儿园的教育不是正式的学校教育，而是以教养为主的学前教育。识字教育乃是小学的任务，幼儿园不应该勉强去做。因为字是抽象的符号，对实际知识很少的幼儿，先让他认识符号，非常困难而且是非常有害的。”

对此，陈鹤琴提出了质疑：以教养为主的学前教育为什么不能包括识字教育呢？实验证明，五六岁的儿童能唱歌，能背诵童谣，能说谜语，也能结合实际知识阅读简单的图书故事。陈鹤琴认为：“语言文字是发展儿童思维的重要工具，为了满足儿童求知的需要，为了发展儿童的思维，我国幼儿园必须对大班儿童进行识字教育。”他指出，关于幼儿识字教育，关键在于所使用的教材和教育的方式、方法。“如果你硬要灌输‘人之初，性本善’的人生哲学，或采用‘人、手、刀、尺、琴、棋、书、画’那种超出儿童认识水平，那种脱离儿童知识实际的枯燥无味的材料，那对儿童只有百害而无一利。”他的态度很明确：“总之，识字教育做得不好，变成私塾教育，我也非常反对的。”

在教法方面，陈鹤琴提出了具体建议：

从教法方面来说，儿童很喜欢游戏，我们可以通过各种游戏式的教学法，对5岁儿童进行识字教育。儿童对社会和自然环境总是发生很大的兴趣，我们就可以结合认识环境来进行识字教育。儿童对唱歌、图画、做手工，也是感到很大的兴趣，我们也可以在这些活动中找出机会来进行识字教育。儿童最爱听故事，我们就可利用图画故事来进行识字教育。②

① 《陈鹤琴全集》，第二卷，第635页，江苏教育出版社，1989年4月。

② 《陈鹤琴全集》，第二卷，第638页，江苏教育出版社，1989年4月。

由此，陈鹤琴的结论是：

> 在今天说来，识字是儿童能够做的，识字是儿童所迫切要求的。对幼儿园的大班儿童可以开始进行识字教育了。①

一年多前，陈鹤琴曾在苏联教育家吴索娃等编的《幼儿园的语言课程》一书上批语：

> 语言系第二信号，应有物质基础。因此学习语言，掌握语言的真理，必须从实际出发。例如要儿童学习“冷”、“热”这两个字，我们必须把冷的东西和热的东西与儿童相接触，若是单单叫他用耳朵听听那两个字的声音，那两个字对于他是毫无内容，不过是空洞的声音而已，一点没有用处。②

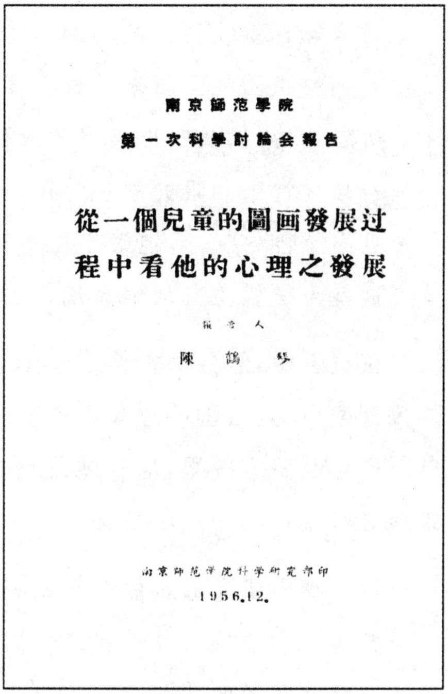

南京師范學院

第一次科學討論会報告

從一個兒童的圖画發展过程中看他的心理之發展

報告人

陳鶴琴

南京师范学院科学研究部印

1956.12.

报告封面

在陈鹤琴的教育理论中，强调“做”在学习过程中所具有的意义。“做中学，做中教，做中求进步”是“活教育”的方法论中的核心内容，也是陈鹤琴教育理论的主要特征之一和价值所在。

12月，在南京师范学院第一次科学讨论会上，陈鹤琴作了《从一个儿童的图画发展过程中看他的心理之发展》的学术报告，同时展出了他所保存完好的一鸣从1岁到16岁期间的561张图画中的205张，光是这些画作就布置了好几个教室。

一鸣是他一生的杰作之一，也

① 《陈鹤琴全集》，第二卷，第638页，江苏教育出版社，1989年4月。

② 《陈鹤琴全集》，第六卷，第497页，江苏教育出版社，1992年1月。

是他最早的研究、观察对象。他从一鸣小的时候就开始培养他对美术的兴趣和能力；在他的鼓励和指点下，一鸣年幼时画过许多富有想像力的创作画，如小朋友在五彩的虹桥上跳舞、人们向野兽射箭的战争等等。9岁以后，一鸣对自然景色和人物特征、透视、比例等方面把握的能力大大进步。除了一鸣十多岁时在上海工部局东区小学里受到美术教师、国内木偶戏专家虞哲光的熏陶外，陈鹤琴还先后请过外国画家教一鸣作画。在一鸣13岁时，他将一鸣的一批反映现代中国诗人作家和诗歌的画作，送到在上海举办的国际儿童画展展出。一鸣14岁时的素描写生，在表情达意和线条技巧方面，已显得十分成熟与老练。

陈鹤琴谈到重视儿童绘画的意义时指出：

> 历来教育家都很重视儿童的绘画。苏联的儿童教育专家克鲁普斯卡娅曾给绘画以高度的评价。绘画可以根据儿童第一、第二信号系统的相互的作用来促进儿童思维的发展，儿童能在绘画中反映他所看见的，以及叫出名字的东西，并用言语来说出东西的名字。通过绘画这种手和眼的联合动作，儿童还可以更好地理解周围的事物，并巩固所得的观念，通过绘画还可以培养儿童良好的情感和道德品质，这就为唯物主义的世界观打下了初步的基础。①

在报告中，他列举古希腊哲学家亚里士多德、意大利教育家李希、法国教育家卢马、法国心理学家鲁奎和美国教育家麦卡德等人的研究，结合自己多年的研究成果，从身体发育、心理发展、智能发展等方面说明儿童绘画对其成长的作用和意义。他说：

> 我们研究的目的是想从一个儿童的绘画中，来了解儿童心理之发展。儿童的心理是在遗传的影响下，通过生活经验和教育实践，由简到繁发展的。②

① 《陈鹤琴全集》，第一卷，第781页，江苏教育出版社，1987年11月。

② 《陈鹤琴全集》，第一卷，第784页，江苏教育出版社，1987年11月。

陈鹤琴对研究的具体要求确定为:(1)通过对一个儿童图画的研究来了解某些知觉和概念的发展情况;(2)了解一个儿童所绘图画本身的发展过程和阶段;(3)儿童图画与其感知认识间的关系;(4)儿童绘画与其生活经验和教育实践间的关系;(5)关于完形心理学派对儿童绘画看法的一些意见。

自一鸣出生以来,陈鹤琴一直对他的“佛戴”进行观察、实验与研究,并根据观察、实验结果写成《儿童心理之研究》、《家庭教育》等早期成名之作。一鸣学习绘画的过程,为陈鹤琴研究儿童心理和儿童教育提供了实际案例。他通过教一鸣看画引发他学习绘画的兴趣,并对一鸣的习作经常给予鼓励与指导。到一鸣上小学以后,他经常带一鸣外出,一边观察自然,一边写生。那时,一鸣很喜欢为别人画像,他能在 10 分钟之内完成一幅速写。当年,一鸣作画的时候,陈鹤琴总是尽可能地坐在他的旁边,将注意力集中在他的画作上面并给予鼓励。画作完成后,陈鹤琴要求一鸣注明绘画的日期、内容,有时还作一些必要的文字说明,他会告诉一鸣说:“我把你的画收起来!”这样,一鸣绘画的积极性更高了。陈鹤琴一直将这些画作精心保存,除一部分曾用作《儿童心理之研究》中,其他都是首次公开展示。

在这篇报告中,陈鹤琴根据自己的精密观察与研究,从心理学研究角度,论述了从感觉——知觉——实际生活经验和来自外界的各种刺激等在儿童心理发育过程中所起到的作用,各种条件反射逐渐建立起来。随着儿童生理成长和活动范围逐渐扩大,儿童的观察力、辨别力和组织力随之提高。从而,他得出结论:“儿童图画的发展是随着他的身心的发展而发展的。也就是说儿童的图画是受着生活的经验和教育实践的影响的。它是一个继续不断、逐渐发展的过程。”[①]同时,儿童绘画也是培养儿童健全人格的重要载体,使儿童的思想、情感、品德、智慧、能力等素质得以和谐发展。

① 《陈鹤琴全集》,第一卷,第 788 页,江苏教育出版社,1987 年 11 月。

美国的儿童研究机构曾通过实验与研究，将儿童学习绘画过程排序为：(1)涂鸦期；(2)象征期；(3)定型期；(4)写实期。

对此，陈鹤琴作了以下总结：

- 儿童画是一种帮助我们了解儿童心理发展的良好资料。
- 儿童的图画发展体现了由量变到质变的过程。
- 儿童先会画线，后会画圆，然后才会画点。
- 儿童绘画技能的增进，落后于他的感知认识。
- 儿童图画是反映对他印象最深的客观现实的。
- 儿童绘画技能与他的生活经验和教育实践是分不开的。①

一鸣有一段记载：

他(陈鹤琴)指出：大概在九岁以前的儿童，要注意想像的一个方面，注意儿童天真的作品，就是尊重儿童的个性。但也不是一点不要教授关于艺术的知识和技能，在儿童觉得有意思而技术不及，不能发表的时候，尽可能暗示和指点他。倘使儿童没有觉得需要，我们当然不必帮助他。按儿童的需要指点的教法，正是解除儿童的痛苦，发挥儿童的意思，并不是干涉，是会受到欢迎的。孩子大了些，到了九岁、十岁以后，觉得有许多意思难以用艺术工具发表时，就可以趁机慢慢教导，可是不能过分的注意艺术技能，而忽略了思想，也不要只顾收效，而不顾儿童能不能领会你的教法。我们教艺术的时候，要顺着他们的能力，"循循善诱"、"因材施教"。

对于这一观点，他曾对我(十一岁多时)和我的三个妹妹(一个十岁多，一个七岁，一个四岁多)做过一次有兴味的写生画的实验，看是否要重画和是否能校正错误。发现我和大妹妹二人愈画愈有兴趣和愈正确，而两个小妹妹，因为年龄较小，是难校正错误，也难以保持兴趣的。

① 《陈鹤琴全集》，第一卷，第833—837页，江苏教育出版社，1987年11月。

《从一个儿童的图画发展过程中看他的心理之发展》是陈鹤琴在新中国建立后，继儿童心理学讲义、教育史讲义之后，又一次将他几十年间积累的研究结果、观察记录与实验过程应用于儿童教育实践之中，并进行系统论证与阐述，也是他在50年代学术成就的代表作之一。

或许是一向乐观的性格使然，刚刚轻松不久的陈鹤琴，竟然又有了一个大胆的设想和冲动，他居然要重新将已被砸烂的“活教育”拣拾起来，哪怕只剩下“一砖一瓦”。他相信，自己和“活教育”终究会得到人们的理解。他对毛主席和新中国始终怀有信任，他的信念依然真诚、炽烈，有时仍像是青春少年。

但是，春天毕竟只是四季中一个短暂的季节。

三　一砖一瓦

从50年代初期“活教育”受到严厉批判以来，陈鹤琴一方面认真反省、检讨，用阶级分析的方法找到自己与新时代的差距；另一方面，他也在做着种种尝试，希望能赋予“活教育”新的生命。他经常会问自己：几十年的研究、实践总还不至于没有一点可取之处吧！他觉得，“一棍子打死”的做法不应该是一种科学的态度，“一砖一瓦”的思想在他的心中愈加强烈。1956年在“向科学进军”的热浪中，陈鹤琴曾要求院图书馆购买新版的杜威著作《哲学的改造》，图书馆对他的提议将信将疑，从库里找到一本1944年版本，并按照陈鹤琴指示将导言部分打印15份，供教师研究、参考。1956年12月，在南师举办的科学报告会上，幼教系的一位教师宣读了一篇有关“活教育”批判的论文，文中对“活教育”的积极意义与价值进行了一些评价。会后，陈鹤琴曾私下里回应道：对“活教育”的认识不应只停留在1952年的水平上。自从百花齐放、百家争鸣的方针提出后，我们对“活教育”应重新估价。

1957年3月，陈鹤琴赴京出席全国政协第二届第三次会议，在会上，他与车向忱、郑芸、陆秀等联合提出《建议创办幼儿教师刊物——〈学前教育〉案》，还与郑晓沧、郑芸等作《关于普及小学义务教育和提高小学教育质量的主要关键性的问题》的联合发言，与陆侃如、陆秀等作《国民义务教育的年限应该如何规定》的联合发言。从北京回来后，陈鹤琴曾在教育系教育史课程上，用了总计12个小时的时间介绍“活教育”内容。在课堂上，他拿出当年江西幼师学生写来的信，读到动情处，不禁老泪纵横。

1957年4月，为配合教育科学研究所12年规划，陈鹤琴提议邀请国内12位学前教育专家集体编写《中国学前教育史》，并拟订编写计划（草案），经人民教育出版社研究同意出版。该计划草案明确了编写工作日程和分工，计划自1957年1月至1958年7月的一年半时间内，选定各自所负责编写的专题题目，在接下来的一年内（1958年7月至1959年8月）完成各章节写作。然后，编写用于大学和中专学前教育专业教学的学前教育史（中国部分），计划自1957年1月至1960年12月四年时间内完成全部工作。

在拟邀请参加此项工作的专家名单中，包括了南京、北京、上海的学前教育专家，有沈子善、雷震清、陈鹤琴、张文郁、钟昭华、张逸园、关瑞悟、张宗麟、卢乐山、钱且华等人。引人注意的是，在1951年4月《武训传》批判展开后，因陶行知而受到巨大冲击的前育才学校校长孙铭勋的名字也位列名单之中。很多人都了解，陈鹤琴是一个十分重情义和念旧的人，他总想方设法为找到他请求解决工作问题的朋友提供帮助。为此，在1958年开展的对他的批判中，他吃了不少亏。而对于孙铭勋，陈鹤琴十分了解，30年代初期，孙铭勋曾一度担任过陈鹤琴的秘书，与他的关系十分密切，陈鹤琴也很欣赏这个青年人。陈鹤琴更了解，在陶先生逝世后，孙铭勋实际上是代表地下党组织，和方与严等人一同坚守育才学校这个阵地，他对陶行知事业和理想的坚守与忠诚令人感动。陈鹤琴始终不能理解，像孙铭勋这样有才干、品质又好的人才为什么会遭此大难呢？更为悲惨的是，这位陶行知事业的坚定守护者以后又被开除公职、打成右派、下放农村，最后在60年代初期死于饥荒。

1957年4月，陈鹤琴写信给上海的张文郁，附上拟订的编写计划(草案)，信中称：

为配合教育科学研究所之十二年规划，拟集体编写中国学前教育史，计划(草案)已拟定，并经人民教育出版社研究同意出版。寄去计划(草案)一份，对编写计划及请您担任的专题研究有何意见，望告为感。①

后来，这份曾使陈鹤琴心怀期待，并精心准备的计划，终因国内政治气候发生急剧变化而夭折了。60年代初，陈鹤琴又做过一次相同的努力。1963年2月，陈鹤琴致信张文郁，建议成立儿童教育研究室以研究我国儿童教育的历史和现状，并附《成立儿童教育研究室计划大纲(草案)》。1964年5月他又致信张文郁，提出希望编写中华儿童教育社社史。他的这些努力只能无果而终，被悄然地搁置下来。

然而，他却有了一次机缘，使“活教育”登上了新中国大学的讲坛。这是一次不同寻常的讲课，令人回味。

在南师1957年度下学期的教学计划中，曾有为“幼四”开设“活教育理论与实施”的课程。据说，这是陈鹤琴主动提出的建议，经学院党委和负责教学工作的副院长同意，目的在于开阔学生视野、增长知识。陈鹤琴认为，“活教育”在中国幼教发展史上有其积极意义。鉴于“活教育”曾被批判和否定，陈鹤琴在准备讲义时，显得十分谨慎。他在精心准备的共73页的讲义中，用了36页专门介绍西方教育学内容，只用了18页对“活教育”进行论述。在由南师整风办公室编的《关于陈鹤琴院长的思想批判汇集》中，我们得以了解这本讲义中的部分内容。在讲义的开头，陈鹤琴强调，创办“活教育”的动机与目的是“企图将‘西方先进的学说’结合中国的具体条件来进行试验，摸索出‘合乎国情’的儿童教育理论”。他写道：“‘活教育’在当时荒芜的幼教界是起了一定的拓荒作用的，它对当时的传统教育曾起了一定的反抗作用，在实际中也摸索出一些具体的教材教

① 《陈鹤琴全集》，第六卷，第401页，江苏教育出版社，1992年1月。

法。”他特别提出，要对“活教育”应该采取历史的态度，不要采取简单粗暴“一棍子打死”的态度。陈鹤琴举例：“孙中山的教育理论以今天的眼光来看，是有它一定的阶级的局限性的，但是结合当时的具体历史条件，这还是当时较进步的教育理论。”当陈鹤琴讲到自己办教育的经历时更加小心翼翼。他是这样说的：“‘活教育’提倡者虽然热爱儿童，忠心耿耿的想办好教育，教好儿童，也花费了大半生的精力从事教育工作，但结果却不自觉地走入迷途。”他解释道：“我于抗战期间到江西办教育，主观上是想建设和创造江西幼儿教育，为广大人民服务，但是客观效果上却是和反动统治者合作，为他们服务”；“‘活教育’的创办者主观上虽然想把自己的教育对象扩展到一部分劳动子弟身上去，但是尽了最大的努力也只是教育了少数的劳动人民……”在谈到“活教育”的内容时，陈鹤琴介绍道：“‘活教育’的一切措施，一切活动都是以‘儿童为中心、为主体，学校里的一切活动差不多都是儿童的活动’，这说明‘活教育’在启发儿童的创造性和积极性方面，是起着一定的作用的。”他还说：“‘活教育’重视‘做’，发挥了儿童的积极性，强调理论联系实际，是有一定的进步性的”；“‘活教育’从实际出发，重视儿童的兴趣和要求，所以培养出来的儿童‘天真烂漫，活泼可爱’；工作时很静、很忙，游戏时很起劲、很高兴”。尽管，陈鹤琴在讲义中为自己戴上了“唯心的”、“超阶级的”、“资产阶级、小资产阶级的”、“改良主义”、“经验主义”、“十足资本主义”等政治帽子，但仍不能遮掩他申辩和表白的急切心情。作为教育家，他想尽一切方法坚守自己的教育主张，不肯轻言放弃。在 1957 年上学期，陈鹤琴在教中国学前教育史时，曾坦言道：“当时限于水平，提出‘活教育’有不够的地方，如果今天再搞，就可以充实新内容，发展它，改造它成为社会主义的东西。”

可见，陈鹤琴对“活教育”的“一砖一瓦”仍怀有极大的期待。

1957 年 7 月后，已被排入教学计划的“活教育”课程，改为“活教育的批判”，最后定名为“活教育及其批判”。按照 1958 年学院党委对陈鹤琴进行集中批判和“拔白旗”时的说法，这一课程名称上的变化是有“学问”的，反映了陈鹤琴试图让“活教育”重回课堂的“翻案”心理。

由“活教育”的倡导者现身说法，引起了许多师生的极大兴趣与关注。当年南师的学生孙浣敬记述了课堂上的情形：

记得在100号楼下会议室进行的一次鸣放会上，我听过陈老的一次发言，陈老提出有关“活教育”批判的看法，他认为“活教育”虽遭批判，但并非全然无用，是否应该对其中可用的“一砖一瓦”部分作必要的肯定。同年秋，我们进入四年级，系里专门开设了一门选修课“‘活教育’批判”，由陈老自编讲义、亲自授课。许多同学抱着好奇的心理选修了这门课，想要知道何为“活教育”？“活教育”的倡导者又是如何去批判“活教育”的？虽然当时讲课的具体内容如今已难以追忆，但陈老深入浅出的讲课风格、认真的治学态度仍在我班同学中留下深刻印象。陈老曾对照毛泽东的著作，认为“活教育”思想也有其与《实践论》观点相符之处，这一思想在随后开展的“拔白旗”运动中又一次遭到批判，以致课程中断，讲义也被校方收回。①

在一次讲课中，陈鹤琴放映了当年拍摄的介绍上海难童教育的纪录片。后来有一位学院负责人给这次讲课下了结论：“‘活教育及其批判’的讲义实际上是针对1951年在教育界展开对活教育批判的总反攻，所以这份讲义应改名为‘对活教育批判的批判’才是名副其实的。”

① 《童心拓荒》，第124页，南京大学出版社，2001年10月。

第二十一章　政治：变幻的天空

一　夏天的经历

南京，中国的四大火炉之一，进入6月之后，天气炎热、少风。白天，炽烈的太阳晒得柏油路面开裂，一股股热浪袭得人们坐卧不宁，条件稍好的人家还能搬出电扇呼呼吹上一会儿，而更多的人只能忍耐下来，回到家中脱掉上衣，冲凉去汗。50年代的南京城里到处绿树成阴，尤其是从新街口通往中山陵的中山东路两旁，高大的法国梧桐树给人留下的印象最深。1957年7月间，在古色古香、透着书卷气的南师校园里，政治运动留下的痕迹随处可见，礼堂和教学楼墙上，师生们先前贴出的大字报有的因日晒雨淋而剥落，有的已被新的大字报覆盖。随着形势一天天明朗，教授们也纷纷开始参加“反右”，谁也不甘落后。

很快，陈鹤琴也陷入了困境之中，局面对他越来越不利。从周围人们的态度上，他已经感到，自己“在劫难逃”。作为一院之长，他一方面不得不公开表态并发言，拥护和参加对好友高觉敷的批判；另一方面，他的内心也感到有些恐惧和紧张，这将是自1951年起到现在短短六年多以来，他所经受的第三次冲击。陈鹤琴感觉得到，南师运动的下一个重点，自然非自己莫属。

好在陈鹤琴有一副天生乐观的性格。每逢周末，他依旧在夫人的陪伴下，来到学院的礼堂里参加舞会，他的交际舞跳得很好，常在跳舞的时候向老师和学生了解情况。有一次，他在北京开会，与韦悫、陈选善、张宗麟等老朋友一道吃饭，饭桌上他们谈笑风生，神态自若。实际上，每个人的内心都不轻松。

10 月 24 日，南师成立体力劳动指挥部，陈鹤琴任总指挥，纵瀚民、胡颜立任副总指挥，全院 3 000 人中有 2 500 人去郊区劳动三天。动员大会上，陈鹤琴亲自登台作动员报告。

据原中文系学生王庆生回忆：

> 他（陈鹤琴）说，劳动是人类生活的第一需要，并反复强调毛主席说过的那句话："知识分子如果不与工农相结合，就将一事无成。"说着说着，他顺便说起了"长寿秘诀"。他概而言之曰"四下"：吃得下、睡得下、拉得下、放得下。陈院长笑了一笑："不管遇到什么事情，挫折、烦恼、名利、得失都应该放得下，千万不可成日忧心忡忡，自寻烦恼。"

有一天，正在劳动的同学们突然发现，陈鹤琴院长也来到了工地。他卷起裤角，挽起袖子，拿起铁锨，装运土石。一连几天，他吃住在工地上，与同学们一样早出工晚收工，每天中午与大家一起席地而坐，嚼馒头，吃咸菜，喝白开水。有的女同学见老院长如此，流下激动而怜惜的眼泪。

王庆生记述：

> 从水库工地回到学校，陈老院长居然出现在学生饭厅，像学生一样排队买菜、盛饭。同学们让他，他总是笑着说："同学们请，大家遵守秩序，我也不能例外。"食堂很大，几十张八仙桌座无虚席，幼教系的女生，专门为陈院长腾出了一个座位。有时他还要"换座"，各个系科的饭桌，老院长几乎都轮流坐过。事后了解，陈院长亲尝学生饭菜，是为了广泛征求学生意见，提高伙食新标准。

11 月份，全院教职员中 544 人报名下乡当农民，其中 6 人获得批准。12 月 5 日，学院批准第二批共 68 人下乡当农民，全院举行盛大的欢送会，管文蔚副省长到会讲话。

新年很快到了，南师举办迎新晚会。南师学生汤大民记录了当时的情形：

记得迎新晚会上，白发童颜的他（陈鹤琴）为我们演出了一个节目——《小兵丁》。胖墩墩的身躯，挺挺的肚皮，肩扛着一支玩具步枪，在同学们掌声的节拍下，他迈着粗短的双腿，边舞边唱道："我是一个小兵丁，小兵丁，扛枪打仗为人民……一、二、三、四！"如此反复多次，他头上冒汗了，同学们笑倒了，晚会也进入高潮了……[1]

二 "拔白旗"

1958 年 1 月 4 日，南京师范学院常务委员会举行会议，做出关于调整机构紧缩编制的决定，行政部门撤处设科；教学人数按教工与学生的比例，由 372 人紧缩为 267 人；同时，学院行政部门制订出《精简机构紧缩编制的暂行规定草案》和《关于院系各级组织职责范围的暂行规定》。1 月 10 日，为贯彻高教部勤俭建国勤俭办学的方针，学院举办"反浪费、反积压、反破坏公物展览会"，学生们主动要求将伙食费由 12 元降为 11 元。3 月 4 日新的院务委员会成立。3 月 10 日教育系与幼教系合并为教育系，下设学校教育和学前教育两个专业。南师原有的幼教方面的优势被淡化，这当然是陈鹤琴极不情愿看到的。

年初，陈鹤琴给淮安地区洪泽县中学教师贾长祜写了一封信，内容是关于天才儿童教育的问题。在此半年多以前，陈鹤琴曾收到《新华日报》转来贾长祜所推荐《天才儿童程大龙》一文，这封信是对此文的回复。信中写道：

根据你的报道，程大龙在学习祖国文字上的确很突出，可以称得

① 《鹤琴之声》，第 11 期，2000 年 6 月。

上是个“神童”。关于怎样教育的问题，目前我们国家内儿童教育主要是面向工农大众的，对这种极少数的特殊儿童还没有特殊的教养机关来专门对他培养。但我认为对他的培养还是应该循序渐进的，而且要全面照顾，不宜躐等。因为一个人各部分的机能，需要平均发展，他在一部分突出，其他部分不一定突出，何况他年龄还小，劳动锻炼不够，非但生理上跟不上，就是生活经历社会经验上也是跟不上的，这时不宜在一方面过分要求他，妨碍他各方面均衡的发展。①

初春时节，陈鹤琴去了一趟位于苏、浙、皖交界的溧阳县，看望正在那里参加扫盲运动的几十名幼教系学生。看到风华正茂、美丽活泼的学生们，他感到自己也轻松起来，暂时将心头的负担扔在了一旁。在学生们的簇拥下，他与大家在溧阳公园里合影。

1958 年在南师

3 月 13 日，根据高教部的有关指示，南师开展反浪费反保守的“双反”运动，据统计，师生贴出的大字报有 64 万张之多，内容集中在批评学院工作上的缺点和错误。

4 月 1 日，院内各民主党派举行社会主义自我改造促进会，并从 4 月下旬开始“向党交心”，由各民主党派分别向自己的成员动员，然后分别用小字报形式向党交出长期隐藏在内心的东西。在此期间，陈鹤琴曾稍稍释放了一下压力，在 4 月学院举行的春季教工运动会上，他参加男子(老年组)百米竞走比赛，获得第一名。

5 月，南师开展反对资产阶级个人主义运动，即“拔白旗”运动。当时有“拔白旗、插红旗”的说法。陈鹤琴成为了这次运动的众矢之的。在 5 月 3 日集中“交心”那天，院党委和各系总支负责人都出席了会议。会上，

① 《鹤琴之声》，第 7 期，1998 年 1 月。

一些教师作了典型的自我揭发。他们的发言刚结束,油印快报就很快号召大家学习他们诚心向党交心的行动,学生们也敲锣打鼓到会场祝贺老师把心交给党的正确行动。有报道称:"接着,教师们三三两两,自由交谈,谈谈写写,写写看看,互相启发,彼此推动,挑应战此起彼伏,人人情绪高涨。宣传鼓动小组每隔两小时报告一次数字,同时陈列了'比质量'的专栏。这对教师交心起了很大的鼓舞启发作用。"①而轮到陈鹤琴"交心"时,情形就没这么轻松了。在南师校园里,批判陈鹤琴的声音渐渐压过同情的声音,侮辱、丑化陈鹤琴的大字报、漫画贴满了墙壁。5月12日在教育系全体教职员会议上,陈鹤琴作了自我检查《我的资产阶级个人主义思想》。在检查中,陈鹤琴就不久前在"鸣放"中的几次发言作了检讨。

5月23日下午在全院教职员工大会上,陈鹤琴作了第二次自我检查,然后又以书面形式作了补充检查。5月28日、31日,南师党委召开批判陈鹤琴院长的资产阶级个人主义大会。陈鹤琴在检查中,从自己的人生和教育生涯方面作了深刻的回顾,对自己的"活教育"和人生哲学也进行分析,归结为"名利思想"和"资产阶级立场",将自己在解放后的工作也说得一无是处。他表示了以下决心:

(一)要紧紧依靠党,要政治在我灵魂深处挂帅,党交给我的一切工作,必须全心全意地去做。

(二)依靠群众,考虑问题要从六亿人民的利益出发,个人利益必须服从集体利益。

(三)认真学习政治理论,批判资产阶级学术观点,搞好业务,参加社会实践,争取成为又红又专的工人阶级的知识分子。

(四)最后,我再次表示我的决心,我要为祖国的教育事业再工作四十年。

在这次批判中,有人揭发说,1956年春天,中文系举办文字改革展览

① 《新华日报》,1958年5月12日。

会，有两位年轻教师制作了苏州方言、南京方言和北京语音的对照表。陈鹤琴见对照表上面没有署名，便要两位作者将他们自己的名字署在上面。这原本出自他的好意，却被人批为“名利思想”。此外，还有人说他总以“老好人”的形象示人，实际上是“迷惑群众”的手段。

1956 年，有一名被录取的新生因未通过入学体检，而被作“退学”和“不保留学籍”处理。鸣放中，有人为此事贴出大字报，说学院的处理不公平。该名被退学的学生给陈鹤琴写了一份报告。原本，陈鹤琴已同意该学生复学，后在副院长的反对下，只好作罢。批判者上纲上线，说“这是一种联系群众挑拨党群关系的手法”。

而卫生保健所的批判则举了以下例子：

> 例如陈院长说过，他一天只睡眠三小时，我们觉得这也是骗人的，因为我们在临床上看到失眠的病人，都是面色发青，两眼充血，精神萎靡的样子，可陈院长的样子，脸上红光满面，精神饱满，哪一点像睡眠不足的样子呢？①

1958 年，南师的运动进入新阶段。随着大炼钢铁、大跃进、兴无灭资的声浪一波波高涨，“三面红旗”迎风招展，对陈鹤琴的批判火力更为集中、强大。据说，反右时南师有人提出将陈鹤琴划为右派，后来报到上面被省委阻止了下来。

陈鹤琴记得，在一次全国政协会议期间，他见到刚接任外交部部长不久的陈毅。陈老总对他说：“你有一个女儿在我这里工作。”陈老总指的是秀霞，她曾为陈老总接见外国记者担任翻译。有一段时期，秀霞曾被指派帮助陈老总学习英文。陈鹤琴听后深感慰藉。

经南师院长室召开系主任会议决定，从 7 月 3 日起全院停课停考，讨论贯彻教育为政治服务、与生产劳动相结合的方式。直到 9 月初，南师召开第一次党员代表大会。时任党委书记在会上作《中共南师委员会一年

① 《关于陈鹤琴院长的思想批判汇集》，第 50 页，1958 年 8 月。

来主要工作总结》的报告，分三个部分内容，其中第一部分是“夺取和巩固党在南师领导权而斗争的一年”。无疑，对陈鹤琴、高觉敷等人的批判，是这场斗争所取得的最重要战果。

谈凤梁记载了以下情形：

> 1958 年底，陈鹤琴院长忍痛离开了南京师范学院。在他离开前的几个月，大学生开始下农村去劳动。全校学生第一次劳动地点是在江宁西善桥。这时，正在受批判的陈院长依然关心学生，他随学生上了火车，在每一节车厢里为学生表演《小兵丁》。他瘦了许多，但依然微笑着。当然在我们这些多次见到他扮演新年老人的学生眼里，已经察觉到此刻的陈院长拘束得多了，在他表演结束后的一瞬间，也明显流露出了一层淡淡的哀伤。①

1958 年 12 月 11 日，经江苏省人民委员会第二次会议决定，免去陈鹤琴南京师范学院院长的职务。

陈鹤琴是怀着凄苦的心情离开南师的，这次打击对他而言是致命的，在他心中留下了难以平复的创伤。他按捺不住内心的伤感说：“我是一个兵，我的岗位是教育战线，离开了自己的岗位，我这个兵怎么当啊！”

① 《童心拓荒》，第 36 页，南京大学出版社，2001 年 10 月。

第二十二章　风雨过后

一　春天又来

1959 年 2 月，春节刚过，离开南师院长职务的陈鹤琴以省政协副主席的身份赴苏北、苏南考察。这次考察是省委统战部统一安排的。5 月间，他撰写的《南通市居民怎样组织起来发展生产》一文在《人民日报》发表。不久后，他去了北京，进入中央社会主义学院学习。年底，学习结束。

1959 年 4 月全国政协会议期间与在京的儿孙们合影

自北京学习回来后，陈鹤琴的生活一下变得清闲起来，平日里，除了参加省政协组织的学习、调研和视察以外，主要工作是出席一些公开场合活动。江苏聚集了一大批知名的民主人士和统战对象，江苏省委第一书记江渭清、省委书记刘顺元采取尽量保护的方针，因此，这些民主人士和统战对象的日子相对好过多了。

在这年里，庐山会议召开，反右倾机会主义的运动开始，又有一大批干部被划成右倾机会主义分子或反党反社会主义分子，受到“下放劳动”的组织处理和改造处理。陈鹤琴最引以为自豪的长子一鸣也不幸“落马”，于 1960 年受到错误处理，被从上海市宗教事务管理局副局长的职位上下放至农场劳动，此后又调至一家工厂从事生活福利工作。

1962 年 1 月 11 日至 2 月 7 日，中共中央在北京召开扩大的中央工作会议，参加会议的有县委以上的各级党委主要负责人 7 000 人，因此这次大会又称“七千人大会”。毛泽东亲自主持大会，刘少奇代表中央作了书面报告。报告中对建国后 12 年的工作，特别是“大跃进”以来的工作经验和教训进行了总结。会上，与会代表提出应重视反对官僚主义和发扬党内民主，纷纷要求发言。1 月 30 日，毛泽东作了重要讲话，强调和阐述了实行民主集中制和在党内、党外发扬民主的问题。中央主要领导人也在发言中对党在工作、作风等方面存在的缺点、错误作了批评与自我批评，并主动承担了应负的责任。大会强调了要恢复实事求是、群众路线的优良作风，动员全党贯彻“八字方针”，切实抓好国民经济的调整工作。

3 月 2 日，周恩来在广州召开的全国科学工作、戏剧创作等会议上讲话，并在第二届全国人民代表大会第三次会议上所作《政府工作报告》中，重申党对知识分子采取的团结、教育和改造方针。他引述毛泽东的话：“我国知识分子的大多数，在过去七年中已经有了显著的进步。他们表示赞成社会主义制度。他们中间有许多人正在用功学习马克思主义，有一部分已经成为共产主义者。这部分人目前虽然还是少数，但是正在逐渐增多。当然，知识分子中间有一些人现在仍然怀疑或者不同意社会主义，这部分人只占少数。”

在广州讲话中,周恩来谈了关于党的领导方面的几个问题。他说道:

第一,党的领导范围。我们说党领导一切,是说党要管大政方针、政策、计划,是说党对各部门都可以领导,不是说一切事情都要党去管。至于具体业务,党不要干涉……

第二,党的领导不是党员个人领导。党是一个集体,是有组织的。党的领导是组织领导,不是个人领导。

……

第五,外行领导内行要有个范围。以前我们讲过外行能领导内行,这是讲的政治上思想上组织上的领导。党委书记、委员有些不懂专业,但可以超脱专业,看到全局,通过党委集体研究作出贯彻党的方针政策的决定或贯彻上级指示的决议。我们说外行领导内行,不是要外行去干涉业务,对业务确实不懂嘛。外行变成内行,要经过学习,就是学会了,也要尊重专家,尊重群众意见。有些同志说,科学研究要走群众路线,不要搞群众运动,这个说法比较恰当。科学研究不是靠突击和群众运动能解决问题的。①

在这篇讲话中,周恩来还谈到正确对待知识分子的问题,提出要信任、帮助知识分子,从党委和党员方面做起,改善党同知识分子之间的关系。他说:

一定要承认过去有错误。对于党与非党的关系、领导与被领导的关系、上级与下级的关系、各部门之间的协作关系,会上有些意见批评得很对。各级领导要以老老实实、实事求是的态度,承认错误,改正错误,有则改之,无则加勉。过去对同志们批评错了的、多了的、过了的,应该道歉。党内我已道过歉,现在利用这个机会,再作个总的道歉。②

---

① 《周恩来选集》,下卷,第 365 页,人民出版社,1984 年 11 月。

② 《周恩来选集》,下卷,第 367 页,人民出版社,1984 年 11 月。

在《政府工作报告》中，周恩来明确肯定了我国知识分子的绝大多数是“属于劳动人民的知识分子”。这对于正在北京参加全国政协第三届第三次会议的陈鹤琴来说，又是“春天的暖意”。他在大会上与廖运泽、高一涵、郑晓沧作了关于知识分子问题的联合发言，对周总理和陈毅副总理关于知识分子的政策和掀起“两个高潮”深受鼓舞。他与陆秀联合提出《建议普遍开展学前期教育，推广“婴儿之家”办法，充实教育内涵，提高教育效率案》。回到南京后，陈鹤琴精神又开始振奋。他感到，像1956年那样的春天或许还会再来。在6月至8月间召开的江苏省人民代表大会和南京市政协会议上，他作了发言，表示拥护党中央对知识分子的估计和政策，以及《高教暂行条例》中关于分清政治问题、世界观问题、学术问题之间的界限，严格区分两类不同性质的政策规定，对自己及九三学社其他一些老知识分子在1958年所受不实批判提出意见。

这时，在许多部门，已开始为右派“摘帽”，南师也对1958年陈鹤琴所受批判进行了复查。南师党委负责人坚持认为，1958年对陈鹤琴的批判基本上是正确的，维持原来的结论。这个复查结论令陈鹤琴十分失望。

然而，离开了教育岗位不等于离开了教育。陈鹤琴仍然非常关注省内和全国教育工作的形势，在全国政协会议和省政协、省人大会议上提出了关于加强教育工作方面的提案和建议。1962年，他在全国政协三届三次会议上与高一涵、郑晓沧等联合作了《知识分子的转变过程和努力方向》的发言。1963年，他在全国政协会议上与陆秀联名提案《建议根据专业学习，让幼教干部归队，加强科学技术研究，提高工作效率案》；同年，在江苏省政协会议上提出《建议成立儿童教育研究室以研究我国儿童教育的历史和现状》，并附上《成立儿童教育研究室计划大纲（草案）》。1963年2月11日，陈鹤琴致函张文郁，并将这份《大纲（草案）》附上。函中称：

> 兹寄奉成立儿童教育研究室计划大纲（草案），拟建议在江苏省教育科学研究所内设立儿童教育研究室，以研究我国有关儿童教育的历史和现状。我亦拟首先整理过去60年教育活动史料。对此计

划大纲(草案)希修正。①

陈鹤琴的这份计划仍是“一厢情愿”,事实上,他已被排除在了教育第一线之外,根本不会有人去重视这份寄予他期望的计划,因而,“计划”(草案)提交上去没有下文,正在情理之中。

1962年夏天,苏北、苏中地区发生灾情,陈鹤琴参加省政协慰问团前往盐城、淮阴地区视察灾情,慰问灾民。

1964年4至6月间,陈鹤琴前往苏南吴县、昆山等地参加社会主义教育运动。

1964年5月1日,他又一次致函张文郁,提出准备用两年时间为全国政协《文史资料》编写中华儿童教育社史,并总结自己的教育实践和教育思想。函中写道:

> 中华儿童教育社史料究竟怎样编写,我还没有把握。与此同时,我还想把我一生从事儿童教育活动,按照历史程序也写成一篇材料。下面的段落你以为如何?(一)童年时代(包括家庭教育、私塾教育);(二)求学时代(教会中学、圣约翰大学、清华学堂、游学美国);(三)研究实验时代(任教南京高等师范、东南大学,研究语体文应用字汇,研究儿童心理,研究家庭教育,编造测验和推广测验运动,创办鼓楼实验幼稚园);(四)主持南京特别市学校教育;(五)创办中华儿童教育社;(六)主持上海工部局华人教育(创办小学、幼稚园、女中,组织难童教育、报童教育、街童教育,赴欧考察儿童教育,出席国际联盟远东禁贩妇孺会议);(七)创办江西幼师、幼专;(八)提倡“活教育”;(九)创办上海市立幼师、国立幼专。按照这样编写,也可以反映出中国儿童教育发展过程,也可以看出一个知识分子所走的道路。②

据回忆,1965年8月,陈鹤琴曾去上海查阅当年工部局华人教育档

① 《陈鹤琴全集》,第六卷,第404页,江苏教育出版,1992年1月。

② 《陈鹤琴全集》,第六卷,第407页,江苏教育出版,1992年1月。

案，作了大量笔记，并召开前工部局小学校长、教师座谈会，写成《上海工部局华人教育处成立经过》等文，作为文史资料发表并留存。

1964 年 9 月，陈鹤琴收到从前一位曾在南师幼教专业学习的研究生寄来的论文，其中有对“活教育”进行所谓批判性分析的内容。陈鹤琴写了一段批语：

> 有人不从试验的结果看而抓住试验过程中遇到的一些问题，或以“教学单元不是事先有计划地编成一年的大纲，而是逐周制订的”为由来否定“活教育”幼稚园课程的试验。她们不了解编制一年教学大纲，不是一件容易的事，为幼稚园大、中、小三班编制一年教学大纲是一件更难的事。编制教学大纲，不能凭主观、脱离实际地凭空臆造一套教学大纲和计划，而是通过扎扎实实的科学实验而产生。唯物辩证法的核心是，具体的问题必须予以具体的分析。所谓具体的分析者就是要看到问题的性质是什么，它的历史背景是什么，它是怎样产生的，它究竟要怎样解决的，它会朝什么方向发展的等等方面。对试验工作中出现的问题应当从多方面了解，多方面探讨和分析，不能不问皂白，只看现象，不问本质，只看枝节而否定全体，从而否定“活教育”课程试验的必要性和正确性。①

幸亏这篇批语在当时不能公开发表，否则，他又会被人揪住不放，带来新的麻烦。看来他所抱守的“一砖一瓦”思想依旧不改，他始终认为“活教育”并无大过。

二 民主人士

在江苏省内，陈鹤琴是重要的统战对象和民主人士，广受人们尊

① 《陈鹤琴全集》，第六卷，第 344 页，江苏教育出版，1992 年 1 月。

敬。许多人甚至忘却他曾是全国有名的资产阶级教育思想代表人物。他所创办的鼓楼幼儿园一直是省内名声最大的幼儿园之一。在省政协工作方面，从60年代初开始，陈鹤琴出席各种公开活动、集会和视察、外事接待和政策学习、讨论等。他除了担任全国政协委员和省政协副主席职务以外，还是九三学社中央委员会委员和九三学社南京分社主任委员。每年，他都要照例去北京参加全国政协会议，并列席全国人大。

在生活方面，陈鹤琴夫妇得到了省委统战部和省政协机关的照顾。在三年自然灾害中，人们的生活都很困难，但他每月都能得到政府供给的肉、蛋和牛奶的特殊待遇。他和夫人住在大行宫附近的文昌巷机关干部住宅中的一幢旧式小楼内，过着平静的生活。他的子女们都在外地工作，平日里除了他们老俩口，还请了一位保姆负责打扫卫生和做饭，家里的大小事情和陈鹤琴的起居生活都由俞雅琴亲自张罗。平日，有客人到访或在外地的儿女、孙辈来宁看望，他们总是热情地招呼、接待，有时还会乘坐三轮车到新街口的粤菜馆“大三元”或鼓楼附近的清真馆“马祥兴”吃上一顿，要么，就是从馆子里叫上几个菜送到家里来，大家一道欢聚。每年，他和夫人到北京开会期间，就与在京的儿女们团聚。

1961年3月5日，是陈鹤琴69岁生日，按中国传统风俗说来是“整寿”大吉的日子。陈鹤琴住的小楼里变得热闹起来，当年江西幼师、幼专的学生们带着自己的儿女或孙辈前来祝寿。学生们连声叫着“校长好！”“师母好！”陈鹤琴和夫人满面春风，合不拢嘴，一派喜气洋洋景象。看到自己昔日的学生都已身为人母、人师，历经岁月沧桑，但青春与活力依然不减当年，他从心底感到高兴。当时国家正处于三年自然灾害困难时期，学生们带了面条为校长祝寿，陈夫人取出政府为照顾陈鹤琴专供的罐头食品，热情招待大家。

陈鹤琴的兴致一下高涨起来，当场挥毫题诗一首。诗毕，他请在场所有学生及孩子签名留念。据那天参加聚会学生的记述，临别时，陈鹤琴夫妇专门关照有孕在身的陈之璘同学，一定要坐三轮车，并再三叮嘱车夫要慢慢踏车，注意安全。殷殷之情，如暖流滋润学生们的心田。

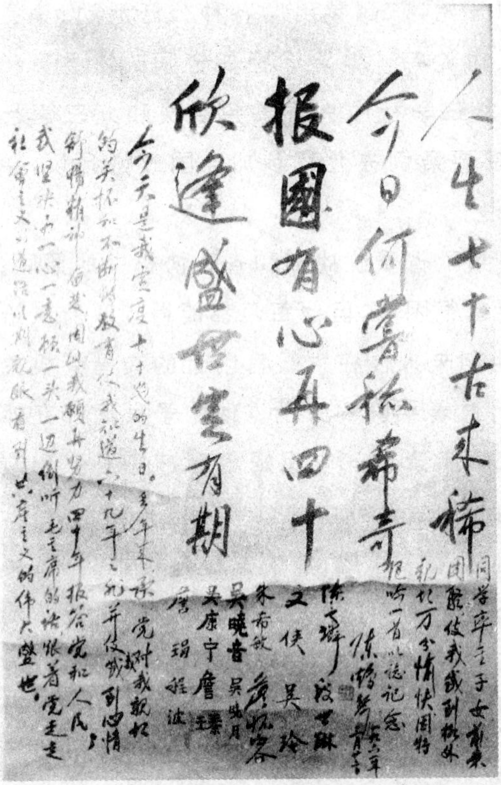

七十生日之际题诗手迹

在陈家的常客中，钟昭华是最受欢迎和尊敬的一位。他们从 20 年代起相识，在近 40 年的交往中，既有师生之谊，更有同志、同事之情。为了教育事业，钟昭华终身未嫁，也无子女，但她教起课来亲切、细致、耐心，受到学生的爱戴。不论在鼓楼幼稚园，还是在江西幼师、幼专和上海幼师和幼专，钟老师一直都是陈鹤琴最得力的助手。1949 年上海幼专合并到南大师范学院时，他费了很大力才争取到将钟老师调来南京。后来，南师成立，钟老师在幼教系执教，很受学生的欢迎。

郑晓沧是陈鹤琴最亲密的朋友之一，也是国内享有盛名的教育家。他们之间有着长达半个世纪的友谊。早年，在清华学堂，他们就是同窗好友，以后又一同赴美留学攻读教育，回国后曾共同执教于南高师和东南大学。新中国建立后，郑晓沧是第二届全国政协特邀代表，第三届、第四届、第五届全国政协委员，以及浙江省政协委员、常委，省文史资料研究委员会委员。1952 年院系调整后，任浙江师范学院、杭州大学教育系教授，1962 年调任浙江师范学院院长，1964 年调任杭州大学顾问。他编著的《教育概论》、《教育原理》等，翻译的杜威《儿童与教材》、《人生教育》和名著《小妇人》等多部著作和编译的《柏拉图论教育》、《亚里士多德论教育》等都曾名噪一时，产生过很大影响。每次在北京参加政协会议期间，郑晓沧与陈鹤琴都能碰面、交谈；平日里，他们常常通信联系。

张文郁无疑是陈鹤琴最信任的学生、助手和朋友。在陈鹤琴看来，张文郁对“活教育”原理的理解和总结都十分深刻，对他所从事教育工作的经历了解最多。从50年代初期开始，张文郁一直被卷入批判“活教育”的漩涡中。陈鹤琴曾两次设法将张文郁调来南师，继续进行“活教育”研究，但均未能实现。每次陈鹤琴到上海，总会安排时间与张文郁见面，一起吃饭，相谈甚欢。

潘垂统是与陈鹤琴交往较多的另一位好友，早年曾在时任东南大学教务长的陈鹤琴指导下负责档案工作，此后协助他从事中华儿童教育社的工作。解放前夕，陈鹤琴在上海两次被捕获释，都是靠潘垂统多方奔走、营救的。1964年5月11日，他曾致函陈鹤琴，并附他为上海市政协《文史资料》所撰写有关上海解放前尊师运动的稿件，请陈鹤琴予以补充。1965年1月21日，潘垂统再次致函陈鹤琴，请他将在上海解放前夕两次遭国民党当局逮捕的情况写成史料。信中说，关于您被捕的文史资料，我们政协的同志都主张要写，“都认为这不是您个人的事，这资料是揭露国民党反动暴政的问题”。接到潘垂统信函后，陈鹤琴随即回信，并写了回忆当年学生募捐运动的文字材料。

某日，陈宅来了一位客人，他是大名鼎鼎的经济学家、原北京大学校长马寅初。因为没有事先约定，陈鹤琴外出开会不在家。马寅初只好留了一张字条后匆匆离开。为此，陈鹤琴感到非常遗憾。

对于陈鹤琴说来，省政协的工作充实而忙碌。在江苏省政协大事记中，有许多陈鹤琴参加各种活动的记录。

除此之外，在省委统战部和省政协的安排下，陈鹤琴曾于1962年8月随团前往闽、粤两地参观访问。1963年，他先后去了徐州、黄山和洛阳、西安、成都等地。国家发生的巨大变化使他感到振奋，对党和国家更有信心。他深深感到："我们必须加强自我改造，以赶上客观形势的发展。"①

据《陈鹤琴生平年表》记载，1964 年 4 月，陈鹤琴去苏南吴县、昆山参观社会主义教育运动；5 月在苏州参观城市社会主义教育运动和"五反"运动。1965 年 5 月，陈鹤琴去南通参观社会主义教育运动；7 月，在批"大反复"的集中学习中受到批判。

1966 年 5 月，文革开始，陈鹤琴的生活又一次被彻底打乱了。

三 文革劫难

对于在文革中的经历，陈鹤琴很少对人谈及，即使在恢复与子女们的通讯联系后，也几乎看不到他有委屈、抱怨和其他愤懑情绪流露。或许是不堪回首，亦或是默默承受。在那些失去了保护，更缺少慰藉的岁月中，他与夫人一直提心吊胆，在谨小慎微中度日。据回忆，文革中，陈鹤琴一共被红卫兵和造反派三次抄家，家中的手表和贵重物品以及一些藏画悉数被抄走，许多藏书和研究资料也遭毁坏和丢失。当时，负责治安的派出所警察告诉陈家，说许多街上儿童手上都有从陈家抄走的《儿童故事》、《历史故事》等书籍。

1967 年，社会秩序没了章法，大标语、大字报随处可见，戴着红袖章的小将们手持"红宝书"，"神气飞扬"、"势不可挡"，到处"造反"、"破四旧"。南京市区内许多街道和老字号饭馆、商铺统统被改了名字，城南的秦淮河和夫子庙更是破烂不堪，就连位于紫金山南麓埋葬明朝开国皇帝朱元璋和皇后马氏的明孝陵也受到严重破坏。位于新街口中心广场上的孙中山铜像被红卫兵贴上标语，扬言要砸烂，幸得南京市政府部门及时转移至安全地点隐藏，方才躲过一劫。好在中山东路两旁的梧桐树没有遭

① 《陈鹤琴全集》，第六卷，第 476 页，江苏教育出版社，1992 年 1 月。

到太大破坏，依然郁郁葱葱；总统府和中山陵受到了保护，安然无恙。而市中心地带的玄武湖则变得荒芜一片，昔日胜景不再，空荡荡的水面上不时有树枝和杂物漂过。

由于省政协机关受到冲击，陈鹤琴的省政协副主席职务也变得有名无实。有一日，几个声称来外调的造反派气势汹汹地找到陈鹤琴，说是来调查解放前夕上海女师地下党组织的问题，硬逼着陈鹤琴承认自己是女师地下党组织的“后台”。这显然不是事实。陈鹤琴试图解释，造反派就把他拉到省政协机关院内在烈日下罚站，还抽了耳光，然后甩袖扬长而去。从此以后，陈鹤琴和夫人只能深居简出。

从 50 年代初起，陈鹤琴就享受一级教授待遇和工资标准，到 60 年代中期，他的工资一直在每月 330 元左右。文革开始后不久，造反派闯进陈宅，逼迫他自己同意降低工资标准，工资一下就被砍去了一半。后来又有两次降薪，最后索性每月只发给 30 元生活费。这使陈鹤琴全家的生活一下变得拮据起来。有一天，几个红卫兵小将来到陈宅，口口声声称要到北京串联，向陈鹤琴索要“路费”。面对这些不懂事理的孩子们，老人显得十分无奈。前一天，刚有几个红卫兵从他这里要走了 40 元钱。他只好如实告诉这几个小将，他现在每月只有 30 元生活费，实在是再拿不出多余的钱了。陈夫人用身体挡在陈鹤琴的前面，向小将们说情。从前，家中的开销主要用于日常生活、补充一些营养和支付保姆的工资。自工资被停发后，他们的日子更加艰难。秀煐夫妇闻讯后立即施以援手。1957 年时，秀煐因维护自己丈夫而被组织“打入另册”，60 年代被“摘帽”，在研究所里从事研究工作。因此，文革开始后，牵涉和政治包袱相对少一些。有一年，秀煐手头一下紧了起来，于是与丈夫一起，当掉家中的一件质地很好的皮袄，把当衣换来的钱及时汇给二老，解了燃眉之急。这件事情，直到陈鹤琴和夫人离世多年后，才被秀煐在偶然间提到。

闲居在家中的陈鹤琴，平日里只是看看报纸，听听广播，与外界少有联系，有时造反派或军代表要求写一些证明材料。俞雅琴则被要求参加街道居委会组织的学习。那时，她将头发改成了文革年代千篇一律的齐耳短发，胸口也照例戴上一枚毛主席像章。她的衣着齐整、洁净，待人接物、言谈举止和蔼、亲切，与街道上的干部、居民相处得十分融洽。在五老村和文昌巷，陈鹤琴的名字家喻户晓，受人尊敬。有时，陈鹤琴与夫人一道出门散步，透一透空气，不时会有居民向他们打招呼，他们也客气地向人们点头、招手。那时，陈鹤琴身穿一件旧咔叽布中山装，头戴一顶深色便帽，慢慢地行走；他的夫人随在他的身旁，有时会替他拉拉衣襟，掸掸灰尘。用“相濡以沫”、“同甘共苦”和“白头偕老”、“始终如一”来形容他们的伉俪之情和家庭气氛，是很合适的。

1969年，陈鹤琴被下放至金坛县朱林公社。集合那天，俞雅琴亲自前往总统府门口送行，一路上不住叮嘱他一定要注意自己的身体，多加保重。几日后，陈鹤琴以78岁的高龄当起了“放牛娃”。有一次他不慎被牛角顶伤，眼睛差一点瞎掉，在床上躺了好几天。

1970年1月，林彪的“一号命令”下达，陈鹤琴与刘国钧、吴贻芳、任崇高三家因全国战备局势紧张，被疏散至句容县石头山。这一次，因为有夫人同往照料生活，陈鹤琴的日子好过多了。由于几位老人都是省内重点统战对象，因此受到特殊照顾，被安排在劳动大学做一些轻微劳动。经老人们主动要求，他们每日在食堂里洗菜洗碗，前后共计80天。劳动中，几位老人干得都非常认真、细致、一丝不苟。

从句容回到南京后，有一段时间，著名的民族企业家和“纺织大王”、原江苏省副省长刘国钧夫妇因被抄家，被安排搬来文昌巷，与陈鹤琴做了邻居；陈家住楼上，刘家住楼下。两家人和睦相处，陈夫人俞雅琴和刘夫人鞠秀英成为无话不谈的好朋友。

1971年9月20日，陈鹤琴被正式告知，遵照中央和省委指示，恢复他的政治待遇和地位，同时把抄家物资折价归还，工资补发。在发还的清单上，许多被抄走的值钱物品和书籍不翼而飞。

10月，陈鹤琴与因文革而音讯隔绝的子女们开始通信。

他曾在写给小女儿秀兰的信中说：

两年前(按:1969年)领导上通知我参加干部下放劳动锻炼,到金坛朱林公社接受贫下中农的再教育。生产队长分配我放牛,我接到这个任务很高兴。这是我生平第一次放牛,也使我认识到劳动之可贵。我每月工资330元,我放牛劳动的工分值每天4角钱,相比之下,我每月工资竟然相当于27个农民一个月的劳动收入,想起来甚感惭愧。我亲自见到贫下中农日夜辛勤劳动,创造财富,毫无怨言,这种精神值得学习。我在那里劳动45天之后回到南京,心情很舒畅,血压降低,体重增加,思想也得着提高。

到了1970年初,正是局势紧张的时候,党为了照顾我们统战系统学习班上四个年老的人(按:指吴贻芳、刘国钧、任崇高、陈鹤琴),把我们转移到句容劳动大学。我和妈妈与其余三人一样,分配到一间单独房间。我又抓住机会替百余名同学洗涤菜碗达80天之久。这对于我是一种有益的劳动。①

由于文革,他的子女们分别在北京、上海等地被"整"或"下放",他也害怕因为50年代中自己所受批判给子女们带来麻烦,有许多顾虑。两位老人有时倍感思念远在他乡的子女们。他在给秀兰的信中说道:

10月18日(按:1971年)秀霞拟带小雷(按:陈鹤琴外孙)从北京回湖南干校,特经南京来看我们,我们现准备欢迎他们。这是文化大革命以来第一次看见我们的亲人,这会使我们感到万分高兴。希望你们有机会也来看看我们。②

在信中,他没有任何愤懑、抱怨和屈辱的情绪流露,尽量将自己的生活和心境描述得好一些,以使儿女们放心。不久,当他们与秀霞母子相见

① 《陈鹤琴全集》,第六卷,第436页,江苏教育出版社,1992年1月。

② 《陈鹤琴全集》,第六卷,第437页,江苏教育出版社,1992年1月。

时，不禁喜极而泣。

他们觉得，生活有了新的转机。

这一年中，陈鹤琴被诊断出患了脑血栓，右腿轻度瘫痪，走路有些困难。为此，他加紧进行锻炼，每日早上坚持慢走，过了一段时间后，自己竟感到有不少长进，增强了信心。而他的夫人身体却每况愈下，头发尽白，白天要到街道上参加学习，晚上时常失眠，筋骨疼痛。

关于在文革中的境遇，陈鹤琴很少提及。或许，他已习惯于服从和默默地承受。从50年代初批判"活教育"开始到60年代初，他一面工作，一面受批判、作检讨，有时还得遭受人格侮辱与丑化。但他依旧是一副与生俱来乐观、开朗的性格，从不怨天尤人，脸上永远是和蔼、亲切的笑容。作为老一辈教育家，宽容不仅是一种境界，更是一种品格。

当时，陈鹤琴经常来到街道上办的向阳院了解儿童们的校外生活，教儿童们识字、学珠算，给儿童们讲故事。

他觉得，自己是属于儿童的。

四　感恩的心

1972年后，陈鹤琴在省委统战部和省政协举办的统战学习班参加学习。

4月7日，学习班组织学员前往位于栖霞山麓的南京石油化工厂参观。他在给女儿的信中写下观感：

我们感到：在伟大领袖毛主席和党中央的英明领导下，我国石油工业有了飞速的发展。1963年，我国向全世界庄严宣告：我国需要的石油，过去绝大部分依靠进口，现在已经可以基本自给了。从此，中国人民依靠"洋油"的时代一去不复返了。这是毛主席"独立自主，自力更生”方针的伟大胜利。①

从这些具有明显时代特征的文字中，能够感受得到陈鹤琴的内心充满着光明，难抑激动与兴奋；同时，他渴望在有生之年，还能为国家多做一些事情，尽可能发挥一些作用。他觉得自己还有余热。与许多被文革迫害致死或遭难的学者、教授和民主人士相比，陈鹤琴在文革中的经历可说是“幸运”的，除了三次抄家和写一些交代或检查材料。他终于坚持了下来，这得益于他一贯的乐观开朗的性格、人生态度和重视身体锻炼。

5月27日，香港《文汇报》刊登了一组由新华社记者采写的民主人士谈新中国建设成就的报道，其中有陈鹤琴谈南京解放后教育事业的巨大变化。1972年国庆前夕，适逢中日邦交正常化，军代表组织统战对象们座谈《中日联合声明》，参加者有任崇高、吴贻芳、刘国钧、廖运泽和陈鹤琴等5人。

8月30日，陈鹤琴在信中写道：

> 上个月，我看了一些关于美国侵华史的书籍。毛主席在《“友谊”还是侵略？》一文中提出这样一个任务，说：“美帝国主义侵略中国的历史，自从1840年帮助英国人进行鸦片战争起，直到被中国人民轰出中国止，应当写一本简明扼要的教科书，教育中国的青年人。”因此，我正在编写一个提纲——通过自己的见闻和经历来揭露美帝侵华罪恶史。我想编写这本小册子以响应毛主席的号召。②

十多年来，陈鹤琴以知名人士的身份不断地为报纸、电台撰写宣传共产党主张、促进祖国统一和揭露美帝国主义侵略的文章，对台宣传也是他的工作之一。有时，他还写一些介绍30年代上海工部局华人教育处情况的文史资料。他把这些工作看得相当重要，觉得这是自己为党和国家所发挥的余热。此外，他生活中的另一项重要内容，就是学习马克思、列宁

① 《陈鹤琴全集》，第六卷，第446页，江苏教育出版社，1992年1月。

② 《陈鹤琴全集》，第六卷，第442页，江苏教育出版社，1992年1月。

和毛泽东的著作。50 年代初，他开始阅读马克思、列宁和毛泽东的著作，写下大量笔记。他认为，只有这样，才能够真正了解并且融入共产党，跟上时代和国家发展的步伐。他清楚地记得，1956 年 2 月 3 日全国政协二届二次会议期间，在怀仁堂举行的宴会上，他与毛泽东、周恩来同桌。席间，周恩来曾对他说："阶级是一定要消灭的，人是可以改造的。"十几年来，他将这句话牢牢地记在心上。他相信，自己也是可以被改造的。

有一天，陈鹤琴凌晨三时起身，阅读《共产党宣言》后写下书批：

> 我要认认真真、诚诚恳恳地学习，一次不懂，二次再学习。三次又不懂，四次、五次再学习，一直到懂得其核心思想为止。这是我今天对学习《共产党宣言》的决心。①

他在阅读了列宁著作《社会主义与宗教》后写道：

> 要彻底克服宗教，只有通过消灭生产资料的私有制，消灭剥削阶级和一切形式的人对人的压迫才有可能，列宁说："我们的党纲完全是建立在科学的而且是唯物主义的世界观上的。因此，要说明我们的党纲，就必须同时说明宗教迷雾的真正的历史根源和经济根源。"②

1973 年春节前后，陈鹤琴观看了一场南京市红小兵的演出。看到舞台上一群天真活泼的小朋友，充满稚气和喜悦，引起了他的遐思，写下了自己的观感：

> 我在旧中国，从事幼儿教育，也曾立志为祖国教育事业贡献力量。可是当时，内忧外患，国事日非，我虽抱着满腔热情，终难有所成就。而今，在伟大的中国共产党和毛主席领导下，祖国日益繁荣昌盛。祖国的少年儿童在德育、智育、体育等方面得到全面发展。我虽年迈，欣逢盛世。目睹祖国儿童幸福成长，抚今思昔，不仅欢欣鼓舞，

① 《陈鹤琴全集》，第六卷，第 497 页，江苏教育出版社，1992 年 1 月。
② 《陈鹤琴全集》，第六卷，第 500 页，江苏教育出版社，1992 年 1 月。

老怀宽慰，自不待言。①

在文革十年的时光里，陈鹤琴除了写各种检查、交待和思想汇报外，更多时间用来阅读书籍、报纸，有时还帮老伴做做简单的家务事。他的内心感到十分苦闷和寂寞。他很希望能与人倾谈、交流。因此，70年代初，当女儿秀云一家来宁探亲时，两位老人喜出望外。他与秀云夫妇长谈，一连几个下午和晚上，将埋藏于心底的苦闷一古脑倒出。当他得知一同前来的外孙喜爱文学，便将自己珍藏多年的民国版《诗法统陈》相赠，然后，亲自示范古诗词的平仄韵律。他的外孙至今还能记得，他示范时的那副专注神情，身体左右摇摆，语调抑扬顿挫："平平仄仄平平仄，仄仄平平仄平平。"他教给外孙一个作律诗或绝句的口诀："一三五不论，二四六分明。"当他听到有人念英文的发音不标准时，总会和蔼地予以纠正。在饭桌上，陈鹤琴很在意培养孙辈们正确的吃饭姿势，教导说要懂得吃饭的礼貌，尤其像端碗、夹菜这样细枝末节最能反映出一个人的涵养与基本素质。

此时的陈鹤琴心中充满着期待与盼望，一直在挂牵着一个人，他相信，这个人将是自己实现心愿的有力依靠。

这个人就是一鸣。

五　老骥伏枥

1973年10月，陈鹤琴因胆囊炎发作，大病一场，遂告病危，他的7个子女很快从北京、上海、兰州赶来。有一天，陈鹤琴的老友、著名中医专家叶橘泉教授、张泽生教授前来医院探望，建议采用中医医术诊疗方案，病况很快得以缓解。又经过大约5个月住院治疗，终于在次年3月出院回到了文昌巷家中，由儿女们轮流服侍、照料。回到家中的陈鹤琴因身体仍

① 《陈鹤琴全集》，第六卷，第479页，江苏教育出版社，1992年1月。

很虚弱，腿部肌肉有些萎缩，他对子女们说："我不能躺着，我要起来，我一定要锻炼！"他在女儿秀煐的搀扶下，尝试着先练习从床上坐起身来，然后练习下地走路。他扶着桌子，艰难地挪动脚步。不久，他又可以行走了。

或许，此时的陈鹤琴已经在考虑自己的归宿了。

1974年8月8日，陈鹤琴给长子一鸣写了一封信，信中写道：

> 昨接来信，读到你寄来的曹操诗篇《龟虽寿》。这是曹操53岁时，正以弱胜强，大败敌军，凯旋回师途中写的，充满了老当益壮的战斗精神和英雄气概，这在今天，对你和我都是很有启发的。你今年正是53岁，正可以从这首诗中得到莫大的鼓舞和启发。而我也如诗中所说的"老骥伏枥，志在千里；烈士暮年，壮心不已。盈缩之期，不但在天；养怡之福，可得永年"。①

在信中，他表露了自己晚年的愿望，写作《我的后半生》，将自己从美国归国以来55年的教育实践予以总结。他还希望将早年著作《儿童心理之研究》和《家庭教育》重新出版，并且将他于1956年12月在"向科学进军"口号的鼓舞下，所作专题研究报告《从一个儿童的图画发展过程中看他的心理之发展》，连同一鸣从一岁零一个月开始涂鸦起，一直到16岁所画的280多张图画，以及他五十多年来所悉心笔录的十多万字笔记一并予以出版。一连几天，他在书房里翻箱倒柜，各种资料摊满在书房的地上。然而在当时，他的这两个愿望都不可能实现。

他在这封信中还写道：

> 实践出真知，斗争出才干。从《儿童心理之研究》、《家庭教育》等著作，正可以证明毛主席的实践论的辩证唯物史观的重要性。这也是批判唯心史观的好材料。我愿在此时郑重地、严肃地提出来，将这些著作重新问世。

50年代初以来，陈鹤琴始终认为，自己的教育活动立足于实践，强调

① 《陈鹤琴全集》，第六卷，第448页，江苏教育出版社，1992年1月。

“做”的重要性，并非是空中楼阁。他的这两本立身之作，都是从连续的跟踪、观察入手，用拍照、文字的手段记录下来，并予以科学阐释。

他在信的最后，表露了自己的期盼之情：

> 我要再以 20 年的努力来完成《我的后半生》。不过，这有待于你的合作和共同努力。听妈妈说，再过 6 年，你可以退休了，这不算太长了吧！我等待你呢！①

此前，他曾致信一鸣，鼓励他“永远依靠党，相信群众，继续革命，为党效力”。他对一鸣确实寄予了极大期待。在他的心目中，一鸣是他的儿子和最得意的成就之一，更重要的是，一鸣不仅带领着弟妹们走上了一条革命的道路，也是他走向光明的引路人。一鸣的夫人蔡怡曾是陈鹤琴在上海女师最得力的助手，也是校中地下党的负责人，与一鸣一样都是他所最信赖的人。他很信服他们对问题的分析和判断，向他们敞开心扉，排解苦闷和烦恼。因此，在 1959 年底当他得知一鸣受到批判和处分被下放基层劳动时，心中感到十分难过。

1974 年春夏，陈鹤琴见到了从上海专程前来看望他的玩具设计师叶炳祥。1937 年抗战初期，叶炳祥曾在陈鹤琴的指导下从事儿童玩具、教具的开发。1939 年 10 月，陈鹤琴被迫撤离上海，由叶炳祥护送至码头。1946 年 10 月，上海幼师设立幼教玩具工厂，陈鹤琴邀请叶炳祥负责。1949 年 7 月，受宋庆龄委托，陈鹤琴介绍叶炳祥和另一位玩具设计师邱志刚去北京协助筹建新中国第一个儿童玩具厂——中国儿童玩具厂。文革中，儿童玩具厂陷于停顿，叶炳祥被迫离开工作岗位，一度打算退休，回到了上海。此次来宁，叶炳祥向陈鹤琴诉说了自己的困境和苦恼，陈鹤琴鼓励他要克服困难，继续为玩具事业贡献自己的才智，不要半途而废。叶炳祥的到来，使陈鹤琴感到了快乐，两人还一同游览了南京长江大桥和中山陵。日后，陈鹤琴在给叶炳祥的一封信中写道：

---

① 《陈鹤琴全集》，第六卷，第 448 页，江苏教育出版社，1992 年 1 月。

此次来宁畅谈好久，甚感快乐，谅你必定有所收获，愿你把我的意见加以考虑为幸。①

有一天，陈鹤琴收到一包由南师转来的信函，寄信人是美国夏威夷大学的一位名叫弗朗西斯的退休汉学教授。他在信函中称：

我对你20年代和30年代中关于汉语常用字汇和提倡拉丁化新文字的探索工作，甚为赞佩。

……

我在编纂汉学专业学生用的一系列阅读教材时，使用到你所编"常用字汇"，关于后者，我写过若干作品……

阅后，陈鹤琴感到十分欣慰，自己在文字改革方面所做工作能够对于海外的中文教育产生影响、发挥作用，实在是一个意外和值得高兴的事情。

1975年3月30日，陈鹤琴致信老友郑晓沧。信中说：

我正拟写信给你，同你商量一件事，这件事依我看来，对我们两人是非常重大而且在我们教育生活中是一件大事。什么事呢？我想我们两人趁健在的时候，相约暂以20年的时间集中精力和智慧，共同从事研究和宣扬毛主席和中国共产党关于共产主义教育思想、理论和方法的工作。这是有关培养无产阶级事业接班人的问题。

陈鹤琴在信中提议：

我建议先由我们两人具名用中英文草拟一篇文稿。你是浙江杭州大学老教授，84岁，全国政协委员；我是江苏南京师范学院老教授兼院长，84岁，全国政协委员。文稿先简要介绍一下你我两人于1914年清华学校毕业后赴美求学，直至回国以来的这段经历，然后说明为什么要宣扬毛主席和共产党的文化教育路线和教育制度。这是表示我们以至诚恳切心情献身于社会主义教育事业，并藉以告诉

① 《陈鹤琴全集》，第六卷，第414页，江苏教育出版社，1992年1月。

在台湾的老同学、老相识和外国教育界的老朋友，盼望他们为统一祖国大业、为我国社会主义建设作出贡献。①

几十年来，陈鹤琴与郑晓沧情同手足，相知甚笃，过往甚密。1979 年 3 月，郑晓沧在杭州逝世，享年 88 岁。消息传到南京，陈鹤琴悲伤之极，他在唁函中写道：

> 我对晓沧兄素来钦佩。他为人忠厚正直，做学问一丝不苟，才学兼优；他热爱社会主义祖国，热爱中国共产党。他是我学习的好榜样。②

晚年的陈鹤琴，更加迫切地希望，自己对共产党和教育理想的追求能够充分表达出来。他相信，共产党是了解和关心他的，教育事业也需要他。因此，他要为共产党和教育事业多做一些事情，至少能当一个宣传员。

1975 年 11 月，陈鹤琴致函中共江苏省委，请求帮助将小女儿秀兰由兰州调来南京照顾他们的生活。他写道：

> 现有一事尚需向党提出请求。我今年 84，老伴 79，两老人体力大不如前，我发病的隐患也仍然存在，而身边至今无一儿女。随着岁月的消逝，我们越发感到若有亲人能在身旁，对我们的健康、精神和工作必定会带来更多的温暖和方便。③

50 年代初，在抗美援朝的热潮中，他们将身边惟一的小女儿秀兰送去参军，那年她刚刚走出中学校门，年纪只有 16 岁。后来，秀兰成为了一名优秀的外科医生。1977 年春天，秀兰全家被调回南京。

陈鹤琴开始担忧起自己和老伴的健康，他的身体状况越来越差，夫人俞雅琴患白内障几乎失明，平日里家中冷冷清清。好在与他们同住一楼

---

① 《陈鹤琴全集》，第六卷，第 415 页，江苏教育出版社，1992 年 1 月。

② 《陈鹤琴全集》，第六卷，第 417 页，江苏教育出版社，1992 年 1 月。

③ 《陈鹤琴全集》，第六卷，第 418 页，江苏教育出版社，1992 年 1 月。

有两户年轻人，是省里老红军、老干部的子女。自刘国钧落实政策搬走之后，小楼里安静了一段时间。两户年轻人搬进来后，陈鹤琴和夫人的生活里多了些热闹，心情也逐渐好了起来。大约两年多以后，在省委的安排下，陈鹤琴和夫人搬往鼓楼傅厚岗专为统战对象和民主人士新建的公寓楼内，房间很宽敞，采光很好，十分方便。

1976 年，陈鹤琴右腿偏瘫，行走不便，仍顽强坚持锻炼。他在 4 月 7 日的《做想见闻录》中写道："世上无难事，只要肯登攀。我天天早上捶腿两百次，走路二里，以备今年 11 月 12 日孙中山先生诞辰纪念日上中山陵，表示敬意。"

时光飞逝，岁月如梭。

第二十三章　最后的乐章

一　希望与期待

1976年10月，“四人帮”被打倒，举国欢庆，陈鹤琴激动不已，在政协组织的揭批“四人帮”座谈会上积极发言。次年，六一国际儿童节，陈鹤琴和夫人在一鸣陪同下来到鼓楼幼儿园看望师生。这是十年动乱以后，他第一次走进这所幼儿园的大门。园内仍保留了几十年前他们一家住过的老房子。在幼儿园里，陈鹤琴夫妇与孩子们在一起，观看节目，讲故事，显得十分高兴。春节时，幼儿园的孩子们在老师的带领下来到陈宅向他们拜年。两位老人在孩子们中间乐不可支，一会儿分糖果，一会儿分水果，其乐融融。孩子们天真、童稚的笑脸像花儿一样绽放，“陈爷爷好！”“陈奶奶好！”“谢谢陈爷爷！”“谢谢陈奶奶！”清脆的声音连成一片。

1977年1月，陈鹤琴参加江苏省召开的纪念周恩来总理座谈会。在五六十年代，周总理关于知识分子的许多讲话、指示使全国的知识分子感到极大慰籍与教育。座谈会上，陈鹤琴作了发言，怀念周总理的教诲。他还在一鸣陪同下，瞻仰了梅园新村中共代表团旧址。此时此刻，陈鹤琴的心中泛起波澜。

1977年11月29日，陈鹤琴从广播中听到叶剑英在全国政协常委会上所作报告，重申党的统一战线政策、方针，方毅作科学规划报告和乌兰夫作关于召开全国政协五届二次会议的说明，深受鼓舞与振奋，赋诗一首：

喜开盛会迎盛世，

红日光辉暖人心，

大地回春今又是，

誓将余年献人民。①

1978年春天，陈鹤琴来到北京，出席粉碎“四人帮”后召开的全国政协五届一次会议，并列席全国人大会议。会议初期，他因身体不适住进医院，在病床上整理了关于建议设立全国儿童玩具研究促进委员会的提案。会议期间，他以九三学社中央委员和南京分社主委身份参加九三学社中央委员会召开的工作座谈会，发言介绍南京分社工作情况。回到南京后，他主持了江苏省和南京市政协召开的揭批“四人帮”大会。

1978年5月11日，《光明日报》发表特约评论员文章《实践是检验真理的惟一标准》，掀起一场全国性大讨论的热潮。几个月中，各地报刊发表大量文章，不同观点和不同立场之间展开热烈讨论，政治气氛异常活跃。中央明确提出：思想再解放一点，胆子再大一点，办法再多一点，步子再快一点，以更快的速度，多快好省地实现四个现代化。“实事求是”和“解放思想”口号的提出，使陈鹤琴重又生出新的希望，他要总结自己一生的教育研究成果，贡献给教育，贡献给儿童，贡献给国家。当他阅读了中国社会科学院哲学研究所编的《实践是检验真理的惟一标准》一书后，情不自禁地在书的扉页上写道：“说出了我的心里话。”

10月间，全国心理学会暨江苏省心理学分会在南京举行年会。陈鹤琴在会上发言：

我作为一个老的文化教育和儿童心理研究工作者，今天看到大家这样精神振奋地大干自己喜爱的工作贡献出一切力量，是非常感动和愉快的。我也要和大家一道响应党的号召，坚持学习马列主义、毛泽东思想，深入批判“四人帮”反动思想体系，去旧布新，学习把辩

① 《陈鹤琴全集》，第六卷，第490页，江苏教育出版社，1992年1月。

> 证唯物主义运用到具体实践的研究中去。党还号召我们要以科学态度脚踏实地地进行调查研究。在研究中也要坚持自力更生为主的方针，并学习外国的有益经验。只要我们这样做，相信心理研究能迅速地恢复和发展，并争取新的突破，在伟大的新长征中攀登新的科学高峰。①

自从5年前的大病以后，陈鹤琴的身体每况愈下，时常力不从心。他曾于1978年7月27日致函张文郁："我诚恳希望你在我百年之后，把我的遗作编辑成书以资流传。"此刻，他很希望子女和从前的学生能帮助重整旧著，至少能使这些饱浸他一生心血的成果留给后人。过去，他曾将这个想法告诉过子女，但那时时机尚不成熟，尤其是对50年代的历次政治运动评价依旧未变，因此，他只好继续等待。

1978年10月，陈鹤琴当选为江苏省人大常委会副主任。

1978年12月18日至22日，中国共产党第十一届中央委员会第三次全体会议在北京举行。这次会议重新确立了党的马克思主义的思想路线、政治路线和组织路线，坚决批判"两个凡是"的错误方针，提出了解放思想、开动脑筋、实事求是、团结一致向前看的指导方针。全会否定了"以阶级斗争为纲"和"无产阶级专政下继续革命"的口号，作出把工作重点转移到社会主义现代化建设上来的战略决策，提出了对党和国家各个方面的工作进行改革，健全社会主义民主和加强社会主义法制的任务。十一届三中全会的召开是文革结束后，中国社会发生根本性变化的重要转折点。

1979年，新年伊始，陈鹤琴获悉一鸣的错案终获平反，十分高兴。他在致一鸣的信中说："闻你的错案获改正，恢复党籍和工作，甚感欣慰。"

春节前夕，省委统战部部长王昭铨亲自带了礼物看望陈鹤琴夫妇。王部长很关心他们的生活，嘘寒问暖，十分亲切。王部长对他们说道，家

---

① 《陈鹤琴全集》，第六卷，第347页，江苏教育出版社，1992年1月。

里门口进出很难走，上下楼梯很不方便，可以考虑换一处住所。临别时，王部长叮咛："你是国家的宝，要多保重身体。"

现在，时机终于到来了！

他的希望！他的期待！

二　为了儿童，为了教育

1979年3月，经国务院批准，教育部、中国社会科学院在北京召开第一次全国教育科学规划会议，商讨教育科学研究的发展战略。陈鹤琴因腰部不慎扭伤无法与会，向大会提交书面发言，由一鸣专程送往北京。发言中，他以自己从事教育事业60年的亲身体会为例，阐述自己对幼儿教育和儿童教育的主张。

他在发言的开头写道：

> 我今年87岁了，热爱教育之心依然十分炽烈。我从事幼儿和儿童教育及师范教育的实践凡数十年，深感幼儿和儿童教育是培养最广大新生一代，关系到祖国未来的大事，是我们社会主义教育事业的基础部分，对实现四个现代化影响深远。面对林彪、"四人帮"左倾路线对教育事业的严重破坏恶果，重振幼教、儿童教育事业极为迫切，从全局和长远着眼，应予充分重视，大力促进。①

他提出具体建议：

第一，设立儿童玩具、教具、设备的研究和实验工场。他认为，研究、设计和制造符合或有助于幼儿、儿童身心全面发展及教学需要的产品，是当前极为迫切需要解决的实际问题。目前，我国玩具厂制造的玩具，有许多与教育脱离，成为一批"看具"，不适应儿童教育的需要。要完成这项工

---

① 《陈鹤琴全集》，第六卷，第353页，江苏教育出版社，1992年1月。

作，不能只依赖一般玩具厂，而必须设立专门机构进行研究、设计和制造。

第二，为提高教育质量，开展科学研究，建议全国各省市设立实验幼儿园和实验小学作为进行科学实验、取得系统经验的场所。他认为，我们的社会主义教育事业兴旺发达，儿童受教育的人数如此众多。在此情况下，要切实做好抓典型的科学实验，全面提高教育质量，为整个教育事业增强基础，以适应四化建设的需要。

第三，建议恢复学前教育和小学教育杂志。重点是交流实践经验和科学研究成果，以满足广大幼教和儿童教育工作者的需要，提高他们的水平。

第四，建议全面、系统地整理与总结我国五四以来幼儿教育和儿童教育的实践和经验（包括具体课程、读物、方法、措施），作出科学的分析和评价，吸收其中有益的成分，包括利用各种生动活泼的形式并推陈出新，为社会主义四化服务。

他回顾了自己所走过的教育历程，历数包括儿童心理研究、家庭教育研究、幼儿园教育和托儿所工作、小学教育研究、群众普及教育和文字改革、特殊儿童教育、创办幼稚师范学校与幼稚专科、组织儿童教育研究学术团体——幼稚教育研究会、中华儿童教育社和中国幼稚教育社等内容。他还专门提到了“活教育”的理论与实践。他写道：

> 1940年我提出“活教育”的口号及其教学原则。我针对陶行知先生曾对中国教育界腐化情况的批评：“教死书，死教书，教书死；读死书，死读书，读书死”，提出必定要改变为“教活书，活教书，教书活；读活书，活读书，读书活”。在工作中，和一些同事们提出了活教育的“三大目标，十七项教学原则，十三条训导原则，四个步骤，五指活动”，写有《活教育理论和实践》等文章。①

他提出建议，“对有研究价值的著作重审后予以出版，供教育科学研

① 《陈鹤琴全集》，第六卷，第359页，江苏教育出版社，1992年1月。

究工作者参考”。他表示:“我要为此作出一份努力的心愿是强烈的。”

在书面发言的最后,陈鹤琴专门提到对伟大的人民教育家陶行知先生的研究问题。他建议对陶行知先生的教育实践和思想加以全面、系统地整理和科学总结,重新出版陶行知先生的著作。这时,对陶行知的评价问题,因为牵涉到50年代初期开展的批判《武训传》及“批陶”,在许多人看来仍是禁区,陈鹤琴是十一届三中全会后国内最早正式提出这一问题的著名教育家。他写道:

> 陶行知是我的至友,他对我的帮助、教育影响极大。从创办晓庄乡村师范起,他为人民服务的崇高精神和创造力就一直鼓舞着我。他受反动派迫害而逝世,促使我政治认识的提高。我认为,他对人民的宝贵贡献,我们应该继承和发扬。①

1979年参加江苏省心理学会第二届年会,图为南京师范学院与会代表
(一排右起二张焕庭,三高觉敷,四陈鹤琴)

① 《陈鹤琴全集》,第六卷,第359页,江苏教育出版社,1992年1月。

陈鹤琴的发言在大会上被宣读，并被印发给全体代表，受到代表们高度重视与欢迎。

在本次大会上成立了中国教育学会，陈鹤琴被推举为该会名誉会长。

1979 年 6 月，陈鹤琴前往北京出席全国政协第五届二次会议。这是他最后一次来到北京。会议期间，陈鹤琴向大会提出关于恢复和发展幼教事业的提案，内容包括：在各省、市恢复或建立幼儿师范学校，以培养幼教师资；在高等师范学校恢复或建立实验幼儿园和实验小学，作为进行科学实验的场所；设立儿童玩具、教具、设备研究室和实验工厂。他还挥毫题词："一切为了儿童。"

从北京回来后，陈鹤琴做的第一件事，是与纪念人民教育家陶行知有关。

1979 年 7 月 14 日，陈鹤琴应陶行知遗孀吴树琴女士之邀，为上海、重庆行知中学题词：

> 庆祝行知中学建校四十周年纪念！
> 行知同志千古不朽！永远活在人民心中！
> 我们教育战线系同志，
> 我们奋斗目标系同道，
> 我们实践标准系同行，
> 我们出生时代系同年，
> 我们海外求学系同学，
> 我们回国任教系同事，
> 我们立志为人系表率，
> 行知对我一生系楷模。①

11 月 19 日，陈鹤琴由孙女陈虹陪同参加了晓庄师范学校附设幼儿师范班成立大会。陈虹曾在黑龙江插队，8 年后转来南京，后考入

① 《陈鹤琴全集》，第六卷，第 378 页，江苏教育出版社，1992 年 1 月。

晓庄师范学校。在这所由陶行知先生亲手创建的学校里，陈鹤琴不禁感慨万千。五十多年前，他受陶行知之请，担任学校指导员和二院（幼稚师范院）院长。当年开学典礼的情形记忆犹新。他在发言中深情地说道：

> 我是一个老幼教工作者，从解放前，创办鼓楼幼儿园起，从事幼教工作几十年。我从自己的亲身体验中深深感到，同小孩子们在一起，是非常快乐的。现在，我虽然已经88岁了，但每当同那些天真活泼的儿童在一起时，我就感到一下子年轻了好多。作为一个幼教工作者，看到自己亲手把儿童培养起来，教会了他们许多新的东西，使他们的体力、智力各方面都发展起来，心里是会感到有说不完的快乐的。现在，我虽然年龄大了，但还是想在我的有生之年，尽自己的能力为孩子们多做一些事。①

会后，陈鹤琴与大家一道参观陶行知纪念馆并拜谒陶墓。

1981年3月15日，陈鹤琴为晓庄师范校庆暨纪念人民教育家陶行知展览会题词："陶先生是伟大的人民教育家，他热爱人民大众，热爱青年和儿童。他充分相信和依靠人民的聪明才智，我们今天应当继承和发扬他的民主精神，陶先生是行知合一的实践教育家。他的名言是：'行动是老子，知识是儿子，创造是孙子。'我们今天应当继承他的革命实践精神。为了培养好下一代，为了振兴我们整个民族和社会主义教育事业，让我们像陶先生那样，为了实现崇高理想，立志改革，艰苦奋斗！"1981年10月18日，《光明日报》发表陈鹤琴为纪念陶行知诞辰九十周年而作的文章《陶行知先生的精神鼓舞我前进》；他还将自己在陶行知先生逝世后撰写的《纪念近百年来的大教育家》一文，重新发表于当年《行知研究》第三期。

陈鹤琴做的另一件事情，是总结、整理自己的教育研究、实践成果，汇

---

① 《陈鹤琴全集》，第六卷，第379页，江苏教育出版社，1992年1月。

编成文集留给后人。1979 年 11 月 3 日，全国幼儿教育研究会成立大会召开，原定在北京举行，但考虑到陈鹤琴患脑血栓尚未康复不能远行，特意将大会改在南京举行。开会那天，陈鹤琴一早起床，穿戴得整整齐齐，在孙女陈虹的陪伴下，坐着轮椅来到会场。大会上，陈鹤琴发表了讲话。

他提出了四条建议：

一、要对幼儿教育基础的儿童心理做全面、系统、切实的科学实验。

二、要重视家庭教育的实验，对幼儿的家庭教育应作为一门科学来研究和推广。

三、对幼儿园的教育应进行科学实验与研究，办好示范性幼儿园。

四、必须重视和解决幼教玩具、教具的科学实验和制作。

他强调说：

> 幼儿教育是一门教育科学，是基础教育的基础。搞好幼儿教育的科学研究工作，摸索出一条中国化的幼儿教育路子，与社会主义现代化的建设有着十分密切的关系。为了实现社会主义现代化的宏伟目标，把亿万幼儿培养成为祖国未来的坚强的生力军，我建议必须十分重视和切实开展对幼儿教育的科学实验，用以促进全民族的幼儿教育事业的发展。

会上，陈鹤琴被推举为全国幼儿教育研究会名誉理事长。

陈鹤琴曾对女儿秀云说过："我已经老了，力不从心了，只有靠你们来做这件事了。"他还对秀云夫妇说过："我现在已经不能写作了，我要把一生的心血——这数百万字的著作、论文、报告、读物整理出版，作为向'四化'的最后一份献礼，送给教育工作者、父母家长，作为教育孩子的借鉴。"言语之中，透出些许感怀与期盼。

陈鹤琴生前曾经表达过这样的心愿：

> 无论遇到什么挫折，不论出于何种困难，我热爱祖国、热爱儿童、热爱教育事业的心永远不变。
>
> 我坚信，教育的春天一定会来到的。

为整理、总结陈鹤琴教育思想、学说和研究、实践结果，编辑出版陈鹤琴的著作，陈秀云离开了北京一所著名中学校领导的岗位，转到北京市教育科学研究所专门从事此项工作。她多次往来于京、沪、宁三地，费尽周折，查找、收集并整理散落在各处的与陈鹤琴有关的早期著作、来往信函、讲话发言和相关资料。陈一鸣、陈一飞和蔡怡曾等也为此做了大量工作。

1980 年 9 月，陈鹤琴因脑血栓导致两腿瘫痪，他坚持着要家人将他架起，吃力地向前迈着脚步，挪动了一两步后，就再也挪不动了。这次，他没能成功。他对孙女陈虹半开玩笑地说过："爷爷要当 106 岁的大好佬！"因为，他还想继续做事。

1981 年 5 月 28 日，《光明日报》刊登陈鹤琴的题词："一切为儿童，一切为教育，一切为四化。"同年 11 月，陈鹤琴题词："热爱、了解和研究儿童，教育他们使之胜过前人！"前者是为庆祝六一国际儿童节，后者是为浙江《幼儿教育》杂志创刊。

1981 年 8 月，陈鹤琴的成名作之一《家庭教育——怎样教小孩》由教育科学出版社再版。他在重版序中写道：

> 儿童教育是一门科学。只有了解儿童，才能教好儿童。实践出真知。要从实践中摸索教育儿童的规律。①

1982 年 6 月 1 日，陈鹤琴坐轮椅与夫人一同前往鼓楼幼儿园，与小朋友们欢度了他生命中的最后一个儿童节。

1982 年 8 月 15 日中午，陈鹤琴在病榻上接待了来自齐齐哈尔的大学教师邹文贵。不久前，邹文贵曾寄来《婴幼儿家庭教育》书稿，请陈鹤琴予以指导。陈鹤琴拉着他的手说："你从东北疆城来看望我，我很高兴。你寄来的书稿，我看过了，写得很好。"他与邹文贵畅谈一个半小时之久，对这位年轻人给予鼓励。

---

① 《陈鹤琴全集》，第二卷，第 678 页，江苏教育出版社，1989 年 4 月。

1982年新年，鼓楼幼儿园小朋友去家中向陈爷爷拜年

不久，陈鹤琴的病情加重，不能言语。有一天，他的老友、心理学家潘菽和高觉敷到家中探望，一同前来的还有高觉敷的女儿、原上海幼专学生高亦韦。此时，他只能用眼神传达情感，倾听着老友们说的每一句话。最后，他伸手示意要来纸笔，颤抖着写下了九个字："我爱儿童，儿童也爱我。"此情此景，令在场的人们不禁热泪盈眶。

三　最后的乐章

这是陈鹤琴人生历程中的最后乐章。

1980年5月，陈鹤琴郑重地写下《申请加入中国共产党的报告》，这是他继1956年书面提出入党申请后的第二份申请入党报告。此前，他从报刊上得悉，著名民主人士、九三学社主席许德珩加入了中国共产党。不久，陈鹤琴因用脑过度，脑溢血突发，被紧急送往医院抢救。在医院的病床上，他一再叮嘱子女尽速将他的入党申请送交中共江苏省委。他曾多次对子女说过，入党是自己的夙愿。

他的好友、著名中医专家叶橘泉曾记述：

不久以前，他（按：指陈鹤琴）因病重住医院，我去看望他。他在病榻上握住我的手，喃喃倾诉他埋藏心中的夙愿，要求我做他的入党介绍人……①

陈鹤琴在《报告》的开头写道：

鹤琴今年88岁了，现向党再次提出申请加入党的要求，这是我渴望已久的心愿。

他回顾了自己的一生：

解放前夕，我同情并参加了民主运动，为国民党反动派所不容，曾两次遭逮捕。在事实教育下，使我认清了国民党的反动腐朽，认识到中国共产党才是中华民族解放的希望所在，对党满怀敬仰之心情。在被国民党拘禁时，我曾留下遗言，如牺牲了，请求中国共产党追认我为党员。

……

1956年在社会主义改造的高潮中，周总理、郭沫若关于知识分子问题的报告极大地教育和鼓舞了我。我在全国政协第二届二次会议上作了发言，决心响应党的号召，努力学习和工作，为把祖国建设成为繁荣富强，具有高度科学文化的社会主义国家和为共产主义贡献自己的一切；同时还表决心，要向自己的六个共产党员子女学习，并和第七个团员小女挑战，争取早日加入共产党。

……

粉碎"四人帮"后，党恢复了正确路线，我也重新焕发了青春，积

---

① 《陈鹤琴全集》，第六卷，第369页，江苏教育出版社，1992年1月。

极参加揭批“四人帮”和歌颂大好形势的活动。1978年起又参加全国政协会议和人大会议，心情格外激动，积极投入争取台湾回归祖国的宣传活动。最使我兴奋的，是看到党在教育工作方面拨乱反正，十分重视教育作为振兴民族、建设四化的基础这一作用，并提倡要探索教育的规律性。

最后，他深情地写道：

> 不久前，读到党的五中全会提出的党章修改草案，使我极为振奋。我们九三学社主席许德珩同志加入中国共产党的消息，也给了我莫大的鼓舞和鞭策。许老比我大几岁，他以此高龄，而能全心全意为党和人民效劳，我一定要向许老看齐。“老骥伏枥，志在千里”，我愿做一名工人阶级先进部队的成员，在有生之年为伟大的社会主义事业，竭尽全力，发一份光和热，以不辜负党的教导和关怀。[①]

陈鹤琴提交入党申请报告后，得到了省委书记复函，表示赞赏。此后，省委统战部和领导答复称：根据中央统战部的指示，民主党派负责人留在共产党外，所能发挥的作用更大。陈鹤琴在听到这样的答复时，神态木然，没有更多表示。但他的儿女们知道，老人家的心里感到失望了。

1982年3月19日，南京师范学院党委副书记、办公室主任和一位副处长前往陈鹤琴的寓所，当面宣布该院党委《对陈鹤琴一九五八年受批判问题所作的复查结论》。内容如下：

关于一九五八年对陈鹤琴同志批判问题的复查结论

> 一九五八年上半年，在批判资产阶级个人主义运动中，在当时南师党委领导下，发动了对原南京师范学院院长陈鹤琴同志的批判。原党委负责同志在全院批判大会上的讲话以及校刊和展览会展出的材料中，曾强加给陈鹤琴同志“反对党、与党争夺教育事业领导权”、“文化买办、冒牌学者”、“散布‘活教育’毒素”等一系列不实之词。致

① 《陈鹤琴全集》，第六卷，第368页，江苏教育出版社，1992年1月。

使陈鹤琴同志在政治上、精神上受到严重伤害。一九六二年虽然对此进行过一次复查,但仍认为一九五八年的批判基本上是正确的,坚持了原来的错误结论。

党的十一届三中全会以来,我们对陈鹤琴同志受批判的问题再度复查,认为:陈鹤琴同志解放前政治历史清楚,思想倾向进步,为革命做过一些有益的工作;解放后一贯拥护党、拥护社会主义制度,全心全意为我国教育事业服务,特别是在创办我国幼儿教育事业、研究儿童心理和师范教育、难民教育等方面,做出了重要的贡献,是我国著名的现代教育家和幼儿教育专家。一九五八年对陈鹤琴同志的批判和一九六二年的复查结论都是错误的;强加给陈鹤琴同志的一切诬蔑不实之词应该予以彻底推倒,恢复名誉,消除影响。有关材料从档案中抽出销毁,并向陈鹤琴同志赔礼道歉。

中共南京师范学院委员会

1982年3月19日(公章)

9月30日,南师党委负责人又一次来到陈宅,当面宣布中共江苏省委科学教育部1982年9月27日《对陈鹤琴同志复查结论的批复》,同意南师党委的复查结论。批复中说:

经研究:同意你们的意见。一九五八年南师党委对陈鹤琴同志的批判是错误的。撤销省委宣传部一九六三年三月二十七日(63)宣高字第10号《关于对陈鹤琴批判的甄别意见》。

据在场的人回忆,宣读平反决定书时,一边是已被病魔缠绕,身体极度虚弱的陈鹤琴,他坚持站立着聆听自己的复查结论;另一边站立着南师党委的负责人,他们尽量以较慢的语速将复查结论中每一个字都念得清清楚楚,当他们念完最后一个字时,眼睛已经湿润,站在对面的陈鹤琴已经抑制不住情感,老泪纵横。晚饭后,陈鹤琴一人独处时,竟然嚎啕大哭起来,哭声里有悲怆,也有凄凉。家人们没有上前相劝,他们知道,老人心头堆积的委屈、苦闷和压抑实在太多了,需要尽情释放。

在陈鹤琴的最后岁月里，他经常躺在病榻上悉心倾听女儿念原幼师、幼专学生们的来信。后来，女儿将这些来信录下音来，并将录音机放在他的床头。他听了一遍又一遍，神情专注，连吃饭也顾不上，连连叫着“我要听录音！”“我要听录音！”一边听一边呼唤着每一个学生的名字。当他听到学生们称呼“校长妈妈”时，不禁动情，眼眶中泪水夺眶而出……

12月15日，陈鹤琴的肺部感染，呼吸衰竭，送往医院抢救后遂告病危。

12月30日下午，陈鹤琴进入弥留状态。突然，他微睁开眼睛，口中短促地呼唤：“毛主席！毛主席！周总理！周总理！”并喃喃念着：“黄包！黄包！……”家人们明白，黄包里装有他的入党申请书底稿。几分钟过去，他的呼吸停止，但心脏依然顽强地跳动，一直到16时55分才渐渐平静。

三日后，江苏省人大常委会、省政协发出讣告。新华社向全国发出通稿。《人民日报》、《新华日报》、《文汇报》刊登了陈鹤琴逝世的消息。

陈鹤琴同志逝世

据新华社南京1月3日电　著名儿童教育家、九三学社中央常委陈鹤琴教授于1982年12月30日在南京病逝，终年九十一岁。

陈鹤琴同志早年毕业于清华大学，1914年到美国留学，1919年五四运动时回国，从事儿童教育的研究，1923年在南京办了幼稚园和幼师，1925年写了《儿童心理之研究》和《家庭教育》两本专著。此后，他编写了许多儿童课本和课外读物，并翻译了一些有关著作。新中国成立后，他先后任南京师范学院院长、江苏省第五届人大常委会副主任等职，并当选为五届全国政协委员、中国教育学会名誉会长、全国幼儿教育研究会名誉理事长、中国人民保卫儿童全国委员会委员。

陈鹤琴同志追悼会将于1月8日在南京举行。①

① 《人民日报》，1983年1月4日。

尾篇　余音缭绕

1983年1月8日下午3时，陈鹤琴先生追悼会在南京市石子岗殡仪馆隆重举行。全国人大办公厅、政协全国委员会、中共中央统战部、中共江苏省委、省人大常委会、省政协、教育部、九三学社中央、全国妇联、中国人民保卫儿童全国委员会等单位和许德珩、胡愈之、史良、赵朴初、杨秀峰、潘菽、金善宝、叶橘泉和蔡元培先生子女等知名人士献了花圈。尽管事先已在讣告中说明"依照陈鹤琴同志家属的意见，丧事从简，希各同志和生前友好不送花圈、挽联"，但仍有许多人前来向这位毕生为教育事业奋斗的老教育家作最后的告别。

当天，南京的气温骤然下降，天空阴沉一片，纷纷扬扬的雪花飘落在人们的头上、脸上和衣服上。告别大厅外的空场上排列着长长的队伍，彳亍移动；人们被厚厚的冬衣包裹着，脸上掩饰不住悲伤。许多人抽泣着，眼睛里噙着泪水。在送行的队伍里，有许多原江西幼师、幼专，上海女师、幼专和报童学校的师生，他们是从报纸上看到陈鹤琴去世消息后，特意从四面八方专程赶来的。人群中，有昔日受过校长保护的童养媳，有从敌占区逃难来的失学青年，有保育院的孤儿、难童、报童，有南师和晓庄师范的师生代表、鼓楼幼儿园的老师们，还有许许多多景仰、敬重这位杰出教育家的普通群众。

告别大厅内，陈鹤琴的遗像悬挂在巨大的花圈中间，前面摆放着夫人和子女们敬献的花篮，四周摆满了花圈。几十位原幼专学生献上的挽联上两行赫然醒目的大字：

您是园丁，栽培万千幼苗，红花朵朵开遍祖国大地；

您是慈母，哺育代代新人，硕果累累流传万古千秋！

大厅中央，陈鹤琴的遗体安卧在铺着白布的灵台上，身上覆盖着一条红色绸缎被面。这条被面是他的儿女们经过商量，特意准备的，以表达他生前追求共产党、追求进步与光明、热爱教育、热爱儿童的拳拳赤子之心。

追悼会开始后，江苏省委、省人大、省政府、省政协领导人和各界人士向陈鹤琴遗像鞠躬致哀。在低沉的哀乐声中，人们缓缓从陈鹤琴的遗体旁走过，人群中不时响起阵阵哀号，人们悲痛地呼唤着："校长！校长！"几乎所有的心都在哭泣、颤抖。

追悼会后，为了能完成陈鹤琴最后的心愿，他的子女们向省委和有关方面多次请求，希望追认陈鹤琴为中共党员，但并无结果。

陈鹤琴的骨灰被暂时存放在南京市石子岗殡仪馆，秀云特意将两本仍散发着油墨味道，刚刚印制完成的《陈鹤琴教育文集》(上卷)轻轻地放在了骨灰盒旁边，她在心中默默地念着：

"亲爱的爸爸，安息吧！"

陈鹤琴逝世后，陈夫人俞雅琴悲恸不已。六十多年来，她一直伴随在陈鹤琴身边，形影不离，相濡以沫。陈鹤琴早年的儿童心理研究、实验，俞雅琴是"最得力的帮手"，耐心地帮助丈夫完成以第一个孩子一鸣为对象的长达三年之久的观察、记录。鼓楼幼稚园最初建在他们在南京家中的客厅，俞雅琴协助丈夫将所有事情打理得井井有条。1928 年夏，陈鹤琴到上海办学，以及后来从事难民教育，非常忙碌，俞雅琴承担起了全部家务重担。抗战后期，陈鹤琴在江西创办幼师，时局动荡，举步维艰。当时，学校的经费常常接济不上，常常连吃饭都成问题。有时陈鹤琴因公外出，俞雅琴就主动帮助学校分忧解难，悄悄地用家里的钱垫上，以解燃眉之急。学校被迫转移，跋山涉水，历尽艰辛，俞雅琴带着自己的孩子们跟着学校队伍一步也没有落下。她待学生如自己的亲生女儿，学生们都尊称她为"陈师母"。40 年代后期，在上海，俞雅琴亲身感受丈夫为陶行知先生去世而嚎啕大哭；当儿女们在大哥一鸣的带领下参加爱国学生运动，走上街头，她一面支持，另一面也不时为儿女们的安危感到担忧。1949 年 5

月，陈鹤琴两次被捕。当特务上楼搜查时，她死死地挡在了小女儿的睡房门前……

解放后，陈鹤琴的工作和生活，都与俞雅琴的精心照料、陪伴分不开。由于儿女们分别在北京、上海和兰州等地，只有他们老两口住在南京。家里的大事小情，总是她在忙前忙后。文革期间，造反派冲进家里，俞雅琴用身体挡住陈鹤琴。无论顺境，还是逆境，他们将彼此的生命紧紧连在一起。陈鹤琴的学生们曾写道：

> 师母在重病期间，躺在床上，还手捧一本《怀念教育家陈鹤琴》，一字一句地读着。师母的一生虽是平凡的一生，但又是卓越的一生，既担负着教育子女的重担，又把一生精力奉献给老校长的教育事业，是校长教育研究和科学实验的忠实信徒、积极的支持者，真是陈老的贤内助，在教育界被誉为教育"贤母"。

1986 年 12 月 5 日，陈鹤琴夫人俞雅琴女士病逝于南京，享年 90 岁。

上海，万国公墓，1984 年被命名为中华人民共和国名誉主席宋庆龄陵园。园内松柏青翠，芳草萋萋。整个园区由甬道、纪念碑、纪念广场、宋庆龄汉白玉雕像、墓地和陈列室组成。在陵园的西北角是保留下来的外籍人墓园和新开辟的名人墓园。墓园入口的标志是一座黑色花岗岩石雕，石雕上的山峰和城砖寓意着名人们不朽的业绩与精神。在一片由假山环绕的大草坪上，一座座名人的墓碑和雕像庄重、安谧地伫立着。墓园安葬着爱国老人马相伯，著名人士杨度、杨杏佛，抗日将领谢晋元，杰出的新闻工作者金仲华，戏剧大师周信芳等。

1988 年 12 月 30 日，正值陈鹤琴先生逝世六周年之际，上海市各界人士两百余人在名人墓园深处隆重举行陈鹤琴雕像墓碑揭幕仪式。上海市人大副主任陈铁迪、副市长谢丽娟等领导和有关方面负责人以及陈鹤琴亲属、学生等参加仪式。陈鹤琴的老友赵朴初先生为墓碑题词："陈鹤琴先生雕像墓碑落成纪念。”许德珩先生题词：“为中华儿童尽瘁的一生，怀念老教育家陈鹤琴先生。”在上海第一师范附属小学少先队员的鼓号声中，覆盖在汉白玉雕像上的红布幔被徐徐揭开，大理石基座镌刻着陈鹤琴手迹“一切为儿童”和他毕生为之奋斗的九条宏愿。基座上安放着陈鹤琴的雕像，雕像神态自若，亲切、和蔼。墓穴内，陈鹤琴与夫人的骨灰被安放在一起，相依相伴。在他们的名字中共有一个琴字，正谓“鹤栖琴侣”。7位子女向亲爱的父母作最后的告别。

碑文全文：

陈鹤琴先生浙江上虞人现代著名教育家家贫勤学立志振兴中华留美回国献身教育创建符合中国国情的科学化的儿童教育和活教育理论是我国幼儿教育奠基人先生与挚友陶行知先生曾长期携手共同奋斗

先生主张提高民族素质须自幼儿教育入手躬亲实践致力我国现代儿童心理及家庭教育之研究首创鼓楼幼稚园公立幼稚师范之实验并在小学教育文字改革社会儿童保育特殊儿童教育创办儿童教育刊物与团体从事国际活动等多方面建树丰硕

先生热爱祖国坚持正义在沪工作期间力争儿童之教育权利抗战爆发投身救亡主持难民报童及民众教育险遭敌伪毒手解放前夕支持教师学生运动两度被捕新中国成立先生衷心拥护共产党热爱社会主义历任全国政协委员南京师范学院院长江苏省人大常委会副主任中国教育学会名誉会长及全国幼儿教育研究会名誉理事长等职

上海乃先生长期从事实践之故土　特安葬于此　谨以铭志

一代宗师树人育贤　竭志尽忠力蹈宏愿

鹤栖琴侣桃李盈原　道德文章四海广传

一九八八年十二月三十日立

一个月前，时任中共中央政治局委员、中共上海市委书记江泽民亲笔

题词:“学习爱国老教育家陈鹤琴先生的献身精神和创新精神,深化教育改革,为培育四有新人,振兴中华的大业而奋斗。”

初稿于2006年10月8日

完稿于2007年10月15日

后　记

今年是陈鹤琴先生诞辰 116 周年。作为陈鹤琴先生的子孙，我为自己能够写作这样一本全程记录陈鹤琴先生人生历程和教育事业的传记而感到高兴。承蒙中国教育学会会长顾明远先生为本书写了热情洋溢的序言，对陈鹤琴及其教育思想予以高度评价。此时此刻，我非常怀念两位已经去世的前辈，他们对于我写作本书起到直接作用。一位是我的父亲柯在铄，我自小受到他的文学启蒙与熏陶，培养了一定的文学修养；另一位是中国陶行知研究会会长方明，自 2007 年 1 月起，我跟随他老人家参加了很多陶行知研究会举办的活动。从他的身上，我感受到了老一辈教育家对于教育理想的不懈追求和对儿童、青年充满热爱和期待的情怀。

陈鹤琴先生的人生命运和许多著名教育家一样，与国家和民族的命运紧密相联。在他们身上所体现出来的强烈的教育精神、科学精神、创造精神和爱国、爱真理、爱儿童的境界与情怀，是五四以来中国老一辈杰出教育家们所共有的特征，他们应该成为我们追求和学习的榜样。因此，真实、全面、客观地反映他们的事业道路与奋斗历程，是我们这一代人责无旁贷的事情。实际上，对于陈鹤琴一生经历的写作，对于我来说，并不是一件容易做到的事，然而，我还是努力去做了。陈鹤琴先生是我的外公，我在少年时代曾经与他有过密切接触，直到现在，他的音容笑貌、举止神情仍时常在我的脑海中浮现。

没有昨天，就没有今天。没有老一辈教育家在 20 世纪初叶，克服种种困难，躬耕开拓，播散科学与教育的种子，就不会有今天我们国家的教育现代化。通过本书的写作，我重温了陈鹤琴的人生历程和教育事业。通过阅读大量资料，接触到包括陶行知先生等教育大家们的许多著作、史实，受到了极大的震撼与教育。我要向所有从事陶行知研究、陈鹤琴研究以及中国现代教育大家研究的专家、学者和读者们致敬。我希望加入你们的队伍，用心保护好这些属于国家、民族和教育事业的珍贵财富。

《陈鹤琴传》从写作到出版先后经历了两年多时间，我由衷感谢本书的顾问陈一鸣先生和策划人陈秀云女士、陈一飞先生。他们为本书提供了大量史实资料，并不顾高龄和病体，亲自审校、指导，提出重要的修订意见，使本书的内容更全面、更真实。可以说，本书的写作完全是在二十多年来由陈秀云女士、陈一飞先生领衔编辑出版的《陈鹤琴全集》（六卷本）、《怀念老教育家陈鹤琴》、《为中华儿童尽瘁的教育家——陈鹤琴》和《陈鹤琴研究资料》以及《陈鹤琴活动年表》等基础上完成的。由各地陈鹤琴研究会编辑的《鹤琴之声》，以及许多人士的回忆文章、历史资料、照片等为本书提供了极有价值和丰富的材料。在写作过程中，我还得到了陈秀霞女士、陈秀煐女士、陈一心先生、付家祥女士等的热情支持、鼓励和指导。值得一提的是，我的两位表姐陈虹女士、陈庆女士花费了许多时间查阅资料、审校书稿。我的爱妻束菱舟女士为本书的写作和修改也作出了贡献。她对我的许多鼓励、帮助和给予的信心，使我最终得以完成书稿。我在此表达深深的感激之情。

本书初稿完成后，江苏教育出版社的有关领导和编辑给予了热情的支持。张胜勇社长给予了高度重视，朱永贞副社长和金玲、刘明燕两位编辑，为本书的进一步加工、修改做了大量工作，付出了辛勤劳动。在此表示感谢。

由于学识浅陋和功力不足，书中某些史料不确或错误在所难免，敬请各位学者、专家老师给予指教，并请广大读者批评指正。

柯小卫

2008 年 3 月 27 日于北京

主要参考文献

《陈鹤琴全集》1—6卷，江苏教育出版社。

《陈鹤琴教育文集》（上、下卷），北京出版社。

《怀念老教育家陈鹤琴》，四川教育出版社，1986年7月。

《陈鹤琴与中国现代教育》，上海教育出版社，1998年4月。

《中国教育哲学史》（第四卷），山东教育出版社，2000年3月。

《陶行知全集》，四川教育出版社。

《平凡的神圣——陶行知》，湖北教育出版社，1992年3月。

《留学生与中国教育近代化》，广东教育出版社，1996年。

《陶行知传》，教育科学出版社，1991年5月。

《抗战期间党的难民工作》，中共上海市委党史资料征集委员会编。

《童心拓荒》，唐淑编，南京大学出版社，2001年10月。

《周恩来选集》，人民出版社，1984年11月。

《毛泽东文集》第六卷，人民出版社，1999年6月。

《武训与“武训传”的批判》，上海文汇报发行，1951年6月。

《“活教育”批判》，人民教育社编，人民教育出版社，1955年4月。

《批判杜威反动教育学的哲学基础》，新知识出版社，1956年3月。

《胡适思想批判资料集刊》，新文艺出版社，1955年5月。

《鹤琴之声》，陈鹤琴研究会编。

《胡适文集》，北京大学出版社，1998年11月。

《杜威教育名篇》，教育科学出版社，2006年7月。

书　　名　陈鹤琴传
著　　者　柯小卫
责任编辑　朱永贞　金　玲　刘明燕
出版发行　凤凰出版传媒股份有限公司
　　　　　江苏教育出版社(南京市湖南路1号A楼　邮编210009)
苏教网址　http://www.1088.com.cn
照　　排　南京前锦排版服务有限公司
印　　刷　中闻集团南京印务有限公司(电话025-83302635　85238065)
厂　　址　南京市幕府东路339号(邮编210038)
开　　本　787毫米×1092毫米　1/16
印　　张　29.25
字　　数　400 000
版　　次　2008年4月第1版　2012年11月第2次印刷
书　　号　ISBN 978-7-5343-8554-4
定　　价　58.00元
网店地址　http://jsfhjy.taobao.com
邮购电话　025-85406265,85400774 短信02585420909
E-mail　jsep@vip.163.com
盗版举报　025-83658579